中山大学"一带一路"研究院特别资助项目

教育部 2015 年人文社会科学重大攻关课题
"中国特色大国外交研究"(15HZDH032)中期成果

中山大学 2019 年人文社会科学桐山基金课题结项成果

隐忍的崛起

基于地缘战略心理学视角

The Rise of Forbearance
An Introduction to Geostrategy Psychology

姜鹏／著

中国社会科学出版社

图书在版编目(CIP)数据

隐忍的崛起:基于地缘战略心理学视角/姜鹏著.—北京:中国社会科学出版社,2020.8(2023.9重印)
ISBN 978-7-5203-6529-1

Ⅰ.①隐… Ⅱ.①姜… Ⅲ.①地缘政治学—政治心理学—研究 Ⅳ.①K901.4

中国版本图书馆 CIP 数据核字(2020)第 086784 号

出 版 人	赵剑英
责任编辑	杨晓芳
责任校对	王　迁
责任印制	王　超

出　　版	中国社会科学出版社
社　　址	北京鼓楼西大街甲 158 号
邮　　编	100720
网　　址	http://www.csspw.cn
发 行 部	010-84083685
门 市 部	010-84029450
经　　销	新华书店及其他书店
印　　刷	北京君升印刷有限公司
装　　订	廊坊市广阳区广增装订厂
版　　次	2020 年 8 月第 1 版
印　　次	2023 年 9 月第 2 次印刷
开　　本	710×1000　1/16
印　　张	19.25
字　　数	316 千字
定　　价	108.00 元

凡购买中国社会科学出版社图书,如有质量问题请与本社营销中心联系调换
电话:010-84083683
版权所有　侵权必究

前 言

本书意在阐释一种新的国际政治分析理论——地缘战略心理学。该理论是地缘政治学与战略心理学交叉研究的产物。该理论根植于对当前中国崛起所面临的战略困境背后的心理机制进行研究，其目的是为我国缓解崛起困境、维护并延长战略机遇期，以及规避错误观念导致的战略陷阱提供一种新的战略观察点。长期以来，笔者都是在构建小的微观理论。这些微观理论就像是散落一地的珍珠，即便光彩夺目，也无法展现出更大的价值。只有通过同一种范式将这些微观理论统合为整体——就像是寻找到一根把珍珠串成一条项链的绳子——理论才能发挥更大的价值。为了更好地介绍地缘战略心理学理论的内在价值，前言部分将重点对以下四个问题进行回答，即什么是国际关系理论、如何进行中观层次的理论创新、为什么要构建地缘战略心理学理论，以及本书主要探讨地缘战略心理学中的哪些问题。

一 什么是国际关系理论

只要人类仍然是认知吝惜鬼，那么他们对理论的需求就将永远无处不在。只要人类对未知世界拥有探索和改造的欲望，那么理论的发展就将没有尽头。事实上，生活中大多数人都喜欢运用理论来探讨世界，尽管他们运用理论的意识无法企及莫里哀（Molière）笔下用散文言谈的茹尔丹先生（Monsieur Jourdain）。绝大多数人在探讨国际政治问题时也表现得像茹尔丹先生一样，即对于其面前波谲云诡的世界政治究竟如何运转及其对于新形势的认识研判，他们有的仅是碎片化、半成型且未经阐明的粗糙理论。还有一小部分外交家们声称，由于国际关系理论与国际政治现实之间存在着巨大的缝隙，因此自己从来不需要理论而只注重外交实践。事实上，这些人的行为则很可能受到在其认知闭合期之前所接触过的一些拙劣的理论家思想潜移默化的影响和左右，只是那些理论家的名字早已被他们忘记。

那么什么是理论？如果我们不能对理论有一个清晰与形象的界定，那么哪怕是构造最微观的理论也无从谈起。作为一本探讨国际政治理论的专著，笔者希望自己对理论的定义摆脱博士论文时期那种八股式的概念堆积陈列和繁冗的学术黑话，更多地通过形象化的阐释让读者对理论的本质有更深刻的理解。

第一，理论是一条直线。它是在坐标系上"逻辑的真实"与"历史的真实"或曰逻辑演绎的真实与实践经验的真实二者无穷趋近的那条直线。这意味着理论是在逻辑同一性约束下通过"核心假定""辅助假定""内在逻辑""基本假说""证实证伪"等构成的逻辑链条而形成的可验证与可重复的因果机理的规律性表达。

第二，理论是一条射线。它以不可探讨、不可质疑且因信称义的核心假定为逻辑推演的端点，在逻辑同一性的约束下向外部无穷推演延伸，直到理论达到自身基于时代的解释力边界。它的光芒虽然无法像蜡烛一样照彻屋宇内的每个角落，但却可以像一束可以穿透黑暗的手电光，为我们在黑夜中寻找到通往出口的最短路径提供指引。如果没有理论的指引，任何实践都像是对着黑夜中的标靶进行漫无目标的扫射，即便有一颗子弹碰巧命中了靶心，也仅仅是一种不可重复的偶然。这就像即使一块坏了的手表每天也会有两次是准确的一样，作为一种对"知其所以然"层次的探讨，理论强调的是宁愿正确的错，也不模糊的对。

第三，理论是一把筷子。我们可以首先设想一下你手中攥着一把筷子，然后从其中抽出一根。对于抽出的这根筷子来讲，以纵向长度为标尺，它反映出国际政治历史上长期反复发生的一次次重大事件；以横向剖面为标尺，其反映出的则是这些重大事件背后所遵循的相同的政治逻辑。而这样的每一根筷子都是以逻辑同一性而自成一体的国际政治微观理论。横向剖面构成了逻辑的真实，纵向长度反映出历史的真实。在绵延不绝的历史进程中，我们总是有机会借由某些突发事件窥得历史进程中被时间包裹的一闪而过的断面。如果我们把手中的这一把筷子进一步延伸扩展，将其想象成一个直径几米的树桩，那么这个树桩可以看成是被无限等分的更大数量筷子的集合。在无穷多的筷子集合中，相邻筷子之间拥有着交叉的逻辑共性。我们进而将其视为众多具有相关性的微观理论集合构建的中观理论。如果这个智慧的树桩半径再向外无限延伸呢？那就构成了一种国际政治学科的宏理论。无数的树桩就像一个个学科，它们所组成的森林就是整个人类世界的真理体系。

第四，理论是一张地图。以其超越事物本身的复杂繁冗而形成的抽象简约的思维路径，在尚未出发时便预先为我们全景勾勒出需要经过的各个重要路段和最终通往智慧山顶的最短路径，以至于我们的旅途不会盲人瞎马地在蔽日丛林中迷失方向。一幅航海地图为我们描绘出可供选择的主要航线，以至于我们能够规避因迷航而触碰浅滩暗礁的风险。它通过突出大陆轮廓、淡水岛屿等重要补给港口，为我们顺利到达目的地提供指引。

第五，理论是一种标准。可以设想一下，在一个密闭的屋子里放置一台永远通电且不会出任何问题的电脑和一只寿命无限长且不需要吃东西的老鼠。每当老鼠在键盘上行走时，都可能在电脑上随机打出一些零散的英文字母，那么是否有一天，屏幕上会出现"to be or not to be"这样一句《哈姆雷特》中脍炙人口的语句呢？从概率上讲，只要时间无穷大，那么这就是可能的。但是，如果我们根据理论所提供的标准预先将电脑程序设置成不管老鼠触碰到键盘的哪个字母，只有当它触碰到英文字母"t"的时候才会在文档中显示有效反馈。此后，只有当它触碰到英文字母"o"的时候才会显示。照此标准，以此类推，可能用不了几天的时间屏幕中就会出现这句莎士比亚（Shakespeare）的经典名句。

理论是人们进行社会实践和改造自然所发明创造出来的指引性标准。而创造理论的目的就在于，我们的安全感需要通过在更多时间里保持对事态发展趋势的整体把握从而得以确立和维系。作为一种标准，理论不仅回答了这个世界是什么的客观实在，也通过对这个世界应该是什么的探讨，为实践提供了有待追求的理想目标。这就是马丁·怀特（Martin Wight）所讲的理论需要政治和法律的表现形式的根本内涵。理想主义理论中所蕴含的理想状态可能永远都无法实现，但是正是理想主义者们对世界应该是什么作出的价值论阐释，为现实主义者们改造世界提供了奋斗目标，以至于我们可以通过努力去无限接近理想。

理论是被主观发明创造出来的思想结晶，它与规律存在着根本差异，因为规律是客观存在的。理论是人们创造出来用于说明事实的思考过程，而规律则是能够被观察到的事实。理论不是规律的罗列，而是对客观规律的主观解释性表述。例如，关于物体为什么会运动这一事实，人们面对同样的规律可能会给予不同的理论阐释。亚里士多德（Aristotle）给出的理论认为，在没有外力作用下，物体将永远处于静止状态。只有对其施加了外力，才会引发物体运动。其运动距离与所受的外力成正比。伽利略（Galileo）对这一事实所反映出的规律给出了不同的理论阐释。他认为静止与匀速圆周运动均为宇宙的基本状态，在没有外力作用下，物体将保持静止或匀速圆周运动状态。牛顿（Newton）则推翻了伽利略的认知，他对物体运动规律的理论阐释称，物体在理想状态下均处于匀速直线运动。面对同样的客观规律事实，不断变化的唯有主观理论本身。

　　就国际关系理论而言，地缘战略心理学也是对大国间战略互动规律的一种阐释。那么它是一种什么层次的理论？作为一种介于政治哲学与政治实践之间的中观理论，它既不同于拉卡托斯（Lakatos）所认为的"基于对智慧的探讨"那种形而上层次的政治哲学——它并不追求在不同的概念边界之间探索人类认知思维高度所能达到的极致状态，也不同于贴近直接经验而构建的微观小理论——这些小理论因特定的时空限制而常常面临解释力受限的困境，以至于像人类在进化的道路中曾出现过的智人或尼安德特人一样——因难以同更广泛的理论族群融合而适应能力异常脆弱，并最终在同类理论竞争中走向式微。地缘战略心理学是一种在政治哲学与政策实践之间谋求平衡的中观理论。它并非政治哲学那种从"0到1"式的伟大创新，也不是微观理论那种"1到2"式的衍生性创新，而是试图在已有的数字之间通过引入"＋"或"×"以实现不同学科之间的交叉创造。它以地缘政治学、国际战略学和政治心理学三者的交叉为基础，试图通过在不同学科之间进行杂交来培育出观测和解释国际政治的新视角。

二　如何实现中观层次的理论创新？

　　理论创新遵循着一般性的认知规律，即依据不同的问题假定，从杂乱无章且毫无关联的"date"中发现一些可能与研究问题存在相关性的"information"；在彼此孤立的各个"information"之间形成具有相关性特征的知识体系结构"knowledge";当我们对自身现有知识中的"knowledge"进行反思并在其中的一些点上寻找到可能存在更强相关性的有趣问题时,我们就可能触碰到点燃知识创新的思维火花"insight";对于一些具有打开智慧之门钥匙功能的"insight"来讲,如果能够通过缜密逻辑演绎进而结合成可被验证的思维链条,那就标志着对某一问题实现了带有"wisdom"性质的理论创新。对于研究人及其构成的多元文化群体的一切社会科学来讲,我们如果能够以普遍的人性为基础,通过投入更多的时间和精力对这种微观理论进行更具广度和深度的开掘,就可能在学科内创造出具有"impact"的中观理论。

理论创新的根本不是"information"或"knowledge"——它们仅仅是对事物现象最低维度的描述——而是对令人兴奋并转瞬即逝的"insight"的把握。尤其在信息大爆炸时代,持续充分的"information"供给及其可能引发的"信息致盲效应"会让理论创新更加迷茫。这就是为什么说如果没有最高维度的哲学指引,智慧会淹没在知识里,知识会淹没在信息里的根本原因。反推这个过程呈现给我们的就是理论创新的一般路径,即"在信息层次完成必要的阅读——在知识层次实现对常识化的理解——在智慧层次取得灵感的顿悟——在理论层次实现形而上的抽象"。

从 information 到 wisdom 思维的抽象层次的提升反映出理论创新的一般过程。想要实现理论创新不仅要有深入书山的勤奋,更要有跳出学海的灵性。一方面,充分阅读是学术创新过程的前提和最基础性的必要非充分条件。只有对学科领域内的经典理论和最新研究成果具有广泛的了解和精确的把握,才能够达到"独上高楼,望尽天涯路"的整体视野。扎实稳固的基础是我们站在巨人肩膀以实现向上纵身一跃的前提条件。如果对学术经典与前沿成果没有整体的把握,就可能出现花费大量时间闭门思考并认为是伟大的学术创新,其实不过是多年前早已被别人解决过了的常识的悲剧。

另一方面,不经过咀嚼和反思的大量阅读很容易把一个正常的人变成木讷的书呆子。读书既要能够走进去,更要学会跳出来。否则,看似是你征服了一本本著作,实则却成了受困于浩瀚书海永远也走不出来的囚徒。大量充斥头脑的知识如果不能被合理消化,还会造成理论的路径依赖与认知闭合。这不仅无法成为开启智慧的钥匙,反而可能成为束缚思想的绳索。这也如同积累了大量的原木和火药，如果无法从普罗米修斯（Prometheus）那里获得可以引燃的火种，即便积累了再多的火药也无法引发剧烈的知识爆炸。

那些带有极强反常识色彩的令人惊艳的理论假说常常是从偶然的灵感中"化"出来的。当然，这种质变的偶然一定孕育在长期对某一问题坚持思考的必然之中。就像1865年凯库勒（Kekule）在盯着壁炉中的火焰时，他看到了原子在蛇形的阵列中飞舞，突然一条蛇咬住它自己的尾巴形成了一个闭环，然后在他面前嘲弄地旋转。凯库勒刹那间醒悟了：他终于找到了用六边形的环来描述苯分子结构的伟大灵感。又如当白天因苦苦思索如何排列元素而过于疲倦并在办公室睡着后，门捷列夫（Mendeleyev）在梦中看到一张张画着元素的扑克牌像整齐排列的士兵一样有序地进入一张大表之中。醒来后，他立即按照梦中的表格进行排序，元素的性质随原子序数的递增呈现有规律的周期性变化，至此诞生了现代元素周期律。

从这个层次讲，学术是一种"众里寻他千百度，蓦然回首，那人却在灯火阑珊处"的顿悟，是灵魂自省后那种不可言状的黎明般的感觉，是叙拉古的阿基米德（Archimedes）从浴缸中兴奋地跳起并喊出"尤里卡"时的愉悦。学术的实质乃是一种"寻觅"，它通过"事实判断"与"价值申诉"的双重路径辩议作为知识品格的真理、规范作为行为法则的伦理，在光怪陆离的社会景象中观察人类冲突、寻找人类合作；它通过暴露人性深处的幽暗隐秘、探讨社会活动的交错复杂，以期建立相关具有可操作性的人类问题解决方案。

真正的智慧及其物化出的理论知识，无论产生于何种场景，都一定是来自于经历痛苦思考后的体验。所以智慧并不是上帝对人类的眷顾，智慧并非实体，没有轮回，也没有来世的第二天堂。它只意味着人类在现实地关心自己，并付诸思考的行动。这种对学术认知的矛盾时刻告诫我们在理论研究中不仅要注重对经典和前沿文献的及时掌握，更要努力倾听头脑中转瞬即逝的偶得之念和在梦醒时分突然闯入的灵感，这有如仔细倾听当智慧女神从你身边经过时的神祇引发的异响并努力抓住她衣裙的下摆，创造出与她保持同步前行的机遇。

如果说艺术家的代表作品是一幅传世名画、一件精美绝伦的雕刻、一部经久不衰的文学作品，那么对于从事国际关系理论研究的学者来讲，避免去追求昙花一现的学术时髦与热点，去追求经得起历史与逻辑双重检验的宏大命题，则是其在学界最终得以安身立命之根本。在参加学术会议时我经常会反思一个问题，为什么有些学者被提及时大家都能明确地说出其代表作品和思想观点，而另一些著名学者大家则只知道他的文章很多、名气很大或头衔很高，但却没有一个人能讲出他究竟有哪个学术观点和作品流传甚广？其实作为学者，知识的创作和艺术的创作一样，如果我们此生能够写出一篇《道德经》《过秦论》或《滕王阁序》这样的传世经典便足矣。尤其是鉴于上面谈论过的学术创新存在着极强的偶然性特征，很多时候高产的代价就是创造出一些"为赋新词强说愁"的应景的绩效文章。如果一个学者终其一生都没有一部代表作品，那么即便是一时的名气再大，一旦其退出学术舞台，便会像沙滩上的画或阳光下的泡沫一样，很快并永远地消失在人们的记忆中。

对于国际关系理论研究要始终提醒自己，庸人看待国际政治每一天都是新鲜的，而智者看待国际政治每一天都是不新鲜的。这句话用太阳王路易十四（Louis XIV）的话来讲就是太阳底下没有新鲜事，用考克斯（Cox）的话来讲则是历史不过是在旧的面孔上涂抹一层层新的化妆品。如果我们能够关注国际政治中长期反复发生的重大事件及其背后的规律——而不是一事一议的像小猫钓鱼一样不断地让知识去适应并服务权力的任性和公众的鲁莽——那么国际关系理论家则可能成为决策者的导师，而不至于像一把梳子一样在城头变幻大王旗的时局演变中沦为权力的婢女。

国际政治理论创新具体可以从三个维度展开。第一种维度的创新是我们在国际政治实践中发现了从未遇到过的新问题与新现象，而在此之前并没有人对此问题进行过理论研究。在政治实践中遇到的新问题为"0到1"的原创型理论创新提供了重大机遇。例如，"斯德哥尔摩症候群"这种微观理论的提出就是一种原创型贡献。为什么这种在世界各地广泛存在——尤其是在一些国家甚至全民性存在——的心理学效应以"斯德哥尔摩"作为其定语呢？这是由于彼时彼地发生的事件及其背后的心理学机制被率先以理论的形式创造出来。这种原创型理论——不论是微观的狭义理论，还是宏观的广义理论——在学科兴起初期爆发式出现的概率极高。不妨设想一下为什么在先秦时期汉语的成语典故曾出现过爆炸式增长的黄金时代，因为一旦对某种行为模式给予了规范性表述，那么此后相同的规律性事件就将以此来进行定义。邯郸学步、郑人买履、朝秦暮楚、杞人忧天、假途灭虢、东施效颦……在一个学科方兴未艾之时，能够率先对某些现象给予概念化阐释的理论将在学术的"圈地运动"中取得先手。这种现象在国际政治领域最近的成果就是格雷厄姆·艾利森（Graham Allison）所提出的"修昔底德陷阱"理论。

第二种维度的理论创新来源于对前期理论的批判或修正。知识分子应该属于某种游牧民族，他们需要不断地挑战自己和他人的概念和定位，不断为事实寻找更好的概念空间。通过不断锻炼自己的理论思维——就像那些试图练就完美肌肉的健身达人，通过撕裂旧的肌肉组织来促成新的且更强壮的肌肉取而代之——打破旧的理论认识，让更好的理论推陈出新或为更广义的理论去涵盖前期的狭义理论提供创新基础。

例如，面对为什么"水会自动涌上泵筒来，填补因活塞上升而造成的真空"这一现象，传统理论提出了"大自然厌恶真空"的认知。而伽利略的学生托里拆利（Torricelli）则通过提出"气海"假说，进而用大气压力学说修正了前期理论。这就是典型的"日心说"取代"地心说"的理论革新。在国际政治领域我们也能够发现，充满权力斗争与零和博弈思维的古典现实主义仅仅是温特式建构主义理论中关于国际体系内蕴的三种无政府状态文化结构之一的霍布斯体系文化。而古典现实主义理论在理查德·勒博（Richard Ned Lebow）所提出的"基于畏惧、利益和荣誉"的世界中，仅仅代表了"基于畏惧的世界"这样一种形态。我们也能够发现，随着实践内容的不同，理论之间存在着演化继承关系。例如，古典现实主义认为国家运行于国际体系的根本目标是维护生存利益，为此国家需要永无止尽地追求权力；而新现实主义则认为，权力仅仅是一种手段，对安全的过度追求往往会造成不安全的事与愿违的后果，鉴于主权零死亡时代国家生存问题已经不是最迫切的需求，因此国家追求的是安全而非权力；而新自由主义则在同新现实主义的融合性辩论中提出，在主权国家构成的熟人社会中，国家最大的利益诉求甚至已经不再是安全，而是经济福利的假设。

第三种维度的理论创新就是将其他学科的知识引入国际政治理论进行跨学科交叉。理论的杂交之所以能够成为可能，很大程度上源于社会科学最大的共性在于对人的研究。其中尤以人类在心智上的可塑性认知最为值得关注。谈到这一点，自然就涉及理论的第三种价值。前面我们谈到了理论的解释价值和预测价值（当然，在光明灿烂的通往政治洞察的山巅之路上，布满了沙尘般的理论预言家们的尸体）。事实上，迄今为止社会科学理论对于人类政治最为宝贵的第三种价值就在于它的建构和教化作用。这种教化的价值在于它让理论的信众看到了理论希望他们看到的内容并在此基础上为国际政治某种转变预先提供所需要的观念。很多时候只有人们首先相信了某种理念才会看到相应的事实。

正如深度内化约瑟夫·约翰·汤姆森（J. J. Thomson）《论阴极射线》理论的爱丁顿（Eddington）头脑中所理解的世界与一个没有经过现代物理学理论塑造的人眼中的世界可能截然不同。爱丁顿眼前的桌子已经不是那个通过感观或触摸就可以理解的有颜色的实体，而是变成了无数以极高速度奔驰着地稀疏地散布在广大空间中的电荷。虽然这些电荷的容积总量尚不足这张桌子体积的十亿分之一，但它们却能够支撑桌子上面写字的纸张。当爱丁顿把书本放在桌面上时，这些小小的带电微粒以它们飞快的速度持续冲击着书本的下部，因此书本才得以来回保持在相对稳定的水平。而对于桌面上放着的那张纸来讲，也仿佛一群悬浮在空中的苍蝇。[①] 同理，当道尔顿（Dalton）的化学键理论被提出时并无法找到直接的相关证据。恰恰相反，只有当这一理论被大多数人学习、内化并认可之后，人们才能够识别出有关化学键理论的相关证据。

随着全球化向更深层次的演进，由地区构成的多孔世界将在更多的交往中形成愈发频密的共有文化与道德规范。我们不妨设想一下，一位生活在 150 年前的清朝人，如果把他传送到 1800 年前的东汉，他会马上理解并适应其所处的社会。但如果把他传送到 150 年后的今天，他将根本无法理解和适应现在的中国社会。因为今天中国的文化中包含了太多在全球化中融合进来的内容。这就不难理解为什么鸦片战争爆发前夕，当英国驻广州的外交代表试图请求跟当地的清朝官员深入探讨两国面临的问题时，那位官员会大感不解。因为深度内化华夷秩序政治文化观念的清朝官员所能够理解的"两国"一定是英美，而无法理解仍在云端凌驾四海之上的大清。如果我们认为人类在心智上正在随着全球化而变得更加趋同，那么被

[①] Carl G. Hempel, *Philosophy of Natural Science*, New York: Pearson Education, 1966, p. 78.

同样政治逻辑建构下的世界大国可能在地缘战略心理层面上将愈发趋向于在共有偏好影响下更加程式化的理性决策模式。地缘战略心理学就是这样一种通过将战略心理学引入并与地缘政治学进行交叉,进而探寻大国之间面对地缘结构、习惯环境、压力环境、期望环境和限制环境时普遍性的心理反应,以期在地缘政治学与战略心理学之间构建系统性决策分析框架。

三 为什么要构建地缘战略心理学理论

第一,国际政治本身就是一个包罗万象的多面体,任何一种现有理论都是对这一复杂对象某个特定侧面进行的诠释。理论是在片面中谋求深刻,一个试图最大限度地贴近事实本身的理论,因其抽象程度极低而难以指导更为普遍的实践。因此,理论的价值并不在于面面俱到,而在于同一性中所蕴含的逻辑的美感。自20世纪80年代亚历山大·温特(Alexander Wendt)以降,国际关系宏理论处于万马齐喑状态已达30年之久。由于尚未在新的交叉领域取得中观理论突破,而具有更大解释力的宏理论寻求突破的奥义就在于当前众多蓄势待发的中观理论中能否出现可以引领知识迭代的王位继承者。不论是同历史学交叉形成的古典现实主义,还是同新古典经济学交叉形成的新自由主义,抑或是同社会学交叉形成的建构主义,众多国际政治宏理论的产生均得益于在中观理论框架下进行的学科交叉与借鉴。

从这一角度讲,今天心理学同国际政治交叉的理论成果——不论从数量还是质量上讲——都远远低于其本应该在学术殿堂中取得的地位。心理学与国际关系的交叉虽然已有些成果,但总体上这些碎片化的研究成果仍没有生成带有本体论、认识论、方法论和价值论的系统性认知体系雏形和轮廓。这是否意味着带有浓重还原主义色彩且着重关注心理层面的交叉研究仅可以作为探究国际问题的某些不甚紧要的剩余变量呢?其实不是。即便体系的权力结构能够解释许多大国行为的结果,它也无法否定个体行为不完全是诸如环境压力、刺激、动机、态度和观念的结果,而是来自于其内心在行动过程中如何理解、阐释和处理这些因素。[①] 结构决定单元行为中最

[①] Herbert Blumer, "Society as Symbolic Interaction", in Arnold Rose, ed., *Human Behavior and Social Process*, Boston: Houghton Mifflin, 1962, p.183.

常用的极端案例就是当剧场着火时，人们不论男女老幼都会逃向出口。但人们为什么均会作出向出口逃跑的决策？这本身便是理性影响下的心理决策机制的作用。因此，在体系结构压力与单元行为结果之间的中介变量就是基于不同地缘类属身份而生成的差异性心理认知与地缘战略偏好。

理性是历史性的产物，理性的条件是由历史性决定的。体系主义研究方式存在的一个重要缺陷就在于，如果每个理性人在相似压力环境规约的结构奖惩机制作用下表现出同样的行为模式，那么我们就没有道理去赞扬或贬低任何一位政治人物了。甚至任何一个遭到指控的战犯都可以为自己辩解说，如果换一个人坐到他的位置也会作出相同的决策。实际上，在对东条英机及其军国幕僚的起诉中，检方往往倾向认为："被告既不是机器人，也不是机器中可以随意替换的齿轮。他们完全可以选择自己的国家是体面的生活，还是成为全世界邪恶的象征。既然他们作出了选择，那么就必须为自己的选择而负责。"[1] 从人类心理动机出发，以人类心理动机解释地缘战略决策，是一种试图打开国家"黑箱"并探究个体动机、国家地缘政治偏好与战略选择的相关性，从而建构一个国际关系中观理论的重要路径。它将为国际关系理论中国学派发展提供一种新的范式。

第二，虽然地缘类属身份的差异性决定了主权国家在相同压力环境下也可能出现基于不同的心理认知与承受能力而表现出难以预判的差异性，但这一观点并未构成对地缘战略心理学有效性的质疑，恰恰相反，对这一问题的回应恰恰帮助地缘战略心理学回答了为什么探讨政治主体间极具差异性的心理因素可以发展成普遍适用的理论。正如物理学家借助构建模型来研究非线性过程一样。通常他们会从那些已经得到合理认知的线性过程入手，通过不断地加入新的变量或不断地调整变量的取值及变化率，以期揭示出线性过程的外部边界，或是在其外部边界之外可能产生非线性的秩序模式或域。对变幻不定的湍流的测量就是利用线性思维去发现非线性过程的一个典型方法。对于不可预知的湍流而言，如果我们可以抛开多变的局部转而从一段河流的整体流量考察，那么在该段稳定区域内的流速则可以用线性模型或方程式加以描述。理论不能告诉我们某家医院产房下一位出生的孩子是男孩还是女孩，但是科学的统计能够证明，从该医院产房走

---

[1] Robert Jervis, *Perception and Misperception in International Politics*, Princeton：Princeton University Press, 2017, p.16.

出的1000名婴儿中，男孩（或女孩）的数量均不会少于480人，也不会多于520人。我们也许无法预测在深秋季节里某一片飘零的落叶是否将掉在某个具体方位，但根据风向、风力与树叶高度，我们可以推断出1000片落叶中大约有多少片会落在这一地区。同理，虽然我们难以对单个量子的运动轨迹进行测量，但根据量子力学"越大越准确"原理，对量子集合运动的几率进行测量则是具有可能性的。

地缘战略心理学是另一种体系主义研究方式，它关注的是长期存在且不易变化的心理结构及其内在转化。具体将地缘政治学与战略心理学交叉研究的目的在于阐释如何基于差异化的地缘类属身份及其可能伴随的总体心理决策偏好——个体心理恰似瞬息变化的湍流——构建出规律性认识。地缘战略心理学探寻国际行为体各种行为背后普遍的心理动因，进而解释、研究和预测大国政治互动的一般性规律。如果政治根植于人性这种长期不变的基本法则，如果全球化交往与现代性扩散正在体系主导大国之间构建出更加强大和频密的政治与道德共识，那么人们在相同的地缘结构、习惯环境、压力环境、期望环境和限制环境下，则会因相同心理映射而作出同类反应。地缘战略心理学意在揭示地缘政治行为背后更深层次的心理学影响机制。它通过揭示大国权力竞争中存在的差异性偏好，为理论的学习与实践者提供反其道而行之的工具化理论。因此对于崛起大国来讲，地缘战略心理学不仅是一面镜子，它帮助崛起国认清其头脑中理想战略的本来面目并从前人的历史悲剧中发现长期反复出现的认知误区，同时也是一座灯塔，它为崛起国走出山间雾霭混沌的荆棘丛林照射出一条穿越风雪并迂回通向成功山顶的最短路径。

第三，如果说今天中国的国际政治学要注重研究大的战略性问题，那么地缘战略心理学无疑是未来可能通过学科交叉取得重大影响的突破方向之一。作为当今国际社会中唯一的崛起大国，中国崛起进程对全球既存的利益格局与权力格局形成的巨大冲击及这种冲击所连带的反作用力，为我们在世界经济与国际政治领域实现理论创新提供了最直接的研究对象和学术市场。研究大国崛起战略理论的中国学者都是幸运的。在这一伟大的历史转折中，我们生逢其时，躬逢其盛。通过对权利、责任与能力三者之间非相合性矛盾发酵所引发的守成大国与新兴大国之间的安全困境与战略互疑之研究，既为当代中国国际政治中观理论创新提供了百年一遇的历史机遇，也为这一专业对国家和民族复兴大业所要承担的历史责任指明了方向。在权力转移的"一极半格局"背景下，现实主义回潮所伴随的大国战略竞争将更加激烈。从地缘战略心理学角度出发，研究如何最大限度地延长中国崛起的战略机遇期是本书的核心关切。

国际秩序的本质不在于每个国家之间的相互尊重，而是牵涉到各个节点性权力中枢国家主体性需求的利益网链。作为体系大国，我们能做的就是不断被卷入其中，而且心甘情愿。所以从根本上讲，国际政治面临的所有问题的核心就是由于大国私性空间扩张而在安全层面引发的集体行动逻辑的困境。研究大国政治不是我们对小国命运的漠视或缺乏尊重，恰恰相反，正是由于我们对众多小国命运的关切，才更加要求我们去研究对国际体系起决定性作用的大国政治走向。因为今天的国际政治仍然是大国主导下的寡头垄断结构。在这种结构下，我们只有去研究大公司之间的战略博弈——而不是研究某个行业特色小公司的发展模式——才能够真正地了解系统未来的发展趋势。正是大国互动过程中所形成的权力场域对小国外交决策在选择范围上给予了预先的框定与塑造。这种场域对小国的约束就像是我们看电视时手中握着的遥控器，我们只能在遥控器所提供的频道选项内决定看哪个节目。

从硬币的另一面看，由各种国别问题引发的碎片化研究正在以社会文化差异之名撕裂国际政治作为一门关于权力与关系学科的总体思考。这种停留在描述层面"只见树木，不见森林"的区块化研究视野不仅无法抽象出具有普遍指导意义的理论，"山头化"与"巴尔干化"还将模糊我们对具有重大划时代意义问题的理解与判断能力。尤其对需要具有整体视野的通才专家的地缘战略理论来讲，对区域小国的过分关注将使我们丧失从系统角度解决问题的能力，并陶醉、沉迷和自我感动于"头痛医头，脚痛医脚"的深度时事评论，以及在此过程中所伴随的莫名的紧张、无谓的劳碌和虚幻的充实。许多带有小国身影的国际政治问题也仅仅是背后更大局势中主导性权力之间深度博弈的特定侧面或衍生表征。区域紧张状态的根源总会在深埋着大国全球战略根系的土壤中被发现，其枝蔓的延伸往往超越特定的国家并一直延伸到未来。① 大国之间的紧张状态就像一个能够持续

---

① Hans J. Morgenthau, *Politics Among Nations: The Struggle for Power and Peace*, New York: McGraw-Hill, 2005, p.556.

为机体提供氧气供应的呼吸系统,它们以压力的形式将制造的紧张空气渗透到国际体系大大小小的每一个问题之中。虽然这些问题在国际体系的不同器官中呈现出各具特色的地区性差异,但是除非拥有幕后大国支持,否则任何小国之间的仇恨都无法升级为长期剧烈对抗的地区冲突(在此我们不妨回想一下"冷战"前后朝鲜半岛、中南半岛、中东或非洲的地缘政治冲突)。因此,只有抓住全球性战略博弈中带有决定性意义的主要矛盾和矛盾的主要方面,才能够真正地对面临的问题予以整体评估并厘清战略应策的优先主次。

我们任何时候都不会否认,"二战"后主权平等原则和国际关系民主化浪潮催生了对小国价值的关切。但对小国价值关切的同时仍要清醒地认识到其可能伴生的"权利"与"能力"非相合性加剧可能引发的安全赤字、发展赤字与治理赤字等潜在风险。在无政府状态下,每一个主权国家都保留了最高权威。因此将联合国大会决议比作某种国内的议会决议本身就是一种对无政府状态与有政府状态差异的认知谬误。国际政治不是简单的联合国投票。换句话说,如果拥有615万人口的尼加拉瓜的一票同拥有14亿人口的中华人民共和国的一票有着相等的法律效力,那就意味着一位尼加拉瓜公民在国际事务中所享有的决策权重是一位中国公民的215倍。不论是从具体的民主权利,还是从抽象的民主原则来看,主权平等推演出的国际民主都难以被视为一种良善的政治安排。在"二战"结束至今的漫长历史中,国际社会中占有绝大多数的小国真的能够通过投票让大国去做哪怕一件它不愿意做的事情吗?这就是为什么笔者总是强调研究大国政治与大战略(Grand Strategy)——通过确认至关重要的国家安全利益以及为实现上述利益制定出必要的政治、军事、经济与外交协同行动的总体方案——在当代国际政治中的现实意义。

同时,人类的整个历史如果能够对今天产生一点点启示,那就是在"二战"后确立的洲级大国时代,英、法、德这样的中等强国对国际政治的影响将变得越来越小。人们也许会反驳为什么从古希腊时代的雅典、叙拉古、他林敦,到罗马王政时代前夕创造璀璨文明的伊达拉里亚,再到欧洲中世纪的佛罗伦萨、米兰、威尼斯、热那亚,抑或是近代的葡萄牙与荷兰,众多小政治单位也可以在历史中创造辉煌的文明事业?但我们首先不应忘记,这些政治单位不论从力量与体积,还是从财富与人口来讲,相对于同时代体系内其他单元而言,前者都是伟大的政治实体。同时,如果我们沉迷于雅典与斯巴达人之间的战争而忽视了侧翼大国波斯和未来正在北方崛起的马其顿帝国,抑或是此后更加雄伟壮丽的罗马帝国;如果我们沉迷于地中海的热那亚与威尼斯的权力争斗,而没有看到大西洋地平线崛起的令地中海海上力量黯然失色的葡萄牙与荷兰;如果我们沉迷于英、法、德、奥这样中等强国在争夺近代欧洲霸权的厮杀,而忽略了美利坚与俄国这两个庞然大物崛起所宣告的洲级大国时代的来临,那么我们就无法从历史中看到当喷泉的托盘盛满水后一层层向下进行权力转移的世界政治的宏大图景。

可以肯定地说,如果当今美国国际关系研究的核心议程是霸权护持,那么当今中国国际关系研究的核心议程就是大国崛起。尤其是随着中美二元竞争态势的加速生成,中国亟需加强对崛起进程中如何规避过早地卷入体系战争风险问题之研究力度。国际政治实践中产生的问题——实践向度、问题向度与知识向度需求性叠加——是催生理论创新的重要源泉。正如"二战"后欧洲一体化进程不断提升,从而孕育出以"国际社会"为核心概念的英国学派一样,"冷战"后中国崛起的地缘政治实践,为今天我们构建国际关系理论中国学派提供了重要契机。随着"道义现实主义""关系性理论""共生理论"抑或还有体现出浓重华夷秩序政治逻辑的"天下主义"的提出,中国国际关系理论的发展逐渐摆脱了20世纪"西学东渐"的学习阶段,转而进入本土化理论百家争鸣的繁荣时代。

但我们国际关系理论研究成果与大国外交实践的需求相比却仍显得远远不够。这不仅体现在理论更新迭代的速度和学派的数量上,更体现在理论内在的普适性与实用性问题上。任何一种广义理论所内蕴的原教旨主义倾向都促使其通过打压同类竞争性理论,进而突出强调自身的普遍适用性。因此,一种学派如果仅以地域作为划分身份认同的标识,则其本身就已经堕入狭隘与孤独。就像金庸笔下的江湖,一旦某人的江湖称号前面加入了地名定语,那么此人大约就不是真正厉害的大侠。比如,"曲江二友""江南七怪""浙东双义""郑州夏老拳师""通州聂老拳师""三峡神女峰铁姥姥"等。极具地域特色的老拳师们在金庸笔下没有一个不是死得很惨——聂老拳师被善恶二使灭了满门——借以衬托某个武力值极高的江湖人物的心狠手辣。这种标榜特色并脱离了国际主流话语辩论共同体的理论以其坐井观天、沉迷于自己投入的尊严和自娱自乐的精神——它们就像19世纪被运送到伦敦或巴黎世博会上供喜好猎奇的人们观察原始人生活状态的非洲土著——在国际关系理论发展演进的图谱中成为西方理论界在政治正确影响下对弱势文化群体彰显文化平等主义的濒危物种。

我们要时刻记住，创造国际关系理论的根本目的是提供一种观察世界政治运行规律更有效的视角。其更大的目标在于帮助我们和全世界各个地区、不同文化的国家——尤其是起决定性作用的体系大国——进行交往互动。因此，当一个屋子里面大多数人都在讲某种通用的语言时，如果我们想加入话题，那么最明智的选择不是标榜特色，而是讲大家都能听得懂的语言。认为中国学派必须要有中国的历史叙事或者中国文化元素这本身就是一种偏狭心态导致的误解。汤因比（Toynbee）认为："人类存在着前现代思维与现代思维两种截然不同的模仿倾向。前现代思维倾向于模仿祖辈，他们活在被建构出的祖先完美的影子里，仿佛千年后世不存在一丝改变或进步的余地。其存在的意义变成了对伟大历史文化在巅峰定格后的延续和翻版。社会价值也多呈现为祖先崇拜和复古崇拜。这种模仿过去的倾向往往产生静止不前的文化。现代思维则倾向于模仿有创造力的个人。实际上也就是相信未来的理论比过去更好。它代表着一种生生不息、积极开拓的文化。"[1] 本书坚信未来中国学派的开拓不仅要积极吸取中华传统文化中宝贵的知识遗产，也需要让观念更加适应有别于传统儒家社会的现代国际体系。《西游记》在思想上的伟大与包容正体现在书中很好地将中国本土的道教（玉皇大帝、太上老君、东海龙王等）和西域的佛教（如来佛祖）融合到一起，体现出不同知识体系在对问题理解上的殊途同归。物质决定意识原理告诉我们，当国际政治实践本身出现了根本性变化时，政治思维与理论认知要积极地对客观世界作出调适，这样才能更好地开创指导中国特色大国外交实践的中国学派。

中国学派也可以用西方的历史典故与哲学文化。说服对方最好的方式就是用对方能听得懂的语言，而不是像两个聋子一样自说自话。因此，如果我们驾驭对方知识本身的能力都胜过西方人自己，那才是真正能够代表中国学术走向世界并产生经久影响和广泛信众的大理论。牛顿－莱布尼茨

---

[1] A. J. Toynbee, *A Study of History*, Vol. Ⅲ, London: Oxford University Press, 1934, pp. 36-37.

公式、贝叶斯-拉普拉斯公式、毕达哥拉斯定理、欧拉公式这些真正影响人类命运的重要发现没有一个是从某种地域独特文化得以孕育并加以命名的,而是在人类文明共有的知识基础之上继承并向上发展的。因此,如果未来中国的国际关系学者能够以不忘本来、吸收外来和面向未来的胸怀来对待知识,哪怕仅仅只是提出一些类似于"斯德哥尔摩症候群"这样具有广泛影响的微观理论,在此基础上集腋成裘、聚沙成塔、积微成著,也定会为推动中国学派从倡议与主义之争走向知识与问题之辩提供更大的创新空间。

理论本身就是对普遍性规律的总结。能够长期存在且影响广泛的理论一定是关注普遍性、一般性,而不是狭隘的特殊性。一种标榜特色的理论从一开始就将面临缺乏信众而难以长期存在的困境。这自然会让人联想到为什么狭隘的犹太教最终无法发展成为与世界三大主流宗教并驾齐驱的世界性宗教。众所周知,如果一个人在社会中不断地标榜自身的特色并要求社会去适应他的特殊性,这种以一己之力去谋求影响或改造整体结构的螳臂当车之行为——就像是手中提着一只空桶站在河床中间试图阻挡汹涌的泥石流。在效用上他可能无穷小地降低洪水水位,但由于力量实在太小而基本可以忽略不计,以至于他唯一的成就就是把无法理解基本统计学概念的人所拥有的基因在整个人类基因库中所含的比例降低一点点——定将重蹈历史悲剧的覆辙。当个体与社会结构之间出现差异时,应该是个体特殊性去适应结构的整体性,而不可能出现社会结构的整体性去适应个体的特殊性。因此,过于强调特殊性的国际关系理论,可能在建构与教化过程中让理论的拥趸成为国际社会中一个行为举止怪异且格格不入的另类。在竞争与社会化双重塑造与影响下,国际社会结构以不同形式对主权国家的行为及其背后的政治哲学理念进行奖惩。理论的普适性要求我们在构建中国学派的道路上站在更高的位置并作出更大的努力,即只有用那些西方人也能听得懂的历史与哲学话语来构造理论并被世界主流学界认可,才是未来中国学派走向成熟、自信与强大的真正标志。

四 本书主要探讨地缘战略心理学中的哪些问题

大战略研究只有深刻地把握时代脉搏,体现时代特征,满足时代需求,才能够最终体现出维护国家利益的理论价值。本书探讨的核心问题就是如何从地缘战略心理学角度最大限度地维护和延长中国崛起的战略机遇期。地缘战略心理学认为,"安全"同"安全感"是两个不同的概念。前者是客观上免于受到物理伤害的真实状态,后者则是主观上没有感知到威胁发生可能性的心理体验。虽然物质实力、地缘的毗邻性、进攻能力与侵略意图对安全的影响程度依次递增[①],但对安全感的影响更取决于地缘类属身份的主观认知。通过对历史上长期反复发生的重大地缘政治事件进行规律性总结并在此基础上发掘其背后的心理学效应,本书提出了"趋势焦虑与冲突意愿""国际政治中的老爷子现象""国际政治中的圣诞老人效应""沉没成本迷思""竞拍者迷思""赌徒博弈""崛起战略中的腓力陷阱""崛起进程中的威廉困境""心脏地带迷思""多米诺疑惧""黄金之国迷思""同盟承诺困境",以及"科林斯难题"等有趣的战略心理学问题。

地缘战略心理学认为,大国行为的根本动机取决于疑惧(参见图0-1:△BCD)、贪婪(参见图0-1:△ABC)、复仇(参见图0-1:△ABD)和荣誉(参见图0-1:△ACD)所构成的三棱锥结构及其之间的范式转换。无政治状态加剧了大国间在安全层面的不信任感。从"囚徒困境"博弈模型——个体理性导致的群体非理性结果——推演出的"安全困境"使体系大国倾向于将"最坏假定"和"敌意假定"的"霍布斯疑惧"视为一种符合国际道德的理性。这种疑惧在行为体间的深度内化会使体系中不论是强国还是弱国都存在不安全感。因战略互疑而产生的防范政策似乎又给最初的"丛林假定"之正确性提供了经验反馈的有效证明。

无政府状态下的疑惧首先催生出国家对权力和利益的贪婪。这种贪婪体现为不论大国还是小国都对增加本国权力和利益有着极为强烈的欲望。对权力下位者来讲,其对权力上位者的反抗可能最初带有正义的革命性,但是一旦当其转身成为新的支配者后,它对其他政治单元的压迫性特征就会显现出来。国家反抗的从来不是压迫本身,而是自己没有压迫支配别人的权利。当其谋求取得区域权力的优势而获得成功后——请注意不是得到满足后,因为国家永远不会满足——越来越大的目标和胃口就会鼓励其向着更大的权力上位者发起挑衅。一旦其扩张的永动机开动,就会像自亚历山大大帝、罗马帝

---

① [美]斯蒂芬·沃尔特:《联盟的起源》,周丕启译,北京大学出版社2007年版,第20—25页。

国直到拿破仑帝国与纳粹德国一样，直到其人口与版图出现严重的失衡以至于整个权力系统最终透支崩溃为止（就像蒙古帝国最终被撕裂），抑或是直到其遭遇更强大的对手并被其击败为止（就像唐帝国在怛罗斯战役被阿拉伯帝国击败而退出了中亚地区）。战国后期的秦国会满足于其凌驾于其他六国的明显优势吗？不会的，当秦国成为霸权后它接下来要做的并不是巩固霸权，而是建立秦朝，即从多元霸权模式向一元帝国模式实现范式转化。贪婪意味着对于权力的追求是根植于人类基因的本能。权力的贪欲尤如水中的涟漪，无限地扩张自己，直到最终消失在无限里。

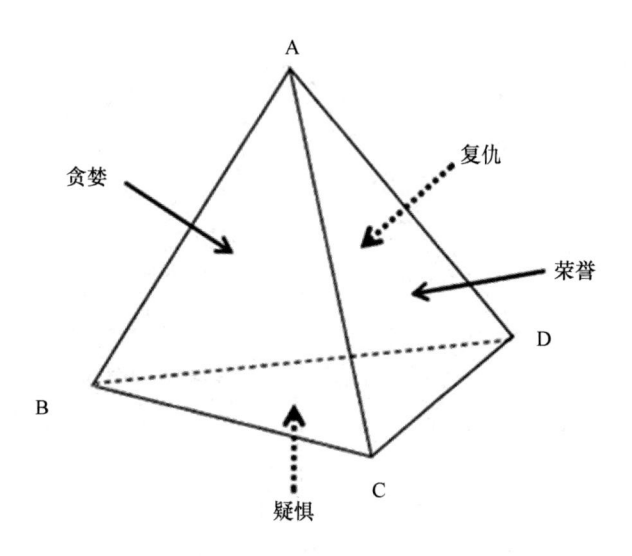

图 0-1 大国行为的心理驱动要素

贪婪进而催生出国际政治中复仇与荣誉的双重心理特征。一方面，一旦国家在最初有限的权力追求过程中遭遇到失败，其就会在群体内部产生一种挫折感、屈辱感和丧失尊严的负面心理体验。这种负面心理体验在表层体现为群体将愈发坚定地认为必须从政治上改变现有的权力对比，如此才能摆脱被打压的命运。在深层则体现为，背负受挫折感和屈辱感的群体需要赢得荣誉来摆脱负面心理体验。对于任何一个带有历史记忆的群体而言，群体性复仇都是政治家煽动民众服从的最有效途径，也是民族主义和民主政治时代具有正当性的美德。民族国家的复仇观念就像是数学中必须使方程式两边相等那样严密。两次世界大战前后的德法与"二战"后至今的中印关系都是这种政治心理的深刻反映。事实上，自中印边境战争失败以后，整个一代印度人的思想就已经军事化了。他们内心耿耿于怀的永远不是藏南地区——双方都知道即便印度拿到了整个地区也不会使两国实力差距有任何改变，就像 1919 年即便法国重新获得阿尔萨斯和洛林也无法在物质上改变德国的力量优势——而是两个新兴民族国家之间失败的体验。不论是表层诉求，还是深层动力，都促使权力欲望受挫的国家产生雪耻的心理特征。

另一方面，它会通过在权力所辖范围内普遍施加其控制与干预能力——权力就是拥有迫使对方做其不愿意做的事情的能力——以寻求内心愉悦感的满足。正如《死海》古卷中所讲："在这个世界上，有哪个国家愿意受人欺压，谁又甘心自己的财富横遭掠取？可是又有哪个国家不曾欺压过它的邻邦，这个世界上又有哪个民族从未掠取过其他民族的财富呢？在写满羊皮纸的所有历史中，这样的国家我们一个也找不到。"当提洛同盟的首领雅典人派出的使者向谋求自由而反叛的米洛斯人宣称"强者可以做任何事情，而弱者必须接受强者对其命运的安排"[1] 时、当 1945 年苏联副外长安德烈·维辛斯基（Andrei Vishinsky）闯入罗马尼亚国王办公室并一边猛劲敲击办公桌，一边喊如果国王不能在两小时零五分钟之内解除民选自由派总理并找到苏联满意的替代人，那么苏联将不保证罗马尼亚继续是一个独立国家，说完便大步离开摔门而去时（此时苏军坦克已经占领了布加勒斯特的大街小巷）[2]、当 1947 年斯大林（Stalin）要求捷克斯洛伐克收回其接受英法邀请参加马歇尔计划的决定时补充道，鉴于捷克斯洛伐克内阁是全票通过的这一邀请，那么现在它也要全票彻底否定这一决议[3]时、当我们看到斯大林为泽登巴尔指派的苏联夫人的照片时，我们就会理解事关大国荣誉的优越感需要通过对弱者施加权力的过程得以实现。从战略心理学角度讲，知道并学会利用人性的弱点，并在反其道而行之的基础上构建地缘战略心理学，这样能够帮助大国在未来的全球战略博弈中取得优势。

---

[1] ［古希腊］修昔底德：《伯罗奔尼撒战争史（上册）》，徐松岩译，上海人民出版社 2012 年版，第 199—227 页。
[2] Martin Wight, *Power Politics*, London：Royal Institute of International Affairs, 2002, p. 193.
[3] Martin Wight, *Power Politics*, London：Royal Institute of International Affairs, 2002, p. 194.

如果说本书还可以拥有一个别名，那么我想称它为《地缘战略心理学十篇》。本书所涉及的十篇内容在排列上虽然有些形散，但其核心议程都指向同一个方向，即中国如何利用地缘战略心理学这一理论工具缓解崛起困境并在隐忍中实现自身的和平崛起。所谓的战略机遇期同时也是漫长的战略忍耐期。很多人认为大国崛起的核心奥义是不断地奋进努力，其实不是。大国崛起进程中最大的奥义是锤炼一种如履薄冰却又信心十足的耐心等待重大转折性事件生成的隐忍心态。就像普丹战争后俾斯麦（Bismarck）曾告诫他的部下："我常常不得不在埋伏的地点守候多时，忍受身边蚊虫的覆盖与叮咬，直到射击最佳时机到来。"[①] 一个每天晚上都迫不及待要跑进农田把麦苗拔出来看看长势如何的农民很难获得好的收成。国家越是接近权力的顶端，就越可能触碰到体系霸权国最为敏感的权力神经，因此它就越要学会避免触发一切错误的隐忍并等待水到渠成、瓜熟蒂落、实至名归的权力转移的最终实现。它需要政治领袖以超出常人的实用主义，懂得国家在追求利益的问题上要考虑到国际社会的整体反应而主动地自我节制。通过异常隐忍甚至是唾面自干的强大心态去警惕欲望、压抑愤怒、漠视声望与克制冲动。下面请允许笔者简单介绍一下本书探讨的内容框架。

第一章为"趋势焦虑与冲突意愿——区域主导权竞争中的防御性进攻主义"。该章主要探讨了如下内容：区域安全复合体内部主导权竞争常常会引发大国战争。从理性角度讲，倾向于发动主导权战争的国家要么应具有"趋势优势"，要么应具有"实力优势"。但却无法解释为何有些国家既没有"趋势优势"，也没有"实力优势"，却依然倾向于对"实力较强且趋势占优"的国家发动主导权战争。本书发现，趋势焦虑不仅可以解释传统理论中守成大国对新兴大国的防御性进攻倾向，更可以解释如果守成大国通过战略打压成功地扭转了新兴大国的崛起趋势，那么新兴大国反而可能因趋势焦虑而选择防御性进攻。避开从传统权力结构性分析路径入手，而通过引入地缘战略心理学的"趋势焦虑"概念并构建防御性进攻主义的广义理论，将对区域主导权竞争中何者更具进攻性意愿有着更强的解释力和预测力。同时，传统理论认为，霸权国在区域主导权竞争中倾向于依据静态的权力结构性而扶持区域次强国，进而达到抑制权力占优方的目

[①] Otto Pflanze, *Bismarck and the Development of Germany* (Volume II): *The Period of Consolidation, 1871–1880*, Princeton: Princeton University Press, 2014, p. 90.

标。本章则从战略势能演变的动态性角度出发并发现，霸权国在区域主导权竞争中并非一贯倾向对区域次强国予以支持，而是更倾向对"趋势占劣"或"战略匹配高"的地区大国予以支持，哪怕其权力暂时仍处于优势地位。

第二章为"海陆复合型大国崛起的'腓力陷阱'与战略透支"。该章主要探讨了如下内容：通过对地缘政治学与战略心理学进行交叉研究发现，面对海陆复合型崛起大国，海权霸主更多表现出"知觉警觉"的心理偏好，而其周边陆权邻国则更多表现出"知觉防御"的心理偏好；前者倾向于根据权力结构性对崛起大国采取无差别制衡，而后者倾向于根据权力关系性对崛起大国采取融合威胁的推责。因此，只有当海陆复合型崛起大国对周边陆权邻国明显构成安全威胁时，才会促使它们同海权霸主结成制衡同盟。"腓力陷阱"可以被视为海陆复合型崛起大国因未能认清和利用海权霸主的"知觉警觉"与陆权邻国的"知觉防御"之间的战略分歧所引发的后果。更确切地说，失败的崛起大国不仅没有理解"知觉防御"的大陆原理本应是其分化战略中的有效支撑，反而因其对周边的战略冒进帮助了海权霸主建立反制性同盟。对于已获得陆权支配地位的大国来讲，避免追求绝对陆上霸权的战略冒进，转而追求在"不平衡的多边均势"中保持相对优势，则会在"知觉防御"的大陆原理作用下促成周边国家争相推责局面的生成，从而使海权霸主因无法在陆上寻找到足够有效的战略盟友而难以推行战略遏制。

第三章为"海陆复合型地缘政治大国崛起的'威廉困境'与战略选择"。该章主要探讨了如下内容：在研究新型大国关系的议程中，关于崛起国与守成国如何规避"修昔底德陷阱"的探讨很多，但是关于"威廉困境"是如何诱发"修昔底德陷阱"的研究却很少。通过将地缘政治学与战略心理学进行交叉研究发现：海陆复合型崛起大国追求区域海权存在着时间上的"先动劣势"和空间上的"重点区域劣势"两大特征，即率先追求区域海权或在霸权国利益核心区域追求海权的崛起国最容易被视为挑战者；而掌握"后发优势"和"次要区域"的崛起国则有机会通过推责战略而成为霸权国绥靖与鼓励的结盟对象。威廉德国对于虚幻的荣誉的偏执是诱发英德之间敌意螺旋不断升级的重要原因。该章对今天中国崛起的启示在于，在亚太地区中美二元结构日益明晰的前提下，中国追求区域海权缺乏一个有效的推责对象。一旦中国陷入区域陆权与区域海权并举战略诱发的"威廉困境",就可能加深中美之间的战略互疑,并成为日本与印度在"印太战略"框架下谋求区域海权的推责对象。

第四章为"同色竞争与差色互补:'海陆并举'思维引发的战略反噬"。该章主要探讨了如下内容:国际体系是一个复杂的利益交互系统,在系统中存在着众多战略层面的施动—反馈模式。地缘政治大国的安全战略选择决定了它与体系其他主要成员间的互动方式,互动方式决定了其可能面临的结构性压力,并最终影响到大国崛起的兴衰成败。通过本书可以发现:海陆复合型崛起大国的战略模式可以分为"区域陆权"战略、"全球海权"战略和"区域/全球海陆并举"战略。如果崛起大国尚未形成稳固的陆基周边环境,那么追求"区域陆权"战略是最优选择;如果拥有稳固陆基周边环境,那么追求"全球海权"战略是最优选择。而"海陆并举"战略因"同色竞争"原理,既可能同周边国家陷入"区域陆权"优势的安全困境,也可能同"全球海权"国家陷入争霸战争。因此,"海陆并举"战略往往容易造就一个反对自身崛起的海陆权力联姻。与之相反的是,追求单一的"差色互补"原理容易实现海陆功能分异背景下的战略结盟,进而影响大国崛起战略的操作实施。

第五章为"逆向战略:弱势海军何以制衡?——对科贝特海上霸权护持战略的反向识读"。该章主要探讨了如下内容:如果说马汉(Mahan)的海权战略理论服务于美国海权的崛起,那么科贝特(Corbett)的战略理论则源于并长期服务于英国海上霸权的护持。随着"二战"后美国成为全球新的海权霸主,美国海上霸权护持的战略原则开始逐渐脱离于马汉的崛起权力之弱势思维,而转向了科贝特的护持权力之强势思维。逆向思维如何在战略博弈中有效运用是本章试图探究当今美国海上战略思维的根本出发点。近年来,科贝特海权战略理论开始受到国内学界关注。但国内现有的研究成果多偏重于将这种为霸权护持所打造的理论直接套用到处于崛起进程的中国海军实践。这种削足适履和刻舟求剑的做法不仅无助于处于成长阶段的海陆复合型大国海军建设,反而可能因理论的水土不服和过早地追求"对称原理"而重蹈历史的覆辙。本章将科贝特海上霸权护持战略核心原则归纳为四点,即"诱敌集中与诱敌出海战略""开放式封锁与松散集中战略""威胁航线与围点打援战略"和

"离岸平衡与有限介入战略"。这四种递进战略的综合运用为海权霸主长期掌握全局性制海权提供了有力支撑。作为一种海上霸权护持的一般性原则,该理论对2017年美国提出"重返制海"理念有着重要的影响。本章通过矛盾分析法中的逆向思维对科贝特海权理论进行反向识读。在反其道而行之的基础上,提出海陆复合型大国弱势海军战略应策的一般原则,即"舰队分散与诱敌抵近战略""近海袭扰与长线分布战略""内线拓展与外线收缩战略"和"攻其必救与歼敌勿尽战略"。

第六章为"砝码国家何以自抬身价?——两极格局下同盟政治中的'科林斯难题'"。该章主要探讨了如下内容:战略迷思与同盟类型构成了砝码国家自抬身价的主客观原因。在洲级大国时代,虽然区域盟友对于改变超级大国之间权力对比的边际效用明显式微,但沿用过时的地缘政治话语及思维仍可能导致同盟主导国在世界权力三大核心区"技术核心区""生产核心区"和"资源核心区"分别陷入"心脏地带推论""多米诺推论"与"黄金之国推论"的地缘战略迷思。同时,通过对两极格局下同盟类型与同盟管控的研究发现,在"威胁一致型"与"权威支配型"同盟中,主导大国具有较强的自主性和对盟友的约束力。而在"安全互补型"同盟中,则多发主导大国逐步放弃建立同盟之初的"全球战略目标"而被弱小盟友的"区域战略目标"绑架和削弱,以至于在不知不觉而又半推半就中甘愿沦为其实现"区域战略目标"的工具。通过细化同盟类型并构建微观理论分析框架,不仅能够帮助中国在崛起进程中通过反其道而行之的方法进行同盟分化,还能够帮助其避免因战略冒进而导致对手同盟关系从行动力较弱的"安全互补型"同盟转化为事与愿违的、行动力较强的"威胁一致型"同盟。

第七章为"地缘战略心理学对崛起国破解'三明治'制衡结构的效用分析"。该章主要探讨了如下内容:"三明治"同盟制衡体系属于结盟均势理论中一个独特结构,它从"敌人的敌人是朋友"和"强大者的敌人是朋友"双重逻辑出发,探讨大国战略博弈中同盟的整合与分化问题。"三明治"同盟结构的产生往往伴随着因竞争性地缘环境下非现状国家权力曲线外延的快速扩展而自发形成的权力对冲机制。这种权力模型在国际政治中长期反复出现为从理论上对其进行实证研究提供了充分的依据。通过对大国崛起进程中所面临的结构性压力和成败案例进行归纳与抽象,可以总结出同盟政治中具有长期、普遍指导意义的规律性认识，进而为今后更细致地预测与指导大国崛起实践提供一种有益的地缘战略心理学分析框架。

第八章为"边缘诱捕：两极体系下反遏制战略的效用分析——越战时期苏联的支持行为与美苏攻守易势"。该章主要探讨了如下内容：与"两极稳定论"认为的同盟主导国愿意对各自阵营内盟友的进攻性意图进行约束不同，本章认为，由于体系大国对核心地带与边缘地带战略意义理解的不同，超级大国更愿意对核心地带盟国的进攻性意图进行约束，而对于边缘地带盟国的进攻性意图的约束动机则明显降低。如果在边缘地带促成"代理人战争"有助于削弱战略竞争者的实力，甚至会对此类行为予以支持。两极结构下超级大国对区域盟友的差异经略体现为：让处于核心地带的盟国承担"压力缓冲区"职能，而让处于边缘地带的盟国承担"利益扩展区"职能。更准确地说，边缘地带的局部代理人战争既是核心地带释放结构性压力的重要出口，也是维护两极体系整体稳定的必要条件。当国际体系从单极霸权向两极体系演化时，大国之间在核心地带的直接冲突将明显减少，但它们在边缘地带的"代理人战争"频率和烈度则呈现上升趋势。本章通过对两极体系下超级大国反遏制战略组合及其效果的比较研究还发现：对"竞拍者迷思"和"沉没成本迷思"等地缘战略心理学的运用为反遏制大国实现"边缘诱捕"战略提供了重要契机。该战略不仅能够避免两极之间陷入直接对抗的全面战争，还能够实现长期消耗对手国力的目标。这种风险较小、收益较高的战略组合，构成了两极体系下实施"反遏制战略"大国缓解结构压力并促成攻守易势的最优选择。

第九章为"角色认知与话语建构：霸权国选择性干预的政治逻辑"。该章主要探讨了如下内容："冷战"结束至今，美国选择性干涉行为背后一直受到两大因素驱动。国际政治中的"关系性"决定了美国对外干预的动机和意愿，"结构性"决定了美国对外干预的手段与程度。依据"关系性"判定，美国选择性干预的目标通常是霸权的挑战者或潜在的挑战者。依据"结构性"判断，美国对中等挑战国干涉动机最强；对区域大国次之；对超级大国干涉动机反而最弱。地区大国是走向超级大国的必经阶段。因此，霸权国不论在意愿还是能力上都会对处于崛起中段的地区大国进行干涉，而对逐步完成崛起的超级大国直接干涉动机和力度会逐渐减少和降低。话语不仅是角色认知的文化表征，同时也对角色认知产生反向的建构效应。如果崛起国愿意并能够有效地运用话语建构的功能，往往可以降低崛起进程中来自霸权国及其联盟体系的结构性压力。

第十章为"无心为恶 虽恶不罚：地缘战略心理学在规避霸权遏制中的运用"。该章主要探讨了如下内容：地缘战略心理学认为，大国之间对威胁与伤害的评估并非基于程度，而是基于主观意图。这就是国际政治中经常会发现大国奉行"无心为恶，虽恶不罚"的原因。当人们受到来自于其他人的伤害时，会首先倾向于对施加伤害者的意图——而不是伤害的结果和程度——进行判定。如果人们认为一种伤害来自于并非有意施加伤害的朋友身份时，他们的愤怒程度和报复等级就会减轻，不论他们实际受到的伤害有多么严重；而如果人们认为施加伤害者是故意为之的敌人身份，那么他们的愤怒程度和报复等级就会很高，而不论他们受到的实际伤害有多么微不足道。[1] 从这层意义上讲，"联系性崛起战略"要求崛起国保有足够的战略定力与战略耐心，少一些激进与浮躁的战略言行，并采取审慎的权力和明智的利益动态地看待崛起进程中的得失。毕竟时间与趋势的天平每分每秒都是向着有利于崛起国一侧逐渐倾斜的。在体系规范进化的主权国家零死亡时代，崛起国奉行"安全搭车与推责"的"联系性崛起战略"较奉行传统的"安全自助"的"变位性崛起战略"要面临更小的结构压力与冲突风险。甚至是奉行带有欺骗性"联系性崛起战略"的国家都比一个仅仅在言论上奉行"变位性崛起战略"而事实上更倾向于联系性崛起的国家要面临更小的崛起压力。

五　余论

如果说人类渴望和平，然而在历史上得到的却是一次又一次的战争，那么就必然意味着我们对国际政治运行机制的认知仍存在着误区。在和平随时都可能遭到破坏的世界里，构建秩序仅仅是对无政府状态消极结果的一种缓解，而不是从根本上消除问题本身。就像眼科医生给病人配戴眼镜，这种缓解的做法仅仅是应对仍然存在着的视力缺陷的一种权宜之计，而并非从生理上去消除近视这种疾病本身。相同的问题反复爆发的根源在

---

[1] Ted Nickel, "The Attribution of Intention as A Critical Factor in the Relation Between Frustration and Aggression", *Journal of Personality*, Vol. 42, 1974, p. 489.

于没有对症的处方，故无法消除某种疾病挑战的反复呈现，从而使问题过程看似充满了重复性。另一种看似较乐观的情况是，当人们用了各种药品之后虽然暂时抑制了某种疾病的威胁，但对于致病的机理仍然尚不明晰。就像是如果医生为患者开出一个含有 20 种药品的治疗清单，那么即便患者痊愈，最后究竟是哪几种药真正救了他也无从得知。运用数量众多的药物去对抗某种疾病本身就意味着目前尚无法找到直接有效的应对手段。令人遗憾的是，今天国际政治众多理论就像是药店货架上陈列的琳琅满目的各种特效药，它们都声称可以解决无政府状态引发的大国权力竞争的消极影响，但是国际战争还是一次又一次呈现出周期性爆发的规律。

从康德（Kant）开始，关于怎样认识世界的独断论倾向就已经开始不断衰微，于是我们发现哲学也越来越不成为哲学。当下一切国际关系理论在哲学——这一根本层次——命题上之首要任务就是向一切怀疑主义和专家主义提出审慎的质问：无政府状态下国际社会的安全感到底何在？在缺乏公共知识的现代原野上，我们怎样才能把握被各路专家弄得几近支离破碎的整体命运？"初生之物，其形必丑"。坦率地讲，地缘战略心理学在理论的形成阶段尚无法做到对于这一存在于更高维度问题的有效回应。但它开启了国际政治理论探讨大国安全的一种全新视野和思考方式。它拒绝非此即彼式的极端论断并假定国家在"纯粹理性"和"完全非理性"的钟摆两极之间存在着程度不同的有限理性。这就为国家在多孔的世界中达成国际政治与国际道德的折中共识奠定了基础。如果说人性及其伴生的心理状态因无法定量而不能被研究，那就意味着我们确定变量的根据不是取决于其本身对解决问题的重要程度，而是取决于其能够被获取和理解的难易程度。而如果从变量的重要程度来讲，基于战略心理学无疑是理解大国地缘政治行为最为关键的理论视角。虽然它尚未被主流理论接纳，但在经历从无到有、验证方向、逐步完善并不断逼近真相的过程中，其呈现出的动人前景与发展潜力值得我们投入更多的精力和资源。

在本书的写作过程中，笔者得到了诸多来自家庭、学院和学术同仁的帮助。我要感谢中山大学国际关系学院任虹老师、牛军凯老师和陈峻老师，感谢学院三位领导为我完成本书写作提供了充裕的自由时间。感谢中国社会科学出版社杨晓芳老师。作为本书的执行编辑，杨老师展现出国家级出版社编辑所特有的专业素养与敬业精神。我还要感谢国际关系学院谭秀英老师和谢磊老师对本书第一章内容提出的宝贵修改意见。感谢中国社会科学院高程老师、任娜老师、杨原老师和曾晨宇老师对本书第二章、第三章和第十章内容提出的宝贵修改意见。感谢吉林大学许佳老师对本书第四章与第六章内容提出的宝贵修改意见。感谢外交学院王帆老师和凌胜利老师对我的授业解惑。感谢东北师范大学王媛老师长期给予我的鼓励与帮助。感谢山东大学张景全老师和李雪威老师全额资助我参加重要的学术会议。感谢我在中山大学的研究生吕中，他是本书写作过程一位不可或缺的批评者。每当我写完一部分都会请他来提出批评，而他深刻独到的见解总是让我感到非常庆幸没有将本书急于出版。我还要感谢吉林大学刘清才老师、张丽华老师、刘雪莲老师和于海洋老师。求学期间四位导师对我学术基础的铺垫和学术观点的形成影响至今。感谢我在中山大学国际关系学院的各位同事，他们在我写作过程中一直支撑和帮助着我。感谢中山大学"一带一路"研究院陈建洪院长的鼎力支持。本书统稿于2020年初春的疫情期间。在这个特殊的漫长寒假，我每天都会充满期待地在中大珠海校区海滨红楼的办公室里修改文稿并期待着它能够早日付梓。在此期间，感谢我的妻子王艺霖每天在家辛勤操持家务，让我可以心无旁骛地潜心学术思考。尤其要感谢我的父亲姜振祥和母亲李敏——父母始终陪在我身边并帮助我抚育孩子——是他们从小到大无私的爱，让我的生命里永远充满着温暖的阳光。

最后，我恳请读者带着怀疑的态度来对待我的观点。任何时代，学者手中最有利的武器就是怀疑的权利，永远不要把这一武器上缴，更不要让这一利器锈掉。学术的自主性便是在"怀疑"与"批判"基础上建立的坚固的确信，以及由此作出的符合逻辑与经验双重检验后的判断。套用苏格拉底（Socrates）的"未经反省的人生不值得一过"这一句式，未经怀疑的知识不值得相信。因为一个好的理论，它不仅可以证实，更应当经得起证伪。关于地缘战略心理学，以我有限的能力和平庸的资质仅仅能够简单地描述一种未来学科交叉突破的方向——有时候方向对了，到达彼岸就是选择何种技术的问题了，因此我坚信来自读者的批判将是对我最大的帮助。因为如果事实证明这一方向对了，那么将吸引更多的同仁一道推动中国学派取得更大的成绩；如果事实证明这一方向错了，那么避免走向更大错误的唯一选择就是马上停止。

目　录

第一章　趋势焦虑与冲突意愿：区域主导权竞争中的防御性进攻主义 …………………………………………………………（1）
- 一　问题的提出 …………………………………………………（1）
- 二　防御性进攻主义的理论阐释 ………………………………（4）
- 三　防御性进攻主义的案例验证：1635—1945 年 ……………（13）
- 四　本章小结 ……………………………………………………（31）

第二章　海陆复合型大国崛起的"腓力陷阱"与战略透支 ………（34）
- 一　问题的提出 …………………………………………………（34）
- 二　"腓力陷阱"的理论阐释 …………………………………（36）
- 三　"腓力陷阱"的案例验证：1525—1991 年 ………………（43）
- 四　本章小结 ……………………………………………………（56）

第三章　海陆复合型大国崛起的"威廉困境"与战略选择 ………（61）
- 一　问题的提出 …………………………………………………（61）
- 二　历史中的"威廉困境"及其成因分析 ……………………（67）
- 三　"威廉困境"的政治化解：俾斯麦德国与地中海法国崛起的战略启示 ………………………………………………（73）
- 四　本章小结 ……………………………………………………（79）

第四章 同色竞争与差色互补："海陆并举"思维引发的战略反噬 …… (83)
  一　问题的提出 …… (83)
  二　核心变量：安全模式选择与大国崛起成败 …… (85)
  三　干涉变量：同盟关系与崛起成败 …… (91)
  四　本章小结 …… (99)

第五章 逆向战略：弱势海军何以制衡 …… (104)
  一　问题的提出 …… (104)
  二　科贝特海上战略原则的核心启示 …… (106)
  三　科贝特海上战略原则的反向识读 …… (114)
  四　本章小结 …… (122)

第六章 砝码国家何以自抬身价？ …… (130)
  一　问题的提出 …… (130)
  二　"科林斯难题"的理论阐释 …… (134)
  三　"科林斯难题"的案例验证 …… (145)
  四　"科林斯难题"的政治启示 …… (158)

第七章 地缘战略心理学对崛起国破解"三明治"制衡结构的效用分析 …… (163)
  一　"三明治"同盟结构的理论阐释 …… (163)
  二　结构制衡下大国崛起成败的实证分析 …… (170)
  三　本章小结 …… (178)

第八章 边缘诱捕：两极体系下反遏制战略的效用分析 …… (180)
  一　问题的提出 …… (180)
  二　"边缘诱捕"战略的理论阐释 …… (184)

三　案例验证：勃氏时期苏联的"边缘诱捕"战略 …………（193）
　　四　本章小结 ……………………………………………………（201）

第九章　角色认知与话语建构：霸权国选择性干预的政治逻辑 ……（207）
　　一　问题的提出 …………………………………………………（207）
　　二　角色身份与话语文本的互主性建构关系 …………………（211）
　　三　霸权国选择性干预的政治逻辑 ……………………………（220）
　　四　本章小结 ……………………………………………………（225）

第十章　无心为恶　虽恶不罚：地缘战略心理学在规避霸权遏制中的运用 ……………………………………………………（230）
　　一　主权零死亡时代国际政治互动的新逻辑 …………………（231）
　　二　体系规范变迁与崛起国主导战略目标演变 ………………（239）
　　三　主导目标演变背景下崛起战略之路径重构 ………………（243）
　　四　本章小结 ……………………………………………………（247）

参考文献 ……………………………………………………………（255）

第一章　趋势焦虑与冲突意愿：区域主导权竞争中的防御性进攻主义

一　问题的提出

在区域安全复合体内部的主导权竞争中，哪一方更具发动防御性进攻的意愿与冲动？学界对此主要存在两种观点，即"实力较弱，但相对增长率较高"的乐观新兴大国更具冲突意愿[1]或"实力较强，但相对增长率放缓"的悲观守成大国[2]更具战争冲动。前者基于扩大增长性收益的努力，后者基于降低威胁性损失的逻辑。但令人困惑的是，上述两种观点就像"光的波粒二象性"，均可以举出许多证实自身判断的历史案例——例如前者经常举西里西亚战争、普奥战争、普法战争等，后者直接可以举出斯巴达对雅典的战争——也可以提出许多能够证伪对方观点的历史案例。

---

[1] 参见 Susan Shirk, *China: Fragile Superpower*, Oxford: Oxford University Press, 2008, p. 4; John J. Mearsheimer, *The Tragedy of Great Power Politics*, New York: W. W. Norton & Company, 2001, p. 56; Blainey, *The Causes of War*, New York: Free Press, 1988, p. 53; Richard Smoke, *War: Controlling Escalation*, Cambridge, Massachusetts: Harvard University Press, 1978, pp. 268-277; Paul M. Kennedy, *Strategy and Diplomacy: 1870-1945*, London: George Allen & Unwin, 1983, pp. 163-177；[美]理查德·勒博：《国家为何而战？过去与未来的战争动机》，陈定定等译，上海人民出版社2016年版，第91页；[美]威廉·曼彻斯特：《光荣与梦想（1932—1972 美国社会实录）》，广州外国语学院英美问题研究室翻译组译，海南出版社2006年版，第186页。

[2] 参见 Abramo Fino Kenneth, Organski, Jacek Kugler, *The War Ledger*, Chicago: The University of Chicago Press, 1980, pp. 364-367; Shepard B. Clough, *The Rise and Fall of Civilization*, New York: Columbia University Press, 1970, p. 263; Robert Gilpin, *War and Change in World Politics*, Cambridge: Cambridge University Press, 1981, pp. 186-201; Dale C. Copeland, "The Origins of Major War", *Foreign Affairs*, Vol. 80, No. 2, 2001, p. 167；[古希腊]修昔底德：《伯罗奔尼撒战争史》（上册），徐松岩译，上海人民出版社2012年版，第7页；[美]格雷厄姆·艾利森等：《决策的本质：还原古巴导弹危机的真相》，王伟光等译，商务印书馆2015年版，第48页。

上述两种理论均认为，从理性角度讲，倾向于发动主导权战争的国家要么应具有"趋势优势"，要么应具有"实力优势"。但却无法解释为何有些国家既没有"趋势优势"，也没有"实力优势"，却依然倾向于对"实力较强，且趋势占优"的国家发动主导权战争的问题。例如，在日俄战争前期，日俄两国的权势在远东区域安全复合体内均处于高速增长阶段，为何日本作为"实力较弱，且趋势占劣方"更倾向于主动对"实力较强，且趋势占优"的俄国发起战争？这就让竞争区域主导权的国家究竟在何种情况下更倾向于发动战争的问题显得更加有趣。

就像冰、水和水蒸汽的三态转化均取决于温度因素一样，同一类复杂现象背后可能存在着相同的政治逻辑。若想真正发现哪种国家在主导权竞争中更具进攻性意愿，就需要避开从权力结构入手的传统路径——这种路径假设"实力较弱，且趋势占劣"方发动战争是非理性的自杀行为——而沿着"趋势焦虑"诱发冲突意愿的逻辑对理论加以拓展。本书认为，引入战略心理学的"动机偏见"与"趋势焦虑"概念并构建防御性进攻主义理论，对于解释区域主导权竞争中何者更具进攻性意愿有着更强的解释力和预测力。"趋势焦虑"变量就像传说中的灰姑娘，总是最后一个试穿水晶鞋。但是，一旦它被学界发现并登堂入室，就会以其自身独到的深刻性影响关于防御性进攻问题的传统思维。

本章关注的核心问题主要有三点：第一，不论是"霸权战争理论"，还是"权力转移理论"，战争发动方要么假定优势已经逆转到己方，要么假定优势仍然掌握在己方。它们均认为掌握优势的一方发动战争才是理性行为。而"防御性进攻"主义则以"趋势焦虑"为核心变量，提出如果在政治实践中，既存在权力优势国家发动"防御性进攻"的案例，也存在权力弱势国家发动"防御性进攻"的案例，这就需要进一步分析两种处于权力结构不同位置的国家间存在着何种更深层且并未被注意到的共有变量。本章构建的"防御性进攻主义"理论以"趋势焦虑"作为上述两种不同国家间出现相同行为选择的原因，提出了倾向发动战争的国家既非权力优势方，也非权力劣势方——优劣都是对某一个瞬间时点权力结构的静态感知——而是"趋势焦虑"方的基本假设。

第二，在关于体系霸权国在区域安全复合体主导权竞争中支持哪一方的问题上本章也有新的发现。传统霸权支持理论认为，对于区域主导权竞

第一章　趋势焦虑与冲突意愿：区域主导权竞争中的防御性进攻主义　　3

争双方来讲，体系霸权国是凌驾于该系统之上的超然国家。霸权国会根据权力的结构性，通过扶持区域次强国，进而达到抑制权力占优方的目标。[①] 但问题在于，从动态的进程性角度讲，假如区域主导权竞争的权力占优方虽然也保持增长态势，但其相对优势却不断流失；而现有的区域次强国展现出更为强劲的增长态势，那么霸权对于区域次强国挑起冲突的支持行为是否意味着更严重的养虎为患？关于这一问题，英国在普法战争时对处于欧陆支配地位但增长率缓慢的拿破仑三世法国和处于欧陆次强国地位但增长率强劲的普鲁士双方支持行为的远期结果就给出了明确的答案。更值得注意的是，假设区域主导权竞争的权力占优方完全认同霸权国主导的机制框架与分配原则，而区域次强国虽然权力尚弱，但对霸权国主导下的国际机制与权利分配表现出明显的颠覆性态度，霸权国是否依然会严格奉行权力的结构性原则，而在区域主导权竞争中对次强国给予支持？传统霸权支持理论中权力结构的静态性与关系中立性存在的解释力缝隙，为本书根据趋势的动态性与战略的匹配性提供了理论修正空间。

　　本书认为，霸权的支持行为主要根据趋势的进程性与战略的匹配度两项指标进行选择。其一，即便在竞争双方战略匹配性均与霸权国一致的情势下，霸权国也并不必然会依据现有瞬间时点权力大小而对区域次强国给予支持，而是会依据权力的预期增长率选择"趋势占劣"方予以支持。哪怕其在区域安全复合体中仍然处于优势地位。其二，在一方战略匹配度与霸权国区域战略呈现一致性，而另一方呈现竞争性的情势下，霸权国会依据关系性原则与威胁制衡逻辑而优先支持战略匹配程度高的国家谋求区域主导权。哪怕它是权力增长率更高的趋势占优方。其三，当竞争区域主导权的双方战略与霸权国区域战略均无法匹配时，霸权国依然会根据趋势动态性——而非静态的权力结构性——对趋势占劣方予以支持。

　　第三，防御性进攻主义在解释力范畴上并非"权力转移理论"或"霸权战争理论"的有益补充，而是在战略心理学的"趋势占劣"与"地位焦虑"这一预期基础上进行更加广义的理论拓展，其目的是将传统狭义的体系主导权竞争逻辑纳入防御性进攻主义理论范畴之内。防御性进攻主义理论认为，国际关系的本质是每秒24帧的连续动态。因此，以动态的"趋

[①] 秦亚青：《霸权体系与国际冲突：美国在国际武装冲突中的支持行为》（1945—1988），上海人民出版社2008年版，第110—114页。

势焦虑"作为变量，不仅可以将静态的权力占优变量涵盖其中，还可以从更深的理性层次去理解区域主导权竞争中的战争逻辑。

二 防御性进攻主义的理论阐释

作为地缘战略心理学的一个微观理论，防御性进攻主义的核心假定根植于支配大国地位的一元性、"冲突升级心理学"与"战争前景理论"。其基本逻辑建立在零和竞争下无法调和的结构性矛盾，经过敌意螺旋的互主性建构，进而塑造自我实现的冲突预言和战争疑惧。当双方均认为利益冲突最终只能通过战争解决时，趋势焦虑方往往会选择趁权力结构彻底失衡前抢先发动防御性进攻。

（一）防御性进攻主义的基本假定

核心假定1：支配性权力具有一元性特征，其竞争遵循零和博弈的基本原则。同时，区域安全复合体内部主导权竞争的核心标的物是高级政治领域的安全优势，而非低级政治领域的经济优势。区域主导权是一个不可分割也无法分享的整体，理想主义认为可以"分享主导权"[①]的主张就相当于寻找半个正方形一样难以实现。区域主导大国最根本的国家利益就是护持一元性的支配地位。攫取主导权、护持主导权与彰显主导权成为区域支配性大国实现国家利益的重要方式。区域支配性大国行为的目标不是维系均势，而是获得并长期占据有利的一元优势。为此，谋求区域主导权的

---

① 熊炜：《"借权威"妥协的领导——德法合作的欧盟领导权模式》，《世界经济与政治》2018年第6期。本章认为，法德形式上分享的欧洲主导权并非实际上的安全主导权，欧洲安全主导权仍然掌握在美国主导下的北约。不论是欧洲一体化，还是北约，它们的建立均有赖于美国的政治支持与安全保证。若没有美国的强烈要求，法国甚至不会允许德国参与到欧洲政治与经济一体化进程之中。在"冷战"期间，北约的主导权实际上掌握在美国手中，华约的主导权实际上掌握在苏联手中。"冷战"结束后，与俄罗斯争夺欧洲主导权的既非法国，也非德国，而是美国领导下的北约。今天的法德之所以能够呈现出分享欧洲主导权的形式，正是源于美国主导下的北约为其提供了充分的安全。倘若抽离了北约的安全保证，德法主导的欧洲一体化机制有可能出现退化，欧洲有可能重新陷入安全疑惧的困境。同时，德法作为美国的盟友，它们之间在欧洲政治与经济一体化的分权既有利于避免出现一家独大的局面，也有利于美国在安全层面的主导权护持。参见 Obama, "Remarks by President Obama in Address to the United Nations General Assembly", Sep. 24, 2013, https://obamawhitehouse.archives.gov/the-press-office/2013/09/24/remarks-president-obama-address-united-nations-general-assembly.

国家均试图通过拉大与竞争者的权力位差来构造有利于自身的均衡状态。①

核心假定 2：当两个大国同时接近区域权力阶梯顶端位置时，对权力的渴望与对失去利益的恐惧，使它们就像受制于"微小决定的专制"的个体消费者。② 任何一个想保住优势地位和相关利益的行为体都将被迫卷入区域主导权竞争。这并非内政决策的结果，而是出于结构性压力而面临的既无法避免，也无法叫停的安全困境。国际政治中安全困境之根本假定在于，面对可能发生的最坏情况，相对于关系的异变性与不可控性，权力的相对可控性使得居于优势地位的大国更愿意强化权力优势而非专注于修复关系。如果双方均认为发生冲突的可能性极大，这种想法就会在主体间建构起互为因果的安全疑惧。安全疑惧会引发难以逆转的敌意滚雪球效应，进而在国家间建构起自我实现的战略竞争关系。③ 主导权的一元性特征意味着双方将长期处于零和博弈状态。只要国家实现利益的增长与权力的提升，就会引发战略竞争者的焦虑与制衡。而长期的权力竞争引发的战略互疑会外溢至双方的一切交往领域。④ 以至于任何一个问题——尤其是寄托了民族主义历史与现实情感的领土矛盾——都可能在它们之间引发疑惧与反疑惧、行动与反行动的敌意螺旋。长期竞争关系引发的恶性循环、最坏假定与军备竞赛会在行为体之间建构起自我强化的冲突预期。⑤

核心假定 3：作为一种对未来的判断，趋势占劣既可能是一种国力对比的客观事实，也可能是一种知觉错觉的主观焦虑。更确切地说，焦虑是预期高于现实而发生的偏离导致的。偏离程度越高，焦虑越大。在区域主导权竞争中，国家诉诸战争的意愿取决于区域体系权力结构、权力演变趋

---

① Nicholas J. Spykman, *American Strategies and World Politics*, New York: Harcourt Brace Jovanovich, 1942, pp. 21 – 22.

② ［美］肯尼斯·沃尔兹：《国际政治理论》，信强译，上海人民出版社 2008 年版，第 117 页。

③ Robert Jervis, *Perception and Misperception in International Politics*, Princeton: Princeton University Press, 2017, p. 77.

④ Michael Brecher, "Crisis Escalation: Model and Findings", *International Political Science Review*, Vol. 17, No. 2, 1996, p. 219.

⑤ John Lewis Gaddis, *The United States and the End of Cold War: Implications, Reconsiderations, Provocations*, New York: Oxford University Press, 1992, p. 215; Jack Snyder, *The Ideology of the Offensive: Military Decision Making and the Disasters of* 1914, Ithaca: Cornell University Press, 1984, pp. 104 – 105；［美］亚历山大·乔治、戈登·克雷格：《武力与治国方略》，时殷弘等译，商务印书馆 2004 年版，第 149 页。

势与冲突前景预判。当区域体系呈现出两强竞争——这既意味着无法找到有效的责任承担者，也意味着没有"螳螂捕蝉黄雀在后"的后顾之忧——且优势持续向一方倾斜，而另一方对扭转这种趋势的前景悲观时，趋势焦虑方在动机偏见影响下发动防御性进攻的意愿最强。一旦趋势焦虑方滑入防御性进攻主义的思维轨道，它们往往容易高估自己的军事实力而低估对手的军事实力。从动态博弈角度讲，奉行防御性进攻主义的国家既可能来自优势不断流失的"上位者的焦虑"，也可能来自劣势不断加大的"下位者的焦虑"，其根本的判定标准取决于哪一方存在着趋势焦虑。

从权力结构角度看，单极体系的稳定性源于新兴国家挑战主导国成本与风险高昂。巨大的权力位差和"枪打出头鸟"的前景导致国家倾向避免先动劣势的困境；多极体系下，新兴国家竞逐支配性地位的潜在对手众多，即便战胜了最强大的一方，也会像使用了毒刺的蜜蜂的命运一样，其主导地位更可能因自身在战争中的惨重代价而被没有卷入冲突的第三方攫取胜利果实。这种"螳螂捕蝉黄雀在后"的博弈前景遏制了战争冲动，同时鼓励着国家追求推卸责任的后发优势策略。从这一角度讲，在1904年《英法协约》达成之前，提尔皮茨的"风险理论"——英国海军即便可以战胜德国海军，也将面临鹬蚌相争后来自法俄赶超的重大风险，因此，只要德国在北海地区的海军实力能够达到英国的2/3，英国就不敢轻言与德国的海上决战[①]——在英、德、法俄三足鼎立局面下具有逻辑的合理性。但当1904年《英法协约》，尤其是1907年《英俄协约》签订后，大西洋海权便由三强转变为两极，这意味着提尔皮茨"风险理论"的前提假定消失了，取而代之的则是英法俄与德国两强竞争下的防御性进攻主义冲动。

辅助假定1：本章假定处于争夺区域主导权的两个大国均属于权力净增长型国家，从客观物质实力角度讲，其维持现状的财政能力均大于维持竞争态势的成本。但由于国家间存在增长率差异，本章按照物质实力增长率将竞争者分为"趋势占优方"和"趋势占劣方"。本章对"趋势占优方"的定义是，在区域安全复合体主导权竞争中，A国权力净增

---

① Rolf Hobson, *Imperialism at Sea: Naval Strategic Thought, the Ideology of Sea Power and the Tirpitz Plan 1875 – 1914*, Leiden: Brill, 2002, pp. 254 – 255; William L. Langer, *The Diplomacy of Imperialism 1890 – 1902*, New York: Knopf, 1953, pp. 434 – 435; Gordon A. Craig, *Germany 1866 – 1945*, Oxford: Oxford University Press, 1980, pp. 303 – 314.

长数量/B 国权力净增长数量 >1，且这一比值呈逐步升高态势的国家；本章对"趋势占劣方"定义是，在区域安全复合体主导权竞争中，0 < A 国权力净增长数量/B 国权力净增长数量 <1，且这一比值呈逐步降低态势的国家。

具体来讲，在不同时代，国家攫取主导权取决于差异化的要素。这源于农业化时代、工业化时代和信息化时代国家存在着资源机动性的根本差异。虽然从总体看，国家权力取决于人口、领土、资源、工业实力、经济实力、科技实力及由上述因素影响下的常备军力和战时动员能力，但具体来讲，在农业化时代决定国家军事力量的是人口、领土、资源；在工业化时代决定国家军事力量的是工业与经济实力；在信息化时代则是科技实力主导下的降维打击。前者是"杀敌一千，自损八百"的消耗战逻辑，而后者往往以一方零伤亡和另一方全军覆没的代差逻辑。因此，本章在探讨趋势焦虑过程中，依据不同时代的特征——如拿破仑战争时代第一次工业革命还在进行中，属于农业战时代，主要关注人口数量和常备军人数，但是到了"一战"前的工业化时代，对德法的权势评估则侧重于工业经济水平与军事动员效率——差异化的进行具体分析。

辅助假定2：战略心理学认为，决策者在不利条件下可能在风险评估上容易出现选择性失明的倾向，即强化对自身有利的正面信息，同时否认和拒绝对自身不利的反面信息。[①] 尤其是在面对冲突预期与不利前景时，尚可一战的趋势焦虑方将倾向于强化和夸大一切暗示其发动防御性进攻可能成功的要素。同时否认、歪曲或忽视任何可能暗示其失败的信息。

辅助假定3：防御性进攻主义最大的干涉变量是体系霸权国的支持行为——结盟。由于区域主导权是迈向全球霸权的必经之路，如果放任一个带有敌意的大国攫取区域主导权，这将会对霸权体系稳定产生巨大冲击。由于国家层次的意图变量无法预知且变动不居，即便是一个没有敌意的同盟内部国家获得区域安全复合体主导权，也可能因"新的权力界定新的利

---

① Irving L. Janis, Leon Mann, "Decision Making: A Psychological Analysis of Conflict, Choice and Commitment", *Public Relations Review*, Vol. 4, No. 1, 1978, pp. 60 – 61; Richard Ned Lebow, *Between Peace and War: The Nature of International Crisis*, Baltimore: Johns Hopkins University Press, 1981, p. 32; Richard Ned Lebow, *A Cultural Theory of International Relations*, 2009, p. 539; Robert Jervis et al., *Psychology and Deterrence*, Baltimore: Johns Hopkins University Press, 1985, pp. 1 – 3; 林民旺：《国际关系的前景理论》，《国际政治科学》2017年第4期。

益"而成为霸权潜在的挑战者。因此,在区域主导权竞争中一定会伴随着霸权国的积极介入。由于霸权国既存在于区域体系之内,又凌驾于区域体系之上,因此,它既有能力也有意愿充当区域主导权竞争中的最终仲裁者。为了维系霸权国凌驾于体系之上的超然地位,体系霸主支持行为的最大利益便是促成双方均产生防御性进攻冲动——趋势焦虑方认为获得了霸权支持而信心倍增,趋势占优方因为担心霸权进一步支持对手而对自身竞争力前景悲观——进而确保区域内大国长期处于动态平衡与相互内耗的主导权之争中。

(二) 防御性进攻主义的基本逻辑

逻辑机制1:倾向防御性进攻主义的国家既可能是基于不利的权力变动客观态势,也可能是基于自身将处于趋势劣势的主观预期。其战略行为的主导逻辑不是最大限度地攫取新的利益,而是最大限度地减少可能的损失。从"前景理论"角度看,国家在风险决策中的行为偏好常表现出如下特征,面对战略机遇期逐渐流失,倾向于放手一搏;而面对优势不断积累,则倾向于耐心等待与规避风险。[1]

逻辑机制2:主导权的一元性特征决定了竞争双方奉行零和博弈的赢者通吃逻辑。在国际关系的各个领域中,安全竞争(高级政治)同经济竞争(低级政治)在行为逻辑上的根本不同在于:国际经济竞争领域参与者众多、互动频繁且周期非常短,因此理性的国家在这一领域的竞争遵循"一报还一报"的多次重复博弈逻辑。[2] 但国际安全竞争领域参与者较少、互动有限且周期较长。一旦国家通过武力成功地攫取了主导权,那么这种战略选择的潜在收益将远大于一次失信所造成的损失。尤其是当敌意螺旋开启后,竞争双方均倾向奉行单次博弈的敌意假定。退一步讲,防御性进攻不仅可以缓解趋势焦虑方在军备竞赛中已经濒临极限的财政困境,甚至还能给其带来牺牲眼前的经济联系以赢得长远经济发展的希望。

---

[1] Andrew F. Krepinevich, "The Eroding Balance of Terror: The Decline of Deterrence", *Foreign Affairs*, Vol. 97, No. 2, p. 69.

[2] Russell Hardin, *Collective Action*, Baltimore: The Johns Hopkins University Press for Resources for the Future, 1982, p. 145.

逻辑机制3：趋势焦虑方不会坐等强大的对手发起攻击，因而更倾向于选择先发制人。如果双方均预期迟早会爆发冲突，那么由对手选择开战时间本身就是最大的错误。由趋势焦虑引发的悲观前景，将诱使差距被持续拉大的趋势焦虑方倾向于"今天打可能赢，明天打一定输"的冒险主义战争逻辑。尤其是在当一方明确感到自身的安全与经济利益受到潜在威胁情势下，它将面临一种"发动战争可能遭受损失，不发动战争一定遭受损失"的霍布森两难选择效应[1]局面，进而会驱使尚可一战的趋势焦虑方发动一场"机不可失时不再来"，以及"今天打则赢，明天打则输"的防御性进攻。[2] 防御性进攻主义理论认为，当一个国家应当投入战争的时候，但其却依然像斯大林一样沉迷于讨好德国以换取随时可能被剥夺的消极和平，这将导致其未来在更糟糕的条件下被动应战。对于趋势焦虑方来讲，放弃防御性进攻战略无异于毫无希望地在站台上等待午夜远去的末班公共汽车。

逻辑机制4："地理磨损原理"决定了全球霸主需要在区域主导权竞争者之间选择威胁最小的"代理人"，借以解决权力隔空投送的难题。在区域安全复合体主导权竞争中，霸权国将根据动态性的权力制衡逻辑（离岸制衡或"坐山观虎斗"）与关系性的威胁制衡逻辑（两害相权取其轻）选择支持对象。在势均力敌的区域主导权竞争者之间，体系霸主并非不加选择地支持区域次强国，而是倾向于支持二者中的"趋势占劣"方，哪怕其实力暂居优势。对于凌驾于区域体系之上的霸权国来讲，虽然区域大国间"权力转移"现象不可避免，但"权力转移"对象却可以选择。

（三）防御性进攻主义的基本假说

基本假说1：在两个大国竞争区域主导权的进程中，"权力差距"既不构成发动防御性进攻的原因，也不构成霸权国筛选支持对象的充要条件。本章认为，"趋势焦虑"构成了国家选择防御性进攻战略的根本考量。

---

[1] 1631年，英国剑桥商人霍布森贩马时，把马匹放出来供顾客挑选，但附加了一个条件，即只许挑最靠近门边的那匹马。显然，加上这个条件实际上就等于不让挑选。对这种无选择余地的所谓"选择"，后人讥讽为"霍布森选择效应"。

[2] G. F. Hudson, *The Far East in World Politics: A Study in Recent History*, Oxford: Clarendon Press, 1937, p. 198.

表1-1　　　　　　　　　趋势焦虑与防御性进攻意愿

	实力较弱，但趋势占优	实力较强，且趋势占优	实力较弱，且趋势占劣	实力较强，但趋势占劣
是否存在趋势焦虑	否	否	是	是
防御性进攻意愿	较弱	最弱	较强	最强

表1-1由作者自制。

基本假说2：对于"实力较强，但趋势占劣方"来讲，其发动防御性进攻的能力和意愿最为强烈。在其仍然处于权力上位时，选择"早打比晚打好、大打比小打好"的防御性进攻主义，将有助于在实力发生逆转之前赢得区域主导权战争。从可能出现的结果角度讲，如果此类国家可以通过自我约束、增强同体系霸权国区域战略匹配度、持续向体系霸主释放善意信号，那么至少会获得来自霸权国基于威胁制衡逻辑的善意中立。在此类冲突衍生的四种情势中，霸权国对"趋势占劣方"的支持占三种（参见表1-2）。如果当其对手国——"实力较弱，但趋势占优方"——奉行与霸权国利益匹配度极低的变位性战略时，那么"实力较强，但趋势占劣方"甚至可能实现同霸权国结盟的最优结果。

表1-2　　　　　　霸权在区域主导权竞争中的制衡逻辑与支持意愿

防御性进攻发动者/对象国	"实力较弱，但趋势占优" + 与霸权国战略匹配度高	"实力较弱，但趋势占优" + 与霸权国战略匹配度低
"实力较强，但趋势占劣" + 与霸权国战略匹配度高	权力制衡逻辑 + 支持"实力较强，但趋势占劣方"，会支持，但力度较低（善意中立）	威胁制衡逻辑 + 支持"实力较强，但趋势占劣方"，支持意愿最高（与本方结盟）
"实力较强，但趋势占劣" + 与霸权国战略匹配度低	威胁制衡逻辑 + 支持"实力较弱，但趋势占优方"，支持意愿最低（与对手结盟）	权力制衡逻辑 + 支持"实力较强，但趋势占劣方"，会支持，但意愿较低（中立防范）

表1-2由作者自制。

基本假说3：对于"实力较弱，且趋势占劣方"来讲，其发动防御性进攻的意愿也较强。在双方权力位差没有扩大到无法弥合之前，往往容易促成抢先发动防御性进攻的冲动。在此过程中，霸权国会根据其战略匹配度与权力对比态势决定支持行为（参见表1-3）。在战略匹配度存在明显差异的条件下，霸权国会优先依据威胁制衡逻辑进行选择。在战略匹配度同等的条件下，霸权国会依据权力制衡逻辑在区域主导权竞争双方选择支持对象。

表1-3　　霸权在区域主导权竞争中的制衡逻辑与支持意愿

防御性进攻发动者/对象国	"实力较强，且趋势占优" + 与霸权国战略匹配度高	"实力较强，且趋势占优" + 与霸权国战略匹配度低
"实力较弱，且趋势占劣" + 与霸权国战略匹配度高	权力制衡逻辑 + 支持"实力较弱，且趋势占劣方"，支持力度较高（善意中立）	威胁制衡逻辑 + 支持"实力较弱，且趋势占劣方"，支持意愿最高（与本方结盟）
"实力较弱，且趋势占劣" + 与霸权国战略匹配度低	威胁制衡逻辑 + 支持"实力较强，且趋势占优方"，支持意愿最低（与对手结盟）	权力制衡逻辑 + 支持"实力较弱，且趋势占劣方"，支持力度较低（中立防范）

表1-3由作者自制。

基本假说4："趋势占优方"虽然没有发动防御性进攻的意愿和动机，但其和平崛起的风险来自于趋势焦虑方可能发动的防御性进攻。从战略应策角度讲，趋势占优方化解对手防御性进攻的方法主要有两种。第一，从区域安全复合体内部二元竞争角度讲，如果可以在区域内积极构造"提尔皮茨风险理论"逻辑下的多极干扰格局，将有助于抑制"趋势焦虑方"发动防御性进攻的意愿。同时，构造一种"群体性崛起"态势也有助于干扰体系霸权国针对"趋势占优方"的针对性遏制。第二，从降低霸权国威胁制衡的角度讲，体现和平善意、战略匹配度高与自我约束的外交政策，可能被霸权国视为较低威胁性的国家。

鉴于权力的天平不断地朝向"趋势占优方"一侧倾斜，其攫取区域主导权的最佳战略不是向对手展现进攻能力与威慑——这将加重对手的趋势焦虑与进攻意愿——而是展现和解与示弱的能力。费边战胜汉尼拔、库图佐夫战胜拿破仑、查理·马特战胜拉赫曼、毛泽东预言中国战胜日本，均体现出"趋势占优方"避免在趋势有利的形势下与敌人提前决战，而是以静待尘埃落定的"持久战"态度耐心等待对手犯错、等待有利局势的出现。同时，通过对霸权国示弱而诱发谅解互惠，并在此基础上分化体系霸权国与区域竞争者对威胁的判断与感知。最终，当区域安全复合体内部竞争双方的权力位差从同一维度内量的差别发展到不同维度间质的差别后，无法望其项背的"趋势焦虑方"会主动退出区域主导权竞争。此后，权力竞争将超越区域层次而跃升至另一个更高维度的全球层次。例如，南亚安全复合体中的印巴主导权之争。当有一天印度发展的体量与巴基斯坦完全不在一个维度后，印度就将从区域主导权竞争跃升到全球主导权竞争维度。① 限于篇幅本章对极性理论暂不讨论。

基本假说：5：防御性进攻主义并不等同于非理性战争冲动，也不意味着一定会面临失败的厄运。"趋势焦虑方"发动防御性进攻的意愿与成败取决于两大因素。第一，客观实力上，区域体系结构呈现两强竞争态势。如果"趋势占优方"在区域内扶持并构造出第三极，那么形势将不利于趋势焦虑方发动防御性进攻。第二，主观感知上，"趋势占劣方"是否感受到来自对手明显的战略威胁。而"趋势焦虑方"发动防御性进攻能否成功则取决于多大程度上获得体系霸权国的支持。在势均力敌的区域大国之间，体系霸权国的支持是决定国家能否获得并长期享有区域主导权的核心要素。

基本假说6：防御性进攻主义理论对"关于间接施压能否拆散同盟"的问题也提出了一种新的认知视角。支持间接施压战略的学者往往喜欢举出这样的案例，"假如'二战'结束后苏联可以在第一时间介入东南亚地区的民族独立运动，从而削弱英法荷等西方国家，进而促使它们对美国提出更多的援助要求，一旦美国拒绝满足，这种间接施压可能会促成美国与欧洲盟友之间的同盟裂隙。也如同美国在20世纪50年代后期在台海危机中曾经通过对边缘地带的中国施压，促成中国对苏联盟友提出更高的要求，进而促成中苏同盟的分裂"。以证明间接施压能够有效地拆散同盟。反对间接施压理论有效性的学者往往指出："间接施压可能会强化对手阵营的同盟关系，同时增加缓和难度并加剧紧张对抗态势。例如，英法协约后，威廉德国曾试图在两次摩洛哥危机中通过对法国间接施压进而促成英法准同盟关系的遇挫。但是德国不仅没有看到期待中的英国后退，反而在具有强烈'反德大合唱'性质的阿尔赫西拉斯会议上强硬地站出来为法国撑腰。这使得英法协约这个没有任何同盟义务的协定事实上成了一种不言

---

① ［英］巴里·布赞、［丹］奥利·维夫：《地区安全复合体与国际安全结构》，潘忠岐等译，上海人民出版社2009年版，第30—38页。

而喻的同盟条约。"防御性进攻主义从"趋势焦虑"变量出发认为,当受到间接施压一方的同盟主导国处于"趋势焦虑方"的时候,它更愿意强硬地履行同盟义务。此时推行间接施压无异于自拆台脚;当受到间接施压一方的同盟主导国处于"趋势占优方"的时候——赫鲁晓夫(Khrushchev)曾充满信心地认为社会主义制度可以通过和平竞赛赢得同资本主义的竞争——它往往不愿意支持弱小盟友的挑衅行为,这可能促成间接施压战略的有效施展。

三 防御性进攻主义的案例验证：1635—1945 年[①]

防御性进攻主义理论认为,在两强竞争区域主导权过程中,导致战争爆发的核心变量是趋势焦虑。本章将从"趋势焦虑"的角度对国际政治中的重大战争事件进行分析,借以检验理论的有效性和适用范围。以下试图对近400年来出现的"趋势焦虑"与"冲突意愿"的内在联系进行无差别分析。按照时间顺序包含波旁王朝对哈布斯堡王朝重新统一欧洲趋势发动的防御性进攻、拿破仑帝国对俄国的趋势焦虑、拿破仑三世对德国统一的趋势焦虑、日本对洋务运动中国的趋势焦虑、1904年前日本对俄国亚洲陆权的趋势焦虑、威廉德国对俄国陆权增长的趋势焦虑、1941年前日本帝国对苏联的趋势焦虑、1941年后日本对其亚太主导权的趋势焦虑、法国对纳粹德国的趋势焦虑等。其中既包含因"趋势焦虑"而选择防御性进攻战略的证实案例,也包含本应发动防御性进攻,却因"趋势占优方"成功地构造出三极结构,从而抑制了"趋势焦虑方"战争意愿的证伪案例。本书不仅关注那些能够支持假说的证实性案例,更会关注那些不支持假说的证伪案例。毕竟,只有看似并不符合本书结论的证伪案例仍与这一理论的内在

[①] 样本选取的时间说明：选择1635年作为起点的原因在于,1635年是法国介入"三十年战争"的年份,如果说丹麦与瑞典介入战争的原因是二者均属于新教国家,那么作为天主教国家的法国介入"三十年战争",则是从权力政治角度开启了近代国际关系中争夺欧洲主导权的防御性进攻主义先河。选择1945年作为结点的原因在于,两极格局时代,美苏在各自势力范围内均呈现出绝对的一元优势和主导权。尤其是1975年《赫尔辛基协定》达成后,更加固化了美苏在各自势力范围内的主导权。因此,在两极高压下,区域主导权之争为全球主导权之争所长期压抑和掩盖。1991年后,两极解体,国际体系的区域主导权之争再度回潮,对中国与周边大国的区域主导权竞争问题,本章选择在文章第四部分予以详细分析。

逻辑保持一致，才能够证明该理论的有效性。

（一）对证实案例的考察

证实案例1：15世纪的哈布斯堡（Habsburg）王朝通过巧妙的联姻取得了西班牙王位及其庞大的资源。16世纪前半叶，德意志神圣罗马帝国皇帝查理五世（Charles V Sage）将帝国权威恢复到有望重现古罗马式的欧洲中央帝国的趋势。到了斐迪南二世（Ferdinand Ⅱ）时，哈布斯堡家族的两大分支——西班牙与奥地利——取得欧洲主导权的势头近乎锐不可当。此时欧洲的哈布斯堡王朝处于单极霸权，波旁王朝与它并不在一个权力维度，因此没有与哈布斯堡家族争夺欧洲安全复合体主导权的任何可能性。但权力的傲慢使哈布斯堡家族试图复兴罗马天主教会对欧洲大陆的统一，这一事件激起了德意志内部新教诸侯与神圣罗马帝国皇帝间的"三十年战争"。

在宗教狂热影响下，这场导致了德意志地区三分之一成年男性人口死亡的战争，带来了哈布斯堡王朝势力短期内的急剧跌落。[①] 当战争进行到1635年时，德意志地区因长期战乱而焦土遍野，法国则因长期作壁上观而实力渐显。彼时的哈布斯堡王朝因长达十七年的战争消耗，在同法国主导权竞争中处于"实力较弱，但趋势占优方"。而法国虽然保存了实力，但却处于"实力较强，但趋势占劣方"。[②]

战争打到1635年时，黎塞留面前呈现出两种未来的欧洲图景。第一种图景是：民穷财尽的双方出现妥协，随后哈布斯堡家族有希望再次凭借其庞大的基本实体——像两个世纪以来不断出现的查理五世、腓力二世（Philip of Spain）、斐迪南二世与腓力四世一样——重整旗鼓，卷土重来并再度紧握欧陆领导者的缰绳。在此期间，法国虽享有短暂的权力优势与和平局面，但长期处于哈布斯堡势力复兴与包围的趋势焦虑中。第二种图景是：法国学习古罗马在第三次布匿战争时的防御性进攻主义战略，即趁迦

[①] ［美］亨利·基辛格：《大外交》，顾淑馨等译，人民出版社2010年版，第50页；时殷弘：《现当代国际关系史》，中国人民大学出版社2011年版，第71—83页。

[②] 哈布斯堡家族仍然控制着庞大的欧洲版图与海外领地，同时对法国形成着长期的包围态势：法国南边是西班牙；西南边是由西班牙控制的意大利北部地区；东边是由西班牙控制的法朗奇康德区（Franche Comte）；北边是西班牙属地荷兰。彼时的阿尔萨斯、洛林公国等莱茵河沿岸地区均效忠于神圣罗马帝国皇帝。

太基人再度发展成为强大竞争对手之前,从根本上终结其东山再起的可能性。① "实力较强,但趋势占劣"的波旁王朝选择了以最小的筹码参与欧洲历史上最大的地缘政治赌局,它抓住哈布斯堡王朝"受伤未愈"的有利时机,给予"趋势占优"的哈布斯堡王朝以毁灭性打击,不仅粉碎了其在法国周边的包围态势——至此阿尔萨斯、洛林等地并入法国版图,更通过造成德意志地区的长期分裂,一举赢得了此后200多年里法国在欧洲区域安全复合体中的主导权。(参见表1-4)

表1-4　"趋势焦虑方"发动防御性进攻的战略效果:1635—1945年

	"趋势焦虑方"	"趋势占优方"	霸权国态度	战略效果
"三十年战争"	波旁王朝(实力较弱)	哈布斯堡家族(实力较强)	无霸权介入	成功《威斯特伐利亚》
拿破仑侵俄战争	拿破仑帝国(实力较强)	沙皇俄国(实力较弱)	支持战略匹配度高者	失败霸权外力介入
克里米亚战争	拿破仑三世法国(实力较弱)	沙皇俄国(实力较强)	支持"趋势占劣方"	成功《巴黎和约》
甲午中日战争	日本(实力较弱)	清国(实力较强)	善意中立	成功《马关条约》
日俄战争	日本(实力较弱)	沙皇俄国(实力较强)	支持"趋势占劣方"	成功《朴茨茅斯和约》
威廉德国对俄国的趋势焦虑	威廉德国(实力较强)	沙皇俄国(实力较弱)	支持战略匹配度高者	成功《布列斯特和约》
同盟国对协约国	德奥土同盟(实力较弱)	法俄协约(实力较强)	支持战略匹配度高者	失败霸权外力介入
太平洋战争1941—1945	日本(实力较强)	美国(实力较弱)	无霸权介入	失败(三极格局)
纳粹德国1939—1941	纳粹德国(实力较强)	英法同盟(实力较弱)	无霸权介入	成功《苏德互不侵犯条约》将不利的三极变为有利的两极
纳粹德国1941—1945	纳粹德国(实力较强)	苏联(实力较弱)	支持战略匹配度高者	失败霸权外力介入

表1-4由作者总结自制。

---

① 吴于廑、齐世荣主编:《世界史:古代史编》(上卷),高等教育出版社2011年版,第230页。

关于中世纪的欧洲政治在此可以向本书读者简单做一些有趣的扩展。德意志神圣罗马帝国在历史上是一个比较尴尬的政治单位。用伏尔泰（Voltaire）的话讲，神圣罗马帝国既不神圣，也非罗马，更不是帝国。它是一个由众多封建领地构成的松散的日耳曼蛮族建立的小邦联。在神圣罗马帝国中，最大的特征就是皇帝的推选。各个强大的选帝侯们为了维护自身的独立，往往倾向于推选一个比较羸弱的人来充当帝国的皇帝。从皇帝加冕时各个诸侯向皇帝陛下宣誓的誓词——"比你更优秀的我们向并不比我们更优秀的你宣誓，如果你遵守祖先约定俗成的法律（不要过多地干涉我们），那么我们尊你为王"——中我们就会发现，皇帝在各个选帝侯之间并不占绝对优势。

从地缘战略心理学角度讲，这种对弱主的偏好有助于维持体系内大国之间的安全与行动自由。地缘战略心理学中有关"老爷子现象"的微观理论认为，羸弱的神圣罗马帝国皇帝并不是一无是处的，恰恰相反，他是在势均力敌的德意志各君主之间维持政治与道德长期共识的必要条件。神圣罗马帝国皇帝、罗马教皇，还有中国春秋战国时代的周天子的政治功能一样，都为各大封建领主在荣誉至关重要的时代实现妥协让步提供了重要的诱因。虽然他们力量弱小——"二战"时丘吉尔（Churchill）曾请求斯大林看在教皇的份儿上放弃打压苏联境内的天主教时，斯大林轻蔑且略带调侃地反问道："啊！教皇？他手里有几个师？"但他们都能以一种自诩是、似乎也确实在某种程度上不同于一般政治单元的声音讲话。如果在皇帝陛下的调节下，针锋相对的大国之间有机会采取他们彼此认为无法采取的行动而不会担心因此而丧失荣誉；如果保全面子的方案是由一个本身缺乏权力但又拥有道德优越感的人以劝说——而不是以命令——的形式提出，那么在"谁是懦夫的博弈"下退却就不会被认为是向对方作出了妥协，而是被视为对国际社会中大多数国家的期望与理性声音作出让步。反过来说，如果在"老爷子"出面时仍拒绝让步，那么就可能因破坏国际社会残酷斗争中达成的建立在鲜血之上的长期形成的稳定的政治与道德共识并可能陷入众叛亲离的"卡诺莎之辱"。国际政治中的"老爷子现象"曾经为罗马教皇或神圣罗马帝国皇帝带来了巨大的政治影响——其更大的影响在于联姻，使得哈布斯堡奥地利分支与西班牙分支差一点实现了超越均势的统一。

在"冷战"期间，美苏全球战略竞争中也存在着许多利用联合国决议——最典型的"老爷子"现象——作为让自己在可信性考验面前体面退却的手段。例如，"二战"刚刚结束，杜鲁门政府便面临着"责任无限增加"与"能力急剧缩减"的巨大的战略矛盾。一方面，美国要填补由于英国权力迅速跌落而产生的诸多地缘政治真空地带和苏联在东欧地区不断制造的紧张摩擦；另一方面，美国又要应对国内持续上涨的"让孩子们回家"的舆论压力。大规模军事复员和国内经济建设压力导致美国需要避免将自身的权力资源像撒胡椒面一样不分重点的均摊，而要加强那些能够对其全球战略起决定性支撑的核心地区。这些核心地区主要指以英法德为代表的西欧、以埃及—伊朗为代表的中东和以希腊—土耳其为代表的东地中海。同时，缩减在不能对全球力量分配起决定性作用的远东地区——例如中国和朝鲜——的军事部署。鉴于美国朝野普遍认为，如果苏联突然对朝鲜半岛用兵，那么凭借美国在那里杯水车薪的驻军丝毫没有守下去的希望。因此，美军在朝鲜半岛的战争计划就是一旦全球战争爆发，美国就要从朝鲜南部撤出军队。既然驻军在战争时没有抵抗的必要，那么和平时期就更没有必要继续保留在朝鲜半岛的驻军了。美国进退两难的困境与其说是军事上的，不如说是面子上的。美国担心如果它不声不响地从朝鲜半岛南部撤军，就可能面临"畏惧苏联"这类有损权力声望的指责。这时候请联合国这位"老爷子"出来打打圆场就非常合时宜了。因此，1947年7月美国陆军部作出了一个明智的决定："如果把这个皮球抛给联合国，以尊崇联合国大会决议的方式从朝鲜半岛体面的离开，既可以让美国实现从半岛撤军的目的，又能够避免美国在其他弱小盟友面前声望受损。"[①] "二战"后，国家声望一落千丈、权力捉襟见肘的英国政府在面对摩萨台领导的伊朗人民党强烈主张将英伊石油公司（Anglo-Iranian Oil Company）国有化并派兵占领阿巴丹炼油厂时，鉴于没有能力应对伊朗国内狂热的民族主义浪潮，但又不想撤退的太过难看，因此也倾向选择将这一毫无悬念的问题提交给联合国仲裁。通过对联合国处理意见表示尊重，英国希望实现在这个新兴的桀骜不驯的第三世界国家面前尽量体面退却的目标。

在"冷战"结束后的国际政治中也出现过许多这类"老爷子"现象。

[①] Memo by Butterworth, 4, March 48, *FRUS*, No. 6, 1948, p. 1139.

例如，1994年，当时北约向波斯尼亚塞尔维亚人发出最后通牒——要求他们撤除部署在萨拉热窝周边的重型武器，否则就对他们进行轰炸时，这种最后通牒在当今国际政治中因明显带有对民族国家强迫的侮辱性色彩而被塞尔维亚武装断然拒绝。因为如果塞尔维亚人确实在最后通牒压力下退却了，那么民族主义者们转头就会把这股怨气发泄到国内执行此政策的领导人身上。这时，当俄罗斯的叶利钦出面以劝说的形式，说服塞族武装同意以俄罗斯向争端地区派驻维和部队借以换取其撤出重型武器，就等于帮助了冲突双方迅速地找到避免升级的压力出口。塞族人从俄国和北约的提议中挑选出自己可以接受的条件，更精明的是对俄国人和北约并未提出的提议也表示了同意。并宣布他们对俄国人做担保所达成的协议表示满意。塞族人并非唯俄国马首是瞻，北约在冷战结束伊始也没有将俄国放在眼里。但俄国人在此情势下向双方所提供的这种"互有予取"的平等形式，正是国际危机中最为难得的润滑剂。

此外，有时候急于妥协的大国甚至在不存在机制化"老爷子"的情势下，还可以根据需求制造出一位能够显示出自己说到做到、言而有信的"老爷子"。比如当"第一次柏林危机"陷入僵局后，美国毫不妥协的"空运计划"、战略轰炸方案和加速在德国西部占领区建立主权国家的反制组合，反倒给苏联造成了骑虎难下和进退维谷的巨大压力。为了体面地结束这场地缘政治危机，在斯大林的授意下苏联驻联合国代表雅科夫·马利克（Jacob Malik）假装在无意中提出："如果可以召开由美苏英法四大国的外长会议协调德国占领问题，那么苏联就没有必要一直对柏林实行封锁。"这种只要求开会却没有对会议结果设定标准的提议，实际上就是在外交上提出了一个极其简单的结束对峙的台阶（或许还加铺了一层红地毯）。这种预先设定"假如……我就可以……"的外交句式是一种典型的根据需求而临时制造的"老爷子"牌降落伞。它在心理层面为苏联对"柏林封锁"的草草收场提供了一个看似可以说的过去的自我欺骗的政治理由。

同理，在1949年，面对在渡江战役中势如破竹的中国人民解放军，在太平洋战争中遭遇惨败的英国政府无力守卫香港。在地平线余晖中挣扎的日不落帝国对远东地区解放战争局势的演变惊恐不安，对属地香港及其未来的政治走向提心吊胆。彼时的港英政权呈现出一派风声鹤唳、风雨飘摇的惨淡景象。这时爆发的"紫石英号事件"恰恰为英国以"本国船员安全"为名寻求与中国共产党接触提供了难得的机遇。如果 1949 年英国被困在长江的紫石英号军舰没有自作主张的逃跑,那么外交大臣欧内斯特·贝文（Ernest Bevin）无疑将在美国盟友面前得到一个在双方眼里都看似说得过去的与新中国政府积极接触的理由。在重大国际问题上,很多时候国家在意的就是对方的一种态度。这就是当英国外交部官员听说紫石英号已成功地从封锁江面"出逃"后,却连续喊出了"Stupid！Stupid！Stupid！"的原因。紫石英号的出逃意味着"毛血日益衰,志气日益微"的大英帝国在新中国面前借以维系帝国尊严并获得美国外交谅解的一张王牌丢掉了。

今天,这种"老爷子效应"主要体现在国际法和国际组织在势均力敌的权力各方促成妥协与和解的调节作用。每当我们对此产生怀疑的时候,就可以想一想以下问题：当权力对比处于均势时,国际社会中的道义原则、国际组织或国际法（就好像一位广受尊敬且公允的老爷子）就会在各主体间享有较高的地位。而一旦体系均势被打破,进而转向单边优势主导下的不平衡多极结构,那么强权政治思维和实力法就会压抑道义原则。同时,处于支配性地位的大国就再也没有耐心继续假装聆听老爷子喋喋不休的劝导了。作为崛起国来讲,越是力量达到了某种强度,反而越要在道义上虚心聆听"老爷子"的训导,以此才能汲取更多的道义软实力。从隐忍的崛起角度讲,西方典故中的"阿维农之囚"与中国典故中的"挟天子以令诸侯"都不是崛起国对待道义上位者最明智的做法。

证实案例 2：拿破仑发动侵俄战争前,欧洲大陆出现了法俄两强争夺主导权的局面。在 1812—1814 年间,欧陆霸主法国与迎头赶上的俄国在陆军规模与人口总量上各列欧洲榜首。1812—1814 年间,法国陆军规模增长到 60 万人（包含许多法国占领区国家的军人）,位列欧洲第一；而俄国陆军增长到 50 万人,仅次于法国位列第二。[①] 同时,1750—1816 年间,法国人口总量从 2150 万增长到 2950 万,而俄国人口总量则从低于法国的 2000 万增长到远超法国的 5130 万。[②] 在法俄两强争夺欧陆主导权的过程中,由于沙皇俄国与法国并不接壤,因此,它在多年"坐山观虎斗"的欧洲乱局中较

[①] Paul Kennedy, *The Rise and Fall of the Great Powers: Economic Change and Military Conflict from 1500 to 2000*, New York: Random House, 1987, p. 99.

[②] David Singer, Melvin Small, *National Material Capabilities Database, 1816–1985*, Ann Arbor: Inter-University Consortium for Political and Social Research, February, 1993.

好地保存并发展了军事实力。而法国虽然军事实力占优，但与反法同盟长期的战争消耗——尤其是深陷英国支持下的西班牙民族主义"解放战争"泥沼①——开始让法国对俄法权力优势逆转出现了趋势焦虑。

1812年的法国已经接近了一个中等大国权力所能触及的自然极限，它若想背负海陆两线沉重的地缘战略包袱继续前行则极为吃力。而俄国则从容地沿着一条看不到尽头的大道轻快前行。②鉴于俄国庞大的基本实体与强劲的增长态势，拿破仑对法俄争夺欧洲主导权的前景难免有一种强烈的悲观预期：在法国尚存优势的决定性十字路口，其防御性进攻主义行为的本质就是洲级大国时代中等强国反抗被逼迫走下坡路的抗争。

由于带有革命色彩的拿破仑法国陆权优势急剧上升，它对海权霸主英国的威胁甚为强烈。因此，一切参与反法同盟并与法国作战的国家——战略匹配度较高者——都可能得到海权霸主英国的支持。正是出于对英俄潜在结盟趋势的担忧，才加大了拿破仑对俄国发动防御性进攻的意愿。我们无法事后诸葛亮地从拿破仑侵俄失败的历史事实断定：他发动侵俄战争必然会因面临英俄反法同盟的两线压力而失败。③虽然拿破仑在俄国兵败后，英俄才组建起"第六次反法同盟"，但如果没有"第六次反法同盟"导致拿破仑的彻底失败，拿破仑法国仍可能养精蓄锐、卷土重来。随着拿破仑的失败，沙皇俄国——就像"二战"后的苏联一样——取得了欧陆主导权。

证实案例3：日俄战争是展现防御性进攻主义有机会取得成功较明显的案例。甲午战争后，明治维新的日本战胜了洋务运动的清国，成为东亚地区的海陆复合型大国。在春帆楼中日《马关条约》内容谈判的仅仅六天后，俄国便联合法德公使向日本外务省对"割让辽东半岛"提出异议。与此同时，实力与趋势均占优的俄国远东舰队在中国芝罘与日本神户海面展开军事威慑。至此，日本虽放弃了辽东半岛，却与俄国结下了仇恨并开启了俄日争夺东亚主导权的竞赛。

从两国整体实力看，彼时俄国的经济规模是日本的10倍。其国防预算折算成日元是20亿日元以上，而日本每年的国防预算仅2亿日元。④同

---

① 任思源：《欧洲史》，北京联合出版公司2015年版，第235页。
② Alexis de Tocqueville, *Democracy in America*, New York：Bantam, 2000, p. 142.
③ 姜鹏：《海陆复合型大国崛起的"腓力陷阱"与战略透支》，《当代亚太》2018年第1期。
④ 俞天任：《浩瀚的大洋是赌场——大日本帝国海军兴亡史》，语文出版社2010年版，第76—77页。

时，1900年日本人口数量为0.438亿，而俄国人口数量为1.356亿。日本能源消耗量为460万吨煤炭，俄国则高达3000万吨。日本钢产量几乎为零，而俄国则为220万吨。[1] 1900年，日本在世界财富相对份额中比重也几乎为0%，俄国则占到6%。[2] 由于俄国经济与军事重心在欧洲地区，所以单纯比较这一组数据并不能反映出日俄在远东地区的实力对比态势，但令日本更加焦虑的是，俄国在远东地区人口稀少与军事资源调集困难的问题将随着西伯利亚大铁路的贯通而彻底解决。因此，在这场竞赛中，日本不仅是"实力较弱方"，同时也是"趋势焦虑方"。1896年李鸿章赴彼得堡参加尼古拉二世（Nicholas Ⅱ）加冕典礼时，俄国强迫中国签署了《中俄密约》。该条约使俄国西伯利亚大铁路获得了北满穿越权。1898年，俄国又得到了南满铁路的铺设权，其势力进而向南蔓延至辽东半岛的旅顺和大连。至此，俄国海军凭借旅大不冻港优势在远东地区处于更加有利的战略态势。日本的"趋势焦虑"更集中于一旦西伯利亚大铁路——鉴于该铁路经济成本极高，经济效益极低，不得不让日本人恐惧这条铁路对远东的战略意图——全线贯通，俄国就可以实现快速从欧洲调集军队和物资的地缘优势。这不仅将剥夺日本竞逐东亚主导权的任何希望，甚至连其北部国土都将面临被俄国蚕食的巨大风险。

俄国不仅在战略态势上具有绝对优势，同时更在战略意图上令日本感到恐惧。1900年，俄国借口义和团事件向东北出兵15万并占领东北全境。两年后，虽然与清国达成了归还东北的撤兵协议，但俄国几乎没有表现出执行条约的任何行动。[3] 更令日本恐惧的是，甲午战争后俄国一直不承认朝鲜属于日本的势力范围。日本曾提出以支持俄国占领满洲来换取俄国承认日本对朝鲜的领有，但这一提议被俄国拒绝了。[4] 俄国在占领中国东北后，就开始向朝鲜步步紧逼。1896年，被亲日势力追杀的朝鲜高宗就躲在

---

[1] Paul Kennedy, *The Rise and Fall of the Great Powers: Economic Change and Military Conflict from 1500 to 2000*, New York: Random House, 1987, pp. 199 – 202.
[2] ［美］约翰·米尔斯海默:《大国政治的悲剧》,王义桅等译,上海人民出版社2008年版,第228页。
[3] 俞天任:《有一类战犯叫参谋》,语文出版社2009年版,第31页。
[4] Richard Connaughton, *The War of the Rising Sun and Tumbling Bear: A Military History of the Russo-Japanese War, 1904 – 1905*, London: Cassel, 2004, pp. 77 – 79; Ian Nish, *The Origins of the Russo-Japanese War*, London: Longman, 1985, p. 172.

汉城的沙俄领事馆中接受庇护，这意味着俄国人手中掌握着一张随时可以在朝鲜炮制合法政权的王牌，俄国也顺势将领事馆让给了高宗做"王宫"，并为其派出大量的军事与经济顾问。[①]

日俄在远东地区的扩张野心均可能威胁到体系霸主英国的利益。在动态权力均衡的逻辑下，英国更愿意扶持"实力较弱，且趋势占劣"的日本作为制衡俄国霸权的"代理人"。1902年《英日同盟》——日本实现了与体系霸主英国在远东地区战略匹配度高度一致——的建立构造出了最容易产生防御性进攻的局面，即"趋势焦虑"的日本迫切地希望利用西伯利亚大铁路彻底贯通之前的最后机遇与俄国展开决战。这场战争的结果证明，如果"实力较弱，且趋势占劣方"能够获得体系霸权国的支持，其发动防御性进攻将出现更大的胜算。

（二）对证伪案例的考察

证伪案例1：通常认为，"一战"前的威廉德国享有欧洲陆上霸权且处于高速增长阶段。作为"实力较强，且趋势占优方"为何也倾向于发动防御性进攻？不论是两次波斯尼亚危机，还是萨拉热窝事件，趋势焦虑的德国军方都力图促成大战尽早爆发。这种"趋势占优方"积极谋求发动预防性战争的现象是否与本理论的假说背道而驰呢？通过对"一战"前竞逐欧洲主导权的德奥同盟与俄法同盟实力对比可以发现：威廉德国可能是"实力占优方"，但绝不是"趋势占优方"。

批判威廉德国发动非理性战争的学者通常认为，德国当时既是实力占优方，也是趋势占优方。他们往往列举这样的案例"1890—1914年间，德国人口从4900万激增至6500万，1914年其煤炭产量与英国持平，其钢产量更是与英法俄总和相当。1890—1914年，德国的出口额从1.66亿英镑增至5.05亿英镑……"[②] 这种对德国工业实力占优的判断是正确的。德国

[①] 俞天任：《浩瀚的大洋是赌场——大日本帝国海军兴亡史》，语文出版社2010年版，第81页。

[②] 1914年德国煤炭产量为277（百万吨），英国为292（百万吨）；1914年德国钢产量为14（百万吨），英国为6.5（百万吨），法国为3.5（百万吨），俄国为4.1（百万吨）。参见 Richard Ned Lebow, *A Cultural Theory of International Relations*, Cambridge: Cambridge University Press, 2009, p. 347; Alan John Percivale Taylor, *The Struggle for Mastery in Europe 1848-1918*, Oxford: Oxford University Press, 1977, p. 13.

第一章　趋势焦虑与冲突意愿：区域主导权竞争中的防御性进攻主义　◇◇　23

也正是凭借着工业实力优势才在四年的消耗战中长期保持着对协约国的战略优势。

但关于德国属于"趋势占优方"的判断则有待商榷。支持德国属于"趋势占优方"的专家经常会引用1914年德国工业家胡戈·施廷内斯（Hugo Stinnes）的一段著名演说："每当德国和平地度过一年，我们都比过去更加强大。假如再给我们三到四年的和平时期，我敢向你们保证德国将无可争议地暗中主宰欧洲。"① 这种观点忽视了主导权竞争不关注每一方权力的绝对增长率，而更关注相对权力增长率的动态演化。当时欧洲争夺主导权的双方已经不再是两个单一国家，而是两大军事集团。该观点只提出了德国经济的巨大发展，却忽视了俄国更加强劲的权力增长态势。此外，对区域主导权的评判往往取决于人口、领土、资源、工业实力、经济实力、常备军力以及战时国家的动员能力，这一点法俄实力的增长趋势则更胜一筹。

当时的法俄同盟——尤其是获得法国大量贷款援助迅速走向工业化的俄国——其巨大的经济与军事潜能正在凸显。法俄结盟后，德奥同盟在人口总量与兵力数量上的单极优势就被追平了。1890年代初，法俄两国人口总数为1.55亿人，比德奥总人口多0.53亿；到了1913年，法俄人口总量攀升至2.15亿人，比德奥两国多1.09亿，且德俄两国的人口差距还在拉大。② 1897—1898年，法俄同盟兵力为156万，德奥同盟兵力仅为88.8万。③ 1914年，俄国家杜马又批准了新的扩军议案。根据议案规定，俄国年征兵数量较之前净增13万，至1917年俄国陆军常备兵力将净增40%，与之相对应的是军官数量也将净增29%。④ 对此，施里芬在一封信中表示："抛开军事质量来讲，法俄同盟与我们的兵力之比已经接近5∶3……如果德国不想被彻底抛在后面，就需要认真对待相对实

---

① Wolfgang J. Mommsen, *Imperial Germany 1867–1918: Politics, Culture, and Society in an Authoritarian State*, London: Bloomsbury Academic, 2009, pp. 84–91; Alan John Percivale Taylor, *The Struggle for Mastery in Europe 1848–1918*, Oxford: Oxford University Press, 1977, pp. 528–529.

② Paul Kennedy, *The Rise and Fall of the Great Powers: Economic Change and Military Conflict from 1500 to 2000*, New York: Random House, 1987, p. 199.

③ ［美］威廉森·默里等主编：《缔造战略：统治者、国家与战争》，时殷弘等译，世界知识出版社2004年版，第270页。

④ Hew Strachan, *The First World War*, Harmondsworth: Penguin Books, 2005, pp. 62–63; Lieven, *Russia and the Origins of the First World War*, New York: Palgrave Macmillan, 2011, p. 111.

力弱化的现实。"①

更令德国感到焦虑的是俄国动员效率的提升将导致"施里芬计划"中假定的时间差消失。法国政府不断增加对俄国战备项目的贷款,仅在1912—1914年就向俄国提供了5亿法郎用以资助其完善西部运河系统改造与战略铁路扩建。到了1914年初,普恩加莱政府更是追加25亿法郎贷款,借以帮助俄国增建5000公里战略铁路。一旦俄国西部战略铁路1918年铺设完毕,其军事动员效率将从几年前的6个星期——这构成了"施里芬计划"在西线法国与东线俄国之间利用时间差避免两线作战的前提——缩短为15天。② 对此,贝特曼秘书在其日记中也表现出巨大的趋势焦虑:"奥匈帝国就像一个衰弱的老人,它正在走向虚弱与动荡……未来属于年轻的俄国,它正在日益壮大。当其在波兰的战略铁路竣工后,德国的优势将不复存在。"③

工业化对大国提升竞争力的影响在于,它导致国家利用本国资源的机会与能力趋于均等化。这将赋予俄国这样拥有庞大人口与领土资源的国家以规模优势和战略潜能。在"一战"前的德俄竞争态势中已然显现出"洲级大国勃然兴起和中等强国急剧衰落"的趋势。1890年,俄国的GDP约为德国的80%,到1913年则与德国相等,而此时俄国的工业化方兴未艾。④ 1913年7月法国官员谈道:"俄国经济与军事力量将在未来30年实现巨大的飞跃,这种变革将在欧洲复制出一个同美国一样强大的力量。"⑤ 作为俄国工业化启动的技术与资金援助方,法国最大的目的就是促成德国对俄国的趋势焦虑,这将有助于法俄威胁一致型同盟的巩固。

"趋势焦虑"不仅可以解释为何德国没有在1905年欧洲局势对其最为有利的形势下发动战争——当时俄国在日俄战争中被击败,国力损伤巨

---

① Gordon A. Craig, *The Politics of the Prussian Army 1640 – 1945*, Oxford: Oxford University Press, 1956, p. 243.

② 梅然:《德意志帝国的大战略》,北京大学出版社2016年版,第459页。

③ Alan John Percivale Taylor, *The Struggle for Mastery in Europe 1848 – 1918*, Oxford: Oxford University Press, 1977, p. 522; Konrad Hugo Jarausch, *The Enigmatic Chancellor: Bethmann Hollweg and the Hubris of Imperial Germany*, Yale: Yale University Press, 1973, p. 96.

④ Dong Sun Lee, *Committing Suicide for Fear of Death: Power Shifts and Preventive War*, Washington: East-West Center, 2006, p. 18.

⑤ Alan John Percivale Taylor, *The Struggle for Mastery in Europe 1848 – 1918*, Oxford: Oxford University Press, 1977, p. 501.

大，欧陆局势短暂呈现出德国单极霸权加强的有利局面——也可以解释在此后的几年里为何越来越倾向于发动防御性进攻。威廉德国的"趋势焦虑"是中等强国同洲级大国争夺区域主导权的必然结果。它既是洲级大国时代中等强国避免随着地位恶化而沦为"较小国家群中的最大国家"的本能恐惧，也是在规模相形见绌的条件下，避免沦为二流国家的德意志试图用陡增的国力弥补权力维度差距的现实救赎。

随着法国帮助俄国推进工业化进程的加速，德国在两次波斯尼亚危机时便表现出强烈的防御性进攻主义倾向。它们甚至在1909年的危机中向俄国发出了"最后通牒"。但作为"趋势占优方"，俄国在这两次危机中都选择了"以空间换时间"的忍耐退让。两次波斯尼亚危机既表明了德国当时的实力占优现状，也表明了德国对俄国羽翼丰满后局势演进的悲观。这种焦虑不仅限于军方，同时也蔓延至德国外交系统之中。外交部顾问施杜姆（Schtum）回忆其在1914年7月的想法时谈道："如果战争没有到来，我们将不得不在两年后更糟的条件下面对它。"[①] 以至于在战争爆发前的外交活动中，每当传来塞尔维亚接受最后通牒的消息时，德国外交部都会陷入一片沮丧。而当新的消息传来，说塞尔维亚并没有接受最后通牒时又会引发阵阵狂喜。当时的德国除了荷尔施泰因（Holstein）以外——只有他是一个在盲人国度里还有一只眼睛能看清东西的人——都陷入了求战的癫狂。其军事与外交人员担心这场危机再度成为一个发潮了的外交爆竹，因此一个迫不及待地向奥匈递上导火线，另一个则赶忙在兜里翻火柴。他们就像巫师学徒，一知半解地念咒打开了欧洲的潘多拉盒子，但是却没有一个人知道关上盒子的咒语。

从战略实施角度讲，如果德国趋势焦虑的对象是法俄同盟，那么它最需要的就是增加与体系霸主英国的战略匹配度——这一点俾斯麦时期做得非常好——而不是增加与英国战略竞争性。法俄成功地通过"法绍达退却"与"英俄协约"增强了与英国霸权的战略一致性。这是英国选择帮助"趋势占优"的法俄——而不是"趋势占劣"的德国——的根本原因。但是，即便存在着霸权国的帮助，也不意味着"趋势占劣方"发动防御性进攻毫无胜算。

[①] 梅然：《德意志帝国的大战略》，北京大学出版社2016年版，第508页。

从战略效果角度讲，威廉德国在整个"一战"的四年中绝大多数时间均处于有利的战略态势。它实现了击败洲级大国俄国的战略目标，并迫使其签订了巨大领土损失与战争赔款的《布列斯特和约》。它在1918年春季进攻导致英法两国从前线到后方均濒于崩溃的边缘。倘若不是美国的突然加入，1918年的德国将比英法有更大的可能赢得第一次世界大战。[1] 它更为深远的影响是导致了"一战"后英法与苏联整整一代人对同德国再度爆发战争的恐惧。从弗格森（Ferguson）对"战争效率"研究的角度讲，"'一战'中，每杀死一名德军，协约国平均要付出36485美元的成本；相反，德国杀死一名协约国军人的平均成本则是11344美元"[2]。因此，本章认为德国发动防御性进攻并不是非理性冲动，而是一种理性权衡后成功的战略选择。它终结了法俄同盟的优势，这不仅为德国赢得了整个东欧霸权，也差一点为德国赢得西欧霸权。只不过这一选择所结出的果实——战略韧性与权力声望——在二十年后为希特勒（Hitler）所收获和利用。

证伪案例2：防御性进攻主义理论认为，"趋势焦虑"方在具有优势条件下发动防御性进攻属于理性行为，但为何说"实力较强，但趋势焦虑"的日本对"实力较弱，但趋势占优"的美国发动防御性进攻是非理性行为？同时，在远东地区，为何在1941年6月卫国战争爆发前，"实力较强，且趋势占优"的苏联能够通过扶持中国并构造"三极格局"的方式促使"趋势焦虑"的日本放弃进攻苏联的北进战略[3]，而美国却无法通过扶持中国并构造"三极格局"的方式促使"趋势焦虑"的日本放弃太平洋战争？同样是扶持第三方构造多极竞争态势，同样的趋势占优方，为何苏联成功地实现了推责，但美国却遭遇了防御性进攻？从本章的基本假说5可

---

[1] Alan John Percivale Taylor, *The Struggle for Mastery in Europe 1848–1918*, Oxford: Oxford University Press, 1977, p. 567.

[2] Niall Ferguson, *The Pity of War: Explaining World War I*, New York: Basic Books, 2008, pp. 336–338.

[3] 为了避免日本对苏采取防御性进攻的"北进战略"，1941年之前苏联是给予中国抗日战争援助最大的国家。1937年"七七事变"到1941年苏德战争爆发的4年间，苏方向当时的中国政府提供信用贷款共3笔，总额2.5亿美元。1939年初，苏联向中国派遣军事专家3665人，派遣飞行员700人（其中200人牺牲在中国战场）。仅1939年，苏联就为中国培养飞行员1045人。1941年，当日本大本营讨论对苏"北进"战略时，参谋总长杉山指出："现在对中国的战争使用了很大兵力，北进实际办不到。"强大的中国战场有效地抑制了日本对苏联采取防御性进攻冲动。参见王家福《世界六强国盛衰战略观》，吉林人民出版社1998年版，第21页。

以发现，趋势占优方若想规避趋势焦虑方的防御性进攻，不仅需要积极构造三极格局，还需要主动降低自身的威胁等级。

第一，作为趋势焦虑方，日本一开始并没有放弃对苏联的防御性进攻主义倾向。苏联成功规避日本防御性进攻的原因在于苏联陆权属于"实力超强方"——日本关东军通过1938年张鼓峰战役和1939年诺门坎战役进行了实力测试，认清了它与苏联的实力不是数量的差距，而是维度的差异——而美国海权由于受华盛顿会议后不可在西太平洋增加基地、主力舰吨位限制，以及两洋安全中更加关注欧洲与大西洋战场，其太平洋舰队在1941年对日本联合舰队处于"实力较弱方"。[①] 日本还认为，随着欧洲战争局势的日益紧张，如果苏德战争爆发，那么日本在对苏关系上可能会呈现"趋势占优方"的转变，对欧洲战场的预期降低了日本的趋势焦虑。而在美日之间，随着英美荷的金融制裁与禁运压力，日本的趋势焦虑与日俱增。

第二，苏联在日苏主导权竞争中，通过积极扶持中国的方式构造对日制衡的"第三极"，从而降低了日本"北进战略"的欲望。苏联是1937—1941年间对中国抗日战争援助最大的国家。从"七七事变"到"卫国战争"爆发的整整四年间，苏联向中国提供了总额2.5亿美元的信用贷款（中国实际动用了其中的1.73亿美元）。截至1939年初，苏联向中国派遣的军事专家达3665人。派遣直接作战的飞行员700人（其中200多人在抗日战争的中国战场牺牲）。同时，抗日战争初期，在英美缺位的情势下，苏联还为国民党军队训练培养了大量空军飞行员。其数目为1938年200人，1939年达1045人。[②] 由于苏联对中国抗日战争持续而大量的援助，使中国战场成为对日牵制与消耗的巨大泥潭。当1941年6月苏德战争爆发后，日本大本营再次审度几年前构思的两线夹击苏联的"北进"战略可能

---

① 1941年后，因苏联深陷欧洲的卫国战争，美国逐渐成为与日本争夺亚太主导权的竞争者。彼时，由于美国奉行"先德国后日本，先大西洋后太平洋"的战略次序，同时，虽然《华盛顿海军条约》规定美日海军主力舰吨位之比约5∶3，但美国海军需担负"两洋战略"，而日本海军仅追求太平洋优势。更值得注意的是，20世纪30年代早期日本的海军就不声不响地突破了这一规模限制。太平洋战争前夕，日本拥有10艘航母，包括吨位世界之最的"大和"级战列舰。其海军航空兵部队拥有3000架先进战机和3500名训练有素的飞行员。因此，直至中途岛海战之前，日美在太平洋区域的态势为日本处于"实力较强，但趋势占劣方"。

② 王家福：《世界六强国盛衰战略观》，吉林人民出版社1998年版，第21页。

性时，日本陆军参谋总长杉山表示："由于中国战场牵制了大量兵力，北进已经办不到了。"

第三，苏联在"实力较强，但趋势占劣"的情势下主动与日本达成了降低威胁的《苏日中立条约》，给予了日本安全、希望、选择和出路。而美国则在"实力较弱，但趋势占优"的情势下于1941年7月——卫国战争爆发一个月后苏联退出远东的主导权竞争——积极对日本实行金融与资产冻结、废钢与油品禁运。[1] 美苏对日战略威胁的一上一下是造成后者基于趋势焦虑而选择"南进战略"的根本原因。具体来讲，一方面，日本对华战争的费用每天高达500万美元，其巨额军费远超其财政能力。[2] 另一方面，英美荷的石油禁运无异于卡住了一个失血过多的病人的输血管。即便日本发行天量国债与执行强制配给制，也依然无法扭转外汇与原油储备急剧萎缩的不利趋势。[3] 更令日本焦虑的是，随着超级大国美国重整军备，靠勒紧裤腰带发展海军的日本将很快失去在太平洋地区的战略优势。"日本海军力量在1941年尚为美国的70%，1942年则将降至65%，1943年将降至50%，1944年将降至毫无还手之力的30%"[4]。英美荷的制裁与趋势焦虑令日本处于要么主动放弃在中国的既得利益和大国地位，要么在对美尚存一线优势的情势下发动防御性进攻。[5] 这在本质上等于没有给日本留下任何体面退却的余地。不难看出，美国对日刺激性政策的搭配组合简直是强制性邀请日本一定要冒险发动防御性进攻。

从结果上看，日本在实力测试后——尤其是在《苏德互不侵犯条约》签订后——主动放弃了在三极格局下对苏发动北进战略，这成功地避免了其在亚欧大陆过早地遭遇失败。在这一层面上，日本放弃北进战略是一种

---

[1] Paul Schroeder, *The Axis Alliance and Japanese-American Relations*, Ithaca: Cornell University Press, 1958, p. 53.

[2] Paul Kennedy, *The Rise and Fall of the Great Powers: Economic Change and Military Conflict from 1500 to 2000*, New York: Random House, 1987, p. 302.

[3] 1938年日本通过强制配给制命令工厂、船只与机动车辆的燃油消耗分别降低37%、15%和65%。Pempel, "Japanese Foreign Economic Policy: The Domestic Bases for International Behavior", *International Organization*, Vol. 31, No. 4, 1977, pp. 172 – 173; Michael A. Barnhart, *Japan Prepares for Total War: The Search for Economic Security, 1919 – 1941*, Ithaca: Cornell University Press, 1988, p. 32.

[4] Alex Gliksman, "Behind Moscow's Fear of 'Star Wars'", *New York Times*, February 13, 1986.

[5] Irving L. Janis, Leon Mann, *Decision Making: A Psychological Analysis of Conflict, Choice, and Commitment*, New York: Free Press, 1979, pp. 46 – 81.

在三极格局下的理性选择。与之相对，日本在太平洋战争中失败的重要原因就是它坚持在三极格局下仍然对美国发动防御性进攻。在这一层面上，虽然"趋势占优方"美国对日本的紧逼加剧了其趋势焦虑并发动防御性进攻，但美国积极扶持中国拖住日本的"第三极战略"在很大程度上降低了日本发动太平洋战争的能力。

证伪案例3：为什么在纳粹德国兴起初期，英法作为"实力较强，但趋势焦虑方"却没有选择防御性进攻主义战略呢？答案是英法之所以放弃防御性进攻主义，源于20世纪30年代欧洲存在着社会主义苏联的第三极。资本主义、法西斯主义、共产主义并立的三极结构——共产主义认为法西斯主义与资本主义是一类，资本主义认为法西斯主义与共产主义是一类——抑制了英法单独对法西斯国家发动防御性进攻主义的意愿。而之所以说"二战"前英法对德战略彻底失败，正是因为它在实力占优时放弃了对纳粹德国发动防御性进攻。

纳粹德国的崛起既证实了"实力较强，但趋势焦虑方"英法放弃发动防御性进攻可能在未来面临更艰难的窘境，也证实了"实力较弱，但趋势占优方"可以通过渲染第三极威胁、"群体性崛起意象"[①]与虚假的和平信号骗取实力占优方绥靖的可能，还证实了当"趋势占优方"成了实力较强者之后，可以通过与"第三极"达成《互不侵犯条约》的形式将竞争结构拉回到两极，并在"实力较强，且趋势占优"的局势下赢得区域安全复合体内的主导权战争。

单就"实力较强，但趋势焦虑"的法国来讲，它自始至终地对德国崛起抱有防御性进攻意愿。不论是1923年联合比利时入侵德国并造成"鲁尔危机"，还是1935年与苏联签署针对德国的《法苏互助条约》，趋势焦虑的法国都试图在优势尚未发生逆转之前终结德国再度成为大国的可能性。但由于德国——尤其是希特勒政府——成功地将共产主义苏联塑造成对资本主义世界更具颠覆性的力量，而将自己塑造成中欧地区反共产主义扩张的屏障国家。因此，它不仅在"三极结构"下获得了英法的大力绥靖，也导致英法愈发不敢独自发动一场"鹬蚌相争渔翁得利"的防御性进

[①] 孙学峰教授认为，均势秩序下的核心挑战是两线或多线同时遭遇制衡，主动维持均势不但可以规避这一核心约束，而且有助于崛起国利用均势瓦解塑造权威秩序，走出崛起困境。参见孙学峰《地区安全秩序与大国崛起》，《当代亚太》2018年第6期。

攻。加之希特勒长期在英法面前单调地吟咏着和平的意愿，如泣如诉地痛斥欧洲大国军备的增长。像兜售人寿保险一样，随时准备掏出他随身携带的墨水笔慷慨地签下任何一份能够让大西洋两岸所有愿意上当的人们去相信他基于对和平主义热爱而主张的普遍裁军协定——1936年3月7日，就在德国重新占领莱茵兰之前的两个小时，他还在痛心疾首地呼吁希望签署一份包含所有国家的普遍裁军协定。这一举动是具有双重战略意义的转折点。它为德国的成功打开了大门，也为德国的最终失败打开了大门——他刚刚向欧洲各国提出签订一份为期25年的和平协定[①]。这种伪装的战略一致性不禁给英法两国所有愿意上当的人吃了一颗定心丸。就好像一个热衷于自我欺骗的坠楼者，当他已经掉到二楼高度时仍然可以安慰自己说："就目前为止一切都还好。"也像温水煮青蛙，极大地遏制了法国人后期发动防御性进攻的意愿。过去欧洲列强需要派出炮舰才能获得的利益，现在德国只需要派出希特勒和他的签字笔。

至1939年，德国有新式战机1450架，轰炸机800架；英法有新式战机950架，轰炸机1300架。德国有坦克3500辆，英法为3850辆[②]。德国虽然实现了军力的整体追平，但随着英法与苏联均开始重整军备，仍然执行和平主义福利经济政策的德国愈发成为"实力较强，但趋势焦虑方"。此时德国有着发动防御性进攻的充分意愿。但当时欧洲地区的三极权力结构迫使德国不敢贸然发动大战。只有将三极权力结构降为两强竞争，才更有利于德国利用优势消除趋势焦虑。1939年8月23日德国通过外交方式与苏联达成了《苏德互不侵犯条约》。至此，形势已经完全明朗，希特勒是一个站在窗边情绪失控并大声咆哮的精神病人，接下来要不要从楼上跳下去完全由他自己决定。一个星期后他带领德国迫不及待地对英法盟友波兰发动了一场"一起奔向天堂，却全都走向了另一个方向"的战争。

当纳粹德国在欧陆战胜英法同盟后，它在欧陆仅存的法西斯主义与共产主义两强中明显处于"实力较强，且趋势占优方"。20世纪30年代的大清洗运动导致苏联失去了大批优秀军事指挥官。以至于1941年苏德战

[①] ［英］温斯顿·丘吉尔：《第二次世界大战回忆录》（上），史雪峰译，中国画报出版社2015年版，第81页。

[②] ［英］A. J. P. 泰勒：《第二次世界大战的起源》，何抗生等译，商务印书馆1992年版，第347页。

争爆发后，苏军指挥官中75%任职期限小于1年，军级指挥员平均年龄比德国师级指挥官小12岁。① 此时德国最好的战略应该是整合与消化刚刚兼并的西欧势力范围并耐心地等待趋势朝着更有利的方向发展，而不是急于解决苏联。理论上讲，德国反倒是应该防范苏联作为"趋势焦虑方"可能产生的防御性进攻冲动。

1941年，希特勒对苏联的态度与其说是中等国家对洲级大国的地位焦虑，不如说是在苏德两个洲级大国之间的过度自信。而此时的苏联虽然不断地通过外交和行动向德国表明除了合作自保以外，没有争夺欧洲主导权的任何意图。但对于德国来讲，其庞大的国土资源、独特的意识形态、巨量的人口基数与军事工业潜力构成了其难以脱身的"怀璧其罪"。希特勒以"在击败英国之前，休想指望苏联不动手"② 的牵强理由向东发动了一场谈不上任何防御的防御性进攻。但这一次他失败的原因和上一次他成功的原因一样，即区域三极权力结构的影响。希特勒上一次通过《苏德互不侵犯条约》将不利的三极结构转化为有利的两极结构，所以他对英法战争实现了成功。而这一次他却在英法没有投降的情势下，向苏联发动了进攻。这种迫使三极格局中两个对手联合起来反对他并最终导致了纳粹德国的失败。希特勒的失败不是防御性进攻主义的失败——他此时发动的对苏战争就不是防御性进攻——而是三极结构下坚持发动战争的战略冒进。③

四　本章小结

防御性进攻主义理论假定，体系主导权的不可分割性决定了支配地位竞争的零和性与利益分配的赢者通吃原则。因此，在区域安全复合体的主导权竞争中，当两个高速崛起的区域大国间形成势均力敌且均有机会赢得

---

① 唐世平主编：《历史中的战略行为》，北京大学出版社2015年版，第111页。
② 唐世平主编：《历史中的战略行为》，北京大学出版社2015年版，第111页。
③ 英美对苏联的支持并不仅限于《租借法案》所提供的武器与财政援助，更多的是西线的战略牵制。1943—1944年间，为了抵抗英美轰炸，德国战斗机部队65%部署在德国本土、西欧和南欧。鉴于空中力量对地面战争的重要支撑，这对于德国在苏联战场攻势多有削弱。同时为了对付英美在西线战场的轰炸，德国不得不加大战斗机与高射炮等防空武器的生产，这耗费了德国军工生产50%以上的原料。参见梅然《战争、帝国与国际政治变迁》，山西人民出版社2017年版，第197页。

支配性权力时,"趋势焦虑方"可能更倾向于发动防御性进攻。优势转移与地位焦虑共同塑造了趋势焦虑方发动防御性进攻的意愿。在双方互主性建构的敌意螺旋中,趋势焦虑方处于这样一种尴尬的境地,要么主动放弃对区域主导及其附带利益的追求,而甘愿沦为任由对手支配的小国中的较大国家;要么在与对手权力位差进一步拉大之前,越早地促成战争,越可能避免在日后处于更加不利的境地。防御性进攻主义与前景理论的共性在于,战略竞争双方更关注彼此相对实力的发展预期;它们之间的差异则在于,防御性进攻主义认为在特定条件下,趋势占劣方发动战争并不意味着非理性或注定失败。在严格控制两强竞争权力结构并赢得霸权国支持的前提下,趋势占劣方发动防御性进攻有着可观的获胜几率。

当某一地区的权力格局基本呈现出"两极"竞争主导权态势的时候,还可能出现"双重焦虑"这种防御性进攻主义理论模型的特殊形态。其中,不论是守成国,还是崛起国,都有可能得出自身属于"趋势占劣方"的主观判断。一方面,如果崛起国持续保持高速增长,随着双方权力位差的逐年收窄,守成国会得出自身属于"趋势占劣方"的结论;另一方面,如果守成国从地缘政治到地缘经济领域加紧对崛起国的全面遏制,那么后者可能将被迫面临"降维"的痛苦和崛起遇阻的困境。最终导致双方都倾向于认为自身面临"趋势占劣"的"双重焦虑"。这种类似于"囚徒困境"的双重焦虑在无政府状态消极效应影响下可能进一步放大双方的冲突意愿。限于篇幅有限,对于防御性进攻主义的这种特殊情况将在未来的研究中做进一步讨论。

防御性进攻主义理论认为,如果霸权国成功地对崛起国实现遏阻并得以继续充当区域安全复合体中的"实力较强,且趋势占优方",那么崛起国则会因短期内权力升势出现暂时(或永久)中断而沦为"实力较弱,且趋势占劣方"。从霸权国"趋势焦虑与冲突意愿"角度讲,一旦崛起国从"趋势占优"转为"趋势占劣",霸权国的遏制意愿也将随之降低。这可能是崛起国发展放缓带来的一项安全收益。同时我们还应注意到,霸权国积极扶持地区大国并在区域层次构筑"多极"格局态势,对崛起遇阻大国的"趋势焦虑与冲突意愿"会起到明显的抑制作用。冷战期间,美国积极促成西欧国家扮演美苏之外的"第三极"对抑制苏联的战略冒进曾经起到过重要作用。

大国崛起进程并非是一条简单的单调递增函数。当崛起国因战略围堵而出现"趋势占劣"的困境时，能否有效地规避因"趋势焦虑"所引发的"冲突意愿"是决定大国崛起成败的重要因素。在蛰伏的战略忍耐期内，崛起国一方面要避免陷入布鲁图式的防御性进攻主义战略逻辑①，另一方面要积极促成"多极"格局的出现，这将有利于为崛起国重拾升势寻找到新的担责对象。在战略低潮期，坚持以"战略保底"的心态积微速成，通过收缩的方式降低对外不必要的战略消耗并耐心等待重大国际局势的转机，将成为崛起国避免无可挽回的战略透支的根本方法。只要崛起国能够避免因"趋势焦虑"而产生的消极影响，那么就仍有机会在重大事态发生后重拾和平崛起的势头。诚然，上述观点不能确保成功，但可以提高大国在区域安全复合体主导权竞争中的成功概率。

---

① 马尔库斯·尤尼乌斯·布鲁图（公元前85—42年10月23日）晚期罗马共和国的一名元老院元老。他组织并参与了对恺撒的谋杀。最广为人知的恺撒的遗言是："Et tu, Brute?"（还有你？布鲁图！）遂以衣袍遮面不再抵抗。布鲁图因遵循此逻辑于公元前42年春率军队打回了罗马。但最终却败于安东尼与屋大维联军并自杀。布鲁图的战略逻辑部分切合了防御性进攻主义的观点，其战略逻辑的核心思想如下："时机已熟我兵强，敌势日增需谨防。纵处高峰防滑落，潮涨潮落有文章。随潮进取操胜券，错过机缘饮恨长。而今正是适航日，抓紧时机旌旗扬。"参见［美］塞缪尔·亨廷顿《文明的冲突与世界秩序的重建》，新华出版社2002年版，第359页。

第二章 海陆复合型大国崛起的"腓力陷阱"与战略透支

一 问题的提出

"腓力陷阱"既是一种在国际关系史中长期反复发生的地缘政治现象，同时也是本章进行理论构建的起点。纵观近400年来国际体系中的权力转移可以发现，自西班牙帝国腓力二世以降，已获得陆权优势的海陆复合型崛起大国常常会遭到海权霸主的战略遏制，并陷入一个可诱发战略透支的二元悖论，即要想最终击败海权霸主，就需要扩充海军，同时削减陆军；但同时只要仍然存在着陆上强邻，就有扩充陆军的内在冲动。这种战略迷思使其最终陷入海陆两线的长期对抗，并在消耗战中面临"两头落空"的战略透支。

"腓力陷阱"生成的背后存在着"知觉警觉"的海洋原理与"知觉防御"的大陆原理两套平行的地缘政治逻辑。地缘战略心理学认为，国家对地缘安全环境的感知程度是随着其意识到危险的时候自认为有多大应对能力的信心而变化的。当国家有能力应对危险的时候，更容易激发高度恐惧的心理变化；而当一个国家缺乏应对威胁的有效措施的时候，更容易引发低度恐惧的心理反应。[1] 欧文·詹尼斯（Dwen Janis）和霍华德·莱文塔尔（Howard Leventhal）等人认为，如果一个国家没有办法避免刺激因素带来的冲击，其面对刺激因素时的知觉阈值就会提高（即知

---

[1] Alexander Rosen, "Change in Perceptual Threshold as a Protective Function of the Organism", in M. D. Vernon, ed., *Experiments in Visual Perception*, Baltimore: Penguin, 1966, pp. 395–407; Jerome Bruner, "On Perceptual Readiness", *Psychological Review*, Vol. 64, No. 2, 1957, pp. 123–152; Rechard Lazarus, *Emotions and Adaption: Conceptual and Empirical Relations*, New York: Oxford University Press, 1991, p. 198.

觉防御），并表现出较强的安全钝性；但如果一个国家有能力避免冲击或改变不利局面的话，它的知觉阈值就会降低（即知觉警觉），并表现出对安全的过度敏感。① 基于上述研究成果的启发，本章将心理学的"威胁感知理论"同地缘政治学的"地理磨损原理"进行交叉研究后发现，由于陆权国在数量上要远多于海权国且缺乏缓冲空间，它们之间更容易因集体行动逻辑的困境②而倾向于融合威胁或推卸责任的知觉防御。相比之下，巨大的水体阻隔为海权国带来了更多的安全剩余，进而更倾向于积极制衡的知觉警觉。例如，"冷战"时期德法对苏联的威胁感知程度要远低于英美对苏联的威胁感知。尤其是法国坚信一旦美苏两极之间爆发新的世界大战，美国最大的可能就是从欧洲撤出那点微不足道的驻军并跑到外围海域向欧洲战区扔核弹。鉴于美国在欧洲挑起事端的能力要远远大于其独立解决问题的能力，因此，以法国为代表的欧陆国家与美国的"知觉警觉"不同，它们既不愿承认苏联打算抢先对西欧发动可能引发全球战争的突然袭击，也不愿在安全问题上紧跟美国步伐以至于过度刺激苏联。③ 这种差异在三次"柏林危机"期间美国及其西欧盟友的反应上表现得极为明显。

从本质上讲，"腓力陷阱"反映的是海陆复合型崛起大国如何在"知觉警觉"的海洋原理作用下丧失利用"知觉防御"的大陆原理的失败教训。其过程表现为：一旦海陆复合型崛起大国取得陆权优势，就会激活海权霸主基于"知觉警觉"的海洋原理的无差别制衡。但是，其周边陆权邻

---

① Irving Janis, Seymour Freshbach, "Effects of Fear-Arousing Communications", *Journal of Abnormal and Social Psychology*, Vol. 48, No. 1, 1953, p. 92; Irving Janis, "Effects of Fear Arousal on Attitude Change: Recent Developments in Theory and Experimental Research", in Leonard Berkowitz, ed., *Advances in Experimental Social Psychology*, New York: Academic Press, 1967; Howard Leventhal, "Findings and Theory in the Study of Fear Communications", *Advances in Experimental Social Psychology*, Vol. 5, No. 5, 1970; Kenneth Higbee, "Fifteen Years of Fear Arousal: Research on Threat Appeals: 1953 – 1968", *Psychological Bulletin*, Vol. 72, No. 6, 1969, pp. 426 – 444; Chester Insko, *Theories of Attitude Change*, New York: Appleton-Century-Crofts, 1967, pp. 34 – 43; Robert Jervis, *Perception and Misperception in International Politics*, Princeton: University Press, 2017, pp. 373 – 378.

② ［美］曼瑟尔·奥尔森：《集体行动的逻辑》，陈郁等译，上海人民出版社2014年版，第36—40页。

③ James Forrestal, *The Forrestal Diaries*, ed. Walter Millis. New York: Viking Press, 1951, pp. 370 – 400; U.S. Delegation Minutes, 29 Aug 50, *FRUS*, 1950, 3: pp. 1135 – 1137; Acheson to Embassy in France, 17 Oct 50, *FRUS*, No. 3, 1950, p. 384.

国往往因"知觉防御"的大陆原理而更倾向于融合威胁的合作或规避风险的推责。因此，从理论上讲，海陆两线遏制战略可能因海权霸主无法找到足够的陆上同盟者而难以实现。导致海陆复合型崛起大国最终滑入"腓力陷阱"的根本原因在于，这种"堂吉诃德式"的战略迷思使其无法认识到试图征服周边陆权邻国——以此作为战胜海权霸主的本垒与博弈筹码——不仅会促使它们因无法继续卸责而同海权霸主结盟，同时也会使自身因陷入海陆两线压力而面临战略透支。

如果说对"修昔底德陷阱"的研究意在阐明崛起国同霸权国在权力转移进程中爆发冲突的可能性，那么对"腓力陷阱"的研究则意在阐释权力转移进程中崛起国可能以怎样的方式避免战略透支。纵观近代国际体系的历史进程可以发现，失败的崛起国在国际格局转型期常常会上演古希腊悲剧中英雄的命运——在不知不觉而又半推半就中一再踏进"腓力陷阱"。作为21世纪欧亚大陆上的崛起大国，中国在战略军事层面尤其应当以史为鉴，更加审慎地应对中美权力转移进程[①]，并从地缘战略心理学角度重新理解和诠释"大国是关键，周边是首要"的深刻意涵。而对"腓力陷阱"这一国际政治现象的理论研究，不仅能够丰富和完善中国特色大国战略理论，同时也能够为中国在后续的崛起进程中避免战略透支提供科学的对策建议。

二 "腓力陷阱"的理论阐释

"腓力陷阱"不是一个简单的学术概念，而是一个逻辑自洽的微观理论。以下将遵循从现象到概念，从概念到理论的一般性认知规律对"腓力陷阱"进行理论阐释，从腓力二世大战略所蕴含的特殊性中抽象出具有普遍指导意义的政治规律与政治逻辑。该理论框架最具创新性的部分在于通过区分地缘类属身份，进而指出"知觉警觉"的海洋原理与"知觉防御"的大陆原理在地缘战略心理中的偏好差异，并在此基础上提出制衡性同盟并非由权力的结构性而自发构建的新认识。由于海权霸

---

① 时殷弘：《关于中国对外战略优化和战略审慎问题的思考》，《太平洋学报》2015年第6期。时殷弘：《传统中国经验与当今中国实践：战略调整、战略透支和伟大复兴问题》，《外交评论》2015年第6期。

主更倾向于主动制衡，而陆权邻国则更倾向于推卸责任与融合威胁，因此，如果海陆复合型崛起大国不主动威胁或进攻周边邻国，倾向于"离岸平衡"的海权霸主就难以寻找到愿意与其合作的陆权大国作为其"离岸平衡"的战略抓手。

（一）从现象到概念：历史中的"腓力陷阱"

自1556年查理五世宣布退位后，腓力二世[①]继承了除德意志地区以外的所有领地。作为西班牙兼葡萄牙国王，腓力治下的地区囊括了西班牙、葡萄牙、尼德兰、西西里与那不勒斯、弗朗什孔泰、米兰以及全部西属美洲和非洲殖民地。加之其本人雄心勃勃地试图在欧洲重建天主教大帝国，因此，腓力二世时期的西班牙既有问鼎欧洲霸主的物质实力，也怀有强烈的战略意愿，但这一时期的西班牙帝国却因陷入海陆两线的长期作战而出现不可逆转的战略透支。

极其有利的境况和发展情势如何使西班牙最终选择了战略冒险？在腓力二世时期，西班牙问鼎欧洲霸权最大的掣肘来自于海权国英荷与陆权邻国法兰西。其中尤以英国对西属尼德兰叛乱的支持以及由英国海盗、商贩和资本主义事业组织者构成的"皇家劫掠公司"（buccaneers）长期袭击西班牙远洋商船队的威胁最为明显。[②] 因为源源不断流向西班牙的海外属地的财富是支撑腓力二世同上述竞争者进行战略博弈的重要筹码。英国对西班牙的海上劫掠使得腓力二世除了大力制服英国外别无选择。到了1588年，此种战略认识已经升级为旨在一举歼灭英国海军、登陆并占领英国的大规模渡海远征。[③]

1588年"无敌舰队"远征英格兰失败后[④]，腓力二世面临着如下困境：为了降伏英格兰，就需要重建海军，这就需要减少陆军，但只要身边仍然存在着陆上强邻法国，就需要增加陆军。更加不幸的是，在海权国英

[①] 腓力二世（Philip Ⅱ）（1527年5月21日—1598年9月13日），哈布斯堡王朝的西班牙国王（1556年—1598年在位）兼葡萄牙国王（称菲利普一世Philip Ⅰ，1580年—1598年）。

[②] Ludwig Dehio, *The Precarious Balance, Four Centuries of the European Power Struggle*, New York: Vintage Books, 1965, p. 52.

[③] 时殷弘：《现当代国际关系史》，中国人民大学出版社2006年版，第80—81页。

[④] Garrett Mattingly, Leonard H. Mattingly, Richard G. McCollum, *The Defeat of the Spanish Armada*, Boston: Houghton-Mifflin, 1984.

荷坚定地对其进行离岸制衡的前提下,这种希望通过延展陆上本垒并实现"以陆补海"的战略,注定了西班牙帝国将陷入一个海陆两线作战的"腓力陷阱"。为了获取绝对的欧陆霸权——只有这样才能放心地增加海军,同时减少陆军对有限战略资源的分配——腓力二世在同海权国英荷冲突仍然存在的前提下,积极卷入法国的"胡格诺宗教战争",法国遂同英荷结成了共同对抗西班牙的准盟友关系。1595年,腓力二世的陆军被法国国王亨利四世击败。1598年腓力二世去世,这是哈布斯堡家族在欧洲战略优势的拐点。此后,西班牙在力图重振"最基督教陛下君主国"的腓力四世带领下进行了最后的努力尝试,但"三十年战争"使其再度因海陆两线作战而出现战略透支,以至于1659年签署《比利牛斯和约》后彻底丧失了大国身份。①

每一种特殊现象的背后都存在着一般性规律的支配,科学研究的本质就是将具有同样特征的现象进行归类并将其概念化。客观规律及其表象是先于主观认知与概念而存在的。同理,本章所提出的"腓力陷阱"也并非自腓力二世以降才出现的,也不会因为西班牙帝国的终结而消失。作为一种对反复发生的地缘政治现象的理性认识,引入"腓力陷阱"概念的意义在于能够更好地激发人们对于同类地缘政治问题产生出相关联想与意象映射。

(二)"腓力陷阱"的前提假定

"腓力陷阱"理论的前提假定主要有四点,故只有在满足以下四点假定的前提下,"腓力陷阱"才具备生成的环境与条件。

第一,"腓力陷阱"的研究对象是海陆复合型地缘政治崛起大国,且取得了陆上的支配性地位。② 这就将英帝国、1945年后的美日等海权国家以及1940年以前的纳粹德国、1895—1905年的日本帝国等"两极陆权"之一的国家排除在研究对象之外。

---

① [英]保罗·肯尼迪:《战争与和平的大战略》,时殷弘、李庆四译,世界知识出版社2005年版,第90页。
② 对于支配性地位的界定,本书参考了奥根斯基和库格勒及清华大学孙学峰教授的研究成果,将一国的实力与周边次强陆权国实力比大于或等于1.25的崛起大国定义为陆权支配性大国。A. K. F. Organski, Jacek Kugler, *The War Ledger*, Chicago: University of Chicago Press, 1980, p. 49. 孙学峰:《中国崛起困境:理论思考与战略选择》,社会科学文献出版社2001年版,第58页。

第二，这类海陆复合型崛起大国周边至少存在一个可能对其形成潜在制衡的陆权邻国，这就将19世纪末在美洲地区攫取了陆权优势的美国排除在外。

第三，地缘战略心理学认为，"安全"同"安全感"是两个不同的概念。前者是客观上免于受到物理伤害的真实状态，后者则是主观上没有感知到威胁发生可能性的心理体验。虽然物质实力、地缘毗邻性、进攻能力与侵略意图对安全的影响程度依次递增[1]，但对安全感的影响更取决于地缘类属身份的主观认知。

第四，根据地理磨损原理、集体行动逻辑等综合因素，本章假定拥有巨大水体阻隔的海权国更具"知觉警觉"特征，而缺乏战略缓冲与安全剩余的陆权国则更多地表现出"知觉防御"特征。

（三）"腓力陷阱"生成的政治逻辑

地缘战略心理学对于研究"腓力陷阱"背后的政治逻辑提供了一个独特的视角。通过对"知觉警觉"的海洋原理与"知觉防御"的大陆原理进行对比研究后发现：面对迅速崛起的海陆复合型地缘政治大国，海权霸主倾向于根据权力的结构性而对其采取积极制衡，陆权邻国则倾向于根据权力的关系性而采取融合威胁的合作或规避风险的推责。因此，只有当海陆复合型崛起大国对陆权邻国构成明显安全威胁时——通常表现为存在不可调和的领土争端或主动发起军事进攻——才会促使它们同海权霸主结成制衡同盟（参见表2-1）。同时，从地理磨损原理角度讲，海洋的阻隔效应使海权霸主拥有更多的安全剩余，这是其能够采取更加独立的结盟政策的根本原因。因此，海陆复合型崛起大国滑入"腓力陷阱"的内在逻辑可以被视为其没有认清和利用海权霸主"知觉警觉"与陆权邻国"知觉防御"之间的战略分歧。更确切地说，海陆复合型崛起大国的失败在于其不仅没有理解"知觉防御"的大陆原理本应是其大战略中的有效支撑，反而因其对周边陆权大国的进攻，帮助了海权霸主建立反制性同盟。

---

[1] ［美］斯蒂芬·沃尔特：《联盟的起源》，周丕启译，北京大学出版社2007年版，第20—25页。

表 2 - 1　　　海陆复合型崛起大国陷入"腓力陷阱"的内在因素

地缘类属	安全剩余	警觉阈值	战略偏好	反转条件
海权国	大	知觉警觉、过度敏感（低）	主动制衡、构建遏制同盟	出现实力或争霸意图更强的推责对象
陆权国	小	知觉防御、安全钝性（高）	推卸责任、融合威胁	领土纷争、遭受进攻

表 2 - 1 由作者总结自制。

相对于海权霸主来讲，欧亚大陆整体上可以被抽象成"世界最大、人口最多、最富饶的世界岛"[1]。一旦欧亚大陆两端出现可能称霸的海陆复合型大国，就可能凭借对广袤富饶的陆地资源的整合，最终以"海洋原理"赢得同海权霸主之间的消耗战——如同北美独立战争（美国独立战争）期间欧洲大陆形成的"武装中立"同盟，这一昙花一现的陆权同盟构筑起了近代史上"欧洲大陆岛"对"英伦离岸小岛"的海权优势。对此，杜鲁门（Truman）在1951年1月发表的国情咨文中曾表示："如果克里姆林宫控制了西欧，就意味着共产主义阵营的煤炭产量翻一番，钢产量提高两倍。如果俄国人控制了亚洲与非洲，我们将丧失包括制造原子弹所需要的铀矿在内的众多原料。一旦苏联控制了欧亚大陆，其庞大的人口基数和资源总量将形成巨大的战略优势，这将导致美国军事力量与苏联相比永远也无法望其项背。"[2] 詹姆斯·伯纳姆（James Burnham）认为："要防止苏维埃的权力洪流从欧亚大陆的心脏地带向外溢出，从而将大西洋海岸、太平洋沿岸、地中海沿岸以及波斯湾全部浸漫、融为一体。"[3]

因此，对于海权霸主来讲，为了避免自身海权优势因陆上支配性强国的出现而流失，就需要在海陆复合型崛起国最终实现陆上霸权之前，积极利用相邻大国间的矛盾组建离岸制衡同盟。因此较安全的战略就是同那些不能支配自己且缺乏独自维护安全的国家进行结盟，以避免它们被可能的

---

[1] William Henry Parker, *Mackinder-geography as an Aid to Statecraft*, New York: Oxford University Press, 1982, p. 192.

[2] Melvyn P. Leffler, *A Preponderance of Power: National Security, the Truman Administration, and the Cold War*, California: Stanford University Press, 1993, p. 13.

[3] Richard H. Pells, *The Liberal Mind in a Conservative Age: American Intellectuals in the 1940s and 1950s*, Harper & Row, 1985, pp. 76 - 83.

主导国家所控制。[①] 正如英国首相温斯顿·丘吉尔所阐释的："英国近400年来的外交政策都是反对在欧洲大陆出现一个强大的、有野心的和居于支配地位的陆上霸权。与这样的陆上霸权联合并接受其庇佑极具诱惑力，但我们总是选择另一条看似更加艰辛的道路，与那些欧陆次强国结成同盟，击败任何破坏欧陆均衡的支配性霸权。"[②] 这构成了海权霸主积极承担"离岸平衡手"角色的内在动机。事实上，20世纪70年代初美国同中国实现战略接触，不仅体现出美国在中美苏大三角中同陆上次强国结盟的战略偏好[③]，也体现出苏联因对其周边陆权强邻中国的进攻态势，而使后者同海权霸主美国结成海陆两线的准遏制同盟。

对于海陆复合型崛起大国的陆权邻国来讲，由于彼此相邻且没有海洋的有效阻隔，参与海权霸主的制衡性同盟可能是一种风险与成本极高的战略选择。同时，海权霸主单一的地缘战略属性导致其自身陆权力量薄弱，这使得同海权霸主结盟对抗陆上霸权难以成为陆权邻国的理性选项。"知觉防御"的大陆原理与大陆国家集体行动逻辑的困境均表明，权力均势并不会像肯尼斯·沃尔兹（Kenneth N. Waltz）所预言的那样反复自动生成。面对海陆复合型大国的强势崛起，其周边陆权邻国并不愿意同海权霸主结成同盟——以至于开战时沦为首当其冲并吸引陆权霸主进攻的磁铁或避雷针，而是更愿意选择融合威胁的合作或规避威胁的推责战略。这构成了体系回应崛起大国的另一条逻辑脉络。

（四）"腓力陷阱"理论的基本假说

通过对"知觉警觉"的海洋原理与"知觉防御"的大陆原理两种地缘战略逻辑的区分可以发现，海陆复合型崛起大国陷入"腓力陷阱"的原因并非结构现实主义理论所认为的体系权力自均衡压力，而是其两栖地缘战略属性与生俱来的矛盾以及出于"大陆岛战胜离岸岛"的战略迷思而在周边外交中采取战略冒进，从而将陆权邻国推入海权霸主的制衡性同盟中。在满足核心假定与逻辑框架的前提下，以下提出关于"腓力陷阱"理论依

---

① Edward Vose Gulick, *Europe's Classical Balance of Power*, Ithaca: Cornell University Press, 1955, p. 60.
② [美] 斯蒂芬·沃尔特：《联盟的起源》，周丕启译，北京大学出版社2007年版，第17页。
③ Henry Kissinger, *White House Years*, New York: Simon & Schuster, 2011, p. 178.

次递进的 5 项基本假说。

基本假说 1：学界通常认为，为了确保欧亚大陆两端的权力均衡，海权霸主会同陆权次强国结成制衡同盟。① 但本书认为，由于"知觉警觉"的海洋原理同"知觉防御"的大陆原理之间的偏好差异，海权霸主依据权力的结构性而倾向于对陆权霸主进行无差别制衡。但是，如果海权霸主无法向同盟提供足够有吸引力的陆权力量，那么陆上次强国并不热衷于同其结成制衡性同盟并扮演首当其冲的战略屏障，而更倾向于融合威胁的合作战略或规避风险的卸责战略。

基本假说 2：海陆复合型崛起大国滑入"腓力陷阱"的根本原因并非海权霸主结盟战略的成功，而是其对周边大国推行强势外交战略的失败。如果海陆复合型崛起大国试图通过战争来延展陆权本垒，以实现"大陆岛"对"离岸岛"的战略制胜，那么这种战略不仅无法实现，还会迫使周边倾向于融合威胁或推责的陆权邻国因恐惧而加入海权霸主的遏制同盟。

基本假说 3："大陆原理"与"海洋原理"是两条平行且不相交的战略。如果双方都希望以己之长克敌之短，则目标永远也无法实现。对于海权霸主来讲，要想迫使陆权国屈服就要利用"大陆原理"并与其陆权邻国结盟；对于陆权国来讲，则需要放弃通过延展大陆本垒来战胜海权霸主的战略迷思。这一战略迷思是崛起大国滑入"腓力陷阱"的根本原因。

基本假说 4：海陆复合型崛起大国也要放弃另一种战略迷思，即利用周边陆权邻国的善意中立，凭借自身的陆权资源逐步延伸海洋本垒，最终以自身的"海洋原理"取得对海权霸主的胜利。在战略资源有限的前提下，如果试图依靠自身的"大陆原理"向"海洋原理"转化，则不仅会因其专注发展海权而招致海权霸主的遏制升级，还意味着其陆权优势将被周边邻国取而代之。

基本假说 5：由于海权霸主倾向于依据权力的结构性而对陆上支配大国实行无差别制衡，已获得陆权优势的大国无法获得与海权国结盟的最优解。而通过军事征服大陆邻国，再以整个大陆的力量进军海洋的战略迷思则将导致其陷入两线对抗的"腓力陷阱"。所以，如果已获得陆权优势的海陆复合型崛起大国放弃对绝对陆权优势，转而追求在"不平衡的多边均

---

① 秦亚青：《霸权体系与国际冲突：美国在国际武装冲突中的支持行为》（1945—1988），上海人民出版社 2008 年版，第 173—175 页。

势"中的相对优势,则会在"知觉防御"的大陆原理作用下成为周边国家争相卸责的战略伙伴,进而化解"腓力陷阱"的战略迷思。

三 "腓力陷阱"的案例验证:1525—1991年[①]

在权力转移进程中,取得陆权优势后的崛起国常常会面临滑入"腓力陷阱"的地缘战略风险,并在由此引发的两线对抗中出现战略透支。"腓力陷阱"理论分析框架能够较好地诠释海陆复合型大国崛起进程中具有共性的战略迷思。因为这些决策者面临着相似的战略态势,处于相似的压力环境,追求相似的战略目标,选择了相似的战略手段,并最终滑向了相似的"腓力陷阱"。

以下试图对400多年来出现的取得陆权优势的海陆复合型崛起国样本进行无差别分析。按照时间排序样本包含路易十四时期的法兰西帝国、拿破仑帝国、拿破仑三世时期的法国、俾斯麦时期的德意志第二帝国、19世纪末的美国、1905年后的日本帝国、1939年后的纳粹德国,以及两极格局时期的苏联。这其中既包含滑入"腓力陷阱"的证实案例,也包含摆脱"腓力陷阱"的证伪案例。为了确保验证的科学性,本章将不仅关注能够支撑研究结论的证实案例,也关注那些证伪案例。只有看似并不符合本书的证伪案例仍与这一理论的内在逻辑并行不悖,才能够证明该理论的有效性。

(一)对证实案例的考察

"三十年战争"后,法国成为威斯特伐利亚体系最大的受益者。1661年马扎然(Mazarin)去世后,路易十四开始亲政,并先后通过1667年至1668年与西班牙争夺荷兰的遗产归权战争和1672年的法荷战争取得了无

[①] 样本选取时间的说明:选择1525年作为起点的原因在于,这一年查理五世在帕维亚战役中俘虏了法国国王弗朗索瓦一世后,开启了近代国际体系中的第一次求霸进程。1991作为结点的原因在于:大国崛起是一个体系演化进程,1991年苏联解体后,体系中唯一的崛起国是中国。但是中国崛起尚未经历一个完整的周期,所以没有将其纳入统计之中。此外,本书将对400多年来的所有霸权更迭案例进行无差别分析。因此,此样本不仅关注于能够支撑本书结论的证实案例,还试图对看似不支持本书结论的案例进行证伪。如果看似没有符合本书的证伪案例仍可以被这一理论诠释,那么才能够证明理论本身的学理价值。

可匹敌的欧陆支配地位。在取得欧洲陆权优势后，路易十四同当时的海权霸主英荷之间的战略矛盾日益紧张。当法国舰队在1692年拉·霍格（La Hogue）海战败于英荷联合舰队后——这一败北重演了腓力二世"无敌舰队"在英吉利海峡的惨败——他同样将目光转移到欧洲大陆，并试图通过对哈布斯堡家族两大分支的胜利，重新积聚战胜海权霸主的能量。但这一战略选择最终使路易十四在西班牙王位继承战争中陷入海陆两线对抗的"腓力陷阱"。面对路易十四对哈布斯堡家族西班牙分支及其海外领地的觊觎，以哈布斯堡家族奥地利分支为首的主要欧陆大国纷纷与英国结成对抗路易十四的同盟。西班牙王位继承战争使法国国库消耗殆尽，最终导致其崛起进程因战略透支而被迫中断。但是，完全剥夺法国的大国身份——这意味着哈布斯堡家族将成为欧陆霸权——也不符合海权霸主英国的战略利益，毕竟英国对路易十四的战争目的不在于此。因此，一旦法国出现衰落趋向，英国便马上抛开陆权盟友单独与其媾和，以确保法国仍是欧洲均势天平上的重要托盘。

拿破仑帝国在崛起进程中也面临着当时的海权霸主英国的积极制衡。为了战胜这个数次组建反法同盟的"离岸平衡手"，拿破仑曾三次试图发起对英国的渡海远征。但由于在1798年的阿布基尔海战、1805年的特拉法加海战及1807年纳尔逊摧毁哥本哈根的丹麦舰队等一系列海战中失败，最终拿破仑将目光转向"延展陆权本垒取得对海权国优势"的战略迷思。为了最终降伏海权霸主英国，就要重建海军，削减法国的陆军资源，然而只要周边仍然存在着强大的沙皇俄国，拿破仑就不可能减少陆军。这一问题最终简化成了要想战胜英国，就要彻底征服对大陆封锁体系破坏最严重的一环——沙皇俄国。至此，拿破仑帝国也难以避免地在通过"大陆原理"战胜"海洋原理"的战略迷思中陷入"腓力陷阱"。

这一案例从另一个角度证明了消极地卸责——而非积极地制衡——构成了相邻大国对法国欧陆支配地位的基本态度。在拿破仑远征俄国败迹显露之前的许多年里，英国苦心构建的反法同盟没有一次成功地囊括所有的欧陆强国。面对强大的拿破仑帝国，普鲁士倾向于融合威胁的结盟策略，沙皇俄国则更倾向于"知觉防御"的卸责战略。法俄两国所构建的"提尔西特友谊"——就像1939年苏德签署的《苏德互不侵犯条约》一样——本将有助于拿破仑避免陷入海陆两线作战的"腓力陷阱"。虽然这种"假朋友"关系缺乏互信，但假如拿破仑唯一的目的是掩护自己的后方和重整法国的海洋力量以制服英国，那么这种策略起码能够使他避免因两线对抗而出现战略透支。

希特勒从第一次世界大战中得到的教训并不是崛起国发动战争会导致失败，而是发动一场迫使周边陆权邻国走向同海权霸主结成对抗同盟的战争将会失败。为了避免重蹈德意志第二帝国的历史覆辙，希特勒在战略谋划上很好地利用了"海权国知觉警觉原理"与"陆权国知觉防御原理"的差异性偏好来进行政治分化。受《凡尔赛和约》的限制，1939年以前的德国军事实力尚无法与法苏两国相提并论。相较于弱小的德国陆军，苏联庞大的军事力量更能够吸引英国的"知觉警觉"。即便如此，为了降低英国在德国重整军备问题上可能产生的警惕，希特勒仍积极同英国私下签署自我约束的《英德海军协定》。[①] 此举在1939年前成功地规避了当时的海权霸主英国的"知觉警觉"——法国已沦为处在英意两个卫兵之间的囚徒，为德国的初期崛起赢得了谅解与绥靖。

同时，希特勒积极利用周边邻国"知觉防御"的大陆原理促使它们争相推卸责任或融合威胁。一方面，希特勒慷慨地通过《洛迦诺公约》对西线国家给予像刻在涨潮前沙滩上的文字一样的安全承诺，把强大的德国描绘成防止共产主义向西扩散的"防波堤"，并联合日本和意大利共同做出反共产国际的政治姿态。这一战略欺诈有效地刺激了西方国家"祸水东引"的推责倾向。另一方面，1933年至1939年9月之前，苏联和德国之间没有共同接壤的边界，这使得与德国接壤的法国成了苏联重要的推责对象。对于斯大林来说，只要希特勒不主动进攻，选择推卸责任和融合德国威胁就远比同英国结盟更具吸引力。毕竟在英国无法向欧洲大陆提供一支规模庞大的陆军，且法国又成为极好的担责对象的前提下，苏联没有理由愚蠢到愿意成为一个替英法挡灾的避雷针或首当其冲的责任承担者。加之希特勒反复重申苏德"一战"后结成的"拉巴洛友谊"——苏德这两个不受国际社会待见的"狗不理"国家的权宜接近，

[①] 1935年《英德海军协定》是英国和德国于1935年6月18日签订的关于两国海军军备力量的条约。德国海军舰艇总吨位不超过华盛顿海军条约和伦敦海军条约所规定的英联邦国家海军舰艇总吨位的35%。在潜艇方面，德国保证，保有的潜艇吨位不超过英联邦国家海军潜艇总吨位的45%。

使魏玛德国通过对西方国家打"俄国牌"以实现自抬身价的目的——为赢得苏联卸责的"祸水西指"而进行外交斡旋，通过《苏德互不侵犯条约》争取到了对西线开战时两国互不侵犯的有利条件。甚至在法国战败、苏联丧失推责对象的情势下，斯大林仍然拒绝同英国组建对抗希特勒的军事同盟，因为他认为英吉利海峡将使英德之间进行一场持久的消耗战，而这仍将有利于苏联。这很好地证明了陆权邻国更倾向于"知觉防御"的推卸责任与融合威胁。

纳粹德国的陆权优势始于1940年击败以法国为代表的西欧强国，而希特勒的"腓力陷阱"则源于进攻英国的"海狮计划"失利后开启的苏德战争。当希特勒谋求渡海远征英国的战略图谋遇阻后，他便开启了一场属于自己的"腓力陷阱"。为了战胜英国的海权，希特勒需要扩建弱小的德国海军，同时削减陆军资源，但在他看来，只要背后存在着强大的侧翼苏联，德国就仍无法摆脱增加陆军的压力。正如1937年的《霍斯巴赫备忘录》所表明的："只有军事征服苏联，建立起一个包含乌拉尔地区资源和乌克兰粮仓的自给自足的平原帝国，德国才能在欧陆取得绝对的陆上安全。至此，德国方可以凭借陆上资源建立一支强大的远洋海军并迫使英美屈服。"①

在同海权霸主陷入战争状态后，通过对陆权邻国扩张而增加安全剩余便成了一种激发海陆复合型崛起大国构建拥有压倒性优势的、联合反对它的、自我包围的战略迷思。但这一战略观念同国际政治中两条最有力的规律是相互矛盾的，即在"知觉警觉"的海洋原理结构性制衡前提下，将迫使"知觉防御"的陆权国家因无法推责而最终被迫同海权霸主结成同盟。假如在攻陷法国后——甚至哪怕是"海狮计划"暂时遇挫后——希特勒能够理性地分析欧洲时局并维持同苏联的"假朋友"关系，那么相对的陆权优势可能为纳粹德国带来长期的收益。②

---

① Berenice A. Carroll, "Design for Total War: Arms and Economics in the Third Reich", *Economic History Review*, Vol. 74, No. 3, 1969, pp. 97 – 104. Adolf Hitler, *Hitler's Secret Book*, New York: Grove Press, 1961, pp. 97 – 100. Roger Fletcher, W. D. Smith, "The Ideological Origins of Nazi Imperialism", *American Historical Review*, Vol. 92, No. 2, 1986, pp. 209 – 220. William Carr, *Arms, Autarky and Aggression: A Study in German Foreign Policy, 1933 – 1939*, New York: W. W. Norton and Company, 1973, pp. 71 – 72. Gerhard L. Weinberg, *The Foreign Policy of Hitler's Germany: Starting World War II, 1937 – 1939*, Chicago: University of Chicago Press, 1980, pp. 6 – 12.

② [美]约翰·米尔斯海默：《大国政治的悲剧》，王义桅等译，上海人民出版社2011年版，第41页。

纳粹德国战争初期取得成功的理由——降低英国的"知觉警觉"和鼓励法苏之间的"知觉防御"——变成了其战争后期走向战略透支的原因。取得欧陆支配地位后,希特勒并没有将维系苏联在开战初期融合威胁的"善意中立"视作重要的外交财富,他对苏联的进攻最终使斯大林不得不放弃"坐山观虎斗"的推责战略,转而同英法美建立起具有压倒性优势的反法西斯同盟。1943年11月,纳粹德国在各条战线上均出现了明显的战略透支。据估计,在东线有390万德军同550万苏军作战。此外,17.7万德军驻扎芬兰,48.6万驻扎丹麦和挪威,137万驻扎法国和比利时,61.2万驻扎巴尔干,41.2万驻扎意大利……虽然数量第一的德国军队遍布整个欧洲,但在每一条战线的装备和人员都处于劣势。①

(二)对证伪案例的考察

如前所述,本章不仅关注支持"腓力陷阱"的历史素材,同时将对那些看似不支持假说的案例进行重点分析。以下将重点讨论三个问题。第一,该理论的核心假定认为,海权霸主会因"知觉警觉"的海洋原理而对陆权支配国采取无差别制衡原则。但为什么拿破仑三世时期的法国、俾斯麦时期的德国及对马海战后的日本在取得区域陆权优势后却没有遭到当时的海权霸主的无差别制衡,而"一战"后的日本和"冷战"时期的苏联却最终遭到了海陆邻国的联合遏制?第二,为什么沙皇俄国在克里米亚战败后转而谋求陆权优势却没有陷入"腓力陷阱"?第三,为什么获得了区域陆上霸权的美国没有受到海权霸主英国基于"知觉警觉"的遏制,而威廉德国却在"一战"前夕直接陷入了海陆两线的"腓力陷阱"?上述案例要么在结果上、要么在进程上、要么在对象上看似与"腓力陷阱"的理论相悖。只有能够证明这些形式差异化的逆向案例在本质上仍属于"腓力陷阱"的理论范畴,才能够确认其在解释力和预测力上的有效边界。

首先,拿破仑三世时期的法国、俾斯麦时期的德国及1905年后的日本在取得陆权优势后却没有遭到当时的海权霸主的无差别制衡,其根本原因在于它们并未像拿破仑帝国或1940年后的纳粹德国那样成为欧

---

① Paul Kennedy, *The Rise and Fall of the Great Powers*, New York: Vintage Books, 1989, p. 373.

陆支配性大国，而是仅仅塑造了在地区内具有微弱陆权优势的"两极均势"。同时，上述国家在崛起进程中要么是当时的海权霸主英国的同盟，要么积极运用外交手段获得英国的谅解与"善意中立"，在它们崛起后也主动在外交政策上延续同英国的友好或同盟关系，这也有助于降低后者的"知觉警觉"。因此，作为海权霸主的英国对这类国家的防范程度要低于其他陆权国家，而一旦这些国家进一步发展成为本地区支配性的陆上霸权或其海军预算明显增加，它们仍然会受到来自海权霸主的无差别制衡。

具体来讲，克里米亚战争结束后，拿破仑三世主政的法国曾短暂地被视为欧陆支配性大国。但由于当时沙皇俄国的陆权力量集中部署在圣彼得堡地区，加之俄国在塞瓦斯托波尔战败后悄然向内陆收缩撤退[1]，因此，克里米亚战争并未从根本上摧毁沙俄欧洲陆权大国的实力。从表2-2可以发现，1856年战争结束时，俄国的常备军事力量仍然是其他欧洲大国无法望其项背的。由于拿破仑三世时期的法国并未取得欧陆单极霸权，因此1856年后的法国并没有受到英帝国的战略打压。

但是，为什么到了1870年普法战争时期，法国却遭到了英国的抛弃？通过表2-2的数据可以发现，拿破仑三世对意大利与南德意志愈加膨胀的野心对周边陆权邻国奥地利与普鲁士造成了明显威胁，其威胁低地国家比利时加入法国主导的"关税同盟"之举让包括英国在内的欧洲国家感到紧张。[2] 更重要的是，1870年法国在海军建设上的投入高达700万英镑，紧追当时的海权霸主英国的980万英镑，且远超其他欧陆大国的海军开支总和。[3] 这自然导致了其虽然尚未取得欧陆单极霸权，却仍然激活了英国的"知觉警觉"。普法战争中英国对普鲁士的"善意中立"事实上意味着崛起的法国将像后来"日俄战争"中的俄国一样，面临着英国与周边陆权邻国的联合打压。

---

[1] Friedrich von Holstein, *The Holstein Papers*: *The Memoirs*, *Diaries and Correspondence of Friedrich von Holstein 1837 – 1909*, Cambridge: Cambridge University Press, 2011, p. 429.

[2] A. J. P. Taylor, *The Struggle for Master in Europe 1848 – 1918*, Oxford: Oxford University Press, 1977, p. 47.

[3] A. J. P. Taylor, *The Struggle for Master in Europe 1848 – 1918*, Oxford: Oxford University Press, 1977, p. 11.

表 2-2　　　权力转移进程中各国常备兵力对比（单位：人）

	1853 年	1856 年	1870 年	1900 年
法国	332549	526056	367850	598756
俄国	761000	1742000	738000	1100000
英国	149089	168552	174198	231851
普鲁士/德国	139000	142000	319000	600516
日本	无数据	无数据	无数据	234000

资料来源：1853 和 1856 年的数据：普鲁士数据来自 Singer and Small, National Material Capabilities Data. 英国 1853 年数据来自：Hew Strachan, *Willington's Legacy*: *The Reform of British Army*, *1853-1854*, Manchester: Manchester University Press, 1984, p. 182；英国 1856 和 1870 年数据均来自：Spiers, *The Army and Society*, *1815-1914*, London: Longman Group United Kingdom, p. 36；法国数据来自：Corviser, ed., Histoire Militaire, p. 413. 俄国 1853 年数据同普鲁士数据来源相同；1856 年数据来自：David Jones, "The Soviet Defencce Burden Through the Prism of History", in Carl Jacobsen, ed., *The Soviet Defense Enigma*: *Esstimating Costs and Burden*, Oxford: Oxford University Press, 1987, p. 155. 1870 普、奥、俄数据来源：Singer and Small, National Material Capabilities Data. 法国 1870 年数据来源：Thomas J. Adriance, *The Last Gaiter Button*: *A Study of the Mobilization and Concentration of the French Army in the War of 1870*, Westport: Greenwood, 1987, p. 23. 1900 年英、法、德、俄数据来自：Turner, *The Statesman's Yearbook 2014*: *The Politics*, *Cultures and Economies of the World*, New York: PalgraveMacmillan, 2013, pp. 57-58; p. 556; pp. 629-630; p. 991. 日本 1900 年数据来自：Paul Kennedy, *The Rise and Fall of the Great Powers*, New York: Vintage Books, 1989, p. 212.

虽然俾斯麦时期的德国（1871—1890 年）赢得了陆权优势，但由于俄国作为侧翼大国的存在，因此当时的欧洲大陆并不是德国一超独霸，而是更接近于德俄"两极格局"。俾斯麦在军备上以陆军为发展重点，他担心海军的大发展会降低陆军资源的分配、加大财政压力和增加英国人的警惕意识。因此，在俾斯麦执政时期，德国海军在 19 世纪 80—90 年代的大国海军排名甚至出现了下降：在 1885—1895 年间，从全球第 3 位降至第 5 位，甚至被意大利海军超越。① 俾斯麦专注于陆权优势战略最明显体现在从 1872 年到 1888 年间，德国海军的两位最高长官阿尔布雷希特·冯·斯托施（Albrecht von Stosh）和列奥·冯·卡普里维（Leo Von Caprivi）全都

---

① 梅然：《德意志帝国的大战略》，北京大学出版社 2016 年版，第 311 页。

来自陆军，他们在位期间也倾向于小规模防御性的海军发展计划。[①] 俾斯麦专注陆权的战略选择虽然导致德国海军军备直到1890年仅为英国的1/3，却最大限度地降低了英国的"知觉警觉"。加之俾斯麦专注于欧陆均势，并利用俄普奥三皇同盟、德意奥三国同盟以及《再保险条约》等放大周边陆权邻国"知觉防御"的卸责倾向，因此，除了存在领土争端的宿敌法国希望对其制衡之外，周边陆权国家更倾向于以融合威胁的方式维系三皇同盟，并在多边权力均衡中争相推责。这使得英国即便有制衡德国的意愿，也难以在欧陆寻找到除法国以外的有效同盟者。因此，海权霸主英国并没有对俾斯麦德国进行战略遏制，而是更倾向于利用德国作为中欧地区的重要战略屏障来遏制沙皇俄国的陆权向西扩张。

表2-3　　　　　　1880—1914年各大国战舰吨位（单位：万吨）

	1880年	1890年	1900年	1910年	1914年
英国	65.0	67.9	106.5	217.4	271.4
法国	27.1	31.9	49.9	72.5	90
俄国	20	18	38.3	40.1	67.9
德国	8.8	19	28.5	96.4	130.5
美国	16.9	24	33.3	82.4	98.5
日本	15	41	18.7	49.6	70

数据来源：Quincy Wright and Louise Leonard Wright, *A Study of War*, Chicago: University of Chicago Press, 1983, pp. 670 – 671; Paul Kennedy, *The Rise and Fall of the Great Powers*, New York: Vintage Books, 1989, p. 203.

1895年甲午战争后，日本控制了朝鲜半岛并逐渐发展成为海陆复合型地缘政治大国。尤其是1905年日俄战争后，日本战胜沙皇俄国，成为东亚陆权支配性大国。为什么日本确立陆上霸权后却没有受到当时的海权霸主英国的无差别制衡？其根本原因在于延续下来的英日同盟被赋予了应对英德全球矛盾这一更大的战略使命。20世纪初的国际体系基本上等同于欧洲体系。在欧洲大国组成的天平上，远东地区同近东、中东，甚至中亚等其他地区一样，仅仅是带有边缘性的砝码角色。随着英德主要矛盾从欧洲

[①] David H. Olivier, *German Naval Strategy, 1856 – 1888: Forerunners to Tirpitz*, London: Routledge, 2012, p. 197.

第二章　海陆复合型大国崛起的"腓力陷阱"与战略透支　　51

向全球扩散，日本作为英国在远东地区的盟友，其权势的增加反而能够有效地帮助英国牵制德国在亚太地区——德属胶州湾海军基地、德属马里亚纳群岛、德属所罗门群岛、德属加罗林群岛、帕劳、德属新几内亚——的战略力量。"一战"爆发后，日本按照《英日同盟》的规定迅速在远东地区发起了对德海外军事基地的进攻。因此，鉴于远东地区在当时国际体系中的边缘从属地位以及英德全球矛盾背景下的英日同盟关系，英国延续支持海陆复合型地缘政治大国日本在远东地区力量的扩张，仍符合"知觉警觉"的海洋原理。

　　随着"一战"后德国的战败并退出大国舞台，英德全球性矛盾也随之消失。日本谋求在远东地区进一步增加权势的主张很快激起了英美的"知觉警觉"。在华盛顿会议上，随着《英日同盟》终结而来的是英美以《九国公约》和《五国海军条约》对日本进行联合限制。到第二次世界大战时，由于日本在诺门坎和张鼓峰战役中连续被苏军击败，从而在事实上丧失了在远东地区的陆权支配地位，苏日形成了类似于日俄战争前不稳定的"两极格局"。1937年后，随着日本侵华力度的逐步加大，美国基于"知觉警觉"的海洋原理而展开的对日遏制也逐步升级。苏联则基于"知觉防御"的大陆原理对日签署了融合威胁的《苏日中立条约》，同时大力增加对华战争援助，将中国作为拖住日本关东军"北进战略"的责任承担者。由于美国的打压，日本国内日益形成了"与强大对手包括美国展开一场海上决战将是不可避免的。但在这之前需要在东亚大陆建立起以日本为核心的霸权同盟体系"[①]的战略共识。为了最终赢得对美国海上决战的胜利，日本于1937年发动了全面侵华战争，这迫使当时的中国国民党政府无法继续对日本实行融合威胁的妥协退让政策。1941年美国正式对日宣战后，中国加入了反法西斯同盟。太平洋战场上的海陆两线对抗最终使日本因"腓力陷阱"而走向战略透支。

　　随着"二战"的结束，国际政治完成了从"欧洲政治的狭小舞台"向"世界政治的宽广舞台"的转换。在这一舞台上，一边是反法西斯同盟的

---

① Jack Snyder, *Myths of Empire*: *Domestic Politics and International Ambition*, Ithaca: Cornell University Press, 2013, p. 144. Michael A. Barnhart, *Japan Prepares for Total War*: *The Search for Economic Security*, *1919 – 1941*, Ithaca: Cornell University Press, 1987, p. 39. Hiroyuki Agawa, *The reluctant admiral*: *Yamamoto and the Imperial Navy*, New York: Kondasha International, 1979, p. 192.

重要伙伴苏联，它先后战胜了纳粹德国与日本帝国，一跃成为全球体系中的陆权霸主；另一边是继承了英国海上霸权的美国，它日益将自身的战略触角延伸至全球海域。"二战"尚未结束时，苏联在亚欧大陆所显露的陆权优势便使"知觉警觉"的海权霸主英美产生了防范意识。随着苏联将东欧国家并入共产主义阵营，西欧各国对苏联威胁表现出明显的恐惧。尤其是随后"柏林危机"和朝鲜战争的相继爆发，苏联扩张主义的国家形象迫使西欧各国积极同美国一道强化北约军事同盟。

苏联在欧洲地区所表现出的扩张态势为当时的海权霸主美国整合西欧各国力量提供了难得的黏合剂，最终使其自身陷入海陆两线对抗的"腓力陷阱"。地处"世界岛心脏地带"的苏联始终将控制亚欧大陆视为同海权霸主美国争霸的核心锁钥，但这种试图控制他国的方式反而会导致周边陆权邻国因恐惧而加入美国的遏制同盟。例如，朝鲜战争为美国增加欧洲驻军提供了间接的政治理由，以至于1953年驻欧美军人数猛增至42.7万的峰值。[①] 同时，惧怕苏联"声东击西"的欧洲国家也开始大幅增加国防开支并延长服役年限。1951年，北约作战力量从最初的15个师猛增至35个师，其作战飞机数量也从1000架迅速飙涨至3000架。最令人震惊的变化当属北约中许多欧洲大国现役常备军数量在1951年时开始超过了1938年的数量。[②] 勃列日涅夫（Brezhnev）提出的"社会主义大家庭"言论不仅有助于强化西欧同美国之间的军事关系，更令亚欧大陆的社会主义国家感到安全威胁。中华人民共和国建立之初，中国对苏联的霸权主要采取了融合威胁的安全合作。但随着1969年的"珍宝岛事件"和"铁里克提事件"等边境对抗的升级，尤其是苏联扬言对中国进行"外科手术式的核打击"之后，受到威胁的中国自然成了美国积极拉拢的结盟对象。为了争取这一重要的陆权盟友，时任美国总统的尼克松（Nixon）甚至对华进行了一场跳过其海权盟友日本的"越顶外交"。

苏联的战略迷思在于，它越是希望通过攫取更多的陆权资源来平衡这种地缘战略困境，就越是反而在强化其周边大国同美国的同盟关系，进而

---

① Phil Williams, *The Senate and U. S. Troops in Europe*, New York: Palgrave Macmillan, 1985, p. 19.

② Cabot to Acheson, 27 March 51, *FRUS*, No. 3, 1951, pp. 103 – 105; Dwight D. Eisenhower, *The Papers of Dwight David Eisenhower*, Md.: Johns Hopkins University Press, 1978 – 89, Vol. 12, p. 847.

越是在强化自身所面临的包围圈。假如苏联能够正确地评估在这种包围圈的形成过程中自身所发挥的作用，便可能通过降低对周边国家的军事威慑来打破这个包围圈。最终，在这场全球规模的"大陆原理"与"海洋原理"的较量中，苏联因其周边战略的进攻性而陷入美国（北约）—苏联—中国战略大三角所构建的"腓力陷阱"之中。苏联随后从东欧、阿富汗地区的撤退及最终的解体，均可被视为因长期的"腓力陷阱"导致的战略透支后，难以为继的民族国家的一种自我保护。

其次，为什么沙皇俄国在克里米亚战败后转而谋求陆权优势却没有陷入"腓力陷阱"？一方面，克里米亚战争的结果预示着1815年以来俄国在欧陆支配性霸权的终结，也代表着法俄"两极格局"的形成。由于俄国扩张的方向转向了国际体系边缘的远东地区而不是强国林立的西欧，与此同时，当时的拿破仑三世在比利时、意大利和德意志诸邦等国际体系核心区谋求权力优势的举动，使得法国成了当时的海权霸主英国"知觉警觉"的优先防范对象。另一方面，即便在国际体系边缘的远东地区，如果俄国取得了单极陆权优势，也会遭到海权霸主英国联合区域次强国的共同制衡。虽然1895年后日本多次试图同俄国达成在蒙满与朝鲜的势力范围的相互承认——这表明海陆复合型大国日本并不想过早地激怒沙皇俄国——但由于俄国不承认日本对朝鲜的占有，并时刻做出并吞朝鲜和中国东北的威慑姿态，因此，俄国的周边战略迫使日本难以采取融合威胁的合作战略。1902年《英日同盟》的建立表明俄国在远东地区的陆上霸权不仅受到了来自英国的无差别制衡，也面临着来自周边邻国日本的积极制衡。倘若俄国能够以审慎的态度对待周边次强国日本的合作建议，并同意其在甲午战争后提出的"日本承认俄国在满蒙的特权，以换取俄国承认日本在朝鲜的特权"这一明显对俄有利的条件，就可能避免陷入一场迫使日本与英国结盟的"腓力陷阱"。

通过以上研究可以发现，沙皇俄国在克里米亚战败后转而谋求陆权优势却没有陷入"腓力陷阱"的原因在于：第一，其并未进一步谋求欧洲的陆权霸主地位，而是将扩张的方向转向了体系边缘的远东地区，使在欧洲中心地区谋求霸权的拿破仑三世则成了英国"知觉警觉"的责任承担者；第二，沙皇俄国追求区域陆权优势所伴生的"腓力陷阱"并没有消失，只是因其在远东谋求陆上霸权的进度而推迟了。一俟俄国西伯利亚大铁路与中东铁路实现战略对接，它便会再次因对陆权邻国造成的威胁而滑入两线战略对抗的"腓力陷阱"。

最后，为什么获得了美洲地区陆上霸权的美国没有受到海权霸主英国基于"知觉警觉"的遏制，而同一时期的威廉德国却在"一战"前夕直接陷入了海陆两线的"腓力陷阱"？事实上，美国的逆向案例仍然符合这一理论的两项基本前提。第一，"腓力陷阱"的前提条件是至少存在一个强大的陆权邻国，可作为海权霸主构建遏制同盟的战略抓手。美国得天独厚的地缘环境不只局限于两洋，还表现为周围只有一个人口稀少的加拿大和一个落后的墨西哥。作为英国的皇家属地，加拿大同美国漫长的陆地边界不但无法激活英国的"知觉警觉"，反而会加重英国"知觉防御"的倾向。[①] 第二，美国同包括英国在内的欧洲地区存在着宽广的水域阻隔。从地理磨损角度讲，浩瀚的大西洋使得欧洲国家难以向独占一个地缘政治板块的美国远距离投放陆权力量。两洋的天然缓冲空间为地处国际体系边缘的美国带来了巨大的安全剩余，这使得美国可以从容地推行"孤立主义"外交政策，而这一政策本身也可以降低海权霸主英国对美国崛起的"知觉警觉"。

相比之下，威廉德国则因处于中欧的地缘位置与鲁莽的战略选择而成为诠释"腓力陷阱"理论的完美极值。就进程而言，它看似不属于"因海权受阻而转向陆权，进而导致海陆两线对抗"的"腓力陷阱"，但其客观的陆权优势和主观的战略行为两个维度将导致其不可避免地陷入"腓力陷阱"之中，尤其是当1905年俄国陆权优势因日俄战争遭到严重削弱后，威廉德国成了欧洲无可置疑的陆权霸主。欧陆支配性地位自然激活了英国"知觉警觉"的海洋原理并增加了对德国展开制衡的力度。这就能够解释为什么《英法协约》于1904年签署，这是因为日俄战争使得普法战争后形成的德俄"两极均势"出现了向德国单极霸权演化的强烈趋势。当德国于1905年后成为欧陆无可争议的支配性大国后，英国又一次发挥了"离岸平衡手"的作用，并先后同法国与俄国实现了战略和解。"知觉警觉"的海洋原理使英国不会坐视德国成为欧陆单极霸权而继续推行"光辉孤

[①] Karl W. Deutsch, et al., *Political Community and the North Atlantic Area*, Princeton：Princeton University Press, 1957, p. 84. Sean M. Shore, "No Fences Make Good Neighbors：The Development of the Canadian-US Security Community, 1871 – 1940", *Security Communities*, 1998, pp. 333 – 368.

立",因为这将意味着德国有机会通过整合欧洲大陆资源获得对英国长期的战略优势。

威廉德国陷入"腓力陷阱"主要是由其自身的外交政策与战略行为触发的。其在海军问题上难以保持谨言慎行并频繁地发表反英言论是激活英国"知觉警觉"的重要原因。例如,1899年5月他向英国大使表示:"英德之间海军权力的巨大差距是英国可以轻视德国的原因。但英国重视德国舰队的时刻已为时不远,但愿那时德国不会组建一个肯定对英国不利的同盟。"① 1904年6月,英国国王爱德华七世(Edward Ⅶ)访问德国时,他将所有可用的军舰集中于基尔军港来彰显德意志海军的强大,以至于当年7月1日的《泰晤士报》作出如下评论:"我们在基尔所见所闻都肯定会强化如下意识:关注德国海军的发展及其用途对不列颠生存至关重要。"②威廉皇帝所追求的"世界政策"和"庞大海军计划",向英国的对手发送克鲁格电报、挑起摩洛哥危机(在这场试图用"楔子战略"拆散英法同盟的危机中,劳合·乔治(Lloyd George)发表了最为强硬的对德演说:"如果有人认为英国将在压力和威逼下退却,那么我认为他错了。倘若迫于情势唯有放弃我数百年英勇努力以至之伟大地位便可保有和平,则余断然认为,以此代价换取之和平对于我泱泱大国乃不可容忍之耻辱。")、威胁英国同德国秘密结盟等带有明显战略冒进的姿态,尤其是"一战"爆发时占领象征着英帝国承诺可信性与海峡安全的低地国家比利时(这是自腓力二世时代已降所有陆权国刺激海权国的致命区域),彻底激发了海权霸主英国的"知觉警觉"。

值得注意的是,如果除了法国以外的欧陆大国仍奉行融合威胁的合作或规避风险的卸责,仅凭英国的"知觉警觉"仍难以对威廉德国实行遏制。但威廉二世的战略冒进恰好帮助了英国在欧陆寻找到可以结盟的陆权抓手。1890年俾斯麦去职后,威廉二世改变了俾斯麦时期拉拢俄国、孤立法国(在孤立法国问题上俾斯麦巧妙地利用了当时的国际舆论并曾打趣地说,我不能发明布朗热,但他的出现对我当前来讲非常必要)的安全战

---

① Michael Epkenhans, "Bismarck, Wilhelm II and German Military Leadership", *Journal of Military & Strategic Studies*, Vol. 13, No. 1, 2010, p. 53.

② Arthur Marder, *The Anatomy of British Sea Power: A History of British Naval Policy in the Pre-dreadnought Era, 1880–1905*, New York: Knopf, 1940, p. 478.

略——这种分而治之的战略也可以理解为怂恿俄国在远东和近东扩张降低欧洲压力，鼓励法国在非洲扩张增加英法矛盾——转而停止续签《三皇同盟》和《再保险条约》，尤其是支持奥匈在巴尔干同俄国竞争，迫使俄国无法继续通过卸责战略而保持中立。威廉二世的政策不仅使法国与俄国结盟的战略期望终成现实——为此法国以足够的耐心等待了24年——更使得英国在需要时能够从欧陆大国中寻找到足以制衡德国单极霸权的陆上同盟者。

即便仅从"腓力陷阱"的一般形式来论证，德意志第二帝国战略中仍然能够清晰地体现出"腓力陷阱"的基本逻辑，即希望通过建立陆上霸权，进而利用整个大陆资源最终战胜海权霸主。早在1907年，德国便已经承认其无法赢得同英国的海军军备竞赛。"海军竞赛"遇挫后，德国便开始将目光转移到追求对法俄开战的欧陆霸权问题上。真正导致德国毅然走向战争的是它对俄国陆权增长前景的担忧，后者在波兰战略性铁路的完工、波罗的海舰队的重建以及陆军数量的扩充将使得两年后德国将在更为不利的条件下面对俄国。[1] 尤其是当德国同英国在"日德兰海战"交手失利之后，其海军主力规避到基尔军港力图保存实力，其最终目的仍然是期待陆权的胜利来赢得对英国长期的海权优势。如果德国陆军能够最终战胜法俄，海军就将凭借整个欧洲大陆的资源赢得对英国海军长期消耗战的胜利。

四　本章小结

海陆复合型崛起大国一定会受到基于权力均衡的联合遏制吗？答案是否定的。"腓力陷阱"理论认为，海陆复合型大国在崛起进程中遭遇严重逆转的根本原因并不在于其与海权霸主之间的结构性矛盾，而在于其周边陆权邻国蛰伏的能量被唤醒。研究"腓力陷阱"的目的在于警示我们，在面

---

[1] Fritz Fischer, Alan Bullock, *War of Illusions: German Policies from 1911 to 1914*, London: Chatto and Windus, 1975, p. 191. Volker R. Berghahn, *Germany and the Approach of War in 1914*, New York: St. Martin's Press, 1993, pp. 190–191. Annika Mombauer, "A Reluctant Military Leader? Helmuth von Moltke and the July Crisis of 1914", *War in History*, Vol. 6, No. 4, 1999, p. 423. David E. Kaiser, "Germany and the Origins of the First World War", *Journal of Modern History*, Vol. 55, No. 3, 1983, p. 445.

对海权霸主无差别制衡的情势下，崛起大国并非获得更多的陆权就能避免，而是在于它不可能再获得更多的陆权。"腓力陷阱"反映出崛起大国过度迷恋单一军事手段，试图凭借成本高昂的军事手段包揽本属于成本低廉的外交手段可以解决的问题，从而自我封闭了其他政策选项。处于其中的崛起大国终将因自身的战略冒进，而被内向坍塌的权力架构所埋葬与反噬。

对于海陆复合型崛起大国来讲，它所面临的制衡不仅与客观的权力结构有关，同时更与主观的战略选择有关。第一，当它发展成为陆上"两极结构"中的一极时，海权霸主倾向于对其进行选择性制衡。在这种情况下，海陆复合型崛起大国最佳的战略选择是让两极中的另一方成为海权霸主"知觉警觉"的责任承担者。倾向于发展海权的一方会由于更有可能激活"知觉警觉"的海洋原理而遭到海权霸主的积极制衡，同时，专注于陆权均势的一方则可能成为海权霸主积极拉拢与绥靖的同盟者。第二，当它逐步发展成为陆权支配性大国时，海权霸主会依据权力的结构性对其展开无差别地积极制衡。但值得注意的是，海权霸主对支配性陆权强国的制衡不仅需要"知觉警觉"所产生的意愿，更需要联合其周边陆权邻国充当战略抓手。因此，如果海陆复合型崛起大国放弃追求绝对的陆上霸权，转而追求在"不平衡的多边均势"中的相对优势，则会在"知觉防御"的大陆原理的作用下促使周边国家争相推卸责任，从而使海权霸主在陆上无法寻找到足够参与制衡的战略抓手。由此可见，海陆复合型崛起大国摆脱"腓力陷阱"的最佳方式是积极运用外交手段维持自身在"不平衡的多边均势"中的相对优势地位，或利用周边大国融合威胁的"知觉防御"与其构建多元安全共同体。相反，对于海权霸主来讲，如果面对的是一个武装中立的大陆联盟，它便丧失了构造海陆两线制衡模式的根本可能性。

自美国成为全球海权霸主以来，其大战略的核心就是阻止任何单一强国控制拥有无限战争潜能的欧亚大陆的任何一端，否则它将无法抵挡这一强权的进攻。美国为何对欧亚大陆出现支配性大国如此敏感？我们不妨设想一下，"二战"时期是什么支撑了日本帝国同美国长期的战略僵持？是日本20世纪30年代强劲增长的重工业。那么又是什么支撑了其重工业的高速发展？答案是日本通过控制朝鲜半岛、中国台湾及中国的东北地区，成功地将其矿产资源和人力资源大部转向服务于帝国扩张的内在需求。倘若仅仅控制亚欧大陆一隅的日本都能产生如此大的地缘战略效能，那么听凭任何一个洲级大国控制整个欧亚大陆而无动于衷，对于美国这个"离岸岛"来讲简直就是噩梦降临。正如"冷战"期间美国国家安全委员会第68号文件所强调的："苏联的目标是控制欧亚大陆，十年内若爆发战争，它便可以凭借这个极其庞大的陆权基地进攻不列颠和北美大陆。"[①] 因此，美国在整个"冷战"时期的"知觉警觉"表现为乔治·凯南（George Kennan）所倡导的对苏联全面的遏制与推回——没有能力应对美国规模庞大的经济、绝对领先的工业技术、垄断的核武器、遍布全球的海外基地（尤其是可以让美国B-29和B-36远程战略轰炸机从英国基地、英国控制下的开罗-苏伊士基地和日本冲绳基地[②]对苏联西、南、东三面同时进行核打击的重要战略支撑点）、可往返北大西洋的远程战略轰炸机，以及分布在全球各地的航母打击群的苏联在"冷战"初期则明显带有"知觉防御"的特征，"冷战"结束后则表现为美国对中国崛起的战略防范逐渐加深。早在1997年，美国国防部发布的《四年防务评估报告》就将中国认定为21世纪美国全球竞争对手之一。[③] 2006年发布的《评估报告》则进一步指出，在大国和新兴国家中，中国的军事能力对美国构成潜在竞争的可能性最大。如果美国不加以预防和反制，中国很可能发展破坏性军事技术，从而颠覆美国在传统武器领域的优势。[④] 美国对陆权支配性大国的战略防范意识深刻地反映出"知觉警觉"的海洋原理对其安全认知与战略选择的内在影响。

"腓力陷阱"的理论模型也能够很好地解释后"冷战"时代的大国行为。在"冷战"结束后的欧洲地区，虽然苏联先后实行"新思维"和"一边倒"的政策，但是由于其仍是欧陆支配性大国，因此，海权霸主美国仍基于"知觉警觉"的海洋原理而继续对其进行战略遏制。但随着北约

[①] Melvyn P. Leffler, *A Preponderance of Power*: *National Security, the Truman Administration, and the Cold War*, California: Stanford University Press, 1993, p. 11. John Lewis Gaddis, *Strategies of Containment*: *A Critical Appraisal of American National Security Policy during the Cold War*, New York: Oxford University Press, 2005, Chap. 2.

[②] 开罗-苏伊士（英控阿布苏韦尔）空军基地的战略价值在于一旦全面战争爆发，从南线起飞的轰炸机可以通过这个距离苏联"最短的高速公路"对后者在罗马尼亚和高加索地区的石油设施进行打击，进而瘫痪苏联发动战争的能源供应体系。以中东国家为核心的南线轰炸所产生的战略牵制可以延缓苏军动员集结速度，同时降低西欧中心战场所面临的苏军压力。

[③] U. S. Department of Defense, *Report of the Quadrennial Defense Review*, 1997, p. 5.

[④] U. S. Department of Defense, *Report of the Quadrennial Defense Review*, 2006, p. 29.

东扩到原苏联加盟共和国地区——这已触及俄罗斯的地缘战略红线——自然会激起俄罗斯的强势回应。面对俄罗斯在格鲁吉亚和乌克兰的强势，北约内部以法德为代表的欧陆近邻更倾向于"知觉防御"的融合威胁或避免冲突升级的推责战略。虽然英美两国对俄仍倾向于积极遏制，但由于它们在北约内部难以找到像德法这样的西欧陆权大国作为战略抓手，因此也难以在打压俄罗斯问题上取得除经济制裁以外的更大成绩。

在东亚地区，"冷战"结束后，中国逐渐积聚起陆权优势。从"知觉警觉"的海洋原理角度观察，中国崛起自然会遭到美日等海权国家基于权力结构性的积极遏制。同时，由于中印之间存在着被历史记忆捆绑的现实领土争端，因此，与中国交战失败后的印度——就像普法战争后的法国一样——并没有表现出基于"知觉防御"的大陆原理的推责，而是积极同美日合作构造"印度（陆）—中国—美日（海）"的制衡结构。因此，如何运用外交手段缓解同周边陆权大国印度之间的战略分歧——这种战略冲突是最可能将中国拖入海陆两线压力的"腓力陷阱"——将成为未来中国周边外交需要努力解决的重点。

由于中国政府积极同俄罗斯、中亚、东南亚等周边邻国解决了边界划分问题，同时更由于中国长期奉行"睦邻、安邻、富邻"与"亲诚惠容"的周边外交政策，使周边除印度以外的其他大国更倾向于同崛起的中国建立战略伙伴关系。因此，虽然美日基于"知觉警觉"的海洋原理试图对中国采取积极的"亚太再平衡"，但因中国灵活的周边外交而无法拼凑出足够强大的海陆两栖制衡体系。可以说，防止美日在周边寻找到愿意参与联合制衡的陆权大国，是中国未来保持战略机遇期的重要基础。只要中国在亚太地区继续扮演"温和的巨人"——这其中最关键的是要争取与俄罗斯的友好关系，同时深化同巴基斯坦的战略合作——同时避免因战略冒进而使周边小国感到安全威胁，美日便仍然难以在中国周边寻找到足以用来制衡中国崛起的陆权同盟者。但随着时间的推移，国民年龄结构更趋青年化的印度，将取代中国成为世界人口数量第一的大国，这意味着印度对于美国在印太区域的战略价值将得到进一步提升。

在中印短期内难以达成历史性和解的前提下，中国仍需要密切关注美日印三国之间的战略接近，以及这种海陆联姻对中国地缘安全构成的潜在压力。洞朗事件后，美日便顺势加紧了拉拢印度制衡中国的步伐。2017 年 9

月 13 日，日本首相安倍晋三实现了任内对印度的第四次访问，意在通过加强防务领域的合作提升日印关系。对此，《印度快报》援引专家的分析称，印度和日本的伙伴关系将是"组成一个大的抗衡中国联盟的基石"[①]。9 月 25 日，美国国防部长詹姆斯·马蒂斯（James Mattis）也随即访问印度，并同印度总理莫迪（Modi）、印度新任国防部长尼尔马拉·西塔拉曼（Nirmala Sitharaman）及印度国家安全顾问阿吉特·多瓦尔（Ajit Doval）举行一系列意在促成军售大单、机制性合作及构建"重大防务伙伴关系"的会谈。

鉴于美日对华战略是基于权力结构性的无差别制衡，那么中国能否构建一个让周边国家自愿参与的大陆同盟呢？国际关系史上仅出现过两次短暂的大陆国家对抗海权国的权宜同盟，一次是对抗威尼斯海上霸权的"康布雷同盟"，一次是对抗英国海上霸权的"武装中立同盟"。两次同盟的共同点在于：第一，海权霸主的战略冒进侵犯到每一个陆权国的核心利益；第二，这种大陆同盟的建立是自发性的，而非基于陆权霸主的强制力。而这两个重要条件对于今天的中美两国都不适用。事实上，"知觉防御"的大陆原理不仅意味着陆权邻国倾向于相互推责，还意味着它们在海权霸主同陆权支配强国鹬蚌相争时更倾向于作壁上观。除非美国对中国的陆权邻国均构成明显的军事威胁，否则它们更倾向于将崛起的中国视作规避美国霸权遏制行为的推责对象。因此，中国也很难在周边大国间构建一个以自身为主导的、持续存在的大陆同盟。

"胁力陷阱"属于大国崛起研究议程中的一个重要微观理论，研究它的目的不仅在于阐释一种地缘政治现象的内在规律，更在于为当今中国的崛起提供可资借鉴的战略经验。作为当今国际社会中最为典型的海陆复合型崛起大国，中国规避"胁力陷阱"的最佳方式是避免因自身陆权的过度伸展迫使周边陆权大国因感到恐惧、羞辱而加入美国基于权力结构性所构建的对华遏制同盟。自然，上述观点并不能保证成功，但却可能增加中国崛起的成功机会。

[①] 环球网：《谈高铁卖飞机发倡议！安倍访印，印媒畅想"抗中联盟"》，2017 年 9 月 13 日，http://world.huanqiu.com/exclusive/2017-09/11240605.html?_t=t。

第三章 海陆复合型大国崛起的"威廉困境"与战略选择

一 问题的提出

"威廉困境"既是一种在国际关系史中反复发生的地缘政治现象，也是本书进行理论构建所关注的兴趣起点。从现象角度讲，"威廉困境"描述的是作为海陆复合型地缘政治大国的德意志第二帝国在崛起进程中，德皇威廉二世（William Ⅱ）既支持海军元帅阿尔弗雷德·冯·提尔皮茨（Alfred von Tirpitz）要求扩张海军的"庞大海军计划"，也支持陆军元帅阿尔弗雷德·冯·施里芬（Alfred von Schlieffen）扩充陆军的"两线作战计划"。为了同时获得海陆两栖战略优势，威廉德国不得不将宝贵的战略资源投放到与海权霸主英国之间昂贵的海权竞争，以及同陆上强国法俄之间紧张的陆权竞争中。在海陆并举的安全战略选择下，德国的两线扩张战略不仅诱发了一个原本可以不必出现的反对它的协约国同盟，也使其自身陷入了一场代价高昂的马拉松式的军备竞赛。

从概念角度讲，"威廉困境"有两层含义。第一层含义是指海陆复合型地缘政治崛起国因同时追求在两大地缘空间上的优势而激活体系内潜在的权力均衡机制，从而成为被其他成员联合制衡的主要对象。更重要的是，实行这种战略的崛起国意识不到自身的战略选择对霸权国及周边国家所造成的威胁感，也意识不到来自周边的结盟制衡很大程度上是对其目标过多而四面树敌的反应。克劳斯·爱泼斯坦（Klaus Epstein）在分析"一战"起因时指出："威廉德国的威胁并不在于其版图、人口、经济水平、工业能力，而在于其国内存在的强烈的军国主义扩张情绪，对现存国际体系秩序与领土安排的否定以及皇帝本人对采用激进军事手段打破秩序安排的倾向。这一切都令其他欧洲国家对德国的崛起感到恐惧。这是一个客观事实,德国本应却没有意识到这一事实。"① 第二层含义是指海陆复合型地缘政治崛起国对体系霸权国制衡行为所产生的认知悖论,即霸权国对崛起国的任何妥协或善意绥靖都会被崛起国解读为自身采取强势姿态的明显奏效和霸权国的软弱与缺乏决心,而霸权国对崛起国的强硬反应则会被解读为霸权国对崛起国本能的敌意,从而使崛起国以更强势的姿态针锋相对地打破霸权国的战略包围。② 这种认知悖论最明显地体现在"一战"爆发前的威廉德国。当时国内的乐观主义者认为,德国已经强大到可以把任何眼前的敌人像牛皮纸一样揉成一团,而悲观主义者则认为国家面临着严重的战略敌视与围堵,因而需要尽早发动一场坚定且毫不妥协的预防性战争。③

从本质上讲,"威廉困境"与其说是一种崛起国在战略角色上的精神分裂,不如说是缺乏一个有能力对国内各种利益集团所主张的战略优先性进行协调与统筹的权力核心。在"一战"前的德意志第二帝国内部,海军元帅提尔皮茨和支持他的"海洋军工复合体"认为欧洲大陆已经像一个填满了格子的跳棋局,因而他主张发展公海舰队并获得"阳光下的广大地盘"④;同时,他们对德国与法俄之间因为很小的欧洲领土所产生的敌意感到无法理解。陆军元帅施里芬(Schlieffen)、毛奇(Moltke)和支持他们的"陆军军工复合体"则认为,德国面临的现实安全威胁是地处法俄两国之间的中欧平原这一尴尬位置,而不是相距遥远的海洋国家英国。他们对德国主动挑起同英国的海军军备竞赛感到气愤。此外,德国社会中的其他大利益集团——如罗马天主教中心和社会民主党——则仅仅赞成对俄国发动战争,同时主张积极争取英法两国的友谊或中立。⑤

---

① Epstein Klaus, "Gerhard Ritter and the First World War", *Journal of Contemporary History*, Vol. 1, No. 3, 1966, pp. 193–210.

② John Orme, "Deterrence Failures: A Second Look", *International Security*, Vol. 11, No. 4, 1987, pp. 96–124; Richard Ned Lebow, "Deterrence Failure Revisited", *International Security*, Vol. 12, No. 1, 1987, pp. 197–213.

③ Paul Kennedy, *The Rise of the Anglo-German Antagonism, 1860–1914*, London: Ashfield Press, 1980, p. 454.

④ 梅然:《德意志帝国的大战略:德国与大战的来临》,北京大学出版社2016年版,第311—314页。

⑤ Alan John Percivale Taylor, *The Struggle for Mastery in Europe, 1848–1918*, Oxford: Oxford University Press, 1955, p. 520.

第三章 海陆复合型大国崛起的"威廉困境"与战略选择　63

在"一战"爆发前的二十年里，那位相信任何一种思想都不会超过五年的、夜有所梦次日清晨便急不可待去付诸实践的、有时候自称是人民利益的捍卫者，有时候又要求士兵向人民开枪的、像一只气象公鸡一样让人捉摸不定的、因出生时手臂残疾而时刻在军国主义浓厚的国度中标榜自身像弗雷德里克或拿破仑一样具有黩武的骑士精神但却从来不敢真正走上战场的、民族主义和民主政治时代浪潮下孕育出的第一代表演型政治家（墨索里尼是第二代）、一位太期待自己被舆论关注以至于希望自己在葬礼中充当逝者，在婚礼上充当新娘的威廉二世皇帝，其案头摆满了关于建立强大的海军、修建近东的巴格达铁路和争夺欧洲霸权等主题的研究报告。由于对相关领域专业知识的一知半解或一窍不通——他在一次观摩海军演习后对现场军官们发表的即兴战术指导听上去就像是家庭主妇大谈离子火箭推进器的工作原理一样外行，以至于一位军官在自己的日记中写道，你究竟需要多大的勇气才能在如此众多的职业军人面前侃侃而谈！——皇帝陛下极易受到各路专家的影响，他几乎会同意每一位近期和他交谈过的人的观点，以至于这些看似能够给君主和国家带来权力声望的相互冲突的建议最终都被德皇随波逐流地予以默许。

本书关注的海陆复合型地缘政治崛起大国在战略空间分布上应包含两个基本特征。第一，这类国家必须既有绵长的领海基线，同时又不能四面环海而远离大陆。因此，近代崛起的日本、英国这种典型的离岸海权国就不符合海陆复合型地缘政治大国的特征。第二，这类国家与周边其他陆上强邻存在着明显的安全博弈，这一条件将崛起的美国作为地缘政治中的特例排除在关注普遍性的研究之外。美国虽然是19世纪末的崛起国，但它自独立战争以来一直奉行孤立主义原则而远离欧洲国际社会的纷争。"二战"爆发前的大部分时间里，美国都没有深度卷入以欧洲体系为核心的安全竞争之中。鉴于其独特的地缘政治空间——远离国际政治核心的欧洲大陆且周围没有其他陆上强邻存在——美国可以被看成是"相对亚欧大陆板块而存在的超大型离岸海权国"[1]。因此，美国也不属于本书关注的对象。

通过以上对海陆复合型地缘政治大国的概念界定，可以认为，本书关注的对象是地处欧亚大陆边缘——太平洋沿岸或大西洋沿岸——的海陆复

---

[1] Bernie Grover and Bernard, "The 'Geo' of United States National Strategy", *Geojournal*, Vol. 31, No. 2, 1993, pp. 141–148.

合型崛起大国。一方面，这类国家拥有两栖地缘空间禀赋；另一方面，它们也可能因双重诱惑而被两大战略空间反噬。纵观近代400多年的国际关系史可以发现，自1580年西班牙国王腓力二世（Philip II）派遣阿尔瓦公爵（Duque de Alba）率军强行兼并海权国葡萄牙并亲自兼任其国王以来，除了西班牙帝国兼具了海陆霸权特征以外——西班牙帝国在历史上的昙花一现正是由于其被来自两大地缘战略空间的拉力撕碎[①]——国际体系中再未出现过能够同时获得两栖地缘战略优势的权力单元。[②]

相比于西班牙帝国在全球的两栖霸权，"简配版"的区域陆权与区域海权并举战略都可能面临着海陆联盟制衡的风险。这其中存在着两大重要原因。第一，区域海权战略本质上是对全球海权战略的部分侵蚀与分割。一旦崛起国在特定区域内建立起海权优势，就等于否定了国际社会存在全球海权的基本事实。第二，区域海权战略是走向全球海权战略的必由之路，历任海权霸主无不是从区域海权中成长起来的。同时，由于国家战略的不可知性、欺骗性、阶段性与动态性，全球海权霸主对其联盟体系外一切追求区域海权的国家均会产生本能的防范意识。

全球化使当今国际体系成员间的交往力度与安全互动日益频密。在此背景下，每一个海陆复合型地缘政治大国都可能面临来自海上和陆上的双重战略压力。从国家追求绝对安全的角度讲，只有同时获得海陆两线的战

---

① J. H. 埃利奥特认为："西班牙在陆地上过度地卷入德意志问题和对法战争，同时，无法对奥斯曼以及海外挑衅积蓄充足的战略对冲资源。帝国的过度扩张导致了西班牙长期陷入海陆两个维度的'征伐永久化'。"参见 J. H. Elliot, *Imperial Spain*, 1469-1716, London: Edward Arnold, 1963, pp. 168-169。在西班牙帝国海陆两栖霸权处于鼎盛的腓力二世时期（1527—1598年），西班牙陷入了一场马拉松式的海陆两线战略负担。从1555年到1598年，腓力二世仅享受到6个月的短暂和平；从1577年2月至9月，在尼德兰和地中海两地的交战皆停止。此后，西班牙国王虽没有再度投入对土耳其人的大规模战争，但是冲突先后再度重现于尼德兰本土、英国、大西洋海岛、美洲、法国，以及后来非洲与南亚。参见 Geoffrey Parker, *The Grand Strategy of Philip II*, London: Yale University Press, 1998, p. 25。

② 1840年前的清帝国虽然是区域陆权国，但本章所指的国际体系在彼时仅仅是欧洲体系。由于不享有同一套规范，因此，清帝国不属于欧洲社会主导下的国际体系。光绪元年（1875年）4月，清廷采纳左宗棠"东则海防，西则塞防，二者并重"的原则，一面命左宗棠督办新疆军务，收复失地；一面派李鸿章督办北洋、沈葆桢督办南洋海防事宜。此时的清帝国实行的是海陆并重的双重防守战略。同时，由于它属于"调控衰落"而不属于崛起国，因此也没有被列入。从1949年至"冷战"结束，中国的战略偏好虽是区域陆权，但由于彼时的中国也非体系内的崛起国，因此也没有将其列入。只有进入21世纪以后的中国才符合海陆复合型地缘政治崛起大国的特征，因此本书对中国的探讨限定在这一阶段内。

略优势才能够确保国家的政治安全与影响力。但问题在于，所有因奉行绝对安全哲学而进行的努力不仅会被体系内其他大国间构筑的海陆"联姻"抵消，同时也会导致其不可避免地陷入犹如"一战"前德意志第二帝国所面临的"威廉困境"之中。如果说"修昔底德陷阱"是崛起国与霸权国之间因权力转移或认知敌意螺旋等造成的某种结果，那么从崛起国角度讲，"威廉困境"就是导致"修昔底德陷阱"的一个重要原因。对于正在崛起的海陆复合型地缘政治大国来讲，奉行什么样的安全战略更有可能激活一个包含霸权国在内的遏制性军事同盟？什么样的安全战略选择能够使其在崛起进程中面临更小的体系结构性压力？

"冷战"后的国际社会并没有出现以多极化为趋势的群体性崛起，而是呈现出中国孤军突起的一国崛起态势。虽然习惯上将新兴的金砖国家作为国际体系变迁的重要力量，但是不论从经济总量还是从经济增速看，中国都远超其他金砖国家。例如，2015年全球国内生产总值（GDP）排名，美国为179689.6亿美元，位居全球之首，占世界经济总量的24.44%；中国为113856.6亿美元，位列全球第二，占世界经济总量的15.49%。而其他三个金砖国家的GDP及其占世界经济总量的比重分别为：印度21832.8亿美元，占2.97%；巴西18008.7亿美元，占2.45%；俄罗斯12360.2亿美元，占1.68%。[1] 此外，中美两国的经济增速同其他体系强国之间的距离仍呈现扩大趋势。"冷战"末期，美国、日本和德国的GDP分别约为6万亿、4万亿和3万亿美元，而目前日本的GDP从美国的2/3下降到1/3弱，德国则从1/2降到了1/4。可见，日德等发达国家与中美两国的差距在拉大，而中美两国的差距正在不断缩小。[2] 21世纪的中国是体系中唯一最有可能接近并超越美国的新兴大国。

当今处于崛起进程中的中国正在力图通过构建"新型大国关系"来避免同体系霸主美国及其全球同盟体系陷入"修昔底德陷阱"。安全战略作为一种双向的互构过程，在其运行中反复生成的"施动－反馈"会直接影响到国家间对于敌友身份的认知和安全态势的研判。作为一个海陆复合型

---

[1] IMF, "Projected GDP Ranking (2015–2020)", International Monetary Fund World Economic Outlook, Feb 2016, http://statisticstimes.com/economy/projected-world-gdp-ranking.php.

[2] 阎学通：《世界权力的转移》，北京大学出版社2015年版，第64—73页。

地缘政治大国,中国自近代被卷入全球化以来,就一直存在着"海防"与"塞防"之辩。① 进入21世纪,随着中国完成同俄罗斯领土边界的划定,国内学术界主张中国在稳定陆权的基础上拓展海权的呼声日隆,并在"海洋强国"与"大国崛起"之间建立起了某种因果联系;同时,还在"蓝水海军""海上生命线"同"大国崛起的必由之路"等意象之间建立起了带有必然性的观念映射。②

但问题在于,现代意义上的海权扩张是指荷兰模式的海运能力,还是英国模式的海军实力,抑或是叶自成等认为的海洋资源的整体开发能力?③ 为什么随着中国在东亚地区海军实力与远洋能力的快速提升,反而出现了更多的地缘安全紧张局面?如果一个国家增强军事实力的战略会刺激霸权国及其同盟体系,那么这样的战略选择是否可能会造成一种自拆台脚或自我包围的"威廉困境"?崛起国将安全战略从消极的"非对称近海防御"向积极的"远洋对等威慑"调整,是否会促使霸权国以同盟的形式对冲或抵消这种谋求缩小权力位差或重构优势的权力增长的努力?在缺乏推责对象的前提下,崛起国选择区域海权战略是否真正有利于消除其与守成国之间潜在的"修昔底德陷阱"?中国作为海陆复合型地缘政治崛起大国,其安全战略选择不仅关系到崛起进程中可能面临何种压力,更关系到能否实现和平崛起的全局谋划。如何从历史上反复出现的"威廉困境"中抽象出

---

① 1874年,清廷内部进行了"海防"与"塞防"之辩。作为主张海防的代表人物,李鸿章认为两者"力难兼顾",以"海疆备虚"为由,奏请朝廷暂罢西征,放弃塞防,建议"停撤之饷,即匀作海防之饷"。作为主张塞防的代表人物,左宗棠则极力反对,指出西北"自撤藩篱,则我退寸而寇进尺",尤其招致英、俄渗透。同今天崛起的中国不同,当时的清政府由于国力衰微,因此不论在海上还是陆上,其基本的战略态势都是消极防御。由于同英法等国实力差距很大,因此彼时清军发展有限的近海海军不会引起全球霸主英帝国的关注,但是会引起与之实力相近的海权国日本的担忧。这场大讨论持续了数月之久才有结论。[光绪元年(1875年)4月,清廷采纳左宗棠"东则海防,西则塞防,二者并重"的主张,一面命左宗棠督办新疆军务,收复失地;一面派李鸿章督办北洋、沈葆桢督办南洋海防事宜。]

② 倪乐雄:《从陆权到海权的历史必然——兼与叶自成教授商榷》,《世界经济与政治》2007年第11期;袁南生:《关于中国文明转型的战略思考》,《外交评论》2016年第2期;杨震、周云亨:《论后"冷战"时代的中国海权与航空母舰》,《太平洋学报》2014年第1期;杨震、方晓志:《海洋安全视域下的中国海权:战略选择与海军建设》,《国际展望》2015年第4期;倪乐雄:《中国海权战略的当代转型与威慑作用》,《国际观察》2012年第4期;张文木:《从整体上把握中国海洋安全——"海上丝绸之路"西太平洋航线的安全保障、关键环节与力量配置》,《当代亚太》2015年第5期。

③ 叶自成、慕新海:《对中国海权发展战略的几点思考》,《国际政治研究》2005年第3期。

规律性的理性认知，直接关系到中国和平崛起大业的未来走势。

二 历史中的"威廉困境"及其成因分析

为什么俾斯麦执政下的德意志第二帝国在崛起进程中没有面临巨大的周边安全压力，而威廉二世执政后德国的地缘安全环境却出现了急剧的紧张态势？"威廉困境"看似为海陆复合型崛起大国因其地缘结构而面临的双重压力，实则与崛起国的战略选择有着更大的关系。"威廉困境"产生的直接原因在于崛起国追求海陆并举的两线战略目标，这一目标设定可能导致崛起国同海权霸主陷入海权之争，以及同周边陆权国之间陷入陆权之争。在这一直接原因的背后存在四个重要的深层原因，正是这些深层原因的叠加效应，才导致"一战"前的德国陷入"威廉困境"的战略泥沼。

第一，当崛起国自我认可的身份与国际社会给定的身份出现不一致时，就会产生"身份位差"。当崛起国急于通过获得权力声望、大国身份认同与国家影响力来弥合"身份位差"时，便容易忽视国家在崛起进程中更应该保持最大的审慎、耐心与节制力。该原因容易造成崛起国在国际政治中言行的激进，并因此成为海权霸主同周边陆上邻国联合防范与围堵的重点。威廉二世统治下的德国就陷入了一种由"迎合领袖信念的研究报告""迎合大众偏好的主流媒体"和"迎合部门利益的战略选择"之间构成的正反馈循环，即国家刺激了民众的政治胃口，同时在对外强硬中获得鲜花与掌声的政治领袖也会愈发骑虎难下，并成为迫使自己说话算数的煽动性言辞的俘虏。当崛起国因激进的言行而遭到其他国家的防范之后，其领袖还要寻找或编造更多激进的理由来解释自己的国家为什么会陷入被围堵的境地，从而导致自身陷入更严重的安全困境之中。

英德在战略层面的一切对峙都源于既存的不平等利益和秩序对双方心理的劫持。在权力转移过程中，崛起国对权力声望与国际影响力的追求很容易开启同霸权国之间带有战略互疑特征的"修昔底德陷阱"。同俾斯麦执政时期严格地将国家定位成欧陆强国不同，威廉二世更倾向于将德国塑造成一个海陆实力兼备的"世界大国"。一方面，德国对奥匈帝国在巴尔干问题上的偏袒导致了德俄关系恶化和法俄的战略接近。法俄的东西包围间接地动摇了德国在欧洲的陆权优势并增加了来自陆上的战略压力。另一方面，为了推行其"争夺阳光下地盘"的"世界政策",威廉二世不仅在言论上发表了被英国视为敌视性的"克鲁格电报"(Kruger telegramme)——这封电报在英德公众间引起了轩然大波,让英国意识到德国是其帝国大业最大的威胁,并最终导致了英国在布尔战争(Boer War)后放弃了百年的"光辉孤立"而转向军事结盟,而且,德国海陆并举的军备扩充也加剧了因目标过多而四面树敌的风险。

第二,缺乏一个有能力协调并统合国内不同利益集团诉求的决策中枢。国内利益集团往往通过两种方式将集团利益提升为国家战略利益。其一,它们会在相互争夺资源的过程中逐渐形成妥协和相互支持的互惠联盟。过度扩张的成本由国家通过税收、兵役或提高消费品价格等方式扩散至整个社会,而收益则不成比例地转移到军工复合体等利益集团手中。同霸权国之间的战略互疑只不过是军工复合体争夺部门利益过程中的副产品。[1] 其二,通过在国家战略层面达成共识,崛起国内不同的利益集团可以利用国家的宣传将部门利益塑造成国家的整体利益。"一战"前,德国军队内可以说有几大部门就有几个权力中心,而本应成为仲裁者的皇帝却降格为每一个权力中心的代言人,最终进一步加剧了决策体制的混乱状态,以至于每个利益集团所追求的东西都成为不可妥协的国家核心利益。[2]

威廉德国安全战略转向的最大特征体现在同时支持陆军与海军追求战略优势。一方面,陆军元帅施里芬、毛奇以及支持他们的资本家宣称德国的安全威胁源于地处中欧的尴尬位置,因而必须增强陆军实力。尤其是当1892年法俄结盟后,德国在俾斯麦时期"分而治之"的陆权优势愈发被法俄两国联合所抵消,这导致德国陆军要求国家投入更多的资源来确保其陆上安全。另一方面,号称"欧洲马汉"的海军元帅提尔皮茨及支持海军造舰的资本家集团则倾向于德国只有在赫尔果兰岛(Helgoland)到泰晤士

---

[1] 关于这一问题最早的论述参见 John Atkinson Hobson, "Imperialism: A Study", *Imperialism: A Study*, Vol. 47, No. 1, 1976, pp. 100 - 104。本章参考了斯蒂芬·范埃弗拉(Stephen Van Evera)关于"寻租卡特尔"的论述,参见 Stephen Van Evera, *Causes of War: Power and the Roots of Conflict*, New York: Cornell University Press, 2013。关于集团互助理论,参考了丹尼斯·缪勒(Dennis C. Mueller)的研究,参见 Dennis C. Mueller, "Public Choice: An Introduction", *Public Choice*, Vol. 57, No. 2, 1988, pp. 197 - 198。

[2] Holger H. Herwig, *The First World War: Germany and Austria-Hungary, 1914 - 1918*, Oxford: Hodder Arnold, 1996, pp. 80 - 115。

之间建立起一支令人生畏的公海舰队才能够获得英国绥靖或友谊的"风险理论"。① 但伴随英德两国海军军备竞赛而来的并不是英国的绥靖,而是其1906年问世的"无畏"号军舰(HMS Dreadnaught)。这是一艘"被大炮覆盖的超级军舰",它的问世使得当时所有的军舰都过时了。1907年,德皇支持提尔皮茨紧跟英国步伐提出了"补充海军法"。该法案规定德国也要实施建造"无畏舰"的计划。1908年3月,专注于海上霸权的英国再次追加海军预算,以确保英帝国永远在海上保持对德国海军的战略优势。② 换句话说,德意志第二帝国后期战略代价高昂的根源就在于其目标、手段与资源之间的严重不切实际。

1880年俾斯麦治下的德国由于专守欧洲陆权优势,其海军军费开支不到英国的四分之一或法国的三分之一。随着德国逐渐开启与英国的海军军备竞赛,到"一战"前的1910年,德国的海军军费虽有大幅提高并成为全球第二,但也仅仅为海权霸主英国的一半(参见表3-1)。而早先一直占有优势的陆军开支虽也大幅提升,但其增幅却被协约国的相应增长抵消。③ 德国海军挑战英国海上霸权的成本非常高昂,以至于海军军费的增长威胁到了其原本享有的欧洲陆权优势。1901—1903年,德国海军耗费了国防开支的20%;1907—1909年,这一比重上升为25%;而到了1911年,德国海军预算占到了陆军预算的54.8%。④ 1908年,德国推行了10年的海陆并举战略使其周边环境出现了不可逆转的恶化。时任德意志帝国宰相的伯恩哈德·冯·比洛(Bernhard von Bulow)在写给荷尔斯泰因(Schleswig-Holstein)的信中说:"德国已经在这场看不到尽头的竞赛中筋疲力尽。如果在德国实现财政改革后我仍是宰相的话,我就要主动给海军军备竞赛降温。德国的发展已经不能再允许这种伊卡

---

① Rolf Hobson, "Imperialism at Sea: Naval Strategic Thought, the Ideology of Sea Power and the Tirpitz Plan, 1875 – 1914", *International Journal of Maritime History*, Vol. 16, No. 2, 2002, pp. 254 – 255.

② Ian F. D. Morrow, "The Foreign Policy of Prince von Bülow, 1898 – 1909", *The Cambridge Historical Journal*, Vol. 4, No. 1, 1932, pp. 63 – 93; Zara Steiner, "Grey, Hardinge and the Foreign Office, 1906 – 1910", *The Historical Journal*, Vol. 10, No. 3, 1967, pp. 415 – 439.

③ Jari Eloranta, "From the Great Illusion to the Great War: Military Spending Behavior of the Great Powers, 1870 – 1913", *European Review of Economic History*, Vol. 11, No. 2, 2007, pp. 255 – 283.

④ David Stevenson, *Armaments and the Coming of War: Europe 1904 – 1914*, Oxford: Oxford University Press, 1996, p. 18.

洛斯式的飞翔了。"①

在被"克鲁格电报"激怒之前,处于"光辉孤立"政策下的英国与法俄之间的共同战略利益甚少。英国在同法俄争夺非洲、近东、中东和远东问题上都存在着战略矛盾。但是,正是威廉德国同时追求欧陆霸权与世界海权的战略建构起了英法俄三国基于共同威胁的安全利益。泰勒（Alan John Percivale Taylor）认为,倘若德国放弃了挑战英国海上权威的"庞大海军计划"而集中力量加强陆军建设,他们就有可能使英国保持中立,同时必然会在欧洲大陆的战争中赢得胜利。如果德国人把1914年以来直到战败仍停泊在军港中的无畏舰的制造经费和钢铁用来制造重炮和运输机械,那么他们在陆战中将一直保持优势。②

表3-1　世界各大国海军军费概算（1870—1914年）单位：百万英镑

	1870年	1880年	1890年	1900年	1910年	1914年
德国	1.2	2.4	4.6	7.4	20.6	22.4
奥匈帝国	0.8	0.8	1.2	1.8	2.8	7.6
英国	9.8	10.2	13.8	29.2	40.4	47.4
法国	7.0	8.6	8.8	14.6	14.8	18.0
俄罗斯	2.4	3.8	4.4	8.4	9.4	23.6

资料来源：Hew Strachan, *The First World War* (Volume I): *To Arms*, Oxford: Oxford University Press, 2001, pp. 7, 48 – 52, 290 – 305; Zara Steiner and Keith Neilson, *Britain and the Origins of the First World War*, London: Macmillan Education UK, 1979, pp. 37, 78, 151, 240; A. J. P. Taylor, *The Struggle Mastery in Europe*, 1848 – 1918, Oxford: Oxford University Press, 1955, p. 11; Holger Herwig, "Luxury", *Fleet*: *The Imperial German Navy*, 1888 – 1918, London: Routledge, 2014, pp. 35, 93 – 95, 276 – 280.

第三,不满足于单一的区域陆权优势,全民性痴迷于"海军民族主义",并倾向于认为国家建立强大海军是确保外向型经济运输生命线、保卫国家海外利益、保卫国家领土安全和提升全球战略影响力的重要基础。海陆复合型地缘政治崛起国对海权霸主最大的挑战不在于陆权优势,

---

① Bernhard von Bülow, *Bernhard Von Bülow-Deutsche Politik*, Hamburg: Severus Verlag, 2011, p. 232.

② Alan John Percivale Taylor, *The Course of German History*: *A Survey of the Development of German History since 1815*, London: Routledge, 2001, p. 512.

而在于它对全球海权的分割与侵蚀。对于独占一块地缘政治板块且拥有充分安全剩余的区域陆权国德国来讲，其真正的安全威胁不可能来自于单纯的海上封锁或登陆进攻，而只能来自于陆上邻国的军事进攻。对于这一点，即便是当时德国的战略决策者也是深信不疑的。因为在"一战"前，德国的战略设想始终是谋求英国中立以便对法俄开战，而不是谋求法俄中立以便对英国开战。英国著名海军战略家朱利安·科比特（Julian Corbert）对海权与陆权的关系进行分析后认为："由于人们生活在陆地而非海面上，因此交战国间的重大问题总是取决于要么你的陆军能控制敌人多少领土和有生力量，要么舰队协助陆军所产生的威力使对方感到恐惧。"① 同时，享有陆权优势的海陆复合型地缘政治大国也无须担心没有海军的保卫海权国会对其展开登陆进攻。正如1911年威廉二世同一位英国到访者谈话时所说："恕我直言，你们在这一区域投入的微不足道的几个师并不起什么作用。"②

实际上，单纯的海上力量除了协助陆军打消耗战外，对赢得整个战争不具备太大的作用。1853—1855年间，英法之所以赢得了对陆权霸主俄罗斯的克里米亚战争，其根本原因在于战场仅仅限定在克里米亚半岛。英法作为海权国十分明确自身的战略短板，因而在攻陷塞瓦斯托波尔（Sevastopol）后，对下一步该在何处攻击都感到茫然，于是英法选择在战争对自己最有利的情况下同俄国签订了和平条约。假如英法没有在克里米亚收手而是继续向俄国腹地进攻，那么陆战的优势将会朝着俄国一方倾斜。在1894—1895年的甲午中日战争中，虽然清政府的北洋舰队全军覆没，但决定清廷战败的却是两国在朝鲜、辽东和山东等陆地战争中清军的惨败。1915年，丘吉尔主导的从海上进攻土耳其的达达尼尔海峡（Dardanelles Strait）登陆作战以惨败而告终。"一战"后期，海权国日本向俄国派出7万军队——比其他大国都多——对陆权国俄国的国内革命进行军事干涉。但随着俄国内部战争的结束，日本意识到它不可能对这样一个陆权大国进行干涉，于是在1922年撤出西伯利亚，1925年撤出库页岛。③ 太平洋战争

---

① Julian Stafford Corbett, *Some Principles of Maritime Strategy*, Mumbai: IndyPublish, 2012, p. 16.

② John M. Hobson, "The Military-Extraction Gap and the Wary Titan: The Fiscal-Sociology of British Defence Policy 1870-1913", *Journal of European Economic History*, Vol. 22, No. 3, 1993, p. 495.

③ John Albert White, *The Siberian Intervention*, New York: Greenwood Press, 1970, p. 196.

爆发后，早已对印支北部取得控制权的日军沿铁路南下并击溃马来北部英军；1942年12月10日，从陆地起飞的日本战机将英国战列舰"威尔斯亲王"号和"却敌"号击沉。至此，英国在东南亚地区不仅失去了陆权，也随之失去了制空权和制海权。1944年的诺曼底登陆之所以取得成功，是因为当时德国主力部队在苏联战场的莫斯科、斯大林格勒、库尔斯克等战役中被连续击败，德国欧洲陆权陷于崩溃。1982年5月，虽然英国在马岛海战中凭借海军力量赢得了离岸夺岛的胜利，但是英国舰队仅仅限定在马岛外围作战，尤其是当阿根廷本土起飞的战机击沉"谢菲尔德"号及"大西洋运送者"号以后，英国舰队一度撤到远离马岛的大洋。

第四，海陆复合型地缘政治崛起大国是否会因区域海权战略而陷入"威廉困境"，取决于实行这一战略的体系结构与时机把握。首先，如果在某一地区除了霸权国以外还存在两个以上崛起大国，那么霸权国的优先制衡对象就是首先选择区域海权战略的崛起大国。从这一角度讲，崛起国实施区域海权战略存在着"先动劣势"，即在同等条件下，率先追求区域海权战略的崛起国会遭到霸权国的战略围堵。其次，如果某一地区内出现了二元结构，即霸权国与崛起国的实力都远超其他国家，那么崛起国推行区域海权战略就很难找到有效的推责对象。最后，在同一时期内，在与霸权国安全联系更紧密的地区推行区域海权战略的国家更容易遭到霸权国的围堵。在这一围堵过程中，霸权国甚至会鼓励区域次强国推行区域海权战略，以便对更具威胁的前者加以制衡。

美国的马汉在理论上将全球海权同大国崛起之间建立起了因果联系，但率先将这一理论付诸实践的却是来自德国的"欧洲马汉"提尔皮茨。1890年是德意志第二帝国地缘安全战略的转折点——逐渐从俾斯麦主张的区域陆权战略转向了威廉二世主导下的区域陆权与全球海权并举战略。德国在国际体系中率先追求全球海权的战略选择直接导致了其在体系中角色身份与地缘安全环境的变革。为什么在19世纪末威廉德国、法国和美国都不同程度上实施了海权战略，其中只有威廉德国遭到了英国的遏制，而法国和美国却得到了英国的鼓励与绥靖呢？答案就在于"威廉困境"内蕴的"先动劣势"，即相对于同一时期法国在地中海的区域海权战略来讲，德国的全球海权战略涉及的范围太大了；相对于美国后来推行的全球海权战略来讲，德国推行全球海权战略又太早了。因此，对于英国来讲，来自追求全球海权的威廉德国率先构筑的威胁要远远超出仅在地中海构筑区域海权的法国和英德两败俱伤后不慌不忙崛起的美国。

德国的"先动劣势"导致了英国对体系内其他崛起国推行区域海权战略实行鼓励或绥靖。这也解释了为什么当拿破仑战争后取得欧陆霸权的沙皇俄国想获得黑海区域海权以及达达尼尔海峡控制权时,海权霸主英国将其视为最大挑战者。一方面,英国默许海陆复合型国家法国增加在地中海区域的海上军备;另一方面,联合法国并不惜同俄国打一场需要登陆作战的克里米亚战争。同时,这也能够解释为什么"一战"前英国为了同德国争夺海权,一改往日的防范法国加强直布罗陀与地中海海军实力的政策,转而鼓励法国在地中海增加海权优势,并默许沙皇俄国积极发展黑海舰队控制达达尼尔海峡。

三 "威廉困境"的政治化解：俾斯麦德国与地中海法国崛起的战略启示

海陆复合型地缘政治大国在崛起进程中必然会伴随来自海陆两大空间的战略压力吗？这一问题的答案与其说是权力结构分布造成的必然,不如说与崛起国奉行的安全战略有着更大的关系。俾斯麦德国是典型的追求区域陆权优势的海陆复合型地缘政治大国,而地中海法国则是典型的奉行区域陆权与区域海权并举战略的海陆复合型地缘政治大国。通过对实施区域陆权战略的俾斯麦德国、区域陆权与区域海权并举战略的法国和区域陆权与全球海权并举战略的威廉德国比较发现：首先,海陆复合型地缘政治崛起大国选择区域陆权战略面临的安全压力最低；其次,对于实施区域海权战略的国家来说,仅当国际体系中存在推责对象——在同等重要的区域率先追求区域海权者或同一时间内在更重要地区追求区域海权者——的时候,海上霸主才会对区域次强国进行战略绥靖并鼓励其追求区域海权；再次,当一个海陆复合型崛起国选择区域陆权与全球海权并举战略时,其必然因面临来自两大战略空间联合的压力而陷入"威廉困境"；最后,如果一个海陆复合型地缘政治大国放弃了最基本的区域陆权战略,就等于彻底放弃了大国地位,其不仅会不可避免地陷入海权争霸,同时还将面临来自周边陆上强邻更大的进攻风险（见表3–2）。

表 3-2　　　　　　海陆复合型地缘政治崛起大国的安全战略选择

崛起国家的战略定位	样本国家	战略压力与效果	海权霸主态度
区域陆权型	瑞典（1611—1718年）；普鲁士；俾斯麦德国；1939年前的纳粹德国；哈布斯堡家族（House of Habsburg）治下的奥地利；斯大林时期的苏联	仅来自周边陆上邻国，权力丧失的原因并不是来自于海上失败，而仅是陆战能力本身的衰落（效果最好）	对海权本身威胁小，霸权国绥靖与结盟对象
能够推责的"区域陆权与区域海权"型	1897—1919年后的法国；1907年后的沙皇俄国；北约成员国；1962年后的印度	后发优势国家：有机会与海上霸权国联盟；压力仅来自陆权竞争（效果较好）	对海权霸主不仅没有威胁，而且是海权霸主最有价值的结盟对象
不能推责的"区域陆权与区域海权"型	拿破仑三世已降的法国；1907年前的沙皇俄国；赫鲁晓夫时期的苏联；普京时期的俄罗斯；克里米亚战争后至1897年的法国；"一战"到"二战"期间的法国；1939年后的纳粹德国；"冷战"结束已降的中国	先动劣势国家：压力来自周边陆上邻国、海上霸权国或区域海权国（陷入"威廉困境"，效果较差）	军事遏制、孤立与联盟围堵
"区域陆权与全球海权"型	腓力二世西班牙；路易十四至拿破仑帝国时期的法国；威廉德国；勃列日涅夫时期的苏联	两线压力：来自周边陆权邻国和海上霸权国的均势联盟（陷入"威廉困境"，效果很差）	海陆联盟围堵与海权争霸战争
全球海权型	荷兰；葡萄牙	来自海陆两线压力，海权压力不可调和，陆上威胁具有毁灭性风险（效果最差）	海权争霸战争；霸权丧失于陆上邻国的进攻

表 3-2 由作者总结自制。

在德意志第二帝国建立的头 20 年，俾斯麦以其个人的政治影响力成功地引导或压制住国内主张对外扩张的利益集团的权力冲动。俾斯麦在担任德国宰相时，国内关于海外殖民和扩张海军的呼声日隆。俾斯麦的高明之处就在于他的决策能够一直保持对社会思潮的"引领"，通过提供超出相关利益集团预期的政治利益或在某个利益集团提出完整的政治诉求之前就果断地抢先给予其可能要求的政治报偿，以此手段对其诉求加以驾驭和引导，使之处于可控状态。[①] 俾斯麦曾私下向英国驻德国大使表示："德国

[①] 徐弃郁：《脆弱的崛起：大战略与德意志帝国的命运》，新华出版社 2014 年版，第 79—80 页。

的地理位置并不适合建立一支耗资巨大的海军来保卫本土或贫弱的海外殖民地。同时，德国的地理位置也不适合发展成为一流海军强国。"[1]

俾斯麦治下的德国奉行的是典型的区域陆权战略。这种战略的最大特征便是仅仅将国家安全战略目标限定为在欧洲地区获得陆权优势。俾斯麦与同一时代的另一名战略高手拿破仑三世最大的共同点在于，二者在等待战略机遇上都拥有无限的耐心：耐心等候联盟者上门，耐心等待有利时机的到来。普丹战争后，俾斯麦曾告诫他的部下："我常常不得不在埋伏的地点守候多时，忍受身边蚊虫的覆盖与叮咬，直到射击最佳时机到来。"[2]然而，耐心与定力只是崛起国等待与把握战略机遇的一个必要非充分条件。俾斯麦与拿破仑三世之间具有决定性的不同点则是：前者更懂得国家在追求利益的问题上要考虑到国际社会的整体反应而主动地自我节制——在普鲁士发动的三次统一战争中，俾斯麦都获得了除对手以外的欧洲主要国家的支持；而后者的贪婪与俾斯麦的节制形成了鲜明的对比，这也直接导致了法国成为挡在德国前面最佳的推责对象。

布莱恩·希利（Brian Healy）与阿瑟·斯坦（Arthur Stan）通过细化国家能力指标以及将外交事件划分成冲突与合作两种类型，来论证为什么在俾斯麦主政德国期间欧洲地区没有出现制衡德国崛起的军事联盟，其结论为：德意志第二帝国建立以后，由于俾斯麦奉行自我节制的战略目标——这种目标使除法国以外的其他国家有理由相信德国不是一个潜在的侵略性国家，而是一个对现状安排与国际秩序完全满意的国家——德国并没有因为强大的陆权优势而成为欧洲大国制衡与防范的对象[3]，而完成统一后的德意志第二帝国拥有了世界排名第一的陆军。为了避免成为欧洲权势均衡的制衡对象，俾斯麦曾多次公开宣称：统一后的德国利益已经饱和，不再有侵占更多领土的任何野心，以此来向俄罗斯表明自己对巴尔干没有兴趣，向英国表示自己对海外殖民毫无野心。[4]

---

[1] 徐弃郁：《脆弱的崛起：大战略与德意志帝国的命运》，新华出版社2014年版，第81—82页。

[2] Otto Pflanze, *Bismarck and the Development of Germany (Volume II): The Period of Consolidation, 1871–1880*, Princeton: Princeton University Press, 2014, p. 90.

[3] Brian Healy and Arthur Stein, "The Balance of Power in International History Theory and Reality", *Journal of Conflict Resolution*, Vol. 17, No. 1, 1973, pp. 33–61.

[4] ［美］亨利·基辛格：《大外交》，顾淑馨、林添贵译，海南出版社1998年版，第138页。

在俾斯麦主政德国的近 20 年里，他始终小心翼翼地避免本国直接卷入同霸权国英国的冲突之中。"他用超乎寻常的审慎——这体现在俾斯麦 1866 年战胜奥地利后拒绝并吞波希米亚——不让任何大国有任何借口组建反德联盟。"① 整个 19 世纪七八十年代，德国都将外交政策的重点牢牢限定在欧洲大陆，这反而使法俄成了与英国争夺世界霸权的潜在对手。通过"海洋贸易安全搭车"与"安全威胁角色推责"② 的搭配组合，俾斯麦为德国崛起赢得了稳定而宽松的国际环境，有效地避免了崛起国与海权霸主英国之间可能陷入的"修昔底德陷阱"。

但是从反事实推理角度讲，我们也应注意到，假如当年普鲁士在击败拿破仑三世后能够对法兰西采取更加审慎与宽容的态度，那么这可能对未来德法两国的政治和解起到更好的铺垫。地缘战略心理学认为，民族主义时代国家对民族尊严的关切往往胜于经济利益。后来我们知道，德法之间的敌意螺旋在带有仇恨的民族记忆中不断地延续强化：首先是普鲁士霍亨索伦-西格玛林金王朝为了羞辱法国，竟在巴黎西南郊的凡尔赛宫宣告正式建立德意志第二帝国；后来为了羞辱德国，第一次世界大战结束的巴黎和会特地选择了回到德意志第二帝国诞生的地方——也就是威廉一世称帝的地方——签署《凡尔赛和约》。法国总理"老虎"克里蒙梭（Clemenceau）带着嘲讽地姿态告诉德国谈判代表："（德意志第二帝国）生于不义，必将死于耻辱。"之后法国人骄傲地将第一次世界大战结束时德国签署停战协定的火车厢搬到了博物馆，用以彰显对德战争的伟大胜利；但好景不长，当第二次世界大战爆发后法国被迫签署投降协定时，希特勒又特地命人将那节放在博物馆的象征着耻辱的火车厢拉出来，并且明确要求法国的投降协定必须在这一节火车厢内签署，这一举动再次给予法国的民族自尊心以沉重打击。不可否认，胜利的滋味是难以抗拒的。但恰恰正是那些在胜利面前仍可以抗拒自身欲望膨胀的人，那些能够时刻铭记"绝怜高处多风雨，莫到琼楼最上层"的人，才能成为被历史铭记的伟大的政治家，而这一点恰恰是当年主导德国对外政策的容克贵族们所稀缺的政治素养。当德意志帝国已然跃居成为一

---

① ［美］亨利·基辛格：《大外交》，顾淑馨、林添贵译，海南出版社 1998 年版，第 138 页。
② 姜鹏、［俄］斯捷潘尼杜什卡·波波夫：《规范变迁与身份再造：主权零死亡时代大国崛起战略之路径重构》，《当代亚太》2015 年第 1 期。

个"欧陆超级大国"后,他们的外交思想却仍旧停留在小国年代"抢一把"的短视和狭隘。假如普法战争后俾斯麦可以像当年普奥战争一样再度力排众议签署一个对法国相对审慎的和约,就可能为德国崛起营造出更加有利和多元的周边环境。与之形成鲜明对比的是,"二战"后美国并没有利用胜利者的狂傲膺惩日本,而是为了日后能够将其拉入西方阵营而对走温和路线的吉田茂政府给予了有力的扶持。通过与其签署极其宽松的对日媾和条约(全称:《旧金山对日和平条约》),麦克阿瑟(Mac Arthur)用一种"仁慈的和平"(a lenient peace)成功地笼络或者说征服了大和民族的心灵,这种政治宽仁为美国在远东地区的军事胜利赢得了影响至今的积极效果。

俾斯麦推行"海权搭车"的根本原因在于,他明白对于任何国家的商业利益和海外殖民地来说都不可能存在绝对的安全,而任何试图使德国海上力量超越英国的努力都会激活一场得不偿失的军备竞赛或被英法海军联合的优势完全冲抵。[①] 同时,德国并没有因为放弃追求强大的海权而面临海外贸易的风险或降低了其崛起的速度。事实上,海权与国家崛起之间并没有必然联系。虽然提尔皮茨在鼓吹扩充海军时反复强调海外经济利益对德国生存与繁荣具有生死攸关的意义,但在"一战"中面对协约国严密的海上封锁,德国仍在美国参战前的四年消耗战中的绝大多数时间内对英法俄保持了明显的战略优势。美国虽然是当今最大的海权国,但其海权的发展则是在其获得全球经济霸权几十年之后才开始进行的。因此,海权与海外经济安全之间并没有时间上的先后关系或逻辑上的因果关系。

通过对俾斯麦德国的战略选择与崛起压力的研究可以发现,海陆复合型地缘政治大国在崛起进程中并不必然会伴随来自海陆两大地缘空间的挤压与围堵。俾斯麦通过推行单一的区域陆权战略,凭借其个人的领导才能,缓解了德国崛起对国际体系结构的全面冲击,这为德国在区域陆权战略下持续的崛起赢得了良好的外部环境。俾斯麦战略的成功,一方面源于他的耐心、审慎与节制力使其抵御了追求更大权力声望与国家荣誉的诱

---

① Rolf Hobson, "Imperialism at Sea: Naval Strategic Thought, the Ideology of Sea Power and the Tirpitz Plan, 1875 – 1914", *International Journal of Maritime History*, Vol. 16, No. 2, 2002, pp. 297 – 299.

惑；另一方面也源于他有充分的政治才能协调和引导国内不同利益集团激进的政治诉求与野心。然而，由于新任德皇从树立个人政治抱负出发并拒绝做"抄俾斯麦作业"的学生，当1890年俾斯麦黯然下台后，德国在大战略上的"压舱石"就不复存在了。他下台后，留下的是一个物质上飞速发展的强大国家，一个充满问题的体制，一帮"能干的庸人"和一大批易于愤怒的民众。欧洲各国很快发现，就在经济发展为德国这艘巨轮添加马力的同时，轮船的舵手却被船长赶上岸了。[1]

同俾斯麦的区域陆权战略不同，在成功将"俄国熊"关进笼子的克里米亚战争后，法国不仅从俄国手中夺回了欧洲陆权，同时也积极追求在地中海的区域海权。由于拿破仑三世推行的区域陆权与区域海权两栖战略在当时没有推责对象，直接导致了英俄奥等国在普法战争中支持普鲁士制衡法国。普法战争的失败使法国丧失了欧陆霸权地位。俾斯麦为了鼓励法国放弃对阿尔萨斯和洛林的要求而积极支持法国在地中海及北非沿线进行殖民扩张。在俾斯麦执政时期，法国在地中海的区域海权获得了很大的发展。由于俾斯麦坚持区域陆权战略，因此，在普法战争后的20年里，对海上霸主英国威胁最大的国家就是侵蚀地中海区域海权的法国和侵蚀黑海地区与达达尼尔海峡海权的俄国。

随着威廉二世推行"世界政策"，德国的全球海权战略成了法国和俄国区域海权战略的最佳推责对象。法绍达事件（Fashoda Incident）后，英国也逐渐默许了法国在地中海区域追求海权的努力，并于1912年7月22日通过《英法海军协定》将地中海地区防卫任务全部交给法国海军——法国两大主力舰队北海舰队与地中海舰队全部移师地中海，而英国海军则分担了法国大西洋沿岸的保卫任务。[2] 同时，在《英俄协约》签订以前，英国对俄国在黑海达达尼尔海峡地区和远东地区攫取区域海权一直保持着高度警惕，并不惜发动克里米亚战争和支持日俄战争来打击俄国区域海权战略对英国全球海权地位的侵蚀；而当1907年《英俄协约》签订后，英国甚至在"一战"前主动鼓励俄国黑海舰队取得黑海区域海权并控制达达尼

---

[1] 徐弃郁：《脆弱的崛起：大战略与德意志帝国的命运》，新华出版社2011年版，第107页。

[2] Samuel R. Williamson, "The Politics of Grand Strategy: Britain and France Prepare for War, 1904–1914", *Military Affairs*, Vol. 75, No. 7, 1970, pp. 227–248, 264–299; Shawndra Holderby, *The Angle-French Naval Agreement of 1912*, OH: Ohio University Press, 1992.

尔海峡，以确保英国同印度殖民地海上航线的安全。

四 本章小结

如果认为一个国家是体系中的崛起国，那么其背后的隐含逻辑就是它一定是在该秩序下相对获益最大的国家。改革开放40年来，中国通过融入战略成为现有体系中经济增长最快的国家，并逐渐被国际社会公认为崛起大国。邓小平同志提出"韬光养晦"战略的实质就是希望中国在夯实区域陆权的基础上，尽量不要过早地触碰区域海权这块"蛋糕"，以免在崛起尚未完成的情况下成为美国制衡的重点对象。而"决不当头"的实质则是通过安全搭车与推责来实现国家以经济建设为中心的崛起。过早地追求或展现出国家对权力的欲望，或揠苗助长式地催熟崛起进程，就像是摇落尚未成熟的果实一样，对崛起国没有帮助。

当前，中国的安全战略正在从区域陆权战略向区域陆权与区域海权相结合的两栖战略转化。自中俄边界划定以后，中国基本摆脱了"冷战"时期与苏联陈兵百万的那种陆上安全压力，并获得了相对稳定的区域陆权优势。在此基础上，中国正在逐步通过实施"蓝水战略"提升远洋海军规模与西太平洋区域作战能力。中国在西太平洋地区的海上安全战略也愈发从过去消极的"近海拒止防卫"向积极的"远洋对等威慑"转化。但历史经验告诉我们，在更大的推责对象尚未出现的情况下——在东亚地区，中美之间的二元结构使得中国执行区域海权战略时几乎找不到更令美国感兴趣的其他责任承担者，这一战略的实施无疑会令中国面临来自霸权国美国及其亚太联盟体系持续的"战略再平衡"。提尔皮茨的海权战略被英国制衡的一个重要原因就在于，他通过对英国"无畏舰"的研究而力主发展强火力打击与防护能力的战列舰，而非航程更远的巡洋舰，同时更是通过对战舰的改进，明显地缩减了战舰的燃料单元而将更多的空间用于增强火力和装甲防卫能力。[①] 英德之间的距离很近，因此，提尔皮茨的海权战略明显构成了对英国在北海地区和本土的战略压力。而随着中国大力发展远洋航母，其远洋作战能力的提升也可能被美国理解成对其未来全球海上霸权的

---

① Geoffrey Wawro, *Warfare and Society in Europe, 1792–1914*, London: Routledge, 2000, p. 186.

潜在威胁。

美国将中国在西太平洋区域海权提升污蔑为对其全球海上霸权"切香肠式"的侵蚀。为了更好地平抑中国区域海权的崛起，美国加速了从中东地区的战略抽身，并通过"亚太再平衡"战略确保其能够在未来30年内对中国的区域海权始终保持优势。首先，美国在南海地区进行战略威慑的频度陡增。其军机对中国在南海地区的抵近侦察从2009年的260余架次陡增到2014年的1200余架次，即平均每天都有3—4架次的抵近侦察活动。这个数字超过了"冷战"时期美国对苏联抵近侦察的强度。① 其次，通过"战略再平衡"冲抵中国区域海权增长的努力。美国在2013年确定了"两个60%"的军力部署目标，以平衡中国在亚太地区的海权崛起，即在2020年以前将60%的海军舰艇和海外60%的空军力量调配至亚太地区。最后，美国在南海争端中也出现了日益针对中国的表态，并明显呈现出直接介入争端和偏袒鼓励盟友及其他争议方的姿态。2015年，美国连续发布了《21世纪海上力量合作战略》《国家安全战略》《国家军事战略》和《亚太海上安全战略》四个战略性文件，其内容都明显针对当前中国在南海地区的海权崛起，并声称要让中国付出成本代价。②

一支海军要成长起来需要几十年的漫长岁月，这也是很多人说海军是一种"百年军种"的原因。当我们羡慕美国崛起拥有无法比拟的优越地缘环境时，不应忘记，美国获得区域海权——直至后来通过《四国海军条约》和平地分享全球海上霸权——之前许多年就已经成了远超英国的全球经济霸主了。美国的全面崛起首先仰赖于其长期深耕区域陆权，并实行海上安全搭车与推责，以至于在经济规模问鼎世界霸权几十年后才逐渐水到渠成地成为海权霸主。对于当今中国来讲，奉行审慎、耐心与节制的区域陆权战略——在没有推责对象出现以前避免过早地触碰海权霸主美国在东亚地区敏感的地缘政治神经——也许是防止自身陷入潜在的"威廉困境"的现实出路。对于海上存在领土争议的周边国家，如

---

① 《专家：美国频繁抵近侦察监视中国南海三大建设》，人民网，2015年7月3日，http://military.people.com.cn/n/2015/0703/c1011-27247801.html。
② 傅莹、吴士存：《傅莹独家撰文：南海局势历史演进与现实思考》，《中国新闻周刊》2016年5月12日第1版。

第三章 海陆复合型大国崛起的"威廉困境"与战略选择 81

果我们愿意通过善意的让步并达成"没有阿尔萨斯和洛林式的和平"①，对于降低中国当前所面临的体系结构性压力甚为有益，因为只有首先跳出因区域海权战略引发的"威廉困境"，才能进一步探讨如何避免中美之间可能出现的"修昔底德陷阱"。

如果说中国实施区域陆权与区域海权并举战略的代价可能会因美国及其亚太联盟体系的"战略再平衡"而陷入潜在的"威廉困境"，那么中国实行对等威慑的区域海权战略的潜在收益是什么？从最直接的角度讲，中国能否在没有推责对象的前提下，通过区域海权战略获得在西太平洋区域的海权优势，或通过建立更适合远洋作战的航母战斗群同美国建立起在亚太地区对等威慑的权力均衡？美国在亚太地区最大的优势是没有领土诉求，而中国同周边许多国家仍存在着现实的陆地与海洋领土争端。因此，面对中美两国在亚太地区的战略碰撞，周边国家可能会更倾向于参与到一个制衡中国崛起的战略联盟。一旦中美之间开启制衡与反制衡的敌意螺旋，不仅印度和日本可能会得益于中国成为推责对象而发展区域海权，同时，与中国存在领土争议的其他周边国家也可能将积极参与美国对中国的制衡。

从长期来看，中国的区域海权战略可能被美国及其联盟体系通过全球资源调配的"战略再平衡"充分抵消。布鲁斯·琼斯（Bruce Jones）认为，当今的美国仍然是无法挑战的全球霸主。美国目前仍然有近6000亿美元的军费预算，更重要的是，美国的盟友总共也能拿出4000亿到5000亿美元的预算，这就占到了全球军费总量的三分之二。他的这种算法还没有把那些倾向于跟美国合作而不是对抗的中立国家如印度、越南等国计算进来。② 同时，我们还应该注意到，即使在中美两国 GDP 完全相等的条件

---

① 纵观近代国际关系史可以发现，历史上长期而稳定的和平主要以《维也纳和约》式的和平为代表，即胜利者或强势的一方充分考虑并照顾处于弱势一方的利益诉求，以此换取其对政治条约的认同；短暂而不稳定的和平主要以普法战争后双方签署的德国羞辱法国的《法兰克福条约》以及"一战"后签署的法国羞辱德国的《凡尔赛和约》等为代表。由于处于强势的一方出于民族主义等因素令处于弱势的一方受到侮辱，因此，这样的和平会使暂时处于弱势的一方缺乏对体系和秩序正当性与合法性的认同感，一旦时机成熟就会伺机推翻和约的内容。本章用"阿尔萨斯和洛林式的和平"特指处于强势的一方在利益诉求中需要照顾到处于弱势一方的利益诉求与民族自尊心。

② 姜鹏、[俄]斯捷潘尼杜什卡·波波夫：《规范变迁与身份再造：主权零死亡时代大国崛起战略之路径重构》，《当代亚太》2015年第1期。

下，也不会产生势均力敌的资源动员能力。因为在 GDP 相等的国家中，人均产值较高的国家可以从民众中征集更多的可供自由支配的资源，并将其转化为军事力量。因此，即便中美之间 GDP 完全相等，中国的资源征集能力仍然只有美国的四分之一，因为中国的人口是美国的 4 倍。中国的独生子女政策、老龄化问题及大量的基础性必要开销将加大中美之间战略资源转化效率的差距。假设美国 GDP 增长率为 2%，中国为 6%，那么中国的人均 GDP 要到 2056—2059 年的某个时候才会超过美国。[①] 这种算法仍然排除了美国那些富裕的联盟国家。因此，在美国将大西洋防卫逐步交付给北约盟友后，未来中国追求区域海权的努力可能会被美国及其亚太盟友日本、澳大利亚等持续的"战略再平衡"冲抵。

研究"威廉困境"的意义并不在于还原德意志第二帝国的战略选择与崛起成败之间的内在联系，而在于为今天的中国崛起提供可资借鉴的战略经验。研究大国崛起问题经常能体会到"秦人不暇自哀，而后人哀之。后人哀之而不鉴之，亦使后人而复哀后人也"这句话的深刻含义。愚蠢的国家从自己的失败中积累教训，而聪明的国家则从他人的经历中总结经验。因此，中国有必要从历史上反复出现的"威廉困境"现象中吸取教训以避免重蹈历史覆辙。大国崛起是一个水到渠成、实至名归的过程。在不具备霸权国实力的前提下，过早地催熟崛起进程或"摇落霸权国花园中的果实"是极其危险的。尤其是在权力转移令崛起国与守成国都异常敏感的时期内，崛起国推行区域海权战略更需审慎与耐心，以避免过早地同守成国陷入因"威廉困境"而导致的"修昔底德陷阱"。

---

① Joseph Nye, *The Paradox of American Power: Why the World's Only Superpower can't Go it Alone*, Oxford: Oxford University Press, 2003, pp. 19 - 20; Stephen G. Brooks and William C. Wohlforth, "American Primacy in Perspective", *Foreign Affairs*, Vol. 81, No. 4, 2002, pp. 20 - 33.

第四章 同色竞争与差色互补："海陆并举"思维引发的战略反噬

一 问题的提出

纵观近400年来国际政治中的霸权更迭可以发现，除了西班牙是一个兼具海陆两栖霸权的国家之外——西班牙帝国也正是由于同时背负着海陆双重战略负担而长期处于战争状态并在崛起后迅速衰落[①]——海陆霸权再未同时为另一个地缘政治大国所独自垄断（参见表4–1）。虽然崛起国在先天地缘政治禀赋上存在着巨大差异，但问题在于，为什么有些海陆复合型国家在追求海权道路上取得了成功，而另一些海陆复合型国家在追求陆权的道路上取得了成功？为什么几乎每一个处于崛起进程中的海陆复合型地缘政治大国都会面临这样一个明显带有威廉德国时期海军元帅铁毕子（Tirpitz）与陆军元帅施里芬（Schlieffen）之间"围城"般的战略困惑——在追求海权战略与陆权战略之间如何找到战略资源分配的黄金分割点？[②]上述众讼纷纭的地缘政治迷思既困扰着2500年前斯巴达人所领导的伯罗

[①] 在西班牙帝国海陆两栖霸权处于鼎盛的腓力二世时期（1527—1598年）西班牙陷入了一场马拉松式的海陆两线战略负担。从1555—1598年，腓力仅享受到6个月的短暂和平：从1577年2月至9月，在尼德兰和地中海两地的交战皆停止。此后，国王虽没有再度投入对土耳其人的大规模战争，但是冲突先后再度重返尼德兰本土、英国、大西洋海岛、美洲、法国以及后来非洲与南亚的荷兰属地。参见 Geoffrey Parker, *The Grand Strategy of Philip II*, Yale University Press, 1998, p.25.

[②] 阿尔弗雷德·冯·铁毕子（Alfred von Tirpitz），也常被译为提尔皮茨，德意志第二帝国海军上将，最早提出了德国海军发展的"风险理论"，力主发展庞大海军来增强德国的国际影响力，深得痴迷海权和远洋舰队的德皇威廉二世器重。1911年被提升为德国公海舰队总司令，四星元帅。阿尔弗雷德·冯·施里芬（Alfred Graf von Schlieffen），1891年任德军总参谋长，1911年晋升为陆军元帅。提出利用法俄两国动员的时间差而在西东两线先后击败法德，从而获得欧陆霸权的"施里芬计划"。

奔尼撒陆权联盟和雅典人领导的提洛海权联盟，也影响着近代的西班牙、荷兰、法兰西、德意志及俄罗斯，同时还可能影响到当今中国对自身地缘类属身份定位与国家安全的战略选择。

表4-1　　　　　　　近代国际关系史中海陆霸权周期表

时间点	1588年	1674年	1674—1941年					1941—1991年
海洋霸权		荷兰	英国					美国
陆地霸权	西班牙	路易十四到拿破仑时期的法国	克里米亚战争前的沙俄	拿破仑三世的法国	德意志第二帝国	"一战"后的法国	德意志第三帝国	"二战"后的苏联

表4-1由作者总结自制：1588年为西班牙无敌舰队远征英国全军覆灭的年份；1672—1678年路易十四派遣12万大军在陆上横扫荷兰使得荷兰元气大伤。而选取1674年作为时间节点在于这一年为第三次英荷战争结束的年份，也宣告了荷兰海上霸权让位于英国；1941年为美国对法西斯国家正式宣战的年份。

国际政治中的权力中心可以根据其地缘类属身份而被划分为海权国、陆权国及海陆复合型地缘政治大国。由于独占一块地缘政治板块的国家与国际社会的交往沟通与安全维系需要依靠海洋通道，其安全也仅仅依赖于巨大水体的阻隔效用。[①] 因此，海权国往往只需要关注海上力量的培育和发展就可以确保国家的整体安全。而海陆复合型地缘政治大国的显著特征是既占有巨大的陆上基本实体，又濒临广阔的国际水域。地处大陆边缘的海陆复合型地缘政治大国与国际社会的交往沟通与安全维系不仅需要确保海上航线的畅通，同时因缺乏天然巨大水体或山脉的有效阻隔而可能同周边陆地强邻进行更为频密的安全博弈。因此，海陆复合型大国的地缘安全战略往往会在"海防"与"塞防"之间进行微妙而艰难的政治博弈。

地缘类属身份的认知影响一个国家的安全认知偏好，安全认知偏好决定了其安全战略选择，并进而影响一个地缘政治大国的崛起成败。巨大的水体阻隔效应与战略缓冲空间不仅在安全认知层面使海洋型地缘政

[①] John J. Mearsheimer, "The Tragedy of Great Power Politics", *Foreign Affairs*, June 2001, p.93.

治大国存在着可观的安全剩余和对冲风险的"海绵效应",同时也对其安全手段的选取产生了根本性影响,即海洋型地缘政治大国往往倾向于追求对海上空间的控制来确保自身的政治经济安全并发挥国际影响力。而海陆复合型地缘政治大国的安全战略不仅需要考虑来自海权国的战略封锁,同时也需要考虑同来自周边陆上强邻产生的战略碰撞。相比受制于巨大水体阻隔的有限的海上力量投送能力来讲,周边带有敌意的陆上强邻所产生的安全威胁对于海陆复合型地缘政治大国具有更加现实的紧迫性与重要性。因此,拥有巨大水体阻隔的大国往往有着先天追求海权的有利条件,拥有陆地强邻的地缘政治大国往往倾向于追求更为紧迫而现实的陆权战略。

同时,安全战略模式的选择进而会影响一个国家的崛起成败。如果鲸鱼放弃了海洋而选择同岸上的北极熊较量,那么结果是可想而知的。从"内因"角度讲,与国家地缘安全禀赋相一致的安全战略模式会最大限度地发挥一个国家基本实体自身所孕育的战略潜能,进而增加一国崛起成功的概率。而与国家地缘安全禀赋相背离的安全战略选择则不仅不会在战略上造就"扬长避短"的优势,反而会暴露自身的战略短板;从"外因"的联盟角度讲,基于"敌人的敌人是朋友"的基本逻辑可以发现:不同的联盟因素会直接影响崛起国所面临的体系结构性压力。"差色互补"的安全战略模式之间容易结成"错位发展"与"权力分治"的地缘政治联盟,而"同色竞争"的安全战略模式之间则因功能相近而更容易产生安全竞争与大国间的安全困境。

二 核心变量:安全模式选择与大国崛起成败

地缘类属身份既是大国基于先天资源禀赋而进行安全战略选择的原因,也是大国安全战略选择与能力塑造的一种政策结果。作为一种变量它有效地提供了一种基于海陆二维分析背景下因"地理磨损"原理而导致的权力隔空投送效能递减律,它的价值在于帮助我们理解相比同海权国之间的权力竞争,陆权国之间的权力竞争对安全本身有着更大的紧迫性与现实性。从理论上讲,海陆复合型地缘政治大国的安全战略选择不仅仅取决于地缘类属身份这个单一变量,同时也取决于它同周边陆权国之间权力结构的力量对比、身份角色的互信程度、战略模式的施动反馈以及联盟关系的分化重组。

崛起国安全战略选择的本质是在对战略环境和相对战略资源合理判定条件下,寻求以何种方式最大限度地在无政府状态下维系生存、扩展权力与彰显声望。这种对国际影响力的追求必然会受到体系霸权国在不同层面的关切甚至压制。因此,选择何种崛起战略会不同程度地决定崛起国所面临的体系结构性压力并进而影响到崛起成败。通过考察大国兴衰的历史可以发现:海陆复合型崛起大国在安全战略模式上大致可以分为"全球海权战略""区域陆权战略"与"区域/全球海陆并举战略"。不同的战略选择模式会在国际政治交互系统中获得不同程度的战略反馈,这种战略反馈以体系结构压力的形式并最终影响到海陆复合型地缘政治大国的崛起成败(参见表4-2)。

第一,通过研究历史上成功实现"全球海权"战略的海陆复合型国家葡萄牙、荷兰及"二战"后的美国可以发现:如果一个海陆复合型地缘政治大国周边没有对等的陆上强邻,或者存在实力对等的陆上强邻,但是二者之间已经建立起足够的身份认同与安全互信,那么这种具有稳固陆基的海陆复合型地缘政治大国就可能进一步产生追求全球海上力量拓展的充分动机并通过充足的可支配战略资源来实现"全球海权"战略模式。但是,如果不能享有稳固的陆基优势而片面地追求全球海权,其获得的权力将会像被举起的安泰俄斯(Antaeus)一样空洞而脆弱[1]。稳定的陆基资源是提供海权国源源不断远洋力量的根源。如果一个海陆复合型国家在尚未获得充分的陆地安全剩余的前提下去单方面扩展全球海权,那么其大国崛起的进程也将很可能是历史长河中的昙花一现。

西班牙帝国的海上力量衰落后,荷兰人拾起了西班牙人掉进海洋中的三叉戟。作为一个伴随1648年《威斯特伐利亚和约》而诞生的欧陆低地国家,荷兰既面临着哈布斯堡家族控制的神圣罗马帝国、西班牙、北意大利和法朗奇康德区(Franche Comte)的强大压力,也面临着来自波旁王朝

---

[1] 在古希腊神话中,安泰俄斯是大地女神盖亚和海神波塞冬的儿子,力大无穷,而且只要他保持与大地的接触,他就可以从他的母亲那里持续获取无限的力量。当希腊神话中最伟大的英雄赫拉克勒斯经过利比亚时,他发现了安泰俄斯的秘密。在两人的战斗中,赫拉克勒斯将安泰俄斯举到空中使其无法从盖亚那里获取力量,最后把他扼死了。

控制下法兰西帝国的虎视眈眈。长久以来，学界许多人认为荷兰海洋霸权的衰落源于三次英荷战争。但事实上，1652—1674年之间的三次英荷战争并没有击垮荷兰人的海上军事能力——反而是荷兰人在三次英荷海战中取得了后面两场海战的胜利，其结果仅仅是荷兰人被迫承认了英国享有与荷兰对等的海上权力。真正击败荷兰海权并将荷兰变成二流列强的是在"英荷战争"期间同时爆发的"法荷战争"。这场陆地较量中的荷兰就像是一头搁浅在岸上的鲸鱼，它在陆地上同雄狮一样的法兰西进行对决的结果是可想而知的。长久以来荷兰人在海上积攒的巨大优势在对抗路易十四的陆地战争中根本无法转化为有效的国家安全能量。反而因为陆权的缺失而使国家安全与国民财富遭到了毁灭性打击。作为一个海陆复合型国家，陆上力量的缺失成了荷兰人崛起进程中的阿喀琉斯之踵。荷兰虽然成功实现了"全球海权"战略的大国崛起，但由于陆基力量的脆弱，片面追求海权使其与同时代基本实体强大的英法等国在地缘战略竞争中难以持续。荷兰人崛起于海洋，但荷兰霸权的衰落却来自于永远无法被隔离的陆地强邻的战略威慑。

第二，如果一个海陆复合型地缘政治大国周边存在着实力相匹敌的陆上强邻，并且二者之间存在着基于历史记忆与现实矛盾交织而导致的战略互疑与安全困境，那么——基于现实性与紧迫性的双重考量——海陆复合型崛起大国的地缘战略布局重点就应该倾向于将有限战略资源投放到稳固陆基层面的"区域陆权"模式。追求"区域陆权"模式的海陆复合型地缘政治大国主要有哈布斯堡家族（House of Habsburg）治下的奥地利、霍亨索伦家族（House of Hohenzollern）治下的普鲁士、俾斯麦（Bismarck）执政时期的德意志第二帝国、1939年以前寻求英法绥靖政策的纳粹德国以及沙皇俄国等。由于海洋的阻隔因素使得权力的投送效能存在着基于"地理磨损原理"而产生的梯度递减问题，因此，陆权优势的一个普遍特征就是带有明显的大陆区域性。历史上没有任何一个大国能够在所有陆地上建立起全球性陆权优势。

追求"区域陆权"模式的国家虽然兼具海陆两栖地缘政治属性，但是来自周边陆上强邻的地缘安全压力在现实性与紧迫性上使得上述国家不愿或难以分配出更多的战略资源去追求海上霸权，而是选择通过承认海上霸权国权威以换取安全"搭车"或主动与海上霸权国"结盟"方式来维护国家安全。由于该崛起战略主动或被迫放弃了对海上霸权及其联盟体系挑战的意图与能力。这就等同于承认海上霸权国作为海上安全公共产品的最大供给者和国际社会成员间海上纠纷的仲裁人。在这种典型"功能分化"与"权力分治"的"维也纳体系"模式下,所有的海陆复合型国家都可以将有限的资源专注于维护欧陆均势或追求陆上优势。陆上均势能够通过联盟的分化组合实现各大国之间安全的动态平衡,陆上优势的获得往往是通过海陆复合型地缘政治大国与海上霸主结盟而实现的,这包括普鲁士在普法战争前积极争取英国的友谊中立。值得注意的一个现象是,纵观近400年国际关系史可以发现,凡是同海权国结盟的陆权国在"区域陆权"竞争中即便没有赢得全面胜利,至少也会取得平局的结果。而那些背负海陆两线巨大战略负担的崛起国,则可能因有限的战略资源与无限的安全困境之间的矛盾而面临被联合扼杀的命运。

第三,如果一个尚存在陆上地缘安全竞争的海陆复合型地缘政治大国将追求"区域陆权"优势与"全球海权"优势两种战略冶于一炉,并在此基础上试图建立起全球性霸权秩序体系,则该种战略可以被称为"区域/全球海陆并举"模式。追求"海陆并举"战略的国家需要面临战略资源的有限性与来自海陆两个层面的地缘战略竞争需求无限性之间所产生的选择困境。一方面,这一战略可能导致崛起国同海上霸权国及其全球联盟陷入昂贵的海上军备竞赛;另一方面,也可能导致它同周边陆上邻国间陷入陆权竞争与安全困境。尤其是在"敌人的敌人是朋友"的逻辑下出现基于共有威胁而结盟之时,该项战略实施国可能将同时背负海陆两线的战略负担。例如,在西班牙王位继承战争中,路易十四(Louis XIV)就因为既面临着同英西联盟的海上压力,也面临着来自哈布斯堡家族的陆上进攻,而在追求霸权的道路上被迫终止;拿破仑帝国(Napoleon Empire)时期同样既面临着陆上俄普奥随时可能掀起的联合"造反",也面临着来自反法联盟组织者英国在海上的持续围堵与打压;其中,以"一战"前威廉二世(William Ⅱ)统治下的德意志第二帝国在海军元帅铁毕子与陆军元帅施里芬对国家安全的海陆优先性之争最为明显。同彼时德国糟糕的地缘环境相比更加不幸的是,德皇试图将现实的陆权困境与想象的海权梦想打包解决。他改变了俾斯麦推行了近三十年之久的欧洲大陆"区域陆权"战略,转而推行了"区域/全球海陆并举模式",即同时追求欧洲大陆的"区域霸

第四章　同色竞争与差色互补:"海陆并举"思维引发的战略反噬　　89

权"和"全球海上霸权"。

　　"海陆并举"战略对尚处于崛起进程中的德国来讲无疑是一种化友为敌、引火烧身与自拆台脚的战略构想。一方面,陆军元帅施里芬和他的将军们为国家安全构建提出了著名的"施里芬计划",即未来德国最大的安全风险来自于法俄东西两线的陆上夹击。国家安全战略应优先加强陆军规模建设,并利用俄国动员效率低的特点采取"先西后东"的战略争取陆权优势。同时认为:"在海军政策上,我要问的不是海军应有多大,而是应有多小。我们能够建造德国、特别是皇帝所要的那么多军舰之前,必定就会给自己招致一场非打不可的战争。"[1] 另一方面,海军元帅铁毕子和他的将军们对国家安全构建提出了著名的"风险理论",即认为建立强大的并可以威慑英国的"公海舰队"不仅能够使英国不敢攻击德国,同时还能够使德国成为更具吸引力的盟友。[2] 不幸的是,英国海军部并没有得出铁毕子一厢情愿的期望的结论,而是得出了截然相反的结论。[3] 1902 年 10 月,英国海军部注意到"德国舰队巡航距离很短,推测是专门设计未来针对英国备战的。他们采取的政策是在北海建立海军基地……事实上,德国'庞大海军计划'使英国离开德国,并转而寻求同自己在殖民地问题上的对手法国和近东对手俄国人达成谅解"[4]。如果法国是德国不共戴天的宿敌,俄罗斯是一个危险的邻居,那么英国本该是德国天然的盟友。但正是德国试图对英国海上霸权的挑战,使德国最终不得不面对一个被自己战略挤压到一起的英法俄三国协约。

　　战略目标与战略资源之间的差距构成了国家根本的战略风险。威廉二世主导下的德意志第二帝国根本的战略风险正来自于权力的过度伸展。追求"区域陆地霸权"和"全球海上霸权"的"海陆并举"模式,构成了 20 世纪初德国国防开支大涨的根本原因。"1901—1903 年,德国海军占国防开支的 20% ,1907—1909 年这一比重上升至 25% ,到了 1911 年

---

[1]　A. J. P. Taylor, *The Struggle for Mastery in Europe*, 1848 – 1918, London: Oxford University Press, 1963, pp. 328 – 329.

[2]　Alfred Von Tirpitz, *Erinnerungen*, Books on Demand, 2012, p. 51.

[3]　时殷弘:《现当代国际关系史》,中国人民大学出版社 2006 年版,第 151 页。

[4]　Amelia Hadfield-Amkhan, *British Foreign Policy*, *National Identity*, *and Neoclassical Realism*, Rowman & Littlefield Publishers, 2010, p. 98.

急剧攀升至54.8%。到了1912年,德国不得不宣布削减海军建设预算。"① 自1897年"庞大海军计划"以降,德国举国进入疯狂的造舰狂潮之中。"仅在1907年,用于海军造舰的费用就高达291000万马克。1897到1914年间,德国海军因造舰费用增加而欠下了104070万马克的债务。"② 持续高昂的军费负债已经让德国看不到同英国海军竞赛的任何前景。由于英国只需致力于维持对德海上优势,因此,它的国防开支要比对手少得多,而德国还要维持庞大的陆军开支。

表4-2　　　海陆复合型地缘政治大国安全模式选择与崛起压力

安全模式	代表样本	海权投入	陆权压力	整体安全压力	战略效果
区域陆权模式	俾斯麦;希特勒(1932—1939年)	低	大	低	单一陆权压力(较好)
海陆并举模式	腓力二世;拿破仑;尼古拉一世;威廉二世	高	大	最大	海陆两线压力(最差)
全球海权模式	荷兰;葡萄牙;美国	高	美、葡小;荷兰大	美、葡小;荷兰大	美葡单一海权压力(较好);荷兰海陆双重压力(较差)

表4-2由作者总结自制。

通过对"海陆并举战略"模式的研究可以发现地缘战略中存在着一个显著的"不可能三角"。什么是不可能三角呢?这个"三元悖论"的灵感来源于获得诺贝尔经济学奖的"蒙代尔不可能三角"。罗伯特·蒙代尔(Roberta Mundell)在20世纪60年代曾提出过"一个国家的货币政策独立性、资本自由流动与汇率稳定这三个政策目标不可能同时达到。美国经济学家保罗·克鲁格曼(Paul Krugman)依据上述原理在1999年总结出其称之为"永恒的三角形"的内在关系。在"不可能三角"中,a顶点表示选

---

① Peter Christian Witt, *Die Finanzpolitik des Deutschen Reiches von 1903 – 1913*, Historische Studien, 1975, pp. 380 – 381. David Stevenson, *Armaments and the Coming of War: Europe 1904 – 1914*, Oxford: Clarendon Press, 1996, p. 18. Holger H. Herwig, "Luxury Fleet": *The Imperial German Navy, 1888 – 1918*, New York: Routledge, 2014, p. 75.

② Holger H. Herwig, "Luxury Fleet": *The Imperial German Navy, 1888 – 1918*, New York: Routledge, 2014, p. 61.

择货币政策自主权，b 顶点表示选择固定汇率，c 顶点表示资本自由流动。这三个目标之间不可调和，最多只能实现其中的两个，也就是实现三角形一边的两个目标就必然远离另外一个顶点。在我们生活中存在着大量类似的三元悖论。比如，一个学生在"a 好的学习成绩""b 好的社交圈子"与"c 好的睡眠质量"之间也存在着最多满足两个的"不可能三角"关系。放弃追求成本高昂的"海陆并举模式"源于崛起国在"获得海权支配地位""攫取陆权支配地位"和"成功实现大国崛起"之间可能也存在着最多只能实现两个的类似"不可能三角"关系。

三 干涉变量：同盟关系与崛起成败

为什么同样缺乏稳定的陆基权力资源，并且同样追求"全球海权"的荷兰被身边的陆权霸主法国摧毁，而葡萄牙却没有被身边的陆权霸主西班牙摧毁？[1] 为什么在争夺"区域陆权"优势博弈中，主动同海权霸主结盟抑或是选择海权"搭车"的国家绝大多数取得了战略优势或至少取得平手？陆基力量发展不充分的海权国在"区域陆权"竞争的大国博弈中究竟充当着怎样的战略角色？

在争夺"区域陆权"优势的战略大棋局中，海权国的战略价值并不体现在其能够提供强大的陆上军事力量。正如当人们询问俾斯麦如果英国军队在德国海滩登陆他将如何应对时，俾斯麦饶有兴趣地回答道："我会叫当地的警察把他们都抓起来"[2]。但是海权国却拥有足够的军事力量使原本势均力敌的陆权大国间的平衡发生倾覆，同时它还能够充当参与长期消耗战的陆权国盟友——战略天平中的托盘角色——实现全球资源配置的大质量强磁砝码。布莱恩·沙利文（Brian Sullivan）将其称为"起决定作用的

---

[1] "英葡同盟"是当今世界上最古老且至今仍然有效的军事同盟。签署于1373年的《英葡条约》由英格兰国王爱德华三世和葡萄牙国王斐迪南一世签订。该条约在600多年里被两国多次确认重申，除在伊比利亚联盟时期（1580—1640年）暂时失效——当时葡萄牙国王战死，西班牙国王以前国王外孙的名义兼任葡萄牙国王实现王朝联合。其后，随着葡萄牙恢复独立，该条约在针对拿破仑战争（半岛战争）时期得到加强。同荷兰在1672—1678年同时与陆上霸主路易十四进行"法荷战争"与海上挑战者英国进行"第三次英荷战争"不同，葡萄牙因与英国的结盟关系并没有遭受强邻西班牙的军事侵略。

[2] Paul M. Kennedy, *The Rise and Fall of British Naval Mastery*, London: Macmillan, 1983, p. 201.

战略"(the strategy of the decisive weight)①。

对于这一角色掌控最好的就是历史上的海权霸主英国。"我支持谁，谁就会胜利"② 这句源于亨利八世（Henry Ⅷ）的经典名言很好地诠释了战略"助攻手"在欧洲权力天平中的价值。亨利八世还让宫廷画师为他绘制了一幅油画：他右手拿着一个不偏不倚的天平，天平一端是法兰西，另一端是奥地利；左手拿一砝码，准备随时投放到天平的任意一端。在伊丽莎白（Elizabeth）女王时期，人们普遍认为："西班牙和法兰西就像欧洲天平的两端，而英国则是天平的指针或支架。"③ 1624 年，法国的一本小册子请求雅各布（Jacob）国王将伊丽莎白女王和亨利八世作为光辉的楷模。因为"他们非常高明地在势均力敌的皇帝查理五世（Charles Ⅴ）和国王弗朗西斯（Francis）之间扮演着裁决者的角色。让双方既怕他又恭维他，并争相获得他的友谊"④。

海权国最大的战略优势在于享有制海权一方可以通过"远洋打击"与"近岸封锁"遏制敌对同盟获得海外资源的可能，并有效打击敌对国家孤悬海外、鞭长莫及的战略基地。同时，海权国能够在长期的陆权消耗战中通过控制国际航道通行，进而决定区域外战略资源的流向与配置。因此，海权可以被视为"区域陆权"竞争中最大的战略"助攻手"。

在第一次世界大战时期，海权霸主英国及其海权盟友日本对德国多年来苦心经营的海外殖民地与军事基地进行逐个摧毁。开战后，日本援引《英日同盟》条约中的参战义务，进攻并清除太平洋地区赤道以北的德国海外军事基地——包括中国青岛的胶州湾，英国负责清除赤道以南的德国海外军事基地。在大西洋战场上，号称全球第二的德国海军在日德兰大海战中因无法取得与英国旗鼓相当的制海权而躲藏在基尔军港——海军作为远洋打击和对敌人近岸封锁的军事手段却需要躲藏在自己陆基力量的羽翼

---

① Brian Sullivan, "The Strategy of the Decisive Weight: Italy, 1882 – 1922", *The Making of Strategy: Rulers, States, and War*, Cambridge: Cambridge University Press, 1994, pp. 307 – 351.

② William Camden, *Annales of the History of the Most Renowned and Victorious Princesse Elizabeth, Late Queen of England*, London: Benjamin Fisher, 1635, p. 196.

③ William Camden, *Annales of the History of the Most Renowned and Victorious Princesse Elizabeth, Late Queen of England*, London: Benjamin Fisher, 1635, p. 196.

④ William Camden, *Annales of the History of the Most Renowned and Victorious Princesse Elizabeth, Late Queen of England*, London: Benjamin Fisher, 1635, p. 196.

下得以保全——直到战败也没有勇气大规模再次出海迎战英国皇家海军。从荷兰人在反抗西班牙的独立战争中（1572—1609 年）首创对敌"近岸封锁"以降，海权国对陆权国在长期消耗战中获取全球资源配置问题上就一直拥有更加灵活的战略优势。在英法七年战争和拿破仑战争中，英国通过对法国实行封锁切断了其与其他大陆的一切联系，同时也使得其孤悬海外的殖民地尽数遭到摧毁。

　　纵观近 400 年国际关系结盟争霸史可以发现三点重要的战略启示。第一，在"海陆复合型"地缘政治大国竞争中能够率先主动与海权国结盟的一方绝大多数能够取得最后的成功。而同时需要进行"海陆两线并反"的两栖地缘政治大国要么像 20 世纪 70 年代中国调整并放弃了之前实行的"美苏并反"战略，而选择联合海权霸主美国来反哺陆基安全；要么则可能因长期巨大的两线战略负担而在争夺"区域陆权"的消耗战中逐渐走向彻底的失败（参见表 4-3）。第二，在"海陆空天网"五维地缘政治互动的时代，海上军力对抗早已不是"杀敌一千，自损八百"的消耗战，而更可能是"十年一剑，一朝沉浮"的决战模式。制海权问题上的较量很难依靠"持久战"或"游击战"的思维方式，而是开始就预示着决战。从拉·霍格大海战到特拉法加大海战，从日德兰大海战到中途岛海战都清晰地表明：如果不能取得与海权霸主对等的实力，那么即便拥有全球第二的海上军事力量，在同海权霸主及其全球联盟体系的对抗中也是无济于事的。第三，衰落的霸权国在意识到自身丧失霸主地位后往往转而在战略上愿意依附新的霸主借以"调控衰落"，而霸权的联盟者则可能成为第二霸权者或潜在的霸权者。例如，丧失霸主地位的西班牙沦落到依靠曾经的对手法国的地步，在《家族公约》之下成为波旁王朝最坚定的盟友；荷兰在同路易十四法国交战后开启了英荷联盟，从而变成了腓特烈大帝（Frederick the Great）所形容的"依靠英国军舰牵引的船台"[1]。英国在两次世界大战后平静地接受了失去霸权的现实，转而积极追随美国的领导。需要注意的是，在多极均势环境下对"区域陆权"的战略选择不仅取决于海陆复合型地缘政治大国的主观意愿，同时也受到来自海权国所偏好的"离岸平衡手"战略的影响。只有当两种

---

[1]　Martin Wight, *Power Politics*, London：Royal Institute of International Affairs, 2002, p. 127.

战略选择达成共识的时候，海权国才会确定自身的站队。因此，如何能够获得海权联盟的支持或至少争取海权国在"区域陆权"竞争中的"友谊中立"成为本章下一部分重点探讨的问题。

表4-3　　　　　同盟关系选择对"区域陆权"竞争的影响

时间	国家A	国家B	海权结盟者	区域陆权结果
三十年战争	波旁王朝	哈布斯堡家族	A	A胜
西班牙王位继承战争	哈布斯堡家族	波旁王朝	A	平局
七年战争	普鲁士	法奥（俄）	A	平局
拿破仑战争	俄普奥	法国	A	A胜
克里米亚战争	拿破仑三世	俄国	A	A胜
普法战争	普鲁士	拿破仑三世	A	A胜
第一次世界大战	法俄意	德奥土	A	A胜
第二次世界大战	中法苏	德意日	A	A胜
"冷战"	西欧+中国	东欧+苏联	A	平局

表4-3由作者总结自制。

长久以来，国际战略学关于海陆复合型地缘政治大国"海防"与"塞防"优先性问题存在着一个认知上的误区，即是否可以将"海陆并举"战略在时空两个维度上分步加以实现。根据安全要素的紧迫性与重要性原则，以"先陆后海"的方式在稳定陆基的前提下，再逐步追求从近岸防卫的"黄水战略"到远洋威慑的"蓝水战略"，最终实现"海陆并举"的战略构想。这种观点在路易十四取得对荷兰胜利后、拿破仑在取得对西欧诸国胜利后、沙皇俄国取得对拿破仑战争胜利后、威廉二世取得对法俄优势后都曾出现在那些意气风发、顾盼自雄的胜利者们的案头。包括希特勒在一系列战略讹诈[①]成功后也预言，他将在有生之年取得欧洲大陆的胜利，

[①] 希特勒的战略讹诈常常表现出反其道地利用欧洲政治家们的理性相符原则，打造出一个"人格与精神极度不稳定"的人设。例如，在同奥地利总理库尔特·冯·许士尼格（Kurt von Schuschnigg）会谈时，希特勒威胁说如果他拒绝签署协定或没有在三天内执行部分内容，那么德国就将入侵奥地利。当许士尼格表示他想签，但是无法签署，因为奥地利有宪法时，希特勒怒气冲天，似乎超出了理性的极限。他猛然开门并要求许士尼格退场。同时大吼大叫地召唤凯尔特将军。当凯尔特将军急忙跑来问希特勒有何指示的时候，他露齿而笑说，没有指示，我就是想让你来这儿。这样的系列"表演"对于权力优势方实施战略讹诈特别有效。参见［美］罗伯特·杰维斯《信号与欺骗：国际关系中的形象逻辑》，徐进译，中央编译出版社2017年版，第34—38页。

而之后的德意志人将与美国人进行最后的海上决战。历史上许多崛起的海陆复合型地缘政治大国都梦想着在无政府状态下建立起一个由自己意志支配与领导的全球秩序体系。

从事实上讲,"先陆后海"战略构想的误区在于,这种观点将事实的原因与结果在逻辑上弄反了。这就像月亮之所以有光亮,是因为它反射了太阳的光芒。但如果有一天月亮想要证明自己也是一颗能够发光的璀璨恒星而赶走了太阳,那么最终它将会发现原来自己一无所有。海陆复合型大国能够获得"区域陆权"优势的根本原因是在它崛起进程中审慎地处理了与海上霸权国之间的关系,通过"推卸责任"与"海权搭车",甚至同海权国结盟来避免出现一个反对自己的"海陆联姻"。尤其是在主权零死亡时代,当你无法永远彻底消灭一个地缘战略对手之时,与海权霸主构筑权力联姻是攫取与护持"区域陆权"的根基,而面对一个海上霸主的长期敌对,则是"区域陆权"不稳定与溃散的根源。

综上所述,"以海补陆"战略是海陆复合型地缘政治大国获得"区域陆权"战略的稳定器与压舱石;"先陆后海"则会因失去海权盟友的战略支撑而使国家最终陷入"海陆并反"的两线战略困境之中。黎塞留(Richelieu)与马扎然时代法兰西的崛起在于三十年战争期间积极同英国与荷兰等新教国家结成了反天主教哈布斯堡家族的同盟;俾斯麦在三次统一战争中积极争取海上霸主英国的友谊中立;从路易十六到拿破仑帝国由于长期存在着英国组织的反法联盟而不得不长期维系"军事动员机制",并慢慢耗尽国家的财富与元气。而俄国——除了在克里米亚战争中败给了英法联盟和日俄战争中败给了英国盟友日本——则每每在最关键的时刻站在海权联盟一边,从而保持其战略上的优势。在中苏关系破裂后,由于中国奉行"美苏并反"战略,使得国家在战略上面临异常艰难的两线压力;而随着中美20世纪七八十年代准盟关系的确立,苏联的陆基权力则进入了一个不稳定的压力期。"冷战"后,虽然中美之间结束了准盟关系,但是中国长期奉行"决不当头"的"海权搭车"与"安全推责"战略使得中美之间的关系维持在一个可控的范围内,确保了国家陆基战略的稳定。在一定程度上可以认为:中国陆基战略的稳定——包括中越关系、中印关系或中苏关系——不是中美关系良性动态发展的前提,而是自20世纪70年代以来中美关系良性发展的一个自然结果。正是因为毛泽东、邓小平等老一代战略家的英明卓见,才为中国在"区域陆权"战略的逐步崛起营造了良好的周边安全环境。

马丁·怀特认为:"基于思想信仰与意识形态而形成的联盟不出两代人的时间总是要让位于更加现实的国家安全利益考量。"① 而基于共同威胁认知而产生的安全利益共识是国家间实现缔结同盟与维系同盟意愿的根本原因。这种"我不反对同魔鬼做交易,也不介意向上帝开一枪。决定我同魔鬼做交易还是向上帝开一枪的根本在于国家利益"的理性远远凌驾于虚无缥缈的、作为赤裸裸的权力外衣的意识形态。权力仅仅是一种手段,其根本目的是获得无政府状态下的国家安全。长久以来,结构现实主义者们对于海权国参与陆权博弈的"离岸平衡手"战略存在着一种错误的认知,即认为海权国参与"区域陆权"竞争的根本动机在于制衡权力。但意图决定论推演出的威胁制衡理论认为:"海权国参与制衡的根本逻辑不仅是依据权力结构大小这样简单——这样就会人为地将国际关系理论降格为简单而又粗糙的国家间军力与财富排名或国际政治福布斯名单——而是更关切带有威胁意图的权力本身。"② 正如一柄宝剑,既可以为善,也可以为恶,关键在于握剑的手。

对于拥有巨大水体阻隔的海权国来讲,其最大的安全利益与风险均只能来自海上。在势均力敌的海陆复合型地缘政治大国之间争夺"区域陆权"的制衡游戏中,护持"全球海权"的国家更在意哪一方对其海上霸主地位与现有秩序框架最具挑战意图。需要补充的是,如果势均力敌的两个海陆复合型地缘政治大国均基于安全威胁认知的紧迫性而选择了"区域陆权"战略,那么对于意图判断才会让位于对于权力结构本身的简单关注。因此,在两个或两个以上追求"差色战略"模式的国家间,最易争取海权国结盟的一方就是专注于"区域陆权"的国家,其次才是在两个均奉行"同色战略"模式的大国中间,依据权力均衡原则与较强陆权国的区域竞争对手成为伙伴。

此外,海陆复合型崛起大国在地缘安全战略上的另一个认知误区在于偏执地认为:"如果不能掌握重要海域的制海权,则国家在全球化进程中的海上生命线就有被扼杀的风险。因此,国家应当大力发展海上军事力量

---

① Martin Wight, *Power Politics*, London: Royal Institute of International Affairs, 2002, p. 93.
② Stephen M. Walt, *The Origins of Alliances*, Ithaca: Cornell University Press, 1990, p. 30.

确保本国海上生命线的畅通。"① 这种古典现实主义理论推演出的"安全自助"逻辑存在着三大值得商榷之处。

第一，和平时期，海上安全从来都无法依靠单一国家的有限力量加以实时全覆盖。在没有爆发大规模海上冲突的前提下，全球海上航线的安全一直是由海上霸权国及其联盟体系采用多边"合作安全"的方式加以维系，这并不排斥任何主权国家参与其中并承担提供安全公共产品的责任。例如，索马里全球反海盗护航。第二，如果无法构建起全球海权联盟体系，那么一旦爆发大规模海上冲突，孤悬海外的战略支点究竟是战略资产，还是远离本土、前沿质押的战略负担？例如，"一战"前，追求"海陆并举"战略的德国在遥远的太平洋地区的胶州湾、加罗林群岛、马里亚纳群岛、马绍尔群岛建立了众多海外军事基地。当战争爆发后，这些零星孤悬海外的军事基地不但没有成为德国"公海舰队"重要的战略支撑点，反而成了国家权力资源分散的战略负担。在"洲级大国时代"，权力象征意义更大的零星海外军事基地或港口如果不能形成有效的战略网络体系，那么其海上军事效能将在战争爆发初期就会面临被完全抹掉的风险。第三，海上安全航线是一个立体运输网络，其安全威胁可能来自于航线中任何一个薄弱节点，因此，寄希望于仅仅规避或掌控某些重要的海峡或海域是无法确保立体运输网络安全的。例如，即便是控制了马六甲海峡或开辟了克拉地峡从而绕过了马六甲海峡的封锁，假若从波斯湾运出的油轮在浩瀚的印度洋航线被享有全球制海权的海上霸权及其联盟体系截击该怎么办？

海权与陆权之间能否像狮子与鲸鱼一样，各自满足所享有的地缘战略优势呢？从事实上讲，追求权力不是国家积极参与国际政治的目的，而是在无政府状态下实现安全目的的手段。不论是追求"全球海权"，还是追求"区域陆权"都是在无政府状态下主要国际行为体之间寻求自身安全，进而构建秩序的一种手段。角色与功能相近的"同色战略"容易导致寻求优势的竞争关系，角色与功能互补的"差色战略"容易诱发基于禀赋的合

---

① 南琳：《第一届中国海权战略与国家安全学术研讨会综述》，《国际观察》2013 年第 2 期。倪乐雄：《中国海权战略的当代转型与威慑作用》，《国际观察》2012 年第 4 期。侯昂妤：《中国"海上生命线"面临安全威胁日益突出》，《解放军报》2014 年 9 月 30 日。张洁：《海上通道安全与中国战略支点的构建——兼谈 21 世纪海上丝绸之路建设的安全考量》，《国际安全研究》2015 年第 2 期。

作关系。对于海陆复合型地缘政治大国来讲，专注于"区域陆权"优势的追求——并通过海权"推责"或"搭车"将自身海上力量的发展实行有限的自我约束，以此表明对海权国享有制海权优势的认可——有助于降低海权国对其实施"离岸平衡手"战略的风险与压力。

俾斯麦执政时期，德国对自身的战略定位仅仅局限在欧陆"区域霸权"层次。一方面，他鼓励法国积极扩张海外殖民，并成为英国最大的殖民对手；另一方面，转移俄罗斯在欧洲的注意力，鼓励其在近东和远东等地扩张，间接地增加了俄国与英日等国的矛盾。希特勒在崛起的时候也注意到了德国作为海陆复合型大国的两栖地缘政治困境。为了避免重蹈威廉二世时期"海陆并举"的两线战略覆辙，希特勒主张把德国优先建成一个像美国一样的从大西洋沿岸一直到乌拉尔山地区的欧洲大平原帝国。同时，为了避免刺激到海权霸主英国敏感的神经，纳粹德国主动地通过《英德海军协定》，即德国海军舰艇总吨位不超过英联邦国家海军舰艇总吨位的35%，在潜艇方面不超过英联邦国家海军潜艇总吨位的45%，借以争取英法在其崛起进程初期的绥靖政策。

对于海陆复合型崛起大国来讲，以相对权力界定国家需求并审慎地对利益边界进行约束——追求"区域陆权"优势和有限的海上力量，并将海上安全战略主动嵌入到海上霸权国主导下的秩序框架之中——的功能性区分方式有助于同海权国建立起基于海陆权力禀赋而产生的"分治互补"性同盟。其本质上讲就是追求"区域陆权"的陆权国与追求"离岸平衡手"的海权国之间的相互借重。相反，一个追求"海陆并举"战略的海陆复合型地缘政治大国则不仅需要承担追求"区域陆权"的战略压力，同时也要参与追求"全球海权"的战略竞争，而难以实现功能的"分担"与权力的"分治"。

博尔丁（Boulding）认为："在自我约束的互动中，大国间友好印象是可以被建构的，因为关于友谊的知觉也可能成为自我实现的预言。"[①] 在政策与战略的对外展现中，一味地咄咄逼人或强调令人琢磨不定的诡秘与变化无常，其结果往往是有违初衷的。正如沃特豪斯（Waterhouse）名画《尤利西斯与塞壬》（Ulysses and the Sirens）中尤利西斯为了避免来自塞壬

[①] K. E. Boulding, "National Images and International Systems", *The Journal of Conflict Resolution*, 1959, p. 127.

的危险而主动地将自己束缚在桅杆上一样。有的时候——对于崛起国来讲——把自己某些方面束缚起来往往能够获得更大的自由与安全。将"海陆共治"的梦想冶于一炉的代价就是其战略目标因陷入两线制衡而严重脱离国家权力根基。这样的权力就像水中的涟漪，无限地扩张自己，最终必然消失在无限里。正如苏联海权之路的终结源于其对海权与海洋战略认识定位的偏差，这种对海陆绝对安全理念的痴迷不断地透支着苏联的基本国力，不仅无助于国家周边安全情势的缓解，反而给自身的崛起带来了海陆两线的战略压力。

四 本章小结

本章以海陆复合型地缘政治大国的"战略选择"为自变量，以"海陆联盟"为干涉变量，以崛起国所面对的"崛起压力"为因变量进行研究。通过揭示"全球海权""区域陆权"和"区域/全球海陆并举"三种安全战略模式对海陆复合型地缘政治大国在崛起进程中的内在效用及其作用机制可以发现：第一，如果一个崛起大国仅奉行"区域陆权"战略，那么它将因威胁的最小化原则而比追求"全球海权战略"或"区域/全球海陆并举战略"的国家更能获得海权国的结盟青睐或战略绥靖，并可能在势均力敌的"区域陆权"博弈中更大限度地集中优势资源获得战略优势；第二，如果一个拥有稳定陆基权力——可以像葡萄牙通过与英国缔结百年同盟或像美国本身享有天然优越的地缘战略环境——的崛起大国奉行"全球海权战略"，那么它将有可能在集中优势战略资源的背景下成为新兴的海上强国；第三，缺乏稳定陆基权力资源的"海权之路"犹如无源之水或无本之木。如果一个海陆复合型地缘政治大国在缺乏稳定的陆基权力依托前提下单纯地去追求"全球海权战略"，它将像荷兰一样面临陆地邻国的更为现实而紧迫的安全压力，最终也难以长期护持海上优势；第四，如果一个海陆复合型地缘政治大国既追求"区域陆权"战略，同时也追求"全球海权"战略，这种"海陆并举"的两栖战略将像历史上的西班牙帝国、拿破仑帝国、克里米亚（Crimea）战争前的俄国或威廉德国一样，因背负海陆两线的战略负担而造就出国际关系史上一个又一个反对自身的海陆权力联姻。

判断一个民族是否拥有成熟的政治思维的一个重要标志就是观察其在成就面前是否拥有冷静的耐心与充足的节制力。贪婪地攫取一切权力资源的行为就像傻瓜手中的金子一样，不仅办不成事，反而坏事。"海陆并举"的两栖战略既与陆上邻国构成竞争性的"同色战略"，也与海权国构成竞争性的"同色战略"，因而它更可能是一种"化友为敌"的战略。它会产生一种"逆火效应"，即朝着它前进的运动会产生一种阻止其前进的反作用力，越是强势地追求这种海陆权势，形成的反制性同盟力量就会越大，[①] "冷战"期间的苏联人就曾经陷入这种"安全悖论"的恶性循环之中。由于受到强大的海陆战略围堵，苏联人投入了大量的资源来加强军事实力，但是他们越是试图通过动员巨大的权力资源来平抑这种地缘政治困境，就越感到是在强化包围他们联盟的利益认知与安全共识。

　　对于崛起国来讲，"吸收同化"所要付出的战略成本要远远低于"偏离常规"所付出的战略成本。短期内能够快速缩小与霸权国权力位差的崛起国一定是现有体系内最大的获益者。如果权力的天平是不断朝向崛起国一侧慢慢倾斜的，那么就没有必要过早地对现有的制度规范与秩序安排展现出颠覆者的姿态。大国崛起是一个水到渠成，实至名归的过程。如果一个崛起国奉行起码的理性原则，那么它就一定会清楚时间是站在它那一侧的。"一战"前，德国工业家胡戈·施廷内斯（Hu Ge Stinnes）表示："再给我们3年或4年的时间，德国将无可争议地成为欧洲政治和经济的主宰……我敢向大家保证，只要3年或4年的和平，德国就可以水到渠成地暗中主宰欧洲。"[②] 就在萨拉热窝事件的前一个星期，德国银行家瓦尔堡（Walbourg）表示："每当我的国家度过和平的一年，它就会变得更加强大。"[③]

　　"权力转移"并不意味着必然发生体系战争。它既包括在霸权国衰落后霸权的联盟者获得联盟内部英美式的权力禅让，也包括霸权的挑战者激

---

① Robert J. Art, "A Grand Strategy for America", *Foreign Affairs*, Vol. 82, No. 6, November/December 2003, p. 160.

② Heinrich Class, *Wider den Strom*, pp. 217 – 218. 转引自 Wolfgang J. Mommsen, *Imperial Germany 1867 – 1918: Politics, Culture, and Society in an Authoritarian State*, London: Hodder Education Group, 1995, pp. 84 – 88, quoten p. 91.

③ Lambert M. Surhone, Mariam T. Tennoe, Susan F. Henssonow, *War of Illusions*, New York: Betascript Publishing, 2010, pp. 657 – 658.

活英德式的争霸战争。纵观近代400多年的国际关系史可以发现，霸权的挑战者统统都在两败俱伤的体系战争中失败了，而霸权的联盟者成了潜在的霸权者或第二霸权者。对于海陆复合型崛起大国来讲，以差色互补的"区域陆权"战略取代同色竞争的"全球海权"战略更可能赢得海权霸主的结盟青睐与战略绥靖。同时，通过言行主动降低海权霸主对其安全威胁的感知，对于崛起进程中的海陆复合型地缘政治大国降低体系结构性压力有着重要的意义。不论是追求"区域陆权"战略，还是追求"全球海权"战略，与海权霸主结盟不仅是其获得持续稳定陆基权力的基础，同时也能够更好地将自身塑造成海权霸主"离岸平衡"、参与大陆均势的战略伙伴或海上霸权联盟体系中不可或缺的组成部分。

随着中国在亚太地区的崛起，中国的地缘安全战略也发生了更加积极地转变：从韬光养晦的"周线防卫"逐步转移到奋发有为的"要点突破"；从消极被动的"拒止战略"逐步过渡到积极主动的"对等威慑"；从"安全搭车与消费者"逐步过渡到"安全驾车与供给者"。评判当前中国地缘安全战略转型的根本依据在于是否能够更好地促进国家崛起的根本战略目标的实现，并具体体现在是否有利于规避与消弭中美新型大国关系中可能出现的"修昔底德陷阱"；是否有利于构建基于战略互信而形成的区域安全合作；是否有利于降低中国崛起的体系结构性压力。

中国崛起战略选择在根本上取决于中国的地缘安全环境。在"洲级大国时代"如果中国能够建立起长期稳固的陆基权力资源，那么它就可能像美国或葡萄牙崛起一样，追求"全球海权"战略模式；如果中国周边仍存在着安全竞争关系的其他地缘政治大国，那么中国最好的战略规划就是追求有限的"区域陆权"战略，并尽可能地成为海权霸主的盟友或至少在"区域陆权"优势竞争中获得海权霸主及其联盟体系的善意中立。

自近代以来，中国作为一个最典型的海陆复合型地缘政治大国一直存在着"海防"与"塞防"之间的安全战略选择与战略资源博弈问题。一方面，中国周边既存在着俄罗斯、印度等拥核"洲级大国"，也存在着东部半岛核扩散问题和西部"弥散式"跨国恐怖主义等非传统安全问题。尤其是中国与印度之间存在着广大陆地领土争端且短期内尚难以通过外交谈判达成共识。另一方面，在东海与南海地区同日本、越南、菲律宾、印度尼西亚和马来西亚等国存在着广大的海洋权益争端。自2008年奥巴马政府实行"亚太战略再平衡"以降，美国作为一个域外大国正在深度介入中国与周边国家之间的海洋安全博弈，使得本已错综复杂的亚太安全格局更加扑朔迷离。从地理毗邻性推出的战略紧迫性角度讲，作为一个独占一块地缘政治板块的区域地缘政治大国，中国所面临的传统与非传统安全压力更多地来自于陆上邻国而非海上。任何一个单独试图对中国这样一个独占一块地缘政治板块的国家的远洋登陆作战的海权国，都可能面临一场"敦刻尔克式的撤退"，以免自身重蹈"巴丹式的命运"。

因此，对于崛起的中国来讲，海权战略应从属于国家崛起之整体战略。中国的海洋战略布局的目的应该符合有利于降低中美战略互疑、减少同周边国家的安全困境，以及降低来自体系的结构性压力。在地区层面的地缘政治博弈中，地处域外且不存在领土诉求的衰落霸主仍可以起到"成事不足，败事有余"的角色。作为极其重要的战略砝码，美国对中国能否顺利实现和平崛起仍然起到至关重要的作用。在中国同俄罗斯达成边界领土谈判后，是否可以在此基础上寻求更大的海权战略呢？首先，我们不应忽视的前提就是中苏或中印关系的逐渐稳定正是源于20世纪中美之间反苏的战略结盟。中华人民共和国成立后的历史经验一再表明，中国获取持续稳定的陆基资源的前提是尽量避免同海上霸权国及其联盟体系爆发长期大规模的战略对抗。同时，如果单纯比较中美权力位差可以发现，中国处于尚可同单极霸权美国实现局部战略僵持的"崛起中段"；但是如果将中国与美国霸权联盟体系进行实力对比就可以发现，奉行"不结盟"政策的中国仍然在实力上略逊于美国的全球联盟体系。在这种情势下，奉行"区域陆权战略"，并将中国在体系中的角色与身份塑造成消极的海上安全"搭车者""建设者"或合作安全的"联盟者"往往比不假思索地坐实来自地缘政治竞争对手们无端指责——现有秩序的"潜在挑战者"与"秩序的破坏者"——更能够降低来自体系的安全压力。对于中国来讲，这一战略的实现需要克服日益增长的民族主义所带来的道德洁癖，从更加理性、务实和审慎的外交层面换取真正长远的国家战略收益。

公元前432年伯利克利（Pericles）在雅典的演讲今天看来对于我们仍

然适用:"我害怕的不是敌人的战略,而是我们自己的错误。"[1] 如果修昔底德(Thucydides)对伯罗奔尼撒战争史的描述揭示了缺乏自我克制及其引起的畏惧能够迅速催化国际体系进入"最坏假定"的现实主义逻辑,那么对修昔底德的"考古"则表明,这一过程是可以通过国家战略的自我约束而避免的,毕竟文明与智慧源于野蛮落后。自然,上述观点并不能保证成功,但是可能会增加大国崛起的成功机会。

---

[1] Thucydides, *History of the Peloponnesian War*, trans. Rex Warner, New York: Penguin Books, 1972, p. 22.

第五章　逆向战略：弱势海军何以制衡？
——对科贝特海上霸权护持战略的反向识读

一　问题的提出

从地缘政治理论的实践向度讲，如果说马汉的海权理论意味着呼吁美国海上霸权的兴起，那么科贝特的海权理论则代表着思索英国海上霸权的护持。随着"二战"后美国取代英国成为全球海上霸主，角色身份的变化导致其海上战略的指导原则逐渐从马汉式的攫取权力向科贝特式的护持霸权转化。该进程的第一阶段从1945年反法西斯胜利一直持续到1992年苏联解体。

"冷战"结束标志着美国一超独霸局面的确立。海陆两栖巨大权力优势导致其海上安全战略理念也逐渐出现了变化。20世纪90年代到21世纪初，科贝特海上战略原则在美国海军中一度呈现出淡化趋势。通过对1992年《由海向陆——锻造新世纪的美国海军》①和1994年《前沿存在——由海向陆》战略白皮书的解读可以发现，该阶段美国海上战略集中体现为"由海向陆"，即强调滨海威慑、前沿存在、支援陆空部队联合作战等特征。

2008年全球金融危机的持续发酵加速了体系权力格局的演变。尤其是2010年以来中国在亚太地区的强势崛起和中美权力位差的加速收窄，标志着"冷战"后"一超独霸"局面正在被"两超多强"取代。在海陆权力相对优势均不断流失的背景下，象征着根本性制海权的科贝特海上战略原则再次受到美国海军重视。通过对其2015年发布的《推进、参与、常备

---

① "From the Sea: Preparing the Naval Service for the 21st Century", *Global Security*, Washington, D. C., September 1992.

不懈：21 世纪海上力量合作战略》①和 2017 年明确提出的《水面部队战略：重返海洋控制》②两个重要文件的解读可以发现，在大国战略竞争重返国际安全核心议程背景下，新阶段美国海上安全战略将向着"重返制海"③、海权同盟体系联合作战、分布式杀伤等传统海上霸权理念回归。

知己知彼，胜乃不殆。知天知地，胜乃不穷。④对于科贝特海权思想的逆向解读将为中国海上力量反其道而行之提供有益借鉴。随着海洋强国战略的深入推进，当今中国已拥有亚洲地区最大的海军力量。中国海军的建设目标也从过去的"近岸防御"和"近海防御"向今天的"远海护卫"转变。海上力量"战略前出"的趋势——作为中美之间诸多层面权力转移的一个身影——不仅会打破"冷战"结束以来美国在亚太地区一超独霸的海权垄断地位，也与美国第二阶段的"前沿威慑"战略迎头相撞。在美国对双方海上力量结构进行充分权衡并提出"重返制海"战略后，其对遏制中国海上力量崛起的能力、意愿与态势也将与日渐隆。

近五年来，中国学界开始逐渐关注科贝特海权理论并试图从其中汲取对中国海权建设的有益经验。但从理论的适用性角度讲，科贝特海权理论不应被直接拿来作为指导中国海权建设的范本。这种围绕"诱导决战"的进攻性理论更适用于海权优势方，而非处于崛起进程中的海权次强国。倘若无法在战略目标（利益）与战略手段（权力）之间形成有效的匹配，这种因身份与时空错位而产生的削足适履与刻舟求剑式的生搬硬套——像是在一群饥民中宣传减肥的益处一样——会造成理论对实践的水土不服，更可能因高度内化了进攻性理论的逻辑，而在过早地追求"对称原理"的过程中重蹈历史的覆辙。

相反，如果能够从科贝特的理论中去发现至今仍作为指导美国海上力量作战的基本原则，在此基础上反其道而行之，归纳总结出海陆复合型大国规避未来可能面临的海上战略风险，这种量体裁衣和对症下药将构成今

---

① U. S. Department of the Navy, *A Cooperative Strategy for 21st Century Seapower*: *Forward*, *Engage*, *Ready*, March 2015, p. 1.

② U. S. Naval Surface Forces, *Surface Force Strategy*: *Return to Sea Control*, January 9, 2017, p. 3.

③ 胡波：《美军海上战略转型："由海向陆"到"重返制海"》，《国际安全研究》2018 年第 5 期。

④ 陶嫒编：《孙子兵法》，大众文艺出版社 2007 年版，第 124 页。

天研究和学习科贝特海权思想的有效路径。否则，深受陆权战略思维影响的中国即便在器物层面建成了规模庞大的现代化海军，如果不能在制度和更深的文化层面对英美海洋战略哲学进行反向格义，并在此基础上理解海上战略独有的逻辑、精神和原则，则可能将其作为一支"陆军海战队"而重蹈路易十四、拿破仑与威廉二世等海陆复合型大国的覆辙。

二 科贝特海上战略原则的核心启示

通过对近代世界海战史的经验总结并结合英国自身的地缘政治传统，科贝特为英国护持海上霸权贡献了超越时代的理论思考。其海上战略的核心原则可以概括为四点。第一，居于优势地位的海权大国更倾向于通过"诱敌出海"与"诱敌集中"的决战方式，以期获得"毕其功于一役"的长期性和全域性制海权[①]。第二，其通常会采用"开放式封锁"和"松散集中"等欲擒故纵的手段来诱导对手对局部权势对比作出误判，进而促成对方大规模集结出海决战。第三，倘若对方海军仍拒绝集中出海，那么通过对其海上贸易通道的"威胁航线"与海外军事基地的"围点打援"诱发和迫使对方海军执行远海护卫，进而在其必经之路以逸待劳进行围捕。第四，海权霸主若想打破僵局、战胜陆权大国就需要遵循"对称原理"，在对方擅长的陆战中将其击败。为此，海权霸主需要构建一个包含陆权次强国在内的两栖同盟。在"离岸平衡"和"有限介入"原则的指导下，将两栖同盟内各自的地缘禀赋发挥到最大。正是对上述四种战略原则的综合运用，为英国长期雄踞海权霸主地位提供了有效的支撑。可以说，英国海上霸权的衰落不是科贝特战略理念的退化，而是一个"中等强国"在洲级大国时代因国力式微而出现的无奈隐退。当这一战略理念被美国承袭后，这一内蕴巨大能动性的理论为其护持海上霸权提供了新的助益。

（一）诱敌集中与诱敌出海战略

争夺制海权的战争与陆上战争不同，其胜负常取决于主力舰队之间的

[①] 制海权意味着在战时能够控制海洋纵横交错的航线，以便一国的商业和军事船只能够自由航行。一国海军享有制海权，并不需要其在所有时间内控制所有海域，但是只要它需要，就必须能够在部分时间控制全部海域，或在全部时间内控制部分海域，并阻止敌人获得同样的能力。参见 Martin Wight, *Power Politics*, New York: Continuum Publishing Company, 1978, p. 70.

决战。对于海权优势方来讲,"敌方主力舰队无论何时都是需要攻击的真正目标"①。但其面临最严重的问题就是当敌方舰队龟缩于军港之中并在近岸火力与陆基航空兵掩护下采取守势时,即便是美国这样的海权霸主也难以冒着陆基导弹、战机等超高音速武器近距离饱和攻击的风险,抵近敌方水域以复制纳尔逊式的攻击。尤其是当形势有利于防御一方时,如果海权霸主执意发动此类抵近攻击,反倒可能因受到陆基导弹、全自主无人机作战"蜂群"削弱而被敌方海上力量组织的反击而彻底逆转。因此,"迫使战略对手的海上力量放弃防御态势并前出到远离己方海域的远海决战,构成了海权霸主最终获得制海权的根本途径"②。

地缘战略学界通常认为,1916 年日德兰大海战后,德国海军主力长期龟缩在基尔军港毫无用处,直到最终战败投降也不敢集结出海迎敌。③ 这种和平时期大量投资建设,战争时期却无法出海决战的海军——1918 年德国投降前命令海军出海决战,海军居然起义了——标志着德国海权战略规划的全面失败。④ 但通过反向识读科贝特海权战略理论可以发现,当战争爆发后,躲在本土军港引而不发的庞大海军并非毫无价值。防御的精髓在于反攻,只要这种态势可以保持进攻精神并发挥这种作战的固有优势——不断增强积蓄己方力量和士气,同时不断消耗对方力量与士气——那么主力舰队规避决战本身就具备了扭转局势的潜在势能。它们对于执行成本高昂的外围封锁的舰队来讲已经构成了长期威慑并造成趋势焦虑。除非海权霸主能够迫使海陆复合型大国舰队远离陆基本土出海决战,否则一支强大的外围封锁力量不仅难以达成任何实质性目的,还可能在"一鼓作气,再而衰,三而竭"的长期封锁中逐渐麻木并丧失战斗精神。

而对于独占一块地缘政治板块的海陆复合型大国来讲,陆基航空部队与岸防导弹阵地——就像是安泰俄斯汲取无穷力量的大地母亲——构成了

---

① [美]拉塞尔·韦格利:《美国军事战略与政策史》,彭光谦等译,解放军出版社 1986 年版,第 200—295 页。

② Julian Stafford Corbett, *Some Principles of Maritime Strategy*, Warszawa: Emereo Publishing, 2012, p. 23.

③ 徐弃郁:《海权的误区与反思》,《战略与管理》2003 年第 5 期。Alan John Percivale Taylor, *The Struggle for Mastery in Europe 1848 – 1918*, Oxford: Oxford University Press, 1977, p. 462.

④ David Stevenson, *Armaments and the Coming of War: Europe 1904 – 1914*, Oxford: Oxford University Press, 1996, p. 18. Alan John Percivale Taylor, *The Course of German History: A Survey of the Development of German History since 1815*, London: Routledge, 2001, p. 512.

其近海防卫的优势来源。尤其是当其舰队无法独自在海上取得对等优势时，其最好的战略就是依托庞大陆权向海权维度延展的空中力量，诱导敌人靠近并在积极防御中不断削弱对方力量并消磨对方的意志。因此，对于海权弱势方来讲，以逸待劳的近海防卫——而非千里奔袭的远海集中——往往会与海权霸主形成"海陆 VS. 海权"的战略僵持。

（二）开放封锁与松散集中战略

为了在战时获得一劳永逸的制海权，就要迫使或诱导海陆复合型大国舰队远离本土出海寻敌决战。只有当对手采取集中行动时，海权优势方才能够将复杂的问题简单化并真正掌控形势。而只要敌人坚持舰队分散，就无法实现决战的目标。纵观英国海上战略运用的历史可以发现，迫使处于劣势的对手将舰队集中，既是其获得决定性胜利的必要条件，又构成其海上战略的基本目标。

但问题在于，当双方海上力量对比悬殊，且海权霸主强大的舰队集结使弱势方毫无取胜希望时，这种集中就会诱发海权弱势方分散海上兵力部署。[1] 对于海权弱势方来讲，化整为零的分散行动不仅可以避免被集中歼灭的厄运，还能够在维持僵局的情势下以零敲碎打的"非对称原理"干扰海权霸主的集中计划，从而为获得局部小规模战绩创造条件。因此科贝特认为，英国人过去之所以对法国舰队所倾向的分散原则嗤之以鼻，其根本原因并不是这种作战方式有悖于海军作战的基本原理，而是这种抓不到重点的"游击战"方式令亟于决战的英国人感到恼火。[2]

如何防止海权弱势方采取化整为零的分散布局呢？科贝特认为，通过"开放式封锁"和"松散集中"可能诱导敌方舰队集结出海决战或冒险出海绕过封锁舰队。一方面，开放式封锁为敌方舰队离港提供了试探性自由；另一方面，松散集中可能诱导敌方舰队产生封锁力量弱于实际力量的形势误判。对敌方海域实行长期而严密的贴身防守，即便可以在耗尽己方力量之前耗尽敌方力量，但却属于一种成效缓慢且成本高昂的

---

[1] Julian Stafford Corbett, *Some Principles of Maritime Strategy*, Warszawa: Emereo Publishing, 2012, p. 84.

[2] Julian Stafford Corbett, *Some Principles of Maritime Strategy*, Warszawa: Emereo Publishing, 2012, p. 84.

消极防御型战略,这就像把小偷堵在家里并不能保证财产不再受到损失一样。

　　同时,只有当严密封锁作为一项公开宣布的威慑战略时——而不是实际运用——它才会产生预期的效果。如果封锁作为一种预先可以影响对手评估的威慑战略失败了,那么它便丧失了战略手段与战略目标之间的有效联系。[①] 尤其是这种集中庞大海上封锁力量展现的绝对优势,可能使敌方舰队更愿意选择化整为零和以拖待变的积极防御。这就意味着,海权霸主所追求的时间短、见效快的海上决战,因自身严密封锁造成的威慑,而事与愿违地迫使敌方放弃海上决战的前提条件——舰队集中。[②]

表 5 – 1　　　　　　　　科贝特关于海上封锁战略的观点

战略手段	战略逻辑	战略态势	战略目标
开放式封锁	欲擒故纵	积极进攻	摧毁敌人海军;永久 + 全域制海权
密闭式封锁	高压遏制	消极防御	限制敌人海军;阶段 + 局部制海权

表 5 – 1 由作者总结自制。

　　严密封锁将造成长期无效的僵持局面。因此只有当海上霸权对自身优势力不从心时,才会倾向于采取这种消极与保守战略。享有绝对优势的海权霸主更倾向于采用欲擒故纵的开放式封锁和松散集中,诱导敌人在力量对比和局部形势误判下作出舰队集中出海的决策。[③] 理想的开放式封锁和松散集中战略是以前沿各分遣舰队局部虚弱的表象掩盖真实的整体力量。科贝特认为,舰队间松散集中的离散程度应该考虑两个要素:其一,舰队分散数量与敌方重要军港数量成正比;其二,舰队位置应该与敌方重要军港分布的幅度成正比。[④] 同时,分遣舰队作为诱导敌人集中出海决战的诱饵,其安全有赖于各分遣舰队之间能够任意进行两两自由结合。这种"分

[①] Williamson Murray, MacGregor Knox eds., *The Making of Strategy: Rulers, States, and War*, Cambridge: Cambridge University Press, 1994, p. 309.

[②] Julian Stafford Corbett, *Some Principles of Maritime Strategy*, Warszawa: Emereo Publishing, 2012, p. 133.

[③] Julian Stafford Corbett, *Some Principles of Maritime Strategy*, Warszawa: Emereo Publishing, 2012, p. 133.

[④] Julian Stafford Corbett, *Some Principles of Maritime Strategy*, Warszawa: Emereo Publishing, 2012, p. 92.

进合击"将确保所有看似割裂的分遣舰队都可以短时间内在集中区内快速结合。

（三）威胁航线与围点打援战略

如果在近海区域的"开放式封锁"与"松散集中"战略无法诱导敌方舰队出海决战，海权霸主可以增加对敌方远海贸易航线纵深海域或海外军事基地的威胁，以期迫使敌方海军执行远海护卫任务并在此过程中削减其作战能力。海权战略也遵循着放长线才能钓大鱼的基本逻辑。为了实现调虎离山的远海决战，对贸易航线的威胁和海外利益的侵占要确保不将其彻底夺取，而是以将敌人引向决战的方式与其保持接触[①]，塑造一种"围点打援"的有利局势。这种给敌方以希望的局势将诱导其愿意压上更多的赌注。在政治正确的国内舆论压力下，海外利益本身可能成为不断吸引本土军事资源填不满的无底洞。

威廉德国的军队完美地诠释了"只要战争看上去依然是很遥远的事情，海军就永远充满了战斗热情"这句话的含义。在和平年代，军事—工业复合体游说政府增加军费投入的直接理由就是保卫日益扩大的海外利益和日益重要的贸易"生命线"。例如，提尔皮茨在鼓吹扩充海军时就反复强调，海外贸易对德国生存和繁荣具有生死攸关的意义。但当战争爆发后，德国却在海上贸易"生命线"几近断绝的情况下，凭借陆权同英法俄打了四年的消耗战。

同时，通过渲染安全困境和塑造强大的假想敌，来增加其扩充海军主张的合理性。这不仅可能诱发互主性建构的敌意身份和自我实现的冲突预言[②]，还可能导致战争爆发时不得不面临骑虎难下和说话算话的风险。尤其是当一个国家向海外投入大量的资源并承受巨大牺牲后，更容易出现高估海外利益价值的认知失调。[③]科贝特认为，如果英国将舰队停留在敌方商船返航的必经之路或直接威胁敌方远离本土的军事基地，这一战略将对

[①] Julian Stafford Corbett, *Some Principles of Maritime Strategy*, Warszawa: Emereo Publishing, 2012, p. 108.

[②] Alan John Percivale Taylor, *The Struggle for Mastery in Europe 1848－1918*, Oxford: Oxford University Press, 1977, pp. 447－449.

[③] Robert Jervis, *Perception and Misperception in International Politics*, Princeton: Princeton University Press, 1976, pp. 393－399.

第五章　逆向战略：弱势海军何以制衡？　　111

敌方海军起到"以子之矛攻子之盾"的效果，即迫使对方海军要么成为自身言辞的奴隶而被动出海决战，要么面临来自国内政府和舆论的压力而被动出海寻敌。

如果一个国家无法构建全球军事同盟体系，那么当战争爆发时那些零星孤悬海外且无遮无掩的"前沿据点""军事基地"或"补给港口"，要么经过徒劳无益的简单抵抗后被掌握制海权的一方迅速吞并，就像威廉德国在胶州湾和太平洋诸军港被英日同盟迅速击败；要么就会被塑造成一个以逸待劳、围点打援的陷阱和让对手不断失血的无底洞，就像对马海战中东乡平八郎建立起的那种以逸待劳的态势，在该态势下俄国人若想挽回在远东的利益，就必须派波罗的海舰队远征前来破坏这种态势。[1]

同理，在瓜达尔卡纳尔战役中，美国海军围绕瓜岛进行周密布局，在牢牢控制瓜岛机场的情势下，利用主场制空权优势对日本前来增援运输部队、护航舰队，以及从遥远的拉包尔起飞的战机中队进行分布式杀伤。为了重新夺取瓜岛，丧失白天制海权的日本海军只能利用夜色每晚从拉包尔偷偷将 900 名左右士兵（最多一晚运送 4500 人）和少量物资运抵该岛，有时甚至只能用被戏称为"东京快车"的潜艇悄悄运送。而对于掌握制海权的一方来讲，当其希望迫使敌方舰队集结出海保卫远海利益，就会营造一种"虚幻的希望"或"丧失的恐惧"。这种希望宛如强有力的磁石，将与它战略地位本身不相称的军队吸引至此。敌人越是投入就越无法忍受失败，这能够让赌红眼的对手甘愿留在桌上不断加码，而不是止损离场。[2]

受科贝特思想的影响，深谙其道的英国在历史的重要时刻常常可以超越大多数国家而作出明智的选择。例如，当 1940 年丘吉尔发现由于不断向大陆出击和转移，导致英国空军实力持续受到削弱后，他便果断拒绝进一步履行向法国增派后备航空中队的义务。其理由就是："如果我们占领了一个远离本土的狭小据点，那就需要不断为它提供补给。为了守卫这一桥头堡，我们所有海空资源都会被逐渐吸进这个黑洞。它将由和平时期我

---

[1] Julian Stafford Corbett, *Some Principles of Maritime Strategy*, Warszawa: Emereo Publishing, 2012, p. 103.

[2] ［美］拉塞尔·韦格利：《美国军事战略与政策史》，彭光谦等译，解放军出版社1986年版，第332页。

们引以为傲的海外资产,迅速转变为战争时期我们提供给对方作为要挟的重要人质。"① 同理,在太平洋战争爆发初期,面对日本联合舰队在西太平洋的绝对优势,美国海军明智地放弃增援菲律宾,也是出于海权弱势方避免陷入敌方"围点打援"的战略止损。

利德尔·哈特(Liddell Hart)认为,英国超然的地理位置鼓励了一种似是而非、却极具吸引力的理念——"英国战争方式"(The British Way in Warfare)。其核心思想就是在几个世纪里,每当英国能够将欧陆繁重的作战任务交给盟友,而将自身主要精力用在打击敌方海外领地和海上航线时,这种外围战略就可以取得对敌威慑的最大成效。英国外围战略能够长期取得成功的秘诀在于,无遮无掩的敌国海外领土与没有制海权的贸易航线给皇家海军提供了随意打击的靶子。这种"海外人质"不仅解释了英国同荷兰、西班牙和法兰西这类拥有庞大海外利益国家的战争如此具有威胁,从另一个角度也解释了为何威廉德国和纳粹德国——其资源主要依靠在欧陆密布的铁路网,而非四处伸展的海外殖民地——对英国如此具有威胁的原因。②

(四)离岸平衡与有限介入战略

从战略属性上讲,海权霸主与陆权霸主之间就像巨大的鲸和北极熊一样各具优势。但是,这种海陆"非对称性"意味着其中任何一方都没有机会直接通过"扬己之长,克敌之短"的方式将自己的意志强加于对方。若想打破战略僵局并赢得战争,就需要遵循地缘政治中的"扬己之短,克敌之长"的"对称性原理",即陆权大国若想让海权强国屈服就要战胜对方的海军主力,海权强国若想让陆权大国屈服就要击败对方的陆军主力。③"对称性原理"对全球海上力量最大的影响就是在主要竞争者之间从武器装备到战略理念的高度趋同。正如当年提尔皮茨成功争取国内反对派支持打造庞大的战列舰舰队之理由就是,如果我们希望取代英国的海上霸权,

---

① [英]温斯顿·丘吉尔:《第二次世界大战回忆录》(下),史雪峰译,中国画报出版社2015年版,第119页。
② Michael Howard, *The Continental Commitment: The Dilemma of British Defence Policy in the Era of the Two World Wars*, London: The Ashfield Press, 1989, p. 32.
③ 时殷弘:《现当代国际关系史:从16世纪到20世纪末》,中国人民大学出版社2006年版,第116页。

那么就必须具有与英国相似的海军理念和海军装备。[1]

倘若战略竞争者之间仅遵循地缘政治中的"非对称原理",那么双方就均处于一种防御性态势。倘若其中一方选择了"对称性原理",那么就代表着一种打破现状的进攻性态势。从功能性角度讲,由于潜艇力量既不需要制海权的支撑,也无法单独取得制海权,因此陆权大国积极发展潜艇部队通常被海权大国解读为一种"非对称原理"防御性战略;而航母力量既需要制海权的支撑,也是取得制海权的保证,因此陆权大国积极发展航母打击群(CSG)或远征打击大队(ESG)通常被海权大国视为一种基于"对称性原理"的进攻性战略。

对于海权大国来讲,地缘政治"对称性原理"的问题在于,一个海权大国单凭自身实力对独占一块地缘政治板块且防守严密的陆权大国发动进攻的成功案例极为鲜见。正如当俾斯麦被问及如果战争爆发英国在德国海滩登陆将怎样应对时,他饶有兴趣地回答道:"我会让当地的警察把他们抓起来。"[2] 同样,在1915年达达尼尔海峡战役(又称:加利波利战役)中,面对土耳其的岸基炮火,海上入侵的英法联军遭到了一场惨败(这次不像克里米亚战争有土耳其这样的陆权同盟者或日俄战争时期日本在朝鲜有陆上根据地)。其战列舰"苏弗伦"号被岸防炮火严重击伤、"奥申"号、"无敌"号、"狂饮"号触雷被击沉,"巨人"号战列舰、"坚定"号战列巡洋舰触雷被击成重伤。在参与登陆作战的48万英法陆军之中,死伤、失踪、被俘等损失约25.2万人。在其向海上撤退时,大量作战物资被弃留滩头。巨大的水体阻隔效应既能够解释为何近代以来英美这类海权国家从未被另一个陆权大国跨海征服,也能够解释为何英美这类海权国家从未幻想过征服亚欧大陆。因此,海权大国若想通过"对称原理"战胜陆权大国,就需要选择符合其地缘类属身份特征的战略手段。

科贝特认为,海权霸主对陆权大国最有效的"对称性战略"并不是发展一种等量装备与相同理念的庞大陆军,而是通过陆上结盟的离岸平衡和低强度的有限战争确立一种混合模式。有限战争必须脱离欧洲战场长期形成的陆战经验,即不以克劳塞维茨式的"打垮"对方或彻底摧毁敌方战争

---

[1] Robert J. Art, *The Influence of Foreign Policy on Seapower: New Weapons and Weltpolitik in Wilhelminian Germany*, Beverly Hills: Sage Publications, 1973, p. 16.

[2] Paul Kennedy, *The Rise and Fall of British Naval Mastery*, London: Penguin, 2017, p. 201.

意志为手段，而是在"边缘地带"以低强度的混合类战争为介入手段。[①]这种思维差异最明显的体现就是当日俄战争爆发后，所有的欧陆强国都预言俄国将轻易取胜，只有英国基于相同的传统和禀赋得出了岛国日本有机会通过低强度的手段赢得有限战争的反常结论。事实上，日本在1895年的日清战争和1904年的日俄战争中均遵循着"对称性原理"，在决定性的陆权较量中分别战胜了清王朝和俄国。值得注意的是，日本在这两场陆上决战中均奉行在海权有效支撑半径内进行有限战争的基本策略，而没有将战争无限扩展至敌方内陆。这与英法在克里米亚击败俄国后——近代对俄国的五次入侵中，这一次在边缘地带的混合战争是最成功的——没有向内陆发动更大规模的进攻异曲同工[②]。

英国能否最大限度地执行离岸平衡的"外围战略"取决于它是否能够找到一个可以在陆上分散敌方力量的盟友。"离岸平衡"是权力均衡与推卸责任的复合体。一方面，从"平衡"角度讲，由于英国对欧洲没有领土诉求，因此，欧陆列强对它的威胁感知要明显低于周边邻国，这就使英国在欧陆列强之间更容易实现同盟转换，进而有利于确保权势均衡。另一方面，从"离岸"角度讲，由于英国远离欧洲大陆，因此，它对欧陆列强权势变化的敏感要明显低于欧陆列强之间的疑惧，这就使英国可以通过推卸责任而让盟友承担更多的陆上义务。一旦通过海陆联姻结成了两线作战的军事同盟，海上霸主便具备了打赢一场有限混合战争的重要抓手。

三 科贝特海上战略原则的反向识读

如果说科贝特海上战略原则构成了海权霸主护持权力的理论基础，那么构建一个反其道而行之的理论框架，则对于海陆复合型大国海军在战时避免形势误判、规避战略陷阱有着重要的启示。本章意在探寻海陆复合型大国如何运用其弱势海军与海权霸主形成对等威慑的制衡态势。在对科贝特海上战略原则进行反向拆解的基础上得出如下基本原则。第一，舰队分

[①] Julian Stafford Corbett, *Some Principles of Maritime Strategy*, Warszawa: Emereo Publishing, 2012, p. 34.

[②] Alan John Percivale Taylor, *The Struggle for Mastery in Europe 1848 – 1918*, Oxford: Oxford University Press, 1977, pp. 78 – 82.

散与诱敌抵近战略。第二，近海袭扰与长线分布战略。第三，内线拓展与外线收缩战略。第四，攻其必救与歼敌勿尽战略。

（一）舰队分散与诱敌抵近战略

在海军实力存在明显差距的前提下，海权弱势方最重要的原则就是避免舰队集中出海寻求决战，而是通过积极防御以等待有利的局势出现。如果说舰队集中是积极进攻的标志，那么舰队化整为零的分散则是积极防御的象征。海权弱势方"舰队分散"的益处有三：其一，它使海权霸主急于通过一场决战一劳永逸地确立制海权的愿望无法实现；其二，保持反攻姿态的积极防御使海权霸主需要长期在海上维持紧张而庞大的封锁力量；其三，它可能成为促使海权国抵近大陆的重要诱饵。

海权弱势方战时将舰队化整为零的防御并非一种被动姿态，而是经过深思熟虑后保持对反攻的积极期待。海上战略应该服从于整体战略。如果整体战略需要海上力量在某一阶段保持防御，那么就必须拖延时间等待反攻。舰队分散意味着在力所不逮的情势下保留反攻的"火种"和贮藏发动反攻的"本钱"。只要本国的陆权势能处于积聚状态，那么"大陆岛"对"离岸岛"的海权势能也将不断向着前者倾斜。在此过程中，要始终遵循舰队分散的基本原则。阿布基尔大海战、哥本哈根海战和珍珠港事件的启示在于，即便是在岸防火力有效支撑范围内，在己方军港内的集中也有被敌方全歼的风险。[1] 因此，海上力量处于弱势地位的陆权大国不仅应确保舰队紧紧依托陆权庇护，同时也要避免舰队哪怕在己方近海水域内的大规模集中。

防御和进攻并不是相互排斥的两种理念，而是互为补充的内在统一。从矛盾统一性角度讲，作战的任何一方都必须既包含进攻的元素，也包含防御的元素。如果不以主要战场之外的其他战线防御作为支撑，主战场的进攻也会受到抑制。[2] 同理，如果在主战场积极进攻背景下，其他战线能够积极防御，那么当主战场确立优势时，其他战线也将自动由防御转向进

---

[1] Ludwig Dehio, *The Precarious Balance: Four Centuries of European Power Struggle*, Charles Fullman trans., New York: Alfred A. Knopf, 1962, pp. 152–153.

[2] Julian Stafford Corbett, *Some Principles of Maritime Strategy*, Warszawa: Emereo Publishing, 2012, pp. 19–20.

攻态势。

假设腓力二世、路易十四或拿破仑能够赢得欧陆霸权，那么他们就有可能凭借整个欧陆资源轻易地在海军竞赛中战胜英国。但是，他们没有遵循"陆上积极进攻和海上积极防御并举"的原则，而是基于"进攻象征着主动，防御代表着被动"的理念，在陆权主战场局势尚未见分晓之时，将主力舰队贸然集中出海决战。从拉·霍格海战到特拉法加大海战，再到对马海战，一系列悲剧都反复证明，在反攻时机尚未出现时，海权弱势方舰队贸然集结出海决战会付出代价。[①] 这还仅仅是过去的平面战争，而非今天的立体战争。同理，"一战"时威廉德国海军之所以放弃集中出海决战，则是等待德国在赢得欧陆霸权后的反攻时机。尤其是在1917年俄国战败退出世界大战后的一年时间里，德国赢得欧陆支配权的希望明显大于英法。"如果同盟国战胜了协约国，那么从圣文森特到喀山的整个欧洲大陆将都成为德国进攻英伦三岛的海军基地。"[②]

对于陆权大国海军来讲，在战略僵持阶段究竟是"诱敌抵近"，还是"外线拒止"，与其说取决于其舰队的作战能力，不如说取决于其陆基导弹部队和陆上起飞的海军航空兵整体作战效能。如果其庞大的陆权向海洋维度延伸能力巨大，那么"外线拒止"就是一种消极被动的战略理念。这种理念不仅意味着放弃了对敌方海上力量进行主动杀伤的可能性，还意味着承认无力改变丧失制海权局面的基本事实。如果海陆复合型大国在近海区域具有强大的延伸能力，那么"诱敌抵近"则是一种积极主动的战略理念。这种理念意味着主动创造"扬己之长，克敌之短"的条件，主场决战一方最大的优势就是利用无限的岸基力量。当敌方主力舰队进入反舰巡航导弹、反舰弹道导弹有效射程或海军航空兵有效作战半径之内时，从海上发动进攻的一方就会面临"海陆空三维"VS."海空"二维的"降维打击"。[③]

"诱敌深入"也是毛泽东同志对弱势方如何利用自身主场地缘优势战胜客场敌人的基本观点。他曾指出："根据敌强我弱和红军与革命根据地

[①] Ludwig Dehio, *The Precarious Balance: Four Centuries of European Power Struggle*, Charles Fullman trans., New York: Alfred A. Knopf, 1962, pp. 77 – 84, 163.
[②] Martin Wight, *Power Politics*, New York: Continuum Publishing Company, 1978, pp. 75 – 76.
[③] James Holmes, "Dilemmas of the Modern Navy", *The National Interest*, May/June, 2013.

已有相当发展的实际出发，以内线作战诱敌深入赤色区域，歼灭敌人于根据地内。主张红军先向根据地内退却，依靠根据地有利地形条件，发现和造成敌人弱点并予以反击。"① 在海权大国与海陆复合型大国近海较量中，利用陆权向海洋的延展维度相当于增容了无限大的航母打击群。例如，在1941年新加坡海战中，皇家海军主力"威尔士亲王"号战列舰和"反击"号战列巡洋舰，就是在马来亚半岛附近水域被日本岸基飞机击沉的。1942年5月27日（这一天是日本大胜俄国对马海战37周年纪念日）中途岛海战中，面对日本庞大的联合舰队——以65艘驱逐舰为前导，紧随其后的是22艘重型巡洋舰和包括"大和"号在内的11艘战列舰，之后是4艘大型航空母舰以及700架空中护航战机，周围伴随着21艘潜艇②——主场作战的美军积极发挥岸基优势，大批从中途岛陆地和大黄蜂、企业与约克城号航母战斗群起飞的战机共同给劳师远征的日本联合舰队以重创。至此，美日在太平洋战区出现了攻守易势的转折局面。

（二）近海袭扰与长线分布战略

针对海权优势方希望通过"开放式封锁"与"松散集中"战略诱导敌方主力舰队集结出海的战略，海权弱势方要以"持久战"的心态予以积极应对。一方面，"开放式封锁"与"松散集中"是一项虚实结合的战略。其"虚"的一面所内蕴的两个弱点，可以被海陆复合型大国加以利用。第一，开放式封锁难免增加"漏网之鱼"潜入后方袭击商船队和运输线的可能；第二，松散集中需要封锁舰队长期保持更加高度紧张的状态。在此状态下，来自海上不同方向零散的袭扰——而非大规模正式较量——对于封锁方士兵体能与精神的消耗更加明显。这就是越南战争比朝鲜战争更令美国人头痛的根源，即"越战"是零散游击队作战为主体，而韩战则是大规模正规军作战为主体。海陆复合型大国海军依托主场优势，展开对外海松散集结的封锁舰队采取"敌驻我扰，敌疲我打"战术。以海军航空兵、岸基导弹、全自主无人机作战"蜂群"和潜艇部队在近海对敌方诱饵舰队和封锁舰队进行诸兵种合成作战与长周期随机袭扰。

---

① 中国现代史学会：《长征档案》（上卷），中共党史出版社2006年版，第88页。
② ［美］威廉·曼彻斯特：《光荣与梦想》（1932—1972 美国社会实录），广州外国语学院英美问题研究室翻译组译，海南出版社2006年版，第214页。

在此过程中，要坚决避免主力舰队遵循"集中优势兵力，各个歼灭敌人"的打赢局部战争的传统陆战经验——在军事卫星广泛被应用以及武器装备远程精确化、智能化、电磁化、隐身化和无人化愈发明显的时代——以航母为核心的主力舰队大规模集结出海，将正中海权优势方"开放式封锁"与"松散集中"战略的下怀。只要主力舰队依托陆权优势相互策应、互为一体、严阵以待、拒不出海，劳师远征一方的制海权就是阶段性和局部性的，它就不得不在敌方沿海长期维持一支开销巨大的封锁舰队。"近海袭扰"战略进可以消耗敌方士气，在"一鼓作气，再而衰，三而竭"中实现"彼竭我盈"的"内耗"目标；退可以实现诱敌抵近，以陆制海的"降维打击"，为最终海上力量的决定性反击积蓄势能。

另一方面，"开放式封锁"与"松散集中"战略存在两点内在要求：其一，舰队分散数量与敌方重要军港数量成正比；其二，舰队位置应该与敌方重要军港分布的幅度成正比，这两点也可以被海陆复合型大国加以利用。如果想最大限度地稀释海权优势方的封锁密度，那么就需要利用海陆复合型大国拥有绵长海岸线优势，在和平时代就积极筹划军民两用多功能港口和机场建设，形成本土军港、机场与导弹阵地的分散化长线布局。军港的"长线分布"不仅有助于分散海权优势方在各个水域的力量分布，还有助于扩大本方陆权对海权的相对优势，更有利于执行"近海袭扰"战略。例如，"一战"时期由于德国在欧陆没有取得绵长的海岸线与分布广泛的军港，因此只要英国看住德国进出北海的两条海峡，封锁就显得非常容易。但"二战"时期由于德国控制了大西洋和地中海沿岸几乎所有的海岸线，军港的"长线分布"甚至能够使德国的潜艇轻易地突破皇家海军封锁，从而在大西洋以"狼群战术"重创英国海上补给线。

（三）内线拓展与外线收缩战略

第一次世界大战有力地证明了陆路交通运输革命导致"内线"作战的陆权大国战略机动性与资源整合力明显高于"外线"作战的海权强国。因此，即便贸易航线与海外领地被协约国切断长达四年之久，德国仍然凭借欧洲密布的铁路与公路网络长期保持着战略优势。海权大国获取外部资源主要依赖单一的海上运输线。而海陆复合型大国则不同，它既可以利用海上运输线，也可以利用陆上运输线。因此，海权国比陆权国对海上贸易航线袭扰带来的影响更具敏感性与脆弱性。这既可以解释为什么在太平洋战争后期，从"南洋"向日本本土运输资源的船只每天都承受大量的减损，日本仍然要硬着头皮继续维持这一航运"命脉"（参见表5-2），也可以解释"二战"时英国在邓尼茨"狼群战术"袭击下面临的海运困境。

表5-2　　太平洋战争时期"南洋地区"到日本的海运状况

万吨/年份	1941年（12月）	1942年	1943年	1944年	1945年
运往本土的原油数量	5.0	165	230	100	停运
运往本土的铝矾土数量	—	29.8	64.9	27.5	0.2
货运轮船船舱量损失	5.6	88.5	167	369	172

数据综合整理自，[日]藤原彰：《日本军事史》，张冬译，解放军出版社2015年版，第192—195页；俞天任：《浩瀚的大洋是赌场：大日本帝国海军兴亡史》，语文出版社2010年版，第309—312页。

面对海权优势方切断海上贸易航线或对海外领土军事占领，处于弱势的海陆复合型大国往往容易接受战略止损。但是，如果海权优势方没有完全切断其海上贸易航线或没有完全占领其海外军事基地，这种虚幻的希望对于陆权大国来讲则更为麻烦。其海上力量将不得不在"政治正确，但战略错误"和"战略正确，但政治错误"之间，要么冒着有去无回的风险而出海作战，要么背负软弱怯战的污名而留守本土。

1944年日本海军就面临着这样一种进退维谷的困局。在塞班岛、马里亚纳群岛等战役相继失利后，日本帝国的原油与铝矾土主产区——"南洋地区"——成了美国引诱联合舰队出海决战的重要战场。此时，大势已去的日本海军仍无法接受在东南亚"外线收缩"的建议，为了驰援"南线"的海上生命线，不顾实力悬殊的现实，而孤注一掷地大规模集结出海与莱特岛登陆的美国海军展开决战。盟军在莱特湾战役中一举击溃前来支援的日本帝国海军主力。这场"玉碎式冲锋"的海上死亡行军导致小泽舰队的4艘航母全部打光，从此太平洋上再无联合舰队航母战斗群。同时，日本在菲律宾一带海基与陆基航空力量被消灭殆尽。至此，联合舰队在太平洋战争防御阶段作为一种反威慑力量也无法实现。

在和平时期，远海护卫可以在应对海盗等非传统安全国际合作领域为一国海军彰显权力并赢得荣誉。但在战争时期则可能冒着有去无回的风险。如果一个国家的海军力量短期内尚未取得与对手旗鼓相当、分庭抗礼的可能性，那么其最好是主动通过"外线收缩"来避免掉入敌方"围点打援"的陷阱。以权力界定利益要求我们在界定海外利益时，根据隔空投送能力以及利益本身的紧迫性与重要性进行价值排序。舰队本身作为一种实现国家利益的工具，它构成了一个国家捍卫利益的根本和未来外交谈判的筹码。保留一支未来可以作为威慑和反击力量的海军，就意味着有无限的机会参与利益的重新分配。形形色色的海外利益则是这一土壤中生出的转瞬即逝的花朵。一个国家在战争中失去的领土会因其拥有庞大的反制力量而在媾和中失而复得，但一个国家为了捍卫海外领土而丧失了反制力量则会在媾和谈判中一无所有。

（四）攻其必救与歼敌勿尽战略

海权霸主推行离岸制衡最重要的抓手就是寻找可以相互借重的陆权盟友。这种海陆联姻既构成了"对称原理"下海权霸主最终战胜陆权大国的基础，也隐含了两栖同盟最大的弱点。海权霸主最大的弱点就是它首当其冲的陆权盟友。在主权零死亡时代，军事同盟在长期交往中遵循多次重复博弈的基本原则和"一报还一报"的互动模式。在一个由"熟人"构成的国际社会中，同盟义务与战略信誉使得海权霸主很难在战争中冒着背信弃义的风险拒绝对处于困境的陆上盟友给予驰援。如果海权国坚持履行同盟义务，派兵承担陆上作战任务，那么就很有可能会暴露海权国的"阿喀琉斯之踵"。

在19世纪漫长的岁月里，英属加拿大（1867年从殖民地变为英国自治领）在北美长期扮演着一个有用且不可或缺的"人质"角色，美国海上安全极大程度得益于此。[1] 同理，1945—1949年这段时期，美国独自垄断核武器却不敢对苏联先发制人的重要原因就在于对美国安全极端重要的西欧盟国成了苏联重装陆军的"人质"。美国可以被视为欧亚大陆外围的离岸岛。一旦任由苏联控制了西欧盟友，共产主义阵营的钢铁产量、造船设备、熟练工人、发电量和化工产量、科技人员和工业基础

---

[1] ［美］乔治·凯南：《美国大外交》，雷建锋译，社会科学文献出版社2013年版，第5页。

都将增加一倍，美国将独自面对整个欧亚大陆的权势威慑。① 1948 年初，美国在西欧地区的陆军缩减为 9.8 万人，而同期苏联在欧洲地区的陆军则达到 410 万人，这还没有将其东欧盟国的 120 万军队计算在内。② 因此，即便 20 世纪 70 年代之前美国对苏联享有核优势，但苏联巨大的常规军事力量和中短程核武器对其西欧盟友的威慑，也令美国不敢贸然发动战争。西欧盟友的重要性导致苏联在"人质博弈"中享有了美国曾经对英国的战略威慑，这构成了 20 世纪 50—80 年代陆权霸主苏联反制海权霸主美国的重要筹码。③

"避实击虚，攻其必救"，语出《孙子兵法·虚实篇》。"我欲战，敌邑高垒深沟，不得不与我战者，攻其所必救也"④ 是一种善于调动对手，从而掌握主动权的战略。"避实击虚"是一种"扬己之长，克敌之短"的战略。在战略僵持阶段，面对战略对手构建的两栖同盟，海陆复合型大国需要避开其不占优势的海上决战，转而谋求在其占据优势的陆地向海权霸主的陆上盟国发动攻击。从近代法国提供的反面教材来看，它同海上强国的每一场战争都要将其力量一分为二。一方面，在弗兰德斯、德意志或北意大利进行其擅长的陆战；另一方面又要在英吉利海峡、下加拿大、西印度群岛和印度洋进行其不擅长的远海作战。它在虚实两个战略维度之间的摇摆不定，成为其常常面临"两头落空"悲剧的重要原因。⑤

通过"攻其必救"迫使海权霸主要么背弃盟约，放弃对陆权盟友的支援。从而让其他潜在的大陆结盟者放弃幻想，从"限制权力"的制衡逻辑转向"融合威胁"的结盟逻辑。要么为了维护战略信誉而不断追加对陆权盟友的支援力度。前者意味着，一旦基于"融合威胁"的大陆同盟得以构建，其绵长的海岸线和数量众多的沿海基地会彻底粉碎海权国的封锁链条。后者意味着这种"以己之短，克敌之长"的战略选择可能将其不断拖

---

① ［美］威廉·曼彻斯特：《光荣与梦想》（1932—1972 美国社会实录），广州外国语学院英美问题研究室翻译组译，海南出版社 2006 年版，第 341 页。
② 梅然：《战争、帝国与国际政治变迁》，山西人民出版社 2017 年版，第 213 页。
③ Richard K. Betts, *Nuclear Blackmail and Nuclear Balance*, Washington, D. C. : Brookings Institution Press, 1987, p. 134.
④ 张卉妍：《世界经典战役全记录》，北京联合出版公司 2016 年版，第 102—103 页。
⑤ Paul Kennedy, *The Rise and Fall of the Great Powers: Economic Change and Military Conflict from 1500 to 2000*, London: Unwin Hyman, p. 89.

入难以自拔的泥沼。

倘若海陆复合型大国对自身的陆权优势拥有充分信心，那么"歼敌勿尽"则是确保其通过陆战长期消耗海权国实力的重要前提。将对手留在陆上，而不是将其彻底赶回大海，其目的在于拖住海权国令其不断为盟友加码和在陆战中持续失血。1940年，当欧陆权势完全倒向纳粹德国后，关于是否还有必要继续为英法同盟在欧洲大陆的前沿据点输血的问题，战时英国首相丘吉尔如是作答，如果1940年希特勒足够明智，就应该减缓进攻法国的进程或在敦刻尔克之后沿塞纳河一线休整一个月。这样他就将迫使英国在政治不正确的现实困难和政治正确的承诺代价之间进退维谷，即要么冒着盟国极度愤怒和失望而放弃援助义务，以壮士断腕的方式抛弃苦撑待援的法兰西前沿阵地；要么掉入希特勒的圈套，将保卫英伦三岛存亡的最低限额的25个战斗机中队，以"添油"的形式不断越洋派往远离主场的欧洲大陆。这意味着为了法国仅存的沿海狭小防线而耗尽将来用于主场决战所仰赖的关键力量。[①] 而正是希特勒对敦刻尔克最后的攻击，才帮助英国彻底摆脱了在战略信誉和战略现实之间的两难困境。

四　本章小结

理论对实践有着巨大的能动作用。在综合考察本国地缘政治环境、双方海军力量对比与假想敌海上战略原则的基础上，因地制宜地为中国提出一套在战略防御和战略僵持阶段攻防兼具的战略理念和战略原则，对建设海上强国将起到事半功倍的作用。尤其是在中美两极化趋势日益明显，美国对华遏制态势不断增强的背景下，研究如何应对未来海上大规模军事冲突问题变得更加必要和紧迫。本章从科贝特海上霸权护持原则出发，对其理念进行反其道而行之的反向识读。其目的在于为我国海军在"知己知彼"条件下更好地因应未来海上大规模军事冲突提供有益的思考和借鉴。在此基础上，本章针对当前和未来中国海权战略提出了五点思考。

第一，舰队在何种条件下才能集结出海决战？海权弱势方能否实现以

[①] ［英］温斯顿·丘吉尔：《第二次世界大战回忆录》（上），史雪峰译，中国画报出版社2015年版，第313—314页。

弱胜强？针对这一问题，以徐弃郁教授为代表的国内学者认为："除非拥有与对手旗鼓相当的海上力量，否则即使拥有'世界第二'的海上力量，一旦与世界第一的海军强国开战，仍摆脱不了失败的命运。在第一次世界大战前夕，德国的海军实力是英国的二分之一，但除了日德兰半岛海域与英国打了一场海战外，整个大战期间都待在港口无所事事。因此，从海军的战略目标和战略任务角度看，在与'世界第一'的海军较量时，'世界第二'的海军与'世界第二十''世界第五十'的海军在最终结果上并没有什么本质差别。"①

本书认为，这是单纯从海权"对称原理"和决战思维对海战结果的解读，它成立的前提就是不加入任何其他地缘政治维度。而在现代战争中这很难做到。同时，即便从大规模决战角度讲，这种判断也忽略了世界海战史中许多以弱胜强的案例。从无敌舰队远征英国到甲午海战，从对马海战到中途岛海战的经验告诉我们，在正确的战略原则指导下，海权劣势方是可能在防守反击中夺得优势的。其前提需要在正确的时间（天时）、正确的地点（地利）与正确的对手（人和）进行一场坚定的决战。其中，正确的时间既不是战略防御阶段，也不是战略僵持阶段，而是稳固陆权优势地位后的战略反攻阶段；正确的地点不是远离陆基羽翼的外线拒止或远海护卫，而是在靠近本土的近海/滨海充分发挥海陆空天网相互策应的主场地缘优势；正确的对手是指增加本方的同盟关系，分化瓦解对方的军事同盟，尽量使对方在孤立无援的条件下作战。因此，对马海战中主场作战的日本战胜了劳师远征的俄国波罗的海舰队，而中途岛海战则是主场作战的美国战胜了劳师远征的日本联合舰队。历史再一次上演了西班牙无敌舰队远征英格兰的败象。

第二，中国海军在与海权强国作战时应该选择远海集中，还是近海分散？关于这一问题，1986年刘华清将军在《海军战略与未来海上作战》中指出："我兵力虽弱，但在每一战役中必须集中优势兵力，实行外线的速决进攻战，击其一部，务求全歼。"② 同时，《2015年度中国国防白皮书》也指出："海军要按照近海防御、远海护卫的战略要求，突出海上军

---

① 徐弃郁：《海权的误区与反思》，《战略与管理》2003年第5期。
② 刘华清：《刘华清军事文选》（上卷），解放军出版社2008年版，第481页。

事斗争和军事斗争准备。"①

　　本书认为，战略目标与战略能力之间的差距构成了战略风险。上述问题取决于中国海军未来作战的对手是周边某个小国，还是海权霸主的全球同盟体系。刘华清将军1986年讲话的时代背景是当时中美尚处于对苏准同盟关系，中国的海上竞争对手更多指的是越南等周边小国。例如，两年后爆发的中越南沙海战。如果是周边某个小国，那么舰队集中与外线歼敌对于今天的中国海军仍可借鉴。但如果是海权霸主——更确切地说是海上霸权的全球同盟体系，那么单就中国海军目前的成长阶段和相对作战水平来讲，抛弃近海主场优势，转而奉行千里征师的"远海攻防"，将导致其远离陆权羽翼的有力策应。这就如同让一个正处于成长阶段的十三岁的男孩离开父母的帮助去和三十岁的壮年男性打擂台，这无疑将对海军战时生存能力提出严峻考验。在军事卫星密布的时代，让航速不一、航程不一、目标极为庞大联合舰队大规模集中并驶向远海作战，将不得不面临一场格拉沃利纳式的溃退，以免遭到一场特拉法加式的覆没。

　　第三，一旦战争爆发，中国海军应该奉行大规模远海集中，还是化整为零的近海分散？以杨震教授为代表的学者倾向认为："中国海军建设不足主要体现之一就是海军兵力编制不合理。北海、东海、南海舰队被分割在不同的海域，始终未能集中使用，违背了集中兵力这一基本的兵法准则……中国海军缺乏一支具备远洋作战能力的太平洋舰队。"② 同时，鉴于"美国海军自1992年、1994年连续推出'由海向陆'的战略理念——其重点是利用知识优势对敌前沿进行水下侦搜、沿岸打击与导弹拦截——中国海军有必要发展和奉行'远海攻防'的军种和战略，在不改变海军防御性质前提下，将战斗空间向远海推进，扩大我防御纵深，并将远洋防卫作为一种积极防御的手段"③。

---

① 中国国防部网站：《解读中国国防白皮书》，http://www.mod.gov.cn/reports/2015/bps/node_46824.htm；张晓东认为："太平洋是家门口的重要市场，印度洋是生命线和海外利益攸关区……远海护卫战略其实就是中国的印度洋战略。"参见张晓东《近期中国海洋军事战略之观察与展望——从2015年最新发布的白皮书说起》，《太平洋学报》2015年第10期。

② 杨震、赵娟、卞宏信：《论海权与航空母舰时代的中国海军建设》，《世界地理研究》2013年第4期。

③ 杨震、赵娟、卞宏信：《论海权与航空母舰时代的中国海军建设》，《世界地理研究》2013年第4期。杨震、杜彬伟：《基于海权视角：航空母舰对中国海军转型的推动作用》，《太平洋学报》2013年第3期。

本书认为，1992年苏联解体时美国曾一度同时掌握全球海陆两栖霸权。整个20世纪90年代，美国一超独霸的军事优势使其可以在全球随意选取任何一种战略手段取胜，这是当时美国提出"由海向陆"的时代背景。但今天随着中国高超音速武器的相继问世（WU-14）、潜艇静音能力的不断优化（从落后的091到先进的096型核潜艇、俄制基洛-636和元级AIP系统）、DF-21D、DF-26弹道导弹与长剑-10巡航导弹技术的日益成熟、反卫星能力的巨大进步、陆基航空力量的加速迭代（从歼-10/11到歼-20再到未来自主无人"蜂群"与有人机协同作战）[1]，中国在宽度有限的东海、台海地区已经逐步打造了"海陆空天网"一体化作战体系，并在第一岛链与第二岛链之间区域实现了与美国的权力均衡。

鉴于中国在第一岛链反介入或区域拒止能力的加速提升，美国自由、随意且有效的"全域进入能力"（All Domain Access）正在东亚地区受到挑战。[2]"冷战"结束后近海作战的攻防平衡点开始从"海上进攻"向"陆上防御"一侧倾斜。在未来亚太地区军事较量中，美国以朱姆沃尔特级驱逐舰、滨海战斗舰为代表的从海上支援陆空一体化联合作战的"由海向陆"战略理念已不具有现实支撑。2015年发布的《推进、参与、常备不懈：21世纪海上力量合作战略》意味着美国将加速回归依靠全球同盟体系和"诱敌集中"与"诱敌出海"的传统路径。[3]尤其是在2017年1月美国发布《水面部队战略：重返海洋控制》[4]和5月发布《未来海军》白皮书以降——该书强调扩大水下优势、整合智能化与无人化作战系统、提升定向能、网络和先进导弹等优势，中国在战略防御期和战略僵持期仍需坚持"舰队分散""海陆一体"为特征的"高筑墙、广积粮、缓称王"的积极防御战略。

第四，"内线扩展"与"外线收缩"战略对"一带一路"倡议的影响

---

[1] 李大陆：《论"不对称"军事制衡》，《太平洋学报》2015年第5期；石海明：《人工智能颠覆未来战争》，人民出版社2019年版，第130—136页。

[2] U. S. Marine Corps, U. S. Navy, U. S. Coast Guard, *A Cooperative Strategy for 21st Century Seapower*, Washington, D. C., March 2015, p. 19.

[3] U. S. Department of the Navy, *A Cooperative Strategy for 21st Century Seapower*: Forward, Engage, Ready, March 2015, p. 1.

[4] U. S. Naval Surface Forces, *Surface Force Strategy*: Return to Sea Control, January 9, 2017, p. 3.

评估。学界关于"丝绸之路经济带"的最早倡议来自于王缉思教授于 2012 年提出的"西进战略"。在奥巴马政府强势"重返亚太"的背景下，王缉思教授指出："当美国战略重点'东移'，欧印俄等'东望'之际，地处亚太中心位置的中国，不应将眼光局限于沿海疆域、传统竞争对象与合作伙伴，而应有'西进'的战略谋划。"①

每当陆权国受到来自海上霸权的压力时，它们都会通过将战略重心向内陆转移的方式以寻求抵消。"西进"战略之意图在于通过战略重心向西部和更广大的亚欧大陆内部转移，来对冲东部沿海面临的安全与经济压力。事实上，不论是抗日战争时期的国民政府退守武汉、重庆，还是"冷战"时期"三线建设"，抑或是八国联军侵华战争时期朝廷"西狩"，纵深广阔的西部内陆都成为海权力量难以到达的禁区。通过重新激活亚欧大陆沿线国家间的铁路、公路网络，进而实现"内线"经济、社会与安全网络的融合。"丝绸之路经济带"的建设不仅为我国扩大开放打开了一个全新的经济腹地，也可以有效应对战时海运中断所带来的消极影响。

当战争爆发后，海权弱势方针对"外线"的"远海护卫"是难以实现的。其最明智的方式就是承认鞭长莫及而无力挽救那些孤悬海外的利益。当海权与陆权之间爆发体系战争后，陆权国面临海外领地被占领、商船被征用、人员被扣押的现象史不绝书。从七年战争到拿破仑战争，再到两次世界大战，抑或还包括那场没有爆发的"古巴导弹危机"，海权国在战争开始后对陆权国海外舰只的征收与摧毁，已经变成了双方都有明确预期的常识。例如，当 1939 年英法向德国宣战后，德国的海运瞬间就消失了。其停留在外国港口内无法活动的船只达 325 艘，吨位近 70 万吨。② 而德国海军部对此既无力解决，也没有打算予以解决。

任何战略都是有代价的。对于海陆复合型大国来讲，其代价就是忍受战争初期"外线收缩"所带来的冲击。一旦海上战争爆发，海陆复合型大国对海运中断以及海外领地丧失应该有充分的预估。事实上，即便是所有海运物资中断，对于独占一块地缘政治板块的大国来讲也远非达到生死攸关的影响。未来长期对抗取决于亚欧板块内陆巨大的腹地国家能否对它保

---

① 王缉思：《"西进"，中国地缘战略的再平衡》，《环球时报》2012 年 10 月 17 日。
② [英] 温斯顿·丘吉尔：《第二次世界大战回忆录》（上），史雪峰译，中国画报出版社 2015 年版，第 165 页。

持善意中立或与之结盟。如果能够争取到这一地区陆权次强国的善意中立，那么海权国的封锁就将归于无效，即它无法达到迫使对手屈服的目标。具体来讲，如果在未来中美较量中能够保持印度，尤其是俄国的善意中立，那么中国就能够有效地利用"丝绸之路经济带"——就像安泰俄斯的大地母亲——源源不断地获得与海权体系长期对抗或争取有利媾和条件的筹码。

第五，"攻其必救"与"歼敌勿尽"原则的启示在于，海陆复合型大国能否在大陆外围的"边缘地带"构造一种让对手相信的"多米诺形势"或"温泉关推论"，以至于迫使海权大国陷入长期的陆上战争。亚欧大陆外围突出的"边缘地带"在地缘政治中长期被视为陆权进攻海权的"走廊"或"跳板"——欧洲低地国家对于大英帝国的安全、朝鲜半岛对于日本的安全、中南半岛对于澳洲的安全都会进而影响到海权霸主自身的安全认知——也成为迫使海权国滑入"攻其必救"陷阱的重要手段。

海陆复合型大国安全的核心仰赖内陆"心脏地带"的善意中立，而非外围"边缘地带"的善意中立。内陆"心脏地带"的反抗会导致其在"后院起火"的情势下陷入海陆两线作战的"腓力陷阱"[1]，外围"边缘地带"的反抗则是吸引海权国"由海向陆"与"战略抵近"的重要手段。因此，通过对亚欧大陆内陆国家持续展现外交善意，能够确保其不会因受到威胁而同海权国结盟。同时，还能对亚欧大陆边缘与海权国结盟的国家保持足够的威慑。例如，"一战"时，德国对比利时的进攻成了英国参战的直接理由；"二战"时，法西斯国家对英国盟友希腊的进攻促成了英国向巴尔干地区派遣陆上远征军并损失惨重；"二战"后，美国在亚太地区陷入的两场重大战争——朝鲜战争与越南战争——背后都遵循着类似的"多米诺推论"。

"歼敌勿尽"原则意在探讨究竟是将登陆的海权国军队直接"扔回大海"并彻底割裂，还是将它们"留在滩头"而长期消耗。对拥有陆权优势的海陆复合型大国来讲，显然后者更具诱惑。"二战"中德国的失策就是在其具备陆权绝对优势的情势下，将英国在法国和希腊的部队赶向了大海。而越南战争对于共产主义阵营的一个巨大收益就在于它用"同盟义

---

[1] 姜鹏：《海陆复合型大国崛起的"腓力陷阱"与战略透支》，《当代亚太》2018年第1期。

务"长期将美国拖在这一地区进行消耗——从肯尼迪到尼克松,美军在越南阵亡4.6万人,受伤30余万人,直接军费1000亿美元及战后创伤综合症引发的国内社会问题与精神沉疴——并构成了20世纪70年代美国力量衰落、美苏攻守易势的重要因素。

世界是转化过程的集合体。在这一过程的每一个点上,都包含着延续性和变革性内容。具有穿透力和前瞻性的军事理论研究,不仅必须充分借鉴国内外已有研究成果和实践经验,还必须关注国际安全背景的演变及其带来的限制条件的变化,把握重大问题发展演变的内在线索和逻辑,并形成系统性和可验证的知识体系。[1]

本书关注地缘政治中具有基础特征的延续性要素,同时兼顾具有划时代特性的变革性要素。虽然技术的进步——尤其是颠覆性创新技术的问世——使地缘政治的博弈空间扩展到海陆空天网等众多维度,但作为承载人类活动的海洋和陆地仍然构成了地缘政治学研究的基础维度。而其他衍生维度仅起到在此基础上增强海权或陆权的战略机动性的力量倍增器的效果。衍生维度既是这两大基础维度互动的延续,又引领着两大基础维度互动方式的变革。一方面,对于地缘类属身份的划分仍然延续了"海权强国"与"陆权强国",而始终没有出现"空权强国",这意味着两大地缘政治基础维度仍具有相当强的稳定性和延续性。从这一角度讲,海陆仍构成当今地缘政治博弈中矛盾的主要方面。另一方面,其他地缘政治维度作为矛盾的次要方面,其作用的发挥有赖于在海陆两大维度基础上的高度集成。

人类从单一的陆地走向海洋本身就源于技术的进步,而网络为人类开辟的新空间则比有形的海洋更加宽广无垠。随着"制空权""制信息权""制电磁权"和"人工智能武器"等新技术在战争中的加速应用,这种趋势正在将海陆二维地缘政治互动推向更高的竞争维度。鉴于地缘政治新维度对权力竞争的巨大影响,美国前国防部长利昂·帕内塔(Leon Panetta)认为:"下一个'珍珠港事件'可能来自网络攻击。"[2] 数字鸿沟正在拉大国家间的差距,使我们虽然处于同一个世界,却又经历着不同的时代。未

---

[1] 唐永胜:《国家安全新需求与军事理论创新》,《国际安全研究》2018年第6期。
[2] Karne Parrish, "Panetta Warns of Cyber Threat Growing Quickly", *Department of Defense News*, Washington, February 6, 2013.

来战争中的"降维打击"意味着海战能力的评估不再遵循传统的吨位加减法,而是在颠覆性技术影响下的除法原则。当优势方(分母)在颠覆性技术影响下出现数量级的增长后,劣势方(分子)在比值中的权重就可能无限趋近于零,甚至在某一个地缘政治维度里极其微小的优势都可能决定整个战争的结局,这意味着矛盾次要方面在条件成熟时有可能向主要方面转化。这要求我们去理解科贝特战略哲学时效性背后的精神内涵,而不是对其理论刻舟求剑式的生搬硬套。

作为一种对国际战略中长期反复发生的重大事件的规律性总结,海上霸权战略理论的价值不仅体现在解释和预测上,也体现在向国际政治参与者提供某种促成良性变革理念的建构和教化。当人们高度内化某种理论的知识以后,这种知识就变成了一种共有观念,进而影响行为体的政治实践。作为近代海上霸权战略理论的集大成者,朱利安·科贝特关于海上战略的若干原则,不仅是对过去海权兴衰的历史总结,其对于今天美国经略海洋霸权也起着深远的影响。而对科贝特理论的反向识读,则可能为处于成长阶段的中国海军在未来的较量中规避战略风险提供有益的借鉴与启示。

最后,研究近现代海战史经常会令人感慨"秦人不暇自哀,而后人哀之。后人哀之而不鉴之,亦使后人而复哀后人也"这句话的深刻含义。愚蠢的国家从自己的失败中积累教训,而聪明的国家则从他人的经历中总结经验。海上力量的兴衰是一个漫长的过程,这也是人们常常讲到"百年海军"的重要原因。对科贝特海上战略思想的反向识读,其目的就是为我国建成海权大国积累经验。诚然,上述观点不能保证必然成功,却可能增加中国海上力量持续崛起的成功机会。

第六章 砝码国家何以自抬身价?
——两极格局下同盟政治中的"科林斯难题"

一 问题的提出

纵观同盟关系发展的历史可以发现一类有趣的现象,当体系中存在两个主导大国且它们之间处于势均力敌的战略僵持背景下,构建同盟则成为"两极"各方增加对外战略主动性与在各自势力范围内护持霸权最有效的路径。但问题在于,主导大国借以增强战略主动性的同盟,可能因其惧怕被抛弃与背叛而面临如下困境:一方面,大国积极构建同盟的目的在于增加对外战略主动性;另一方面,为了彰显同盟内部利益的一致性而逐渐丧失对内战略主导权。

本章研究的问题是,如果说同盟间爆发的体系战争多由任性妄动的弱小盟友引发,那么何种类型的同盟主导国更容易受其摆布而逐步丧失掌控能力?为什么自伯罗奔尼撒战争以降的同盟政治中经常会出现主导大国逐步放弃建立同盟之初的"全球战略目标"而被弱小盟友的"区域战略目标"绑架和削弱,并在不知不觉而又半推半就中甘愿沦为其实现"区域战略目标"的工具,即便这种"区域战略目标"与"整体战略目标"走向出现了明显背离?探寻"砝码国家自抬身价"这种现象发生的政治条件是本章的根本目标。

当前同盟理论认为,同盟内部主导大国与追随小国之间存在着巨大的权力位差,使其成员之间呈现出非对称的相互依赖关系。相比于主导大国的战略韧性与承伤能力,小国往往更具敏感性和脆弱性。因此,同盟主导国具有充分的自主性来根据自身的利益计算进行战略规划。战略设计可以更多地着眼于主要对手,而非为了满足盟友的漫天要价。尤其是"二战"

结束后，国际体系从欧洲"中等强国"为中心的狭小舞台向全球"超级大国"为中心的宽广舞台演变趋势加速推进。超级大国与其盟友之间悬殊的实力差距使得后者任何退出或重新站队的威胁都变得无足轻重。"寡头垄断"市场模型更能够解释并防止大国被弱小盟友拖入不必要的同盟战争。[1]

这种以权力"结构性"为关注重点的同盟理论倾向认为，在等级性同盟内部，当某项区域子战略与整体战略出现矛盾时，主导大国将运用权力优势迫使盟友对自身区域战略进行调整，以实现次要战略利益服从于整体战略利益的理想要求。这将有效降低地区性冲突越轨升级为体系战争的风险。[2] 这种观点得到了克里斯托弗·格尔皮（Christopher Gelpi）和格伦·斯奈德（Glenn Snyder）等人研究成果的证实。他们的研究结论表明，在国际战争爆发前的外交斡旋中，与争端双方具有同等亲密关系的强国成功斡旋率只有31%，而与争端一方有同盟关系，而与另一方没有同盟关系的强国成功斡旋率则高达81%。该理论认为，同盟主导国成功斡旋冲突的原因一方面在于同盟内部的非对称相互依赖使得主导大国可以迫使己方小国接受其方案；另一方面在于同盟关系对未结盟方起到了威慑作用。[3]

本章关注的重点是既然大国谋求外交斡旋，就意味着战争方案不符合主导国的利益，那么为什么仍然存在19%的大国不仅没能约束弱小盟友，

---

[1] Glenn H. Snyder, "Alliances, Balance, and Stability", *International Organization*, Vol. 45, No. 1, 1991, pp. 121–142; John J. Mearsheimer, "The Tragedy of Great Power Politics", *Foreign Affairs*, Vol. 80, No. 6, 2001, p. 173; John R. Deni, *Alliance Management and Maintenance: Restructuring NATO for the 21st Century*, Burlington: Ashgate Publishing Limited, 2007, pp. 9–18; Joan M. Roberts, "Alliances, Coalitions and Partnerships: Building Collaborative Organizations", *International Review of Administrative Sciences*, Vol. 71, No. 4, 2005, pp. 660–662; Jack S. Levy, "Alliance Formation and War Behavior: An Analysis of the Great Powers, 1495–1975", *Journal of Conflict Resolution*, Vol. 25, No. 4, 1981, pp. 581–613.

[2] Victor D. Cha, "Powerplay: Origins of the U. S. Alliance System in Asia", *International Security*, Vol. 34, No. 3, 2009, pp. 158–196; Robert. O. Keohane, Celeste A. Wallander, eds., *Imperfect Unions: Security Institutions Over Time and Space*, Oxford: Oxford University Press, 1999, pp. 107–139; Kenneth N. Waltz, *Theory of International Politics*, New York: McGraw-Hill, 1979, p. 182；[英] 温斯顿·丘吉尔：《第二次世界大战回忆录》（下），史雪峰译，中国画报出版社2015年版，第378—279、382、425页。刘海军：《试论美国的联盟霸权——兼与19世纪的英国比较》，《世界经济与政治》2002年第2期。

[3] Christopher Gelpi, "Alliances as Instruments of Intra-Allied Control", in Haftendorn and Keohane, eds., *Imperfect Unions: Security Institutions over Time and Space*, Oxford: Oxford University Press, 1999, p. 132; Glenn Snyder, *Alliance Politics*, Ithaca, N. Y.: Cornell University Press, 1997, Chaps. 6 and 9.

反而被弱小盟友拖入力图避免的大国冲突之中的反常问题。通过对1815年拿破仑战争结束至1991"冷战"结束以来主要四种同盟类型（参见表6-1）占比统计发现，外交斡旋失败的案例构成了这一阶段"安全互补型"同盟的一个真子集，即主导大国外交斡旋失败的19%案例，其同盟关系类型均属于占比24%的"安全互补型"同盟。[①] 这一高度正相关为本书分析同盟类型与同盟效力的二元关系提供了突破口。

表6-1 同盟类型与效果特征

同盟类型	威胁方向	关系结构	合作特点	代表样本
威胁一致型（占55%）	外压一致（体系性与区域性目标重合）	高度认同的等级化（主导/追随）	共同命运整体协调（攻防兼备）	1. BC481希腊同盟 2. 英日同盟/英法协约 3. "冷战"时期的北约
安全互补型（占24%）	外压错位（体系性与区域性目标分散）	相互支撑的平面化（拉拢/借势）	相互借重错位互补（为证明彼此诚意而展现进攻态势）	1. 伯罗奔尼撒同盟 2. 克里米亚战争英法与土耳其结盟 3. "冷战"期间美苏在中东地区的双边同盟
权威支配型（占17%）	内部张力（大国目标压制小国诉求）	缺乏认同的离心化（控制/摆脱）	权力压制单向服从（进攻迟缓；防御倒戈）	1. 提洛同盟 2. 拿破仑欧陆联盟 3. 华沙条约组织
意识形态型（占4%）	异质文化（集体身份歧视外部世界）	身份认同的等级化（主导/追随）	主导之争主权私性集体困境（言论团结，行动卸责）	1. "三十年战争"天主教/新教同盟 2. 神圣同盟 3. 阿拉伯联合共和国

表6-1由作者总结自制。

此外，传统的同盟关系理论将重点放在权力"结构性"的问题上。但结构性权力位差普遍存在于所有同盟之中，它并不能解释为什么有些"结

[①] 本章在考察克里斯托弗·格尔皮（Christopher Gelpi）和格伦·斯奈德（Glenn Snyder）研究样本的基础上，又综合借鉴了同盟条约义务与条款"数据库（The Alliance Treaty Obligations and Provisions Project, ATOP），该数据收录了1815—2003年所有国家签订的军事同盟协定；"战争相关指数"的"正式同盟"数据库（COW Formal Alliance Data）收录了1816—2000年至少两个国家签订的所有防御协定、中立或者谅解协议（entente agreement），提供了同盟成员国加入或退出的时间，而且也包括该同盟的生命周期；"毗邻数据"库中的"直接毗邻数据"（Direct Contiguity Data），测量了国际体系中所有国家之间的毗邻程度和冲突的关系，毗邻领土效应的分解，以及对可观察和不可观察效应对冲突的影响。

构性"同盟内部大国无法约束小国的特定现象。本书认为，这种"骑士与马"的同盟关系更适用于"威胁一致型"和"权威强制型"两类同盟，却并不适用于同样存在权力位差的"安全互补型"同盟。"威胁一致型"同盟假定区域盟友与主导大国对共有威胁的认知高度一致。"权威强制型"同盟则假定主导国能够将权力相对优势充分转化为对盟友的控制和影响，并依靠强制权力迫使区域盟友参与并服从其全球战略。上述两类同盟确实能够保证主导国对盟友享有充分灵活的自主权。

但是问题在于，当今同盟政治实践中并非仅存在着"威胁一致型"和"权威强制型"——随着1989年东欧剧变，"权威强制型"同盟关系随着权力政治逻辑的式微正在变成同盟理论中的"濒危物种"——两种同盟，还明显存在着并无共同威胁、各取所需、相互借重的"利益互补型"同盟。在这种安全互补的同盟类型中，主导大国吸纳地区盟友构建同盟的目标常常是服务于"全球战略"，但地区盟友参与同盟的动机却并非担心或制衡另一个超级大国，而是希望获得本方主导大国的支持，进而谋求本地区的地缘政治与经济优势。

与前两种"等级制"同盟关系不同，"安全互补型"同盟内部关系更具"平面化"与"灵活性"特征。由于缺乏共同的安全威胁，享有结盟自主权的地区大国往往有机会借两大同盟竞相拉拢之机待价而沽。"砝码"国家自由站队给同盟主导大国带来的难题就是，不仅难以通过强制性权力迫使盟友甘愿压抑自身的局部利益诉求而服从同盟整体战略安排，甚至为了防止其退出或转换到对方阵营，而不得不对其与整体战略目标相悖的区域战略目标加以支持。

"科林斯难题"是"安全互补型"同盟中长期反复出现的地缘政治现象，同时也是本章构建理论的兴趣起点。具体来讲，"科林斯难题"是指在"安全互补型"同盟国家间，处于弱势的地区盟友（天平"砝码"角色）以向对手同盟转换或退出同盟为要挟，借以提升自身在同盟主导国（天平"托盘"角色）眼中的地缘政治价值。迫使同盟主导国在绥靖、贿赂、安抚、争夺、讨好与无条件承诺的友谊拍卖中竞相哄抬报价，以至于逐渐放弃建立同盟之初的全球战略目标，转而服务于地区盟友的次要战略目标。其最大特征就是主导国最初迟疑的、战术性的权宜之计最终却在不知不觉而又半推半就中演变为坚定的、战略性的命运抉择。

经验与常识告诉我们，两极格局下体系大国积极构建同盟的目的是增加对外战略的主动权。但"科林斯难题"的出现却导致体系大国陷入到为了维系同盟而逐渐丧失战略主动权的悖论之中，它是"安全互补型"同盟政治中主导大国面临的现实难题。战略手段通过何种方式逐步凌驾于目标之上并导致大国放弃了既定战略是本章试图解答的同盟政治迷思。本章从地缘战略心理学视角出发，试图通过揭示同盟内部的政治博弈过程来构建"安全互补型"同盟的微观理论。

二　"科林斯难题"的理论阐释

"科林斯难题"不仅是一个简单的学术概念，还是通过对一种在历史上反复出现同盟政治现象进行规律性探讨，借以构建逻辑自洽的微观理论。它意在探寻小国在何种条件下、采用何种方式自抬身价并将自身的地缘政治难题转化为整个同盟的共同难题。以下将遵循从现象到概念，再到理论的一般性认知规律对其进行理论阐释。

（一）从现象到概念：历史中的"科林斯难题"

科林斯（Corinth）位于伯罗奔尼撒半岛东北地峡。古时候伯罗奔尼撒的希腊人与伯罗奔尼撒以外的希腊人之间几乎所有的交往都是通过陆路进行的，科林斯领土是他们交往的必经之地。同时，它又是穿过萨罗尼科斯和科林西亚湾通向伊奥尼亚海的航海要道。古代船只要经过科林斯地峡，就需要从地峡的一边被拽到另一边。因此，科林斯自古以来不仅是伯罗奔尼撒同盟中最富有的城邦，也是一个希腊本土和伯罗奔尼撒半岛连接的战略要地。[1]

科基拉（Corcyra）位于古希腊西部伊奥尼亚海，是由科林斯移民组建的殖民地。但与科林斯其他殖民地不同，在举行公共节日聚会[2]——例如，在科基拉举行的祭神牺牲仪式——时都没有按照希腊城邦的习俗而在母邦科林斯人面前表现出应有的恭顺。科林斯人认为，科基拉自恃财富可以与

---

[1] ［古希腊］修昔底德：《伯罗奔尼撒战争史》（上册），徐松岩译，上海人民出版社2012年版，第7、44页。

[2] 公共节日聚会系指希腊四大竞技聚会：奥林匹亚竞技会和皮西亚竞技会、地峡竞技会、提洛岛竞技会。本章指在科林斯举行的地峡竞技会。母邦的特权是指荣耀地位，殖民城邦向母邦呈献牺牲，派遣代表参加科林斯的典礼等。

母邦相比而表现傲慢，更让科林斯人愤怒的是他们还将自己的海军荣誉归因于原住民腓亚基亚人。①

爱皮丹弩斯（Epidamnus）位于伊奥尼亚湾入口的右手边，是由科基拉移民建立的一个殖民地。追根溯源则是由科林斯人爱拉托克雷德斯的儿子法里乌斯建立的。在公元前435—前434年，爱皮丹弩斯与毗邻的异族人交战遭受重挫后，邦内平民驱逐了贵族。被驱逐者投靠了异族人并联合异族从海陆进攻爱皮丹弩斯。爱皮丹弩斯人在情急之下请求母邦科基拉的援助以便摆脱这一困境。但这一援助请求遭到了母邦科基拉人的拒绝。

当进退维谷的爱皮丹弩斯人知道他们无法从科基拉得到援助时，"德尔菲"神谕他们把城市交给更高的母邦科林斯人，请求并接受其保护。爱皮丹弩斯人按照神谶的指示，派人前往科林斯。他们指出，城市的建立者是科林斯人，并说出神谶的内容。他们请求科林斯人援助他们，使他们不致遭到异族的毁灭。科林斯人马上同意了他们的提议并迅速派出了自己的军队和移民。爱皮丹弩斯人认为，科林斯人和科基拉人一样，有权把他们当作自己的殖民地，实施母邦保护的责任。另外，作为科林斯人的后裔，爱皮丹弩斯人怨恨科基拉人对母邦的轻蔑。②

科林斯人对爱皮丹弩斯的援助招致了科基拉人的怨恨。双方于公元前435年春爆发了一场战争。结果却出乎意料，科基拉人取得了决定性胜利。科林斯人为了复仇，于公元前433年再次准备向科基拉发动新的战争。但这一年向来以不结盟为特征的科基拉以"希腊有三大海上强国——雅典、科林斯和科基拉。如果你们让其中两个合二为一，让科林斯控制了我们，那么你们就不得不防止与科基拉和伯罗奔尼撒的联合舰队作战"③为理由，迫使雅典与科基拉结成有条件的防御性同盟。④ 这导致科林斯为了实现重

---

① ［古希腊］修昔底德：《伯罗奔尼撒战争史》（上册），徐松岩译，上海人民出版社2012年版，第53页。
② ［古希腊］修昔底德：《伯罗奔尼撒战争史》（上册），徐松岩译，上海人民出版社2012年版，第52—54页。
③ ［古希腊］修昔底德：《伯罗奔尼撒战争史》（上册），徐松岩译，上海人民出版社2012年版，第60页。
④ 该同盟具有明显的防御性。它不能违背雅典人与伯罗奔尼撒人的和约：科基拉人不能要求雅典人和他们联合起来进攻科林斯。只有在本国领土或某个同盟国遭到入侵时，订立盟约的各方才有义务实施援助。参见［古希腊］修昔底德《伯罗奔尼撒战争史》（上册），徐松岩译，上海人民出版社2012年版，第64页。

新夺回对科基拉与爱皮丹弩斯这两个殖民地，就必须寻求来自伯罗奔尼撒盟主斯巴达人的帮助。

公元前432—431年，在斯巴达公民大会上，科林斯人以"不要让我们其他盟邦不得不在失望中加入其他同盟（这里指雅典人主导的提洛同盟）……诸神不会谴责那些在危难之中被迫去寻求新援助的人们，而会谴责那些冷眼旁观并拒绝给予盟友援助的城邦"① 作为威胁，迫使拉栖代梦的伯罗奔尼撒同盟大会作出了为帮助盟友科林斯恢复对殖民地科基拉与爱皮丹弩斯的控制权力②而向雅典宣战的决定。至此，地缘政治的博弈战场正式从科林斯与科基拉区域性"狭小舞台"跃升为雅典人与拉栖代梦人体系性的"宽广舞台"。

值得注意的是，古希腊国际政治体系中的两极格局与美苏两极格局存在着根本差异，前者所处的国际体系是开放的。在古希腊两极格局背后，隐含着波斯帝国、马其顿、叙拉古等庞大的侧翼强权。因此，雅典人与拉栖代梦人均非常珍视"第一次伯罗奔尼撒战争"③ 后双方达成的"三十年和约"。这一和约就像今天美苏之间约定欧洲现状不可破坏的《赫尔辛基协定》一样，构成了双方共同的安全利益。例如，公元前433年，当科林斯对科基拉的进攻因雅典人的援助而受挫时，雅典人并没有乘胜追击，反而选择对科林斯海军网开一面。为了避免激怒背后的斯巴达人，严格奉行防御义务的雅典人在面对科林斯使者质问时不仅制止了科基拉人要求杀掉科林斯使者的鼓动，同时也表明了其防御目的："伯罗奔尼撒人啊，我们既没有发动战争，也没有破坏和约。如果你们往其他方向航行，我们绝不会阻拦你们。但是如果你们航行去进攻科基拉，我们将尽全力采取防御。"④ 残存的科林斯舰队在

---

① ［古希腊］修昔底德：《伯罗奔尼撒战争史》（上册），徐松岩译，上海人民出版社2012年版，第78—79页。

② 科林斯与科基拉海战后，科林斯人卖掉了科基拉俘虏中的800名奴隶，但是对其余250名科基拉公民俘虏却予以特别关照。修昔底德认为："科林斯人希望他们将来回去后，使科基拉再回到科林斯这边来。后来科林斯实施了这个计划，引发了科基拉的党争和流血冲突。"参见［古希腊］修昔底德《伯罗奔尼撒战争史》（上册），徐松岩译，上海人民出版社2012年版，第69页。

③ 学界倾向于将公元前461—前446年间，以雅典人为首的和以斯巴达人为首的两大城邦之间的战争称为"第一次伯罗奔尼撒战争"，而称公元前431—前404年二者之间的战争为"第二次或伟大的伯罗奔尼撒战争"。在古典学论著中，如果不特别注明是哪一次，通常是指修昔底德所著的"第二次伯罗奔尼撒战争"。

④ ［古希腊］修昔底德：《伯罗奔尼撒战争史》（上册），徐松岩译，上海人民出版社2012年版，第68页。

得到雅典维护和约的防御性答复后平安地驶出了包围圈。

虽然斯巴达人对雅典的崛起感到恐惧，但尚未做好准备的斯巴达人也不愿过早结束这一对护持自身霸权有利的和约。在讨论是否对雅典开战的斯巴达公民大会上，国王阿奇达姆斯综合分析了雅典的海军、双方的公共资金、域外大国波斯的虎视眈眈、国内黑劳士暴动等因素后认为，为了科林斯而过早地结束与雅典的"三十年和约"不是一个明智的选择。尤其是当整个同盟为了局部成员利益而宣战，而战争的进展又是无法预测的，想求得令人满意的结果非常不易。① 但在阿奇达姆斯国王发言后，对国王不法行为具有监察和审判权的监察官斯森涅莱达斯则从"温泉关记忆"中认为，如果我们是贤明的，就不应该对于别人侵害我们的盟友坐视不管，也不应将今天援助受害盟友的责任拖延到明天。我们不应让别人批评我们在盟友受到侵害时还在讨论法律诉讼的问题。我们应当给予同盟者迅速而强有力的援助，以免导致更多盟友的恐惧……不要使我们的同盟者陷于毁灭！② 至此，经过拉栖代梦公民大会的表决，"三十年和约"在缔结后的第14年宣告失效。

科林斯人与雅典人无冤无仇，他们只想夺回对殖民地科基拉和爱皮丹弩斯的控制权；雅典人与科林斯人无冤无仇，他们被迫吸纳科基拉进入同盟，只是想确保科基拉的海上力量不被伯罗奔尼撒人兼并。同时，"三十年和约"也有助于雅典人应对波斯帝国的威胁。公元前446年伯罗奔尼撒同盟的进攻让雅典人明白，以雅典帝国的实力无力同时在两条战线与波斯和斯巴达争雄。③ 卡根（Kagan）认为："从雅典签订三十年和约后的表现可以看出，它不再野心勃勃，其行为也不再威胁到伯罗奔尼撒同盟的任何城邦。"④ 在波斯帝国等强权环伺的大背景下，斯巴达人享有与雅典人维护和平条约的利益，却陷入要么支持科林斯人从雅典口中夺回科基拉，从而

---

① ［古希腊］修昔底德：《伯罗奔尼撒战争史》（上册），徐松岩译，上海人民出版社2012年版，第86页。
② ［古希腊］修昔底德：《伯罗奔尼撒战争史》（上册），徐松岩译，上海人民出版社2012年版，第87—88页。
③ 晏绍祥：《雅典的崛起与斯巴达的"恐惧"：论"修昔底德陷阱"》，《历史研究》2017年第6期。
④ ［美］唐纳德·卡根：《伯罗奔尼撒战争的爆发》，曾德华译，华东师范大学出版社2014年版，第205—206页。

引发"世界大战";要么接受科林斯因愤怒或战败而加入提洛同盟[1],从而彻底丧失与雅典的"权力均衡"。科林斯人将自身的地缘政治难题推给了盟主斯巴达,而斯巴达为了防止盟友因失望而背叛,不得不放弃与雅典和平的总体战略,转而带领伯罗奔尼撒同盟投向了导致整个大希腊全面衰落的体系战争。以上就是国际关系史中的"科林斯难题"。它是弱小盟友科林斯的区域难题,却最终上升成为整体伯罗奔尼撒同盟的体系难题。

(二)"科林斯难题"的前提假定

本章构建理论的前提假定主要有三点,故只有在满足以下三点假定的前提下,同盟政治中的"科林斯难题"才具备生成条件与环境。

第一,"科林斯难题"产生的政治条件是体系存在两个势均力敌、均无法取得决定性优势的安全同盟。[2] 本书认为,两极均势是权宜性的,大国构建安全同盟的目的不是维持权力均势,而是最终获得单极优势。为了获得霸权地位,争取控制世界权力三大核心区——"技术核心区""生产核心区"和"资源核心区"[3]——或者避免对手夺取、破坏或间接控制上述热点区域,构成了两大同盟主导国赢取战略优势的核心锁钥。"三大核心区"的共有地缘观念很容易衍生出三种战略迷思,即"心脏地带迷思""多米诺迷思"和"黄金之国迷思",这就意味着有能力给同盟主导国带来"科林斯难题"的地区盟友应是处于世界权力三大核心区的国家。

第二,"科林斯难题"的适用对象是"安全互补型"同盟,即试图通过构建相互借重的互助同盟获得各自的战略需求。同盟主导国与区域大国并不存在高度一致的安全威胁。尽管全球均势变化对体系超级大国十分重要,但地区国家结盟的目的主要针对区域内部周边国家的权力竞争。由于实力限制了利益诉求,同盟中区域大国首要地缘战略目标往往是如何借助盟主的力量获得"地区优势",而非主导国更加关注的"全球优势"。因此,对于区域盟友来讲,加入同盟的问题永远不是"哪一个超级大国更强

---

[1] [古希腊]修昔底德:《伯罗奔尼撒战争史》(上册),徐松岩译,上海人民出版社2012年版,第78—79页。
[2] 杨原和曹玮认为,这样的两极结构背景下小国更具备"对冲战略"与"两面结盟"的可能性。参见曹玮、杨原《盟国的敌人还是盟国?——古代朝鲜半岛国家"两面结盟"之谜》,《当代亚太》2015年第5期。
[3] Robert J. Art, *A Grand Strategy for American*, Ithaca: Cornell University Press, 2003, p. 45.

大"而是"哪一个超级大国更愿意帮忙",这就将区域与全球地缘战略目标高度相合的"威胁一致型"同盟排除在研究对象之外。在"威胁一致型"同盟中,小国由于缺乏选择而更怕被大国抛弃,并最终形成类似于两次世界大战期间英法"骑士与马"的主从关系。

第三,因空间、地貌与水体阻隔等"地理磨损"要素的存在,世界政治的重要赌注、占据重要战略位置或是具有改变本地区权力平衡的区域大国——战略平衡砝码国家——享有较高的行动自由与结盟自主性。这就将"权威支配型"同盟——苏联控制下的华沙条约组织、雅典控制的提洛同盟、纳粹德国控制的欧陆同盟以及拿破仑控制的欧陆同盟——排除在研究对象之外。

(三)"科林斯难题"生成的政治逻辑

从同盟主导国角度来讲,当两大对立同盟都试图获得权力相对优势时,关键性区域盟友的去留就变得十分重要,至少在主导大国的认知中看上去非常重要。在传统地缘战略话语逻辑影响下,主导大国对盟友价值认知可能会出现偏差并导致其陷入"多米诺推论""黄金之国推论"与"心脏地带推论"。布热津斯基(Brzezinski)认为,美苏霸权国争夺的重点是除它们之外的世界权力三大核心区,即技术核心区——欧洲(欧洲桥头堡)、生产核心区——亚太(远东之锚)、资源核心区——中东(欧亚大陆之巴尔干)。[1] 其中,"多米诺推论"主要表现在美苏两大阵营在亚太地区的争夺;"黄金之国推论"主要表现在美苏同盟在资源核心区——中东地区的结盟竞价;"心脏地带推论"主要表现在西方与苏联在欧洲地区的争夺。

第一,在生产核心区的"多米诺推论"(也称"温泉关推论")源于第二次波希战争的历史经验。[2] 当时的斯巴达国王里奥尼达认为,如果温泉关失守,波斯大军将像决堤的洪水一样涌入希腊各邦。今天,"多米诺推论"往往指某一具有地缘政治"前沿阵地"作用的第一块多米诺骨牌。

---

[1] Zbigniew Brzezinski, *The Grand Cheesboard: American Primacy and Its Geostrategic Imperatives*, Philadelphia: Basic Books, 2016, Chapter 3, 5, and 6. 转引自王鹏《"对冲"与"楔子":美国"印太"战略的内生逻辑》,《当代亚太》2018年第3期。

[2] Peter Green, *The Greco-Persian Wars*, Berkeley: University of California Press, 1996; Ian Macgregor Morris, "To Make a New Thermopylae: Hellenism, Greek Liberation, and the Battle of Thermopylae", *Greece & Rome*, Vol. 47, No. 2, 2000, pp. 211-230.

"冷战"时期，美国在"越战"中不断追加筹码也源于这一战略迷思，即如果丢失了越南，整个东南亚地区就会向多米诺骨牌一样接连倒向共产主义，进而威胁到澳大利亚和新西兰的安全。同理，美国积极介入朝鲜战争的一个重要推论就是如果任由整个朝鲜半岛并入共产主义阵营，那么海峡对岸的日本将很可能通过玩弄手段在两大集团之间周旋。在西方国家无法满足其政治独立、重新武装和经济复兴等需求时，日本可能会迅速投入克里姆林宫的怀抱，进而使苏联在远东共产主义工业体系中汲取到相当于自身25%的额外战争工业潜能。[1] 一旦远东地区出现一个民族主义或中立主义并倒向共产主义阵营的日本，那么以苏联为核心并整合东北亚资源的共产主义阵营就意味着美国在太平洋地区可能要重新面对一个比1941年之前的日本帝国拥有更多资源的更可怕的对手。这一前景令美国深感焦虑不安。"多米诺推论"还存在着另一层积极含义，即如果能够阻止多米诺骨牌的坍塌，还有机会通过"以其人之道还治其人之身"的方式让其朝着相反方向倒推回去并形成战略反噬。第二种思路常见于日本"将棋"规则中棋子身份的逆转。

第二，资源核心区的"黄金之国推论"主要指蕴藏大量资源，却很容易被征服的地区。[2] 因此，必须通过在这一地区建立起足够强大的同盟，才能确保将此地据为己有，至少防止它落入敌手。"黄金之国"的逻辑认为，对"资源核心区"的排他性掌控可以使己方在物质实力对比中获得优势。为了获得在"黄金之国"地区的排他性优势地位，"冷战"期间美、苏在中东地区进行了最激烈的、不计成本的争夺盟友竞赛。历次中东战争背后都能找到两个超级大国的影子。而这些超级大国"代理人"则可以利用美苏两国害怕失去地区盟友的心理，不断地以转换同盟为要挟来迫使同盟主导国支持其区域地缘战略目标。

第三，技术核心区的"心脏地带推论"主要是指现代国际体系发源地

---

[1] Melvyn P. Leffler, *A Preponderance of Power: National Security, the Truman Administration, and the Cold War*, Stanford: Stanford University Press, 1992, pp. 9, 339.

[2] Robert Jervis, Jack Snyder, eds., *Dominoes and Bandwagons: Strategic Beliefs and Great Power Competition in the Eurasian Rimland*, New York: Oxford University Press, 1991, p. 23; Jack Snyder, *Myths of Empire: Domestic Politics and International Ambition*, Ithaca: Cornell University Press, 1991, pp. 3 – 4; Woodruff D. Smith, *The German Colonial Empire*, Chapel Hill: University of North Carolina Press, 1978, pp. 243 – 270.

的欧洲部分。①"二战"结束后，国际体系正式迈入"洲级大国时代"。其最大特征就是体系主导权从欧洲"中等强国"向美苏"超级大国"转移。如果说英法霸权时代将中东欧视作影响海陆权力格局演化的"心脏地带"，那么美苏两极格局——后来变为美国单极格局——时代争夺的技术核心区就扩大为延伸至北大西洋沿岸、包含英法德所有"中等强国"的整个欧洲。纵观整个"冷战"时代，从地区生产总值、安全开支、知识创新到金融信贷四种结构性权力，欧洲地区都是最能影响美苏两大同盟体系权力分配的力量要素。②

"技术核心区"居于三大核心区之首。它是两大同盟集团最敏感、也最具进攻性的地区。两次世界大战均源于欧洲，其背后隐含的逻辑在于技术对产业升级、生产效率提高、能源结构优化、资源机动性增强等起着决定性作用。控制技术核心区的意义在于，即便苏联可以凭借蛮力并依靠"烟囱工业"再现19世纪80年代那种蛮力的经济增长，即便其钢铁产量比美国多80%，生铁产量是美国的200%，发动机产量是美国的5倍，如果它不能升级自身的产业结构，去适应一个日益建立在以硅晶和软件产业为基础的新时代，就算传统重工业烘托下的GDP增长再多，也会因日益拉大的技术代差而愈发脆弱。③

---

① "心脏地带"概念最早由詹姆斯·费尔格雷夫（James Fairgrieve）在其1915年的著作《地理和世界强权》中提出。麦金德将自己"枢纽地区"概念与"心脏地带"理论进行结合，提出了"大陆心脏地带"理论。参见［英］麦金德：《民主的理想与现实》，武原译，商务印书馆1965年版，第73页。此后，哈尔福德·麦金德（Halford John Mackinder）扩大了这一概念的范围，将东中欧地区视为"心脏地带"的核心部分，并预言"谁控制了东（中）欧，谁便控制了'心脏地带'；谁控制了'心脏地带'，谁便控制了'世界岛'；谁统治'世界岛'，谁便统治了世界"。参见［英］麦金德《民主的理想与现实》，武原译，商务印书馆1965年版，第134页。"心脏地带"这一概念的外延并非是固定不变的，而是随着体系霸主英国依据其控制世界技术核心区需要——从遏制俄国到遏制德国，再到遏制苏联——而在欧洲地区出现了不同范围的调整。第二次世界大战后，国际体系进入"洲级大国"时代。曾经英法德这样的地缘战略旗手国家沦为体系"中等强国"。本章选取卡赞斯坦对"心脏地带"的界定，将"心脏地带"定义为延伸至北大西洋沿岸的西欧部分也算作霸权技术核心区之内。参见［美］彼得·卡赞斯坦《地区构成的世界：美国帝权中的亚洲和欧洲》，秦亚青、魏玲译，北京大学出版社2007年版，第5页。

② Susan Strange, *State and Market—An Introduction to the International Political Economy*, London: Pinter Publishers, 1988, pp. 27 – 28; Paul Kennedy, *The Rise and Fall of the Great Powers*, New York: Vintage Books, 1989, pp. 384, 436.

③ Eric Hobsbawm, *The Age of Extremes: A History of the World, 1914 – 1991*, New York: Pantheon Books, 1996, pp. 309 – 310.

整个"冷战"期间，美苏对"技术核心区"——欧洲地区——的权力波动均异常敏感。除了发生在美国后院的古巴导弹危机外，两次柏林危机最有可能导致美苏不用"代理人"——朝鲜、越南、非洲、美洲和中东地区美苏为了避免直接对抗都采用"代理人战争"的方式——而亲自走向超级大国对抗前台。鉴于欧洲地区的重要战略价值，美苏两国在压力允许的范畴内均对地区盟友的诉求给予了最大可能的关注和满足。美国方面对北约盟友的经济援助与安全承诺自不待言。即便是依靠权力构建的"权威型同盟"，苏联对华约盟友的经济扶持也是不遗余力。20世纪60年代苏联出口产品还以机械设备、运输工具以及金属制品为主。而为了帮助经互会的华约盟友发展经济以换取它们的政治效忠，苏联宛如专业从事天然资源的殖民地一般，为其东欧盟友——捷克斯洛伐克、波兰、德意志民主共和国——的工业经济提供廉价原料和近乎不受限制且要求不高的广大市场。以至于1985年，苏联逐渐沦为以出口能源为主（石油及天然气占出口总额53%）。反之，其进口产品几乎60%为东欧盟国生产的机械设备和工业消费品。[1] 当然，如果盟友想抛开苏联搞"布拉格之春"，它就会马上感受到"权威支配型"同盟的压力。

（四）"科林斯难题"的基本假说

基本假说1：如果说区域盟友对同盟主导国战略杠杆取决于结盟自由度、安全利益一致性和战略区位价值三种要素，那么"安全互补型"同盟中的区域盟友——尤其是处于世界权力三大核心区——往往比其他三种类型的盟友更可能激活主导大国的战略迷思与介入意愿，进而导致区域战略目标绑架同盟的整体战略规划的问题。

基本假说2：砝码国家能够自抬身价的主观因素在于传统地缘政治话语对观念的建构效用以及在此效用下双方认知图式的自我保持。由"技术核心区"衍生出的"心脏地带推论"、"生产核心区"衍生出的"多米诺骨牌推论"、"资源核心区"衍生出的"黄金之国推论"建构了区域盟友的地缘战略价值。尤其是当同盟主导国与地区盟友共同内化了上述认知后，这种共识将强化双方对砝码国家战略价值的认知。从话语建构主义角

---

[1] Eric Hobsbawm, *The Age of Extremes: A History of the World, 1914–1991*, New York: Pantheon Books, 1996, p. 579.

度讲，正是这些过时的地缘政治话语和观念构成了同盟主导国陷入承诺困境，以及在这些区域内砝码国家自抬身价的主观因素。

基本假说3：砝码国家周旋于两大同盟之间并谋求自抬身价的行为多发生于"安全互补型"同盟之中。"安全互补型"同盟既不存在"威胁一致型"同盟中的共有外在威胁，也不存在"权威支配型"同盟中的强制力约束。与前者相比，它缺乏一致性利益；与后者相比，它缺乏惩治性约束。这就意味着一方面，在外压错位的"安全互补型"同盟内部，区域盟友往往有更高的意愿和能力与同盟主导国不断地展开合作议价；另一方面，即便同盟成员在和平时期频繁举行首脑会晤、联合演习、联席会议、发表共同声明等展现的姿态多么团结，一旦需要将整个同盟迅速集结起来并让它马上投入战斗，则往往会令人大失所望。在"安全互补型"同盟中，主导国经常会面临启动缓慢、效率低下、成本高昂、坐地加价、临阵倒戈或责任推诿等各种问题。毕竟所有的国家都是利己行为体，都具有以最小代价、最大收益而参与互惠同盟的强烈动机。对于主导大国来讲，地区同盟真正的地缘战略价值在于其不被使用时因数量、声势产生的威慑效果（对0.5贡献的加法），而非其真正被启动时的实际效果（对0.5贡献的乘法）。

基本假说4："安全互补型"同盟与"威胁一致型"同盟之间会随着安全压力的变化而出现转化。一方面，如果地区大国预感到超级大国中的一方具有入侵或灭国倾向，那么它就会放弃原有在两者之间的待价而沽，转而积极主动谋求与另一个超级大国之间建立"威胁一致型"同盟。另一方面，如果超级大国中的一方降低了对地区大国的威胁，则会使对手原有的行动力较强的"威胁一致型"同盟降格为行动力较弱的"安全互补型"同盟。

基本假说5：与人们通常的认知相反，国际政治中经常出现的"盟国的敌人还是盟国"的现象大多出现在"意识形态型"同盟关系中，少部分出现在"安全互补型"同盟中，没有出现在"威胁一致型"同盟关系中。在"意识形态型"和"安全互补型"同盟内部，当某个国家无法为其盟友提供不可或缺的安全利益时，它更可能默许其盟友两面结盟的选择。

基本假说6：米迦勒·沙利文（Michael Sullivan）认为，超级大国对区域大国的经济军事援助将导致依赖国与超级大国之间确立主从关系。[1] 但

---

[1] Michael J. Sullivan, *Measuring Global Values: The Ranking of 162 Countries*, Westport: Greenwood Press, Vol. 51, No. 2, 1991, p. 72.

本书认为，只有在"威胁一致型"或"权威强制型"同盟中这种援助才能确立主从关系——事实上在这种情况下，即便不援助，小国也愿意确立这种关系。在此，援助是结盟的结果而非原因。而在缺乏共同威胁的"安全互补型"同盟中，主导国对区域盟友的军事或经济援助对确立主从关系所起到的作用十分有限，这反而可能导致区域子战略绑架全球整体战略的被动局面。单纯对盟友区域战略的支持不仅难以培植可靠的"代理人"，反而可能因给盟友和敌对同盟发出错误的支持信号而导致同盟关系的紧张与失控。一方面，地区盟友和敌对同盟可能根据援助力度判断主导大国对其区域政策的支持，从而得出与同盟主导国本意相悖的结论。另一方面，由于援助增强了盟友在地区的实力，进而可能导致其执行更加冒险的战略计划。军事援助本应成为同盟强化的结果而不是原因，但在"互补型同盟"关系中，则变成了盟友从主导国方面榨取支持能力的象征。

基本假说 7：在洲级大国时代的两极结构中，一个盟友的背叛或另一个盟友的加入不再能够改变权力均衡，也无法实质性地影响超级大国的权力对比。因此，主导大国不应过度关注盟友的背叛——事实上一个质量较大的砝码也许能够使天平一端有所升高，另一端有所降低，但在超级大国压倒性权势背景下，这些干涉变量不可能使超级大国间的平衡关系发生颠覆性逆转[1]，而应警惕承诺逐渐扩大、野心过度膨胀、不区分进攻防御情势、过分关注威望，进而避免因自身无条件支持盟友区域进攻行为而导致出现更大的结构性制衡。

洲级大国时代的开启已经改变了除传统地缘政治思维以外的一切事务，它对同盟政治理论提出了全新的前提假定。我们在使用"结盟"与"权力"这类话语的常规用法来描述"核恐怖平衡"下的地缘政治时，也表现出某种思维落后于时代的不适当性。在洲级大国时代，区域盟友的转换对两大阵营权力增减的边际效应不可能产生决定性影响。不可否认，从前这种游离进退的自由曾使中等国家——或小国中的较大国家——在近代欧洲体系的权力天平中扮演着重要的甚至是决定性的角色。从欧洲传统地缘政治角度讲，担心一旦主导国不能满足盟友的需求就可能导致其背叛行为，这既符合多极化背景下结盟均势理论的一般传统，也构成了主导大国

---

[1] Hans J. Morgenthau, *Politics among Nations: The Struggle for Power and Peace*, New York: McGraw-Hill, 2005, pp. 348–349.

区域战略产生众多事与愿违结果的重要原因。① 砝码国家愿意沿用传统地缘政治的话语，以便从主导大国那里获得更多的支持。但事实上，它们转换同盟的威胁不应被过分夸大和关注，对于任性妄动、不负责任、坐地起价的信誉不良者，对方同盟要么选择将其看作负担而加以拒绝，要么就不得不吞下增加负担的苦酒。

三 "科林斯难题"的案例验证

在两大集团争夺地区盟友的零和博弈中，砝码国家往往可以做出"两面下注"的姿态，以求得自抬身价的有利结果。这种"友谊拍卖"的结果就是迫使它中意的同盟一方开出远远高于其战略价值本身的报价。"科林斯难题"既是小国将自身区域问题转嫁为整个同盟难题的博弈过程，也是主导大国因过分关注局部战略手段而迷失整体战略目标的政治现象。

本章将分别选择在世界权力"技术核心区""生产核心区"和"资源核心区"出现的三种"安全互补型"同盟案例进行无差别验证。考察样本主要包含欧洲地区的意大利、奥匈帝国、"冷战"时期中东地区的埃及、约旦等国，以及中苏同盟和中美 70—80 年代"准同盟"。② 这其中既包含陷入"科林斯难题"的证实案例，也包含成功规避"科林斯难题"的证伪案例。为了确保验证的科学性，本章将不仅关注能够支持基本假说的证实案例，更关注那些证伪案例。只有看似并不符合本章假说的证伪案例仍与这一微观理论的内在逻辑并行不悖，才能够证明该理论的有效性。

---

① Joseph S. Nye, *The Making of America's Soviet Policy*, New Haven: Yale University Press, 1984, p. 242.

② 国际体系最初的"技术核心区"与"生产核心区"高度重合在欧洲。20 世纪 70 年代全球产业结构从欧洲向东亚地区转移，"冷战"后期至今，东亚地区逐渐成为全球"生产核心区"。但由于《中苏友好同盟互助条约》有效期为 30 年。中国于 1979 年 4 月 30 日宣布不再延长该条约，依据条约规定，条约于一年后期满时废止。自 1972 年尼克松访华至 1989 年期间，中美"蜜月期"长期保持准同盟关系，这种关系就像美国和以色列一样，存在着实际合作，但没有法律条约上的义务。而名存实亡的中苏同盟则经历了多年的实际破裂后走向了自然解体。为了配合"韬光养晦，决不当头"的崛起战略，中国在国际政治中长期奉行低调的"不结盟政策"。东亚地区的美日同盟则由建立初期的"权威支配型"向"安全一致型"转变，因此也被排除在"安全互补型"同盟类型之外。本章关于"同盟"的定义认为，"同盟是两个或多个主权国家之间在安全合作方面所作出的正式或非正式的安排"。参见张景全《同盟视野探析》，《东北亚论坛》2009 年第 1 期。

(一) 对证实案例的考察

案例验证1：19世纪70年代以前，长期处于分裂状态的意大利地区一直是兼具"技术核心区"与"生产核心区"的欧洲权力天平的重要砝码。在当时的欧洲大国看来，鉴于意大利地处影响世界权力的"技术核心区"与"生产核心区"重合的区位优势，同时鉴于它既没有力量单独成为霸权，又拥有力量使大国间的平衡发生倾覆，欧洲主要强国都谋求通过对意大利让步来换取其合作或效忠。布莱恩·沙利文（Brian Sullivan）将意大利这类国家称为"欧洲地缘政治中的战略平衡砝码"[1]。

意大利人一直有着狮子一般的帝国雄心，但限于他们的牙口儿不太好，所以在近代国际政治中直接作为地缘政治大国彰显权力的表现一直乏善可陈（当然，如果给我一个月的时间仔细琢磨，我可能会想起那么一两件它表现优秀的案例）。早在意大利实现统一之前，它就习惯了在欧洲各国君主之间充当待价而沽的大质量砝码角色。例如，皮德蒙特——这个在法国与意大利的奥地利领地之间的缓冲国——在意大利统一战争时期曾得到了拿破仑三世的鼓励。当1860年加富尔占领教皇国时，皮德蒙特走得远超拿破仑三世的预料。[2] 自1871年实现统一后，意大利更一度获得与"英、法、俄、普、奥"并称的列强身份。因此，从波旁王朝对哈布斯堡王朝，到拿破仑法国对反法同盟，再到同盟国对协约国，对意大利的控制或拉拢往往成为改变"欧洲两极体系时期"权势的关键锁钥。

"一战"前，意大利与德奥结成了典型的"利益互补型"同盟。"一战"爆发后，意大利便以"尚未准备充分"为理由——同时以放弃"中立"并加入协约国一方姿态为要挟——对三国同盟进行了趁火打劫式的"二次要价"。它并不关心未来欧洲体系由法国主导还是德国主导——与意大利盟约的价值还不如书写它所用的纸张和墨水价格——它唯一关心的是意大利作为未来东南欧与亚得里亚海地区支配性大国地位。为此，它对"三国同盟"开出的最新参战报价是：取得蒂罗尔和伊斯特里亚以完成

---

[1] Brian R. Sullivan, "The Strategy of the Decisive Weight: Italy, 1882 – 1922", in Williamson Murray, MacGregor Knox, eds., *The Making of Strategy: Rulers, States, and War*, Cambridge: Cambridge University Press, 1994, pp. 307 – 351.

[2] Martin Wight, *Power Politics*, London: Royal Institute of International Affairs, 1978, p. 167.

"民族统一"（这两个地区居民中意大利人均不占多数）；获得亚得里亚海地区的主导地位；在近东及殖民事务中的强国地位得到承认。为了最大限度地从同盟内部榨取让步，迪圣茱莉亚诺（Giuliano）于1914年7月26日向萨兰德（Zahlander）提议："没有立即决定参战的必要……我们必须使国内外每个人都猜疑我们的态度和决定，以此方式力图得到最多的好处。"①

这一自抬身价的战略对盟主德国立刻奏效了。为了让这个从一入伙就表现得三心二意的"绿头蝇"（意大利人总是在你想要安静一会儿的时候仍然在你耳边絮絮叨叨地说个没完）早日投入英德争霸战争，德国试图劝说奥匈拿出一部分在巴尔干地区所得的"糖果"进行补偿。为此，德国前任首相冯·比洛（Von Bulow）亲自到罗马告诉意大利人："只要快点参战，他们在弗朗西斯·约瑟夫——奥匈帝国皇帝——口袋里能找到什么，德国就给他什么。"②

德国想让奥匈帝国吐出部分利益来拉拢意大利，以此求得"三国同盟"赢得欧洲体系霸权的良苦用心被只关心巴尔干区域利益的奥地利人当场泼了一盆冷水。关注在东南欧地区建立霸权的奥地利人对德国的"世界政策"与"欧陆霸权"并不买账。他们认为蒂罗尔——那里居住着30万日耳曼人——是奥匈这个多民族君主国里最坚强的支持者；而在亚得里亚海作出让步则等于把克罗地亚人推进了塞尔维亚的怀抱。正如奥匈帝国驻君士坦丁堡大使以尖刻的得意态度所言："要么放弃博斯普鲁斯海峡以及德国在近东的地位，要么同奥地利福祸与共并肩前进。"③ 自从为了满足奥匈帝国在巴尔干谋求支配性地位而一再开罪俄国后，德国的"世界政策"便不断降格成为协助其弱小盟友追求地区霸权的工具。这注定了当德国踌躇满志地在争夺欧洲与世界霸权的战争中走向战场时，它的两个盟友一个为了局部利益而漫天要价，另一个则不肯为了自己局部的、可能得而复失的利

---

① ［美］布赖恩·沙利文：《充当决定性的砝码：意大利的战略》（1882—1929），载［美］威廉森·默里等编《缔造战略：统治者、国家与战争》，时殷弘等译，世界知识出版社2004年版，第347—348页。

② Alan John Percivale Taylor, *The Struggle for Mastery in Europe 1848–1918*, Oxford: Oxford University Press, 1977, pp. 544–546.

③ Alan John Percivale Taylor, *The Struggle for Mastery in Europe 1848–1918*, Oxford: Oxford University Press, 1977, p. 514.

益而服从整体战略。而此时"三国同盟"的主导国既没有筹码引诱意大利参战，也不敢强迫奥匈帝国对意大利妥协，它只能在两头讨好中坐视意大利转换同盟。

当意大利人认识到在这种零和博弈中只有奥匈帝国战败才能获得它期待的报酬时，便于1915年3月4日转向了协约国。把敌对同盟奥匈帝国的南欧利益信手转让给意大利，这种"慷他人之慨"的做法除了在俄国会产生些许微词以外，对英法来讲完全欢迎。虽然俄国方面抱怨说，让胃口如此之大的意大利参战只会增加议和时的困难——在战胜国之间可分的胜利成果实在是太少了，但英国外交大臣爱德华·格雷（Edward Grey）则坚决认为意大利人的参战具有决定性意义，它将成为打破两大同盟在欧洲战场僵局的转折点——"我们不能只为了给塞尔维亚弄一条长海岸线而拖延这么重大的事情"[1]。鉴于当时的俄军主战场已转向德国，所以俄罗斯需要意大利人在东线帮忙分散奥匈帝国的压力。因此，除了南达尔马提亚归塞尔维亚之外，意大利人的所有要求都得到了协约国的满足。作为回报，意大利答应协约国在一个月内"对它们所有敌国开战"[2]。

第一次世界大战结束后，国际政治开始加速从欧洲体系的"狭小舞台"向世界体系的"宽广舞台"转变。美苏两个"侧翼大国"的出现宣告了英、法、德等"中等强国"主导世界秩序时代的结束，同时也意味着意大利这类欧洲天平的砝码很难再起到任何决定性作用。验证国家实力最有效的方法就是战争。而意大利给其他体系大国发出的最具身份欺骗性的信号就在于，只要战争看上去仍然是很遥远的事情，意大利人在外交话语上就永远充满着战斗热情。这使墨索里尼（Mussolini）在走向真正战场前仍然保留了"欧洲地缘政治中的战略平衡砝码"角色，虽然意大利在"一战"时表现平平，但"二战"前它仍凭借自己造作的表演而成为英法与德国争相拉拢与绥靖的结盟对象。

在"一战"后的很长时间里——直到1940年意大利进攻法国以前——意大利长期被视为"欧洲四强"的一员。从《洛迦诺公约》英意

---

[1] Alan John Percivale Taylor, *The Struggle for Mastery in Europe 1848–1918*, Oxford: Oxford University Press, 1977, pp. 544–546.

[2] 事实上，意大利又食言了。1915年5月，它只对奥匈帝国宣战了；直到1916年8月28日才对德国宣战。

两国承担德法保证人——这种典型的"威胁一致型"同盟使弱势一方的法国人无奈地称其为"简直是处在英意两个卫兵之间的囚徒"①——到1934年"陶尔斐斯被刺杀"后墨索里尼紧急派出四个师陈兵勃伦纳山口,并向奥地利政府发出急电,承诺意大利支持奥地利独立,从而迫使希特勒连忙否认对奥地利的任何图谋,从"慕尼黑事件"中的四强决策,再到1938年德国入侵奥地利时的关键性表态,地处影响体系"技术核心区"与"生产核心区"高度重合的意大利,确实被视为一个比苏联还重要的结盟对象。

意大利的战略目标既不是与英法结成对抗德国的反法西斯同盟——它本身就是一个法西斯国家,也不是帮助德国建立起世界霸权或者对抗更加遥远的苏联。意大利的战略目标是取得法国在环地中海地区——南欧与北非——的区域主导地位。不可否认,墨索里尼凭借自身的政治能力在战前把意大利对南欧、北非诉求的报价抬到了最高。为了赢得意大利的友谊,希特勒在意大利反复宣称,使他深感愤愤不平的是南提罗尔,而不是但泽或波兰走廊。②当1936年墨索里尼介入南欧的西班牙内战后,德国也随即卷入了一道支持弗朗哥的内战中。

鉴于意大利的"重要结盟价值",英法也对意大利追求区域霸权的行为给予了默许和绥靖。1935年3月,在斯特雷扎举行的英法意反德扩军会议上,墨索里尼公开表示:"三国政策的目的,就是在国际联盟组织机构下,集体维护和平。三国一致同意,要采取各种可行的方法,反对危及欧洲和平的单方面违背和约的行为,并将为了达此目的,采取密切而真诚的联合行动。"③墨索里尼在演说中着重强调"欧洲和平"几个字,他在说完"欧洲"一词后,又用引人注目的姿势停顿了一下。这一举动立刻引起了英国外交部代表们的注意。英国外交部人员明白墨索里尼的意思:他一方面表示愿意同英法合作防止德国重整军备;另一方面又要为他对非洲阿比西尼亚的侵略埋下伏笔。通过讨论,英国认为这个时候对意大利提出不

---

① Alan John Percivale Taylor, *The Origins of the Second World War*, New York: Fawcett Premier, 1978, p. 86.
② Alan John Percivale Taylor, *The Origins of the Second World War*, New York: Fawcett Premier, 1978, pp. 88–89.
③ [英]温斯顿·丘吉尔:《第二次世界大战回忆录》(上),史雪峰译,中国画报出版社2015年版,第61页。

得入侵阿比西尼亚的警告是不合时宜的，这等于把墨索里尼这么重要的合作者推向德国一侧。为了拉拢意大利以壮声势，法国对这一问题也是三缄其口。在无人过问的情况下，墨索里尼自然也就认为国联已默许了他的结盟报价，他可以随时入侵阿比西尼亚了。1935年10月，英法主导下的国际联盟对意大利发动对北非阿比西尼亚的侵略问题采取了绥靖政策，这直接导致国联在道义与威望上的急剧衰落，进而加速了英法主导下凡尔赛—华盛顿体系的崩溃。

大国争相拉拢意大利对其实现全球战略究竟有多大帮助？事实证明，在德、意这类"安全互补型"同盟协调行动问题上，"安全互补型"同盟的启动异常缓慢。只有当战争形势已经日益明显，或者当主导大国为了小国区域利益而共同作战时，这类同盟才可能显出某些行动力。作为德国最重要的盟友，意大利并不愿为了德国争夺欧洲霸权而与英法同盟开战，但德国却不得不为支持意大利在南欧、北非冒失地追求环地中海区域霸权而抽调宝贵的军事资源。意大利对德国追求的欧洲霸权却并不感兴趣，抑或是因为它明白其在德国对英法的战争中也无足轻重。就在德国即将发动对英法的战争而最需要意大利的时候，墨索里尼却拒绝为德国提供军事协助。当1939年8月25日希特勒焦急等待意大利战争反应时，意大利大使阿托利科带来了墨索里尼的电报：意大利虽然无条件地站在德国一边，但它不可能进行"军事介入"。长期干涉西班牙内战已经使意大利筋疲力尽。它的黄金储备和原料消耗殆尽，现代化武器重整军备几乎难以起步。除非德国立即提供它所需要的一切战争资源，否则它只有到1942年——甚至这也是一个想象的日期，仅仅意味着相当遥远的将来——才能准备好战争。而当这些战争物资清单发来时，用意大利外交部长齐亚诺（Ciano）的话说，"足以使可以预言的任何大话相形见绌"。

只有当形势已经明显表明德国将赢得完全胜利时，意大利才愿意作为德国的同盟投入对英法同盟"坐地分赃"的战争并证明自己作为同盟者的价值。1940年6月10日——当天法国政府撤出巴黎，宣布巴黎为不设防城市，6天前33.8万名英国和盟国士兵已经完成了"敦刻尔克大撤退"，这基本宣告了英法同盟在欧陆战场的彻底失败——意大利外交部长正式通知英国大使，意大利从当天午夜起与联合王国处于交战状态，对法国也送达了相同的照会。随后，意大利以趁火打劫的姿态，向败局已定的法国阿尔卑斯阵地发动了毫不迟疑的攻击。

法国战败后，墨索里尼加速追求环地中海——南欧与北非——区域霸权的步伐。这一区域战略不仅无法配合德国接下来的对俄战略，更导致了德国在希腊、北非等地不断抽调军队去援助意大利而一再延误"巴巴罗萨计划"的执行日期。倘若德国能够心无旁骛地集结侵苏部队，进而提前一个月发动对苏战争，那么就很有可能避免因寒冬而兵败莫斯科的结局。为了抢在德国之前占领希腊，以巩固意大利在南欧和地中海的支配性地位，1940年10月28日意军贸然入侵希腊，但一个月后便在沃武萨丢失了战场主动权。为了挽救意大利在巴尔干的败局，希特勒临时调集军队于1941年4月——这支部队两个月后就要投入侵苏的"巴巴罗萨计划"——入侵希腊和南斯拉夫，才将意大利从巴尔干的泥潭中拉了出来。这一营救行动的短期后果是从希腊战场抽回的德军因来不及休整便投入更大的南俄战场，严重影响了德军"巴巴罗萨"整体的战争计划；长期后果则是希特勒不得不在本想暂时避开的巴尔干地区留下61.2万人的统治兵力。[1]

意大利在北非战场也遭遇了同样的崩溃窘境。为了挽救意大利盟友，希特勒又不得不从本已捉襟见肘的兵力中抽调出像隆美尔这样的优秀将领和军队分散到北非地区。难怪"二战"时期德国军队中流传着这样一句调侃盟友意大利的话，即假如意大利保持中立，相当于增加我们20个师的兵力；假如意大利加入盟军，我们只要5个师就能让它战败；但现在它在我们这边，我们就不得不用50个师来保护它。可见，如果任由"安全互补型"同盟中弱小盟国作出决策，主导大国可能被迫为其不负责任的行为付出沉重的代价。

像意大利这样的砝码国家即便是战败了也经常可以利用胜利者之间的权力竞争而获得宽大处理。1943年当意大利投降反法西斯同盟后，对于美国最头疼的事情并不是如何最大限度地惩罚敌国之一的意大利，而是如何让其尽量逃避来自盟友之一的苏联的惩罚。美英两国不仅不允许苏联在盟国管制委员会中提出任何对意大利不利的安排议案，同时还为减少意大利的战争赔偿而积极努力。它们力促意大利加入战后集体安全的联合国，同时在停战协定的安排上还给予了极其宽松的条件。事已至此的原因就在于

---

[1] Paul Kennedy, *The Rise and Fall of the Great Power*, New York: Vintage Books, 1989, p. 373.

意大利多党制的政治结构就像一个可以同任何环境都发生反应的变色龙，也使得意大利在任何时候都能够像一头柔韧的秀发一样，被任何一个主导性强权的梳子梳来梳去。鉴于它独自成为霸权的潜力极其渺茫，这反倒促成了不论其倒向哪一边都会被视为重大的政治胜利。意大利占据地中海航道的重要战略位置，美英害怕意大利因经济破产、政治动荡与社会混乱愤而倒向苏联的怀抱，从而使其通往近东、中东和印度的航线受到共产主义阵营的威胁。意大利也巧妙地对盟国这一恐惧共产主义扩散的心态加以利用，打算以迫不得已且无能为力的姿态重演1923年德国与苏联签署《拉巴洛协定》时自抬身价的一幕，这一方法果然见效。"二战"结束后，美国国务院—战争部—海军部协调委员会果断将挽留与扶持意大利作为主要任务并得出了这样的结论："只有重新扶持并强化意大利在经济与政治领域的双重影响，才能阻断其倒向共产主义阵营的趋势，进而避免其成为完全与西方社会相对抗的新集权主义同盟的战略前哨。"[1]

案例验证2："冷战"时期，美苏两个超级大国在世界权力"资源核心区"进行了激烈的盟友争夺并组建起各自主导下的"安全互补型"同盟。[2]（参见表6-2）

表6-2　"冷战"时期超级大国在中东地区的"安全互补型"同盟

同盟	存续时间	主导国战略目标	区域盟友战略目标
美国—伊拉克同盟	1955—1958年	遏制苏联	制衡埃及
美国—沙特同盟	1957至今	遏制苏联	制衡埃及
美国—黎巴嫩同盟	1957年	遏制苏联	制衡埃及
美国—约旦同盟	1957至今	遏制苏联	制衡埃及
美国—以色列准同盟[3]	1962至今	制衡苏联	制衡阿拉伯国家

---

[1] *FRUS*, Vol. 4, 1945, pp. 1037–1047.

[2] Stephen Larrabee, "Gorbachev and the Soviet Military", *Foreign Affairs*, Vol. 66, No. 5, 1988, pp. 1002–1026; Celeste A. Wallander, "Third-World Conflict in Soviet Military Thought: Does the 'New Thinking' Grow Prematurely Grey?" *World Politics*, Vol. 42, No. 1, 1989, pp. 31–63.

[3] 1962年12月，肯尼迪总统明确美国和以色列具有特殊关系——美国对以色列的生存与安全负有责任。这种责任成为美国对以政策的核心与基点。

续表

同盟	存续时间	主导国战略目标	区域盟友战略目标
美国—埃及同盟	1975 至今	制衡苏联	制衡阿拉伯君主国
苏联—埃及同盟	1955—1974 年	遏制英美	制衡以色列/伊拉克
苏联—叙利亚同盟（1）	1955—1958 年	遏制美国	制衡以色列
苏联—叙利亚同盟（2）	1966 年—解体	遏制美国	制衡以色列
苏联—也门同盟（1）	1955—1962 年	遏制英美	迫使英国放弃亚丁
苏联—北也门同盟（2）	1964—1974 年	遏制英美	打败内战中王室势力
苏联—南也门同盟	1968 年—解体	遏制英美	制衡沙特
苏联—伊拉克同盟（1）	1958—1959 年（转会）	遏制英美	防止英国干涉；制衡埃及
苏联—伊拉克同盟（2）	1971—1978 年	遏制美国	制衡伊朗

表 6-2 数据来源：关于同盟关系的内容参见 Stephen M. Walt, *The Origins of Alliances*, Ithaca, N. Y.: Cornell University Press, p. 154, p. 159；关于美国培植中东盟友动机的内容参见 Peter G. Boyle, John L. Gaddis, "Strategies of Containment: A Critical Appraisal of Postwar National Security Policy", *Journal of American Studies*, Vol. 16, No. 3, 1982, pp. 223 - 225；John S. Badeau, "The American Approach to the Arab World", *The Western Political Quarterly*, Vol. 22, No. 4, 1969, pp. 10 - 13, 17 - 19, 137；Steven L. Spiegel, *The Other Arab-Israeli Conflict*, Chicago: University of Chicago Press, 1985, pp. 97 - 98；关于苏联发展中东盟友的动机参见 Karen Dawisha, "Soviet Foreign Policy towards Egypt", *Foreign Affairs*, Vol. 58, No. 1, 1979, p. 202；Karen Dawisha, "Soviet Policy in the Arab World: Permanent Interests and Changing Influence", *Arab Studies Quarterly*, Vol. 2, No. 1, 1980, pp. 19 - 37.

美苏在中东地区的主要"代理人"——这些小国领导人在残忍、算计、贪婪和野心方面丝毫不逊于那些曾居住在罗马城中善于权谋和构陷的元老们——利用双方试图在"资源核心区"获得排他性优势地位或阻止对手单方面获得优势地位，将自身谋求阿拉伯国家内部领导地位和制衡以色列的区域战略同是否支持同盟主导国全球战略进行了捆绑销售并取得了明显的榨取效果。虽然美苏两大同盟存在着战略竞争关系，但 1955—1979 年间伊拉克、叙利亚、北也门、埃及、约旦、黎巴嫩均有从美苏双方获得经济与军事援助的记录（参见表 6-3）。其中，埃及和伊拉克两国在美苏之间出现了实际上的"联盟转换"。

表6-3　　　　　1955—1979年美苏对"安全互补型"区域
　　　　　　　　大国的援助（单位：百万美元）

国家	苏联			美国		
	经济援助	军事援助	总计	经济援助	军事援助	总计
伊拉克	705	1600	2305	48	50	98
叙利亚	770	2100	2870	624	0	624
埃及	1440	3450	4890	5030	1500	6530
约旦	25	0	25	1342	921	2263
北也门	145	80	225	112	2	114

表6-3数据来源：Bureau of Intelligence and Research, *Communist States and Developing Countries: Aid and Trade in 1974*, Washington, D.C.: U.S. Department of State, 1975; Central Intelligence Agency, *Communist Aid to Non-Communist Less Developed Countries, 1979 and 1954–1979*, Washington, D.C., various years; Stephen M. Walt, *The Origins of Alliances*, Ithaca, N.Y.: Cornell University Press, pp. 219–220.

用美国人的火柴点燃手中苏联人的香烟，一直是埃及人（或许还有冷战时期的印度人）在大国之间谋求本国利益的拿手好戏。美国的大中东战略促使阿拉伯盟友同以色列和解，进而共同对付苏联的渗透。但埃及的战略则是通过对以色列战争提升其在阿拉伯世界统一进程中的合法性。因此，当1954年美国试图通过拒绝向纳赛尔提供武器援助以此迫使他同以色列和解时，埃及于1955年正式同苏联结盟。1970年，埃及希望同盟主导国苏联派遣防空部队进行消耗战援助时，遭到了柯西金的反对。当他以"老大哥"的姿态告诫埃及人要配合苏联"缓和国际局势"避免"任何可能被以色列好战者利用的事情发生"时[1]，纳赛尔（Nasser）威胁辞职并支持一位亲美总统上台——埃及在"冷战"时期一直被英美等西方国家视为一个求之不得的能够对苏联南部重要能源产区实行有战斗机护航的短距离战略轰炸的东地中海空军基地——这一举动迫使苏联冒着与美国直接对抗的风险而向其提供援助。[2]

---

[1] Jack Snyder, *Myths of Empire: Domestic Politics and International Ambition*, Ithaca: Cornell University Press, 1991, p. 243.

[2] Mohammad Heikal, "The Road to Ramadan", *Middle East Journal*, Vol. 30, No. 4, 1976, pp. 83–90.

1972 年美苏峰会达成在欧洲相互承认、维持现状的初步协定——此时美苏在莫斯科公报中提到了中东地区"和平协议"并就军事缓和达成共识，但这种缓和并不符合中东地区大国的战略利益。只有美苏双方在这一地区存在竞争（而不是和解），才能使它们获得更高的结盟收益。美苏的声明使萨达特（Sadat）感到苏联可能为了促成中东和平——此时由于中美接近，苏联在中美苏战略大三角中处于被动态势，希望降低中东地区的安全竞争压力——而延缓向埃及提供军事援助。为了刺激苏联加快进行援助，萨达特突然通知苏联大使，埃及不再需要苏联军事顾问。到 8 月底，苏联在埃及的军事顾问从 15000 名骤减为 1000 名。① 在大量驱逐苏联顾问、拒绝苏联军事设施后，苏联不得不将美苏缓和的大局放在一边，转而开始增加对埃及的军事援助。虽然降低援助有助于实现美苏在中东地区缓和，进而缓解因中美战略接近而导致苏联在远东地区的压力，但美苏均害怕因拒绝对地区盟友提供援助而被对方阵营"挖墙脚"。这种战略互疑使得两个超级大国都难以降低对区域盟友的援助规模。到了 1973 年 4 月，萨达特宣布他对苏联援助的数量和质量完全满意。②

美国的盟友约旦也经常通过"威胁与苏联结盟"的方式迫使美国增加援助，以便支持其针对埃及和以色列的区域战略。这与美国通过拉拢埃及、保护以色列的大中东战略本身背道而驰。但为了避免约旦转向苏联一方，美国也不得不对其区域战略予以支持。例如，1963 年，当美国发现约旦为了获得武器装备有可能转向苏联阵营，这促使美国向约旦出售 M－48 坦克和先进的飞机；1968 年，侯赛因国王访问莫斯科并同苏联正式建交，这一举动迫使美国恢复向约旦出售武器。1975 年，当约旦希望从美国购买霍克－1 型防空导弹时，遭到了国会亲以势力的阻挠。为了迫使美国就范，同年一个苏联高级军事代表团受邀访问了约

---

① George W. Breslauer, "Soviet Strategy in the Middle East", *Foreign Affairs*, Vol. 69, No. 4, 1990, pp. 95 - 96; Alvin Z. Rubinstein, "Red Star on the Nile", *Soviet Studies*, Vol. 30, No. 3, 1978, pp. 188 - 191, 202 - 211.

② Jon D. Glassman, "Arms for the Arabs: The Soviet Union and War in the Middle East", *The Annals of the American Academy of Political and Social Science*, Vol. 426, No. 2, 1976, p. 96; Robert O. Freedman, "Moscow and the Middle East: Soviet Policy Since the Invasion of Afghanistan", *International Affairs*, Vol. 67, No. 4, 1991, p. 102; Alvin Z. Rubinstein, "Red Star on the Nile", *Soviet Studies*, Vol. 30, No. 3, 1978, pp. 215 - 216, 228 - 229.

旦。次年侯赛因国王再度出访莫斯科，正式就防空系统问题与苏联达成协议。[①] 这一外交举动迫使美国国会迅速转变态度并同意对约旦出口霍克-1型导弹。

案例验证3：上述"安全互补型"同盟案例，对于思考今天土耳其不断宣称向中俄采购武器以胁迫北约盟友提供它所需的武器援助有着逻辑上的一致性。中国的红旗-9防空导弹在2012年参与土耳其军购竞标并在2013年获得成功。这一消息曾让国人高兴地看到中国向北约国家出口大型防御武器的希望。但事实上讲，土耳其从来就没打算真正购买红旗-9导弹，它不过是想通过对北约打"中国牌"作为要挟，使北约向其出口法国紫苑中远程防空导弹。在此过程中，土耳其希望通过打"中国牌"以达到对法国继续压价的目的。这一自抬身价的行为马上取得了对北约主导国家施压的成效。在宣称放弃红旗-9防空导弹之后，土方立即与法国展开了购买行动。

自苏联解体后，土耳其与北约的同盟关系就逐渐从"威胁一致型"转变为"安全互补型"。对于土耳其来讲，它对美俄之间的战略竞争并不关心，它更关心的是其在伊斯兰世界地位的复兴。因此，美俄双方谁更愿意帮助其提升在伊斯兰世界中的地位，谁就将成为土耳其的合作对象。土耳其近年来反复在美俄之间两面下注便是北约内部同盟关系变化的反映。

一方面，为了迫使美国对其出口爱国者防空系统和F-35隐形战机等尖端武器，土耳其在红旗-9事件后又故伎重演，以签约购进俄国S-400防空导弹系统，作为威胁北约盟主美国向其低价出口尖端武器的筹码。对此，土耳其总统发言人易卜拉欣·卡林（Ibrahim Kalin）在2018年11月22日表示："土耳其从来不依赖唯一选择，我们应该从这个角度评判问题。如果美国愿意与土耳其就爱国者防空系统达成协议，并就联合生产达成一致，我们就应该接受。"

另一方面，俄罗斯以S-400作为对土安全合作的突破口，其目的明显在于分化和拉拢北约的黑海前哨土耳其。毕竟，土耳其仅需为S-400系统支付45%的货款成本，更多的款项是由俄方主动借贷。这既可以达到

[①] Galia Golan, "The Soviet Union and the PLO since the War in Lebanon", *Middle East Journal*, Vol. 40, No. 2, 1986, p. 241.

弱化甚至瓦解土耳其与北约的"威胁一致型"同盟的固有认知，间接增加北约维系与土耳其同盟的成本，又可以通过对部署在土耳其的俄制防空系统的后期维护与后台运行，达到前沿侦测北约各类航空器参数的目的。因此，土耳其正是利用了北约对俄制防空系统的恐惧，逐步实现其要挟盟友在装备与政策上让步的可能性。

对于美国来讲，苏联解体意味着欧洲地区不再是严格意义的"两极竞争"状态。鉴于俄罗斯强大的核武能力，欧洲地区仅仅是一种微弱的"两极"竞争状态。从战略紧迫性角度讲，美国对土耳其的要挟没有必要像"冷战"时期那样迅速做出妥协性调整。因此，即便土耳其有心自抬身价，也可能面临被盟主美国拒绝的碰壁风险。毕竟，在美国巨大军事优势仍然存在，以及美国对国家利益划分日益清晰的局面下，土耳其的同盟转换并不构成美国生死攸关或极其重要的利益。因此，虽然美土之间的同盟关系是"利益互补型"同盟，但土耳其自抬身价的背后是"两极格局"的虚化，以及美国对土耳其在全球战略中价值的重新评估，这种条件的变化造成了土耳其自抬身价的遇阻。

（二）对证伪案例的考察

随着1973年国际原油价格的提升，中东地区作为世界权力"资源核心区"的价值也出现了增长。地区大国在同盟中的价值量也应该出现相应的提高。但问题在于，为什么1979年后，中东地区主要国家在美苏之间纵横捭阖并"以转换同盟为要挟"的报价出现了走低趋势？为什么1979年后苏联在中东地区只剩下叙利亚和南也门两个盟友？本书认为，1979年苏联对主权国家阿富汗的军事入侵直接导致中东地区大国安全威胁的判断发生了重大转变，即安全威胁从周边邻国变成了超级大国苏联本身，进而导致中东地区国家与美国的同盟性质从"安全互补型"演变为共同抵御苏联扩张的"威胁一致型"。

1979年12月末，苏联放弃了"代理人"模式，从地缘政治较量的"幕后"径直走上了"前台"。这场战争被认为是苏联对外政策的重大失败。它不仅导致了美苏自1972年来缓和局面的结束——美国总统卡特在1980年1月23日的国情咨文中提出："外部势力攫取控制波斯湾地区的任何企图，都将被看作是对美国根本利益的进攻。对于这种进攻，美国将使用包括军事力量在内的任何必要手段予以击退。"[1] 更重要的是引发了中东地区主要国家对自身主权独立与国家安全的担忧。他们最重要与最紧迫的利益不再是通过制衡周边国家而获得区域优势战略,而是防止自身被苏联军事侵略。

四 "科林斯难题"的政治启示

在同盟内部,并非所有小国都是任由大国摆布的可怜虫或可以被当作一件装点门面的"家具"来对待。虚弱本身将成为它们一项有利的武器,以至于在特定条件下它们甚至可能将自己的局部利益加诸战略缔造、获得同盟主导权并对战略走向起到决定性影响。"科林斯难题"便反映出在"安全互补型"同盟内主导国可能面临的一种本末倒置的现象,即构建同盟的目的是加强国家的战争能力,而许多战争本身却是为了维持同盟的存续。它反映了"安全互补型"同盟的内在困境,即当偏执的区域盟友所关注的区域战略与同盟主导国关注的整体战略出现非相合性时,如何避免因错误的认知与同样冒进的行为,而导致整体战略被区域战略绑架并拖入事与愿违的高度危险境地。

在两极格局的全球博弈中,历史给了我们一些获取经验的线索和提示。"采取正确结盟战略"的国家获得了来自同盟的巨大力量,而"采取错误结盟战略"的国家不论其多么努力发展,积累起来的能量都会被对方不断增加的反作用力或己方盟友不断增加的诉求抵消,甚至有时还会强化对方同盟行动的一致性。本书认为,"采取错误战略"是指犯了三项重大失误。第一,试图通过不断追加投入弥合同盟内部的安全利益认知差异,幻想使"安全互补型"产生与"威胁一致型"同盟一样大的战略效果。第二,在洲级大国时代,即便某个处于世界权力"三大核心区"的国家出现了同盟转换,也无法影响到两极格局的力量对比。从近代欧洲多极均势中结晶的话语逻辑可能诱导盟主国夸大区域盟友的战略价值,从而陷入"三大战略迷思"。第三,在世界权力"三大核心区"展现出过度膨胀的野心、对强权政治的迷恋,将间接帮助战略竞争者在特定区域形成投入成

---

[1] 董秀丽:《美国政治经济与外交》,知识产权出版社2013年版,第361页。

本更低、行动效力更强的"威胁一致型"同盟。这一点特别反映在为什么格鲁吉亚、乌克兰、波罗的海三国和波兰等东欧国家比北约的西欧盟友更愿意配合美国遏制俄罗斯的区域行动。这样会经历双重挫折，即自身盟友的离心力增强，对方盟友的凝聚力大增。因此，"采取正确的结盟战略"意味着对洲级大国时代区域盟友价值的理性认知、有限期待和互惠性支持以及避免因自身的战略冒进而导致众叛亲离与体系性制衡力量的生成。

"一战"后，国际政治已经从"欧洲体系"的狭小舞台扩展到"全球体系"的宽广舞台。洲级大国时代最显著的特征就是权力博弈已经成为只在主导国之间进行的两极游戏，中等强国对于改变超级大国之间权力对比的边际效用与日递减。尤其是同一个任性妄动、不负责任的地区国家结盟并不意味着增加一笔资产，而是增加一项负担。就如同长期资助的慈善行为非但不能治愈贫困，反而还会增加贫困。因为它不仅是对短视与懒惰行为的奖励，还会鼓励短视与懒惰的人在效仿中成倍地增加。对"安全互补型"区域盟友无底线的支持——就像是给准备去飙车的超速惯犯提供安全气囊——不仅不能换来预期中的战略协作，反而会因自身沉没成本的增加而激励对方从事它此前一直不敢独自尝试的冒险行为。因此，同盟主导国必须根据情势的变化而建立起更有效的评估方式，以界定在不同争议地区采取的行动方式、支持限度和承诺底线。其核心问题不是如何找到一个主导国能支持的盟友，而是如何能够找到一个盟友愿意支持主导国的大战略。缺乏排查"安全互补型"同盟的这套标准，主导大国可能被那些以"安全利益一致"为名并与之结盟的卫星、附庸、傀儡、客户组成的杂牌军拖入不必要的区域冲突，而不得不在姑息、挫败、纵容，以及不可估算的代价之间使全球战略降格、转移直至从属于盟友的区域战略。

尤其是随着20世纪70年代以来，世界权力"生产核心区"从欧洲分离出来并加速向东亚地区转移。今天世界权力三大核心区主要呈现为欧美控制"技术核心区"、印太居于"生产核心区"，而中东依然是"资源核心区"。[①]"冷战"至今的历史表明，美国对欧亚大陆潜在对手的遏制是依

---

① 2018年《美国国防战略报告》摘要中建议，要在印太、欧洲、中东及西方世界地区维持有利于美国的均势。特别是对于前面三个地区，美国必须凭借"以实力求和平"的手段吓阻挑战。参见 U. S. Department of Defense, The Summary of the 2018 National Defense Strategy of the United States of America-Sharpening the American Military's Competitive Edge, January 2018, http：//www. defence. gov/Portals/1/Documents/pubs/2018 – National – Defense-Strategy-Summary. pdf.

据三大地缘政治核心区而展开的。正如1988年1月里根宣言所阐释的："美国战略的首要特性在于坚信倘若一个敌对国家将统治亚欧大陆——地球上那个被称为心脏地带的国家，美国最基本的国家安全就将受到威胁。我们为阻止这种情况打了两次世界大战。而且，自1945年以来，我们一直力求防止苏联利用其战略优势而支配西欧、东亚和中东地区，从而根本改变全球力量对比，使其对美国不利。"①

美国在三大区域内的遏制对象也清晰地表现为俄罗斯（欧洲地区）、伊朗（中东地区）和中国（印太地区）。其中，中国崛起对世界秩序出现百年未有之大变局影响最为深刻。当前，中国迅速崛起是引发体系新一轮转型的核心变量。一方面表现为中美权力位差迅速收窄；另一方面表现为中美两国同世界其他大国之间的权力位差均在拉大。这就意味着国际体系向两极格局转型可能性明显增加。② 在体系权力格局从单极向两极演变的进程中，中美之间在印太地区的矛盾可能性与日俱增。这就客观上要求战略理论界提前加强对"崛起争霸背景下的权力转移"问题进行系统性的研究。③

在我们成为另一极之前，中国需要长期延续在各种形式下的不结盟战略，它可以帮助我国避免自身陷入盟友制造的"科林斯难题"。同时，如果中国想有所作为，那么可以试图在三大核心区的外线区域展开结盟行动，而不要在内线区域过早地"摇落霸权国花园中的果实"。同时，美国是否会面临亚太盟友提出的"科林斯难题"，从而面临是否支持其与中国的领土矛盾，也关系到国际体系的和平稳定。中国如果想弱化美国的亚太同盟体系，就需要对美国在该地区的同盟类型进行有效区分，通过反其道而行之的策略进行部分同盟分化。

具体来讲，反推"科林斯难题"可以为大国分化瓦解对手同盟提供一项有益的启示，即增加敌方同盟内部紧张与困难的最好方法在于对敌方追随国施加更大的压力，例如美国在前两次"台海危机"期间通过增加对中国的施压，进而使中国向盟主苏联提出更多要求，一旦苏联不愿满足这种

---

① ［美］科林·格雷：《核时代的美国战略》，载［美］威廉森·默里编《缔造战略：统治者、国家与战争》，时殷弘等译，世界知识出版社2004年版，第629页。
② 阎学通：《世界权力的转移》，北京大学出版社2015年版，第64—73页。
③ 阎学通：《崛起争霸背景下的权力转移再思考——第十一届政治学与国际关系学术共同体年会分论坛综述》，中国社会科学网，http://www.cssn.cn/gj/gj_hqxx/201808/t20180814_4541236_1.shtml，2018年8月14日。

要求，就会导致中苏分裂，而不是通常认为的提供更高的筹码或减轻压力。同理，在南斯拉夫与希腊领土纷争中，英美两国一方面在外交、经济与军事上给予了希腊重要援助；另一方面则对南斯拉夫表现得异常强硬。一旦铁托对其背后苏联加大支持力度的需求与苏联无法满足其要求出现矛盾时——为了避免美国直接出兵干涉希腊事务，斯大林既不支持铁托对希腊共产党的援助，也不支持铁托谋求在巴尔干地区对阿尔巴尼亚控制的主张——苏南同盟关系就出现了向下的拐点。换个角度讲，南斯拉夫不是因为美国对其友好后才选择与斯大林决裂，事实恰恰相反，正是因为美国对铁托非常强硬才导致了苏南关系的紧张决裂。因此，竞相讨好砝码国家的方式只会鼓励砝码国家利用矛盾狐假虎威和左右逢源。一方面促使行动力较强的"威胁一致型"同盟转变为行动力较弱的"安全互补型"同盟；另一方面，避免因自身的战略冒进而导致"安全互补型"同盟升格为"威胁一致型"同盟。为此，中国需要注意美国在东亚地区的四个同盟。

首先，从美日同盟角度看，随着日本从海洋经济大国向海洋军事与政治大国的转型，中日之间争夺领土与亚太主导权的进程与中美之间的权力转移进程高度一致，日美同盟在遏制中国崛起问题上属于"威胁一致型"同盟，因此不仅不具备弱化的可能性，反而随着中国崛起或东海问题而更具行动能力。在应对中国崛起进程中，美国众多双边同盟都表现出一个相同的特点，即盟友的趋势占劣是其发挥对美战略影响的最大杠杆。

其次，从澳大利亚角度看，澳大利亚视中国为未来追求南太平洋区域主导权的潜在战略竞争对手，这与美国在亚太地区遏制中国的战略呈现出较高的一致性，因此美澳新同盟在遏制中国崛起问题上也属于"威胁一致型"同盟。随着中国在南海地区影响力的增加，美澳新同盟在对华问题上将更具一致性。但由于澳大利亚和新西兰距离中国比日本更为遥远，中国可以通过推卸责任、有条件的绥靖、更加温和的外交战略促成美澳新同盟安全威胁的降低。

再次，从美韩同盟角度看，韩国的安全关切仅仅局限于朝鲜半岛，它对中美全球战略竞争中涉及朝鲜半岛之外的问题并不关心，1992 年中韩建交后韩国更是极力避免成为美国遏制中国的"前沿阵地"[①]。而虽然美国坚

---

① 张慧智：《中美竞争格局下的中韩、美韩关系走向与韩国的选择》，《东北亚论坛》2019 年第 2 期。

持名义上对朝鲜的恐惧——看似美韩同盟是"威胁一致型",但其实"冷战"至今美国陈兵半岛的根本战略目标是为了防范中俄。随着中韩建交以来敌对关系的持续降低,今天的美韩同盟已演化为典型的"安全互补型"同盟。因此,只要中国对韩国展现出足够的善意并在朝鲜问题上做出更多共同合作可能性的暗示,就能够降低美国利用美韩同盟共同遏制中国的安全压力。

最后,从菲律宾和新加坡角度看,作为地区小国,它们的安全关切事实上仅局限于南海地区,因此美菲同盟与美新同盟既可能属于"安全互补型",也可能在一定条件下转换为"威胁一致型"同盟。这取决于中国未来的南海政策是以战略军事为主导,还是以战略经济为主导。只要中国在南海地区持续展现温和与善意,经济上对中国高度依赖的菲律宾和新加坡并不愿意为了美国的全球战略而过分得罪中国,而更愿意通过两头下注的"对冲战略"获得中国经济上的好处与美国安全上的援助。反之,则可能诱发两国积极同美国构建"威胁一致型"同盟。

"科林斯难题"属于大国崛起研究议程中的一个重要微观理论,它在精细化同盟类型的基础上发现了差异性的结果。研究它的目的不仅在于阐释一种同盟政治现象的内在规律,更在于为当今中国崛起提供可资借鉴的战略经验与启示。作为当今国际社会中最典型的崛起大国,中国利用和规避"科林斯难题"的最佳方式是避免周边小国因感到恐惧或羞辱而与美国形成"威胁一致型"对华遏制同盟。自然,上述观点并不能保证成功,但却可能增加中国成功崛起的机会。

第七章 地缘战略心理学对崛起国破解"三明治"制衡结构的效用分析

一 "三明治"同盟结构的理论阐释

如果将权力均衡看作体系内各单元博弈的最终结果,那么在无政府状态下非完全理性国家间实现均势的手段又有哪些?很显然,若想让天平保持平衡状态,就要增加轻的托盘质量,或是减少重的托盘质量。增强弱的一方权力的手段又可再分为:促使其内部实力的增长和通过结盟引入外部力量来平抑因强势一方实力非对称增长所产生的相对优势。结盟均势理论所关注的就是在一个动态发展的国际体系内,如何通过结盟的方式来对冲因某个国家相对权力增长带来的结构性失衡与趋势焦虑,以及在此背景下体系自发形成的国际政治"三明治体系"。

最早发现这一微观联盟均势结构的人可以追溯到刘易斯·纳米尔(Lewis Namier)。[①] 但是,其研究仅仅出于兴趣而对这种权力组合现象的存在给予了简单提及,并没有深入地对该结构生成的内在逻辑、一般性条件和发生作用的机制做出解释,更没有对同样处于制衡结构下,为什么有些国家成功地摆脱了束缚并实现了崛起,而另一些国家却被扼杀在崛起的进程之中进行深入研究。

(一)结盟均势的理论:假定、逻辑与假说

现实主义学者罗伯特·吉尔平(Robert Gilpin)指出:"从根本上说,

---

① Lewis Namier, *Conflicts: Studies in Contemporary History*, London: Macmillan & Co., 1942, p. 14; Lewis Namier, *Personalities and Powers*, London: Hamish Hamilton, 1955, pp. 111-112.

今天的国际政治在实质上同修昔底德所描述的情况没什么区别。"[1] 自 2500 年前的伯罗奔尼撒战争出现的以斯巴达为核心的"伯罗奔尼撒联盟"和以雅典为核心的"提洛联盟"的均势格局以降[2],权力均衡成了无政府状态下国际体系自发生成的一种权力分布态势和独立单元理想的政策取向。肇端于 1618 年的"三十年战争"结束了欧洲中世纪封建体系,国际社会再度进入一个"无政府"时代。[3] 作为近代以来欧洲地区最后一场"宗教战争"和第一场现代国家战争,罗马教皇和神圣罗马帝国皇帝的权力逐步下放到了主权国家手中。经过几十年的整合与消化,欧洲主要大国于 1713 年的《乌德勒支和约》中正式将"权力均衡"(Balance of Power)作为重要体系原则写进条约。至此,权力均势作为一种现实主义国际政治理论成为主导体系大国间博弈的重要动因与背景规范。

关于结盟均势理论的核心假定主要有三点。第一,当前国际体系处于一种无政府状态之中。在这种缺乏公共权威的体系中,国家只能依靠自助的手段确保生存,因此,难以形成长期的、绝对互信的地缘政治文化。依据权力结构自发地实现"损有余而补不足",成为从区域地缘政治到全球战略博弈的一般表现形式。第二,体系结构内出现一个实力明显超出周边国家的地缘政治大国,这一大国的权势崛起可能打破系统现存的动态稳定。第三,打破均衡的崛起大国没有奉行权力的自我约束,反而因其扩张性对外政策给周边国家造成了威胁性恐惧。

结盟均势遵循着"敌人的敌人是朋友"的基本逻辑,这种逻辑与古代中国军事思想中的"远交近攻"有着很大的相似性。一个共同的地缘政治对手所产生的战略利益,往往成为促成两个国家走向联合制衡的重要黏合要素。"大国比邻而居则相互敌对,是国家间政治的一条普遍规律……从

---

[1] Robert Gilpin, *War and Change in World Politics*, Cambridge: Cambridge University Press, 1981, pp. 227 – 228.

[2] 在公元前 431 年爆发的第二次伯罗奔尼撒战争中,斯巴达人同波斯人结盟,并从波斯人那里得到了大量的援助,波斯人同斯巴达人一样都不希望看到雅典实力的快速增强,因此,第二次伯罗奔尼撒战争与其说是雅典与斯巴达的"两极均势",不如说是"斯巴达—雅典—波斯"的"三明治均势"。

[3] Joseph S. Nye, Jr. 认为世界政治存在着三种基本形式,即世界帝国体系、封建体系和无政府体系。1648 年威斯特伐利亚战争以来的国际社会一直处于一个缺乏共同权威的无政府体系之中。参见 Joseph S. Nye, Jr., *Understanding International Conflicts: An Introduction to Theory and History*, New York: Pearson Education, 2009, pp. 3 – 4.

社会发展的长期观察得知,彼此相邻的大国间地缘结构决定了其天然对手的命运。"① 例如,在第二次布匿战争中,迦太基邻国努米底亚积极与罗马联合并形成了"努米底亚—迦太基—罗马"的"三明治"同盟结构。公元前202年,当罗马统帅小西庇阿与迦太基名将汉尼拔在扎玛决战中出现势均力敌的僵持局面后,努米底亚骑兵对罗马军队的胜利起了决定作用。这种让迦太基背腹受敌的同盟结构使汉尼拔尝到了有生以来第一次战败的滋味。同样,在伯罗奔尼撒战争中,波斯大力资助斯巴达人并在后期结成了"斯巴达—雅典—波斯"的"三明治"同盟结构。在近代欧洲地区,法国与苏格兰永远是英格兰的天然敌人,西班牙国王腓力二世也曾试图与苏格兰的玛丽女王联手形成制衡伊丽莎白的"三明治结构",以至于1587年英格兰的伊丽莎白女王处死玛丽女王后,腓力二世迅速于次年发起了无敌舰队远征英格兰的行动,"一战"后法国试图在德国东部国家间构造"法国—德国—东欧"的小协约国制衡结构。同理,一战前的法俄试图构造对德国的"英法—德奥—沙俄"三明治结构,"二战"时反法西斯联盟也按照同样的逻辑构造出制衡性同盟。今天的中国和巴基斯坦两种文明之间能够合作制衡印度而形成"中—印—巴"的"三明治"体系是这一理论在地缘战略实践中的典型体现。

均势逻辑的一种变形体现在为了动态调整均势结构,结盟的三明治结构还可以表现为"强大者的敌人是朋友"的权力制衡逻辑。例如,在第一次布匿战争中,当四面被围的迦太基城不得已向其盟国发出救援呼吁时,叙拉古国王海埃罗(代表希腊人在地中海的力量)对迦太基人的请求给予了最迅速的援助。可以说海埃罗对昔日痛恨的地中海旧主迦太基人的态度变得比以往任何时候都殷勤。他相信,为了获得迦太基在西西里的属地,更为了确保他与罗马人之间的友谊,应该让迦太基这样的制衡性力量保存下来,而不是坐视其遭到一场灭顶之灾。叙拉古人凭借本能的权力政治思维得出结论,他们永远不应该在三角权力关系中去帮助一个力量占如此优势的国家,以至于希腊人自动被导向了构建"叙拉古—罗马—迦太基"同盟结构的行动中。

基于上述核心假定进行分析可以得到以下关于结盟均势的基本假说:

---

① Martin Wight, *Power Politics*, London: Royal Institute of International Affairs, 1978, p. 158.

国际体系无政府状态客观上要求试图最大限度地获取国家利益的主权国家只能采用自助的手段去增加安全或追求福利。缺乏凌驾于主权国家之上的有效公共权威，使得体系大国之间始终处于一种安全困境状态。"每一方通过自助手段增强自身实力和确保自身安全与独立的行为，都会被对方理解为潜在的威胁，并使得双方更加不信任和不安全。这是一个具有讽刺意味的结局，因为每一方的行为都是理性的。"[1] 但个体理性的结果却导致类似于火场踩踏事件的群体非理性行为。在这种"囚徒困境"（安全困境属于囚徒困境的一种）和"市场失灵"所引发的非理性负和博弈模型中，个体间不能通过理想状态中完全零摩擦的信息获取成本与纯理性互动来消弭猜忌，因而也无法获得博弈的最优结果。即使是处于"一报还一报"的多次重复博弈中——自由主义者所运用的这种比拟更适用于国际经济（低级政治），而不适用于国际安全（高级政治）——由于微观层面的"选票政治"所产生的利益集团互惠的短视行为，国家仍然无法长期对彼此行为和许诺保持足够的信心。今天的盟友可能变成明天的敌人，这本身使得敌意假定和最坏假定成为权力政治中的理性行为。

为了避免集体行动逻辑困境带来的更大损害，威慑取代了合作，成为避免大规模、高频率战争的重要手段。而权力均衡作为一种动态的结构修复模型，其在功能上满足了体系内部因个体私性扩张所引发集体行动逻辑困境的次优方案。这就意味着权力均衡不仅是一种现状，而且是"一种政策倾向和体系运行的自然结果"[2]。汤因比认为："均势是一种持续扰动国际政治出现均衡态势的永动机，每当一个社会分为若干相互独立的主权国家时，这一权力机制便开始发挥作用……任何试图使自身的处境高于均衡水平的国家几乎必然会受到来自同一政治格局中所有其他国家的制衡。"[3]

（二）"三明治"同盟结构及其生成的必要条件

国际体系的"三明治"结构主要是指针对某一个国际行为体实力的迅速提升而引起的担忧，在周边国家形成的一种联合制衡态势与策略。其一般表

---

[1] Joseph S. Nye, Jr., *Understanding International Conflicts: An Introduction to Theory and History*, New York: Pearson Education, Inc, 2009, p. 20.

[2] Kenneth N. Waltz, *Theory of International Politics*, New York: Mc Graw-Hill, 1979, p. 28.

[3] A. J. Toynbee, *A Study of History*, Vol. III, London: Oxford University Press, 1934, pp. 301 – 302.

述形式为"A—B—A"的三明治同盟结构。例如,"中国—印度—巴基斯坦"同盟制衡结构。特殊时候会出现一种复合型的"三明治结构",即"A—B—A—B"的"跳棋盘"同盟结构。如越南战争后的"苏联—中国—越南—柬埔寨"同盟制衡结构。可以认为,"三明治夹心"结构包含于"跳棋盘"同盟结构。其生成需要三个必要条件:第一,存在一个不稳定和安全竞争的地缘政治环境;第二,主要参与方限定在具有左右地区和国际局势的大国之间;第三,这些大国在地缘类属身份上都属于海陆复合型国家,即存在周边陆上强邻,而非英美一样的、存在安全屏障的海权国。

首先,从"三明治"均势结构产生的条件来看,海陆复合型国家需要存在一个不稳定的、存在安全竞争的地缘政治环境,即存在一个观念上的非现状国家或实力迅速崛起的国家试图或有能力打破权力的平衡态势。"一战"前的德国、拿破仑帝国和"二战"时的德国均因具备对体系原有权力结构冲击的能力和意图,而面临外部集团结成"三明治"均势的压制与平衡。如果某一体系文化像当今的西欧一样发生了根本性变化,各国间的政治互信超出了因某一方权力增长所产生的安全压力,则不属于本书所研究的对象。因此,本书所研究的体系结盟关系是针对亚历山大·温特理论中所描述的处于"霍布斯体系文化"和"洛克体系文化"且彼此存在安全竞争的前现代国家或现代国家,而非处于"康德和平群岛"且彼此不存在安全竞争的后现代国家。[1]

同理,最能证明权力思维优先于身份认同感的例子就是在两伊战争中,与伊拉克同属于阿拉伯国家的叙利亚并没有支持近邻伊拉克,而是同伊斯兰文明中的亚文明大国伊朗(波斯人)结成了"叙利亚—伊拉克—伊朗"跳棋联盟模式,以实现共同平抑萨达姆政权崛起给地区地缘政治版图带来的冲击。[2] 结盟的原因并不是出自无法实证的意图,而是出于权力的

---

[1] Alexander Wendt, *Social Theory of International Politics*, Cambridge: Cambridge University Press, 1999, pp. 244 - 298.

[2] 身份认知理论倾向于认为阿萨德主导的叙利亚和巴列维伊朗都是什叶派,而萨达姆是逊尼派,所以"叙利亚—伊拉克—伊朗"夹心结构仍然是一种基于教派差异认知的结盟关系。本章有注意到这一观点,但是本章认为,萨达姆的威胁不仅仅对什叶派,他同样威胁到同属逊尼派的科威特,甚至在条件具备时将后者军事吞并。面对萨达姆的威胁,海湾战争中沙特等逊尼派大国积极同美国合作去打击同属逊尼派的萨达姆政权。可见,叙利亚和伊朗构建防范伊拉克的"三明治"同盟不仅仅是源于教派问题——逊尼派自己也会提防萨达姆——更是权力政治的问题。

结构分布和地缘政治背景文化。因此,只要某一具备安全竞争地缘文化土壤的地区存在着现实的或潜在的权力失衡态势,就会自动地引发并生成"三明治"制约均势结构。

其次,主要行为体限定在具有左右地区和国际局势的大国之间。只有大国才有能力和意志去改变地缘政治基本面貌的事实,注定了参与博弈的各方必须具备"天平托盘的资格",而不仅仅是"砝码的水准"。

政治根植于人性的基本法则的隐含之意就是人们在相同的权力结构下,其心理层面可能会产生超越时间与空间的相同反应。"三明治"同盟结构不仅适用于近现代以欧洲政治文化为主导的国际体系,事实上,早在近代同盟理论出现之前,这种同盟政治的逻辑就已经在世界其他地方被广泛认知和运用。例如,古代印度的一位智者考提亚(Kautilya)在公元前3世纪就曾指出,无论一个国王身处何地,一旦他靠近征服者的领土范围,就被看作是敌人。作为回应,国王也同样地接近征服者的敌人。但倘若在国王与征服者之间出现一个"程咬金"一样的敌人将二者分开,那么国王和征服者就会变成朋友。在"国王—'程咬金'一样的敌人—征服者"所形成的权力场域之间,国王将面临如下的关系:国王是征服者的朋友,在他后面是"程咬金"一样的敌人的朋友,往后是国王的朋友,再往后是"程咬金"一样的敌人朋友的朋友。[①] 考提亚发现的这种外围国家结盟以对抗中心大国的结构就是结盟均势理论"三明治"结构的雏形。这一观点与同时代秦国范雎提出的"远交近攻"同处一个历史共振周期。

早在第二次伯罗奔尼撒战争时期,古希腊地区就形成了"斯巴达—雅典—波斯"的同盟结构来制衡雅典实力的快速崛起;在稍晚一些的东方土地上,为了制衡草原游牧民族匈奴人,雄才大略的汉武帝意识到如果能够派出张骞与处于西面的大月氏结成"汉—匈奴—月氏"的三明治同盟结构,就会在汉匈争霸中赢得更加有利的战略态势;马基雅维利也曾指出,公元15世纪的意大利国家也普遍奉行类似的制衡逻辑;路易十四时期,左右欧洲政治天平的两大家族,即法国的波旁家族和主宰神圣罗马帝国与西班牙的哈布斯堡家族之间形成了"西班牙—法兰西—奥地利"同盟结构

[①] Roger Boesche, "Kautilya's Arthasastra on War and Diplomacy in Ancient India", *The Journal of Military History*, Vol. 67, No. 1, January, 2003, pp. 9–37; Kautilya, "Arthasastra", in Paul A. Seabury, *Balance of Power*, San Francisco, Calif.: Chandler Pub. Co., 1965, p. 8.

来阻止法国的壮大和实现欧洲的再次统一；拿破仑帝国时期，为了防止波拿巴家族主宰欧洲，英国同俄罗斯结成同盟，形成了"英国—法兰西—俄罗斯"同盟结构；在不列颠治下的霸权时代，英国作为离岸平衡手，于一战前推动形成了"英法—德国—俄罗斯"的"三明治"制衡结构；苏德战争爆发之前，为了避免日本关东军的北进战略，苏联积极援助和支持中国的抗日战争，通过构建"苏联—日本—中国"的制衡态势，促成了日本放弃北进攻击苏联的战略冒险；苏德战争爆发后，反法西斯联盟形成了"英法—德国—苏联—日本"的"跳棋盘"同盟制衡结构；在"冷战"初期，虽然西非刚刚获得独立的黑人国家间经常强调发展中国家团结的政治话语，但其政治行为却迅速朝着复合"三明治"同盟结构演进。不论是在意识形态上趋向激进的几内亚、加纳与马里，还是在意识形态上趋近保守的象牙海岸、尼日利亚或塞内加尔，它们都通过构建"三明治"同盟结构来制衡周边的邻国，尽管这些国家都十分脆弱。"冷战"中后期，针对苏联对美国利益的挑战，美国没有将意识形态作为考量与中国关系亲疏的根本因素，而是主动与中国结盟来营造全球性的"北约（美）—苏联—中国"大三角制衡体系。"三明治结构"不仅适用于体系大国，也适用于小国。

通过对近代国际体系中"三明治"权力结构的研究发现：具备战略力量的大国都有潜在地联合其他力量来平衡身边强邻的意图，而主导性大国作为天平的托盘，其效果不能仅仅依靠评判小国行为的站队来加以评价，而应当以更大的战略视野来加以审视，即大国俱乐部里没有也不可能"搭便车"，只有权力制衡。

最后，参与"三明治"制衡体系的大国在地缘类属身份上要么属于海陆复合型大国，要么属于陆权大国，即它们身边都存在强大的陆权邻国。对于海权国而言，即使是具备天平托盘能力的海权霸主，也仅仅依托陆地盟友发挥大质量砝码的作用。"三明治"同盟结构是指针对地缘上紧密相连的国家而提出的，两个相连的大国因具备随时破坏现状的能力而产生的安全困境，使得陆地临近的强国之间很难做到长久的信任。伯罗奔尼撒战争时期的雅典、路易十四时期和拿破仑时期的法兰西帝国、两次世界大战时期的德意志帝国、"冷战"时期的苏联和后"冷战"时代的中国都面临着"三明治"夹心的体系制衡结构。而两个时代的霸权国——英国和美国——都奉行与崛起国周边国家结成制衡的均势联盟政策，以"离岸平衡手"的身份，依靠对海外结盟和援助的方式来增强崛起国陆地邻国的权力。

二 结构制衡下大国崛起成败的实证分析

海陆复合型大国的崛起必然会引发地缘邻国和体系霸权国的围堵与制衡。通过对近代国际关系中大国崛起案例的比较研究可以发现：面对战略围堵，有些国家成功地摆脱了地缘政治困境，实现了战略反包围；而更多的国家则在崛起的初段或中段遭到了海陆两栖同盟的联合绞杀。桑塔亚娜（Santyanna）曾经说过："忘却历史者，必将重蹈覆辙。"[1]对崛起大国如何突破结构性束缚而实现成功崛起的经验进行总结研究，对于当今中国降低崛起困境有着诸多借鉴和启示。

自威斯特伐利亚战争结束以来，现代国际体系中出现的海陆复合型崛起国家主要有黎塞留时期的法国、拿破仑帝国时期的法国、沙皇俄国、拿破仑三世法国、两次世界大战前后的德国、"冷战"时期的苏联或许还有"冷战"后的中国。这其中失败的案例主要以拿破仑帝国、威廉二世时期的德国、"二战"爆发后的德国及苏联为研究样本；成功的崛起案例主要以黎塞留时期摆脱哈布斯堡家族战略围堵的法国、俾斯麦执政时期的德国和"二战"前夕成功阻止英法与苏联结盟的纳粹德国为研究样本。

（一）失败的崛起国及其战略共性

伯罗奔尼撒战争爆发伊始，雅典派往斯巴达辩论的代表曾说过："真正值得称道的人，就是那些虽然崇尚权力，但是又懂得道义与外交，并不为形势所迫的人。"[2]不幸的是，雅典人在后来同斯巴达的战争中并没有将此话当真。

拿破仑帝国在历史上昙花一现的重要原因就是面临西线英国一次次组织的反法联盟和东线俄罗斯的战略威慑。拿破仑没有选择用外交手段与其中之一化敌为友——希特勒通过《苏德互不侵犯条约》实现了破解英法与苏联结盟的可能，从而解决了"一战"前施里芬计划的最大弱点——而是

---

[1] Henry A. Kissinger, *Diplomacy*, New York: Simon & Schuster, 1997, p.805.
[2] Thucydides, *History of the Peloponnesian War*, Charleston: BiblioBazaar LLC, 2010, p.55.

选择将他们一同击败。法军在西班牙与英国资助的力量尚未纠缠出胜负的情况下，便匆忙组织了一个规模庞大的远征军去解决东边的俄罗斯问题，这种迫使俄国放弃推卸责任转而不得不奋起反抗的战略，令法国陷入了一个"三明治"制衡结构之中无法自拔。

无独有偶，100 年后的德意志第二帝国也面临着同样的结构性难题——面对法国与俄罗斯结盟而形成的"三明治"体系，威廉二世凭借他与生俱来的偏执与傲慢，也决定将东西问题冶于一炉打包解决。放弃与俄国签订《再保险条约》从而将俄国推入法国的怀抱还不是其战略的最大失误，更不幸的是，德国对英国海权的挑衅从而导致欧洲地区出现了"英法—德奥—沙俄"这样的"三明治"制衡同盟。这种同盟结构造成了德国在开战后的一个月便不得不陷入两线僵持的结构性困境之中。战争开始几天之后，前任德国首相伯纳德·冯·皮洛夫皇子疑惑地问时任德国首相的贝特曼·霍尔韦格："这一切是怎么发生的？"贝特曼·霍尔韦格以绝望的姿势举起他的瘦长的胳膊咕哝着，"啊，要是我知道就好了"[1]。一旦德国陷入两线作战的泥沼就注定了其失败的命运。

同样的错误再一次发生在了纳粹德国的扩张之路上。本来纳粹德国通过《苏德互不侵犯条约》成功地避免了两线作战的后顾之忧。一俟纳粹德国占领波兰后，控制了西欧和中欧大面积工业和粮食产区，其完全可以凭借时间的优势实现先西后东的渐进式崛起战略，更有利的是，彼时斯大林最大的动机是推卸责任，积极讨好德国，而非同英法构建反法西斯同盟。但对于希特勒和整个日耳曼民族来讲，缺乏耐心与节制力往往是其最大的障碍。在尚未完全征服英国之前，希特勒便迫不及待地发动了对苏联的战争。此后德国再一次掉进了历史宿命的怪圈——海陆复合型崛起国面对海陆两强"三明治夹心"结构而被迫进行两线作战。而德国设想中可能出现的反制苏联的"三明治"联盟制衡体系因日本深陷中国战场——苏联在1941 年之前是中国抗日战争最大的援助国，它积极援助中国构造"苏联—日本—中国"的三明治制衡结构借以拖住日本北进战略的野心——同时决定发动对美太平洋战争而从未启动。如果德国在《苏德互不侵犯条约》签订后能够私下知会日本这只是权宜之计，也许日本的海军部就不会制定去

---

[1] Bernhard von Bulow, *Memoirs of Prince von Bulow 1909 – 1919*, Boston：Little Brown Company，1932，pp. 165 – 166.

东南亚抢夺油田的"南进计划",进而配合德国的西线攻势而用陆军牵制苏联在远东的军队,并通过夺取苏联的巴库油田来弥补自身战略资源的先天缺陷。由于1941年德国进攻苏联时日本已经批准了海军部的南进战略(这一战略使得山姆大叔终于可以摆脱国内孤立主义的掣肘并会心地摘下他绅士的白手套来收拾这个不知天高地厚的小疯子了),而将对苏的"北进政策"束之高阁,因此日本不能配合德国的"德国—苏联—日本"的"三明治夹心"结构,这也间接地为苏联调动西伯利亚军队驰援莫斯科保卫战提供了机会。

苏联的解体虽然没有经历两线的实际战争,但是两线没有硝烟的"冷战"和军备竞赛沉重的压力彻底拖垮了苏联。由于在东亚、东欧、中亚、中东、东南亚、南美和非洲到处与美国进行势力范围的抢夺,沉重的战略包袱彻底压垮了苏联的经济与国民意志。而对苏联构成最大的、持续的战略压力就在于以美国牵头所形成的"北约(美)—苏联—中国"的"三明治"联盟结构。这种"东西夹击"的结构极大地束缚了苏联进行军事反压制的努力。"二战"时期苏联就因惧怕德日的夹击围堵而与德国签订《互不侵犯条约》来打消日本的北进企图,而"冷战"时期美国作为"离岸平衡手"牵头的"三明治"联盟对苏联的围堵极大程度上实现了在两洋对苏联海基、陆基战略力量的威慑,使其不得不将兵力沿东欧和远东两条漫长的势力边界进行布局。

罗伯特·杰维斯(Robert Jervis)认为:"如果一国国力的增长伴随着其他强国的戒备与威胁感,那么无异于自拆台脚……到处争夺利益、四处展示实力、无视霸权国地位而表现出问鼎国际体系的意图将难免招致制衡性的联盟打压。"[1] 上述四个处于崛起进程的大国很大程度上皆因"三明治"联盟结构的两线牵制而惨遭厄运。它们在面对结构性压力时表现出三个共同点。第一,面对海权与陆权两线制衡联盟,这些海陆复合型国家都试图在同一时间取得两边优势而展开竞争,而这无疑分散了其国家权力的运用效能。"切忌在战略上与两个大国同时作对,更不能四面出击。"[2] 纵

---

[1] [美]罗伯特·杰维斯:《国际政治中的知觉与错误知觉》,秦亚青译,世界知识出版社2003年版,第281页。

[2] 张文木:《欧美地缘政治力量的消长规律及其对中国崛起的启示》,《世界经济与政治》2007年第7期。

观近代500年国际关系历史,唯一成功崛起的海陆复合型国家就是西班牙,它的衰落也是因为其兼具海陆两线战略负担而走向无法挽回的命运。第二,这些国家都把自己的位置摆在了具有托盘能力的霸权国家的挑战者的地方。不论是英国还是美国,作为一个离岸霸权国,在其本土享有充分安全剩余的条件下,组织一个外围制衡同盟,以攻代守、御敌于国门之外往往能够掌握战略主动权。莫德尔斯基(Moldelski)考察了欧洲地区近代以来的国际关系格局总结出国际政治长周期理论认为:"近500年来,霸权的直接'挑战者'大多都遭到了失败。成为新体系领导的国家均是同前霸权国一道反对挑战者的盟友。而领导地位的交替无不是正在衰落的领导者最终不得不承认自己的衰弱而将领导地位'禅让'给主要的合作者。尽管禅让并非没有武力的威胁与潜在的挑战。"[①] 第三,这些国家都没有找到外交与军事力量之间、必要与可能之间以及时间与空间上攫取权力、护持权力与彰显权力的艺术。没有充分地利用外交与实力背景适时去构造一个有效的"反结构"联盟,将纵横捭阖的外交手段束之高阁,而单纯地将军事手段视为解决问题的不二选择,这无疑给周边潜在的"搭车者""推卸责任者"以及"想通过追随方式融合威胁者"带来了巨大的不信任感和安全压力。痴迷于对权力的实际运用,而非权力的声誉,是不成熟和不懂得驾驭权力的表现,也是国家权力走向溃散的不可或缺的要素。

(二) 成功的崛起国及其战略共性

近代国际关系史上也存在着许多成功地突破"三明治"制衡结构并实现崛起的海陆复合型大国。如黎塞留时期跳出哈布斯堡家族围堵的法兰西帝国、俾斯麦执政时期防止法俄结盟的德意志第二帝国和"二战"前成功狙击英法与苏联结盟的纳粹德国等。

在黎塞留时期,法国被哈布斯堡家族所包围。"南边是西班牙;西南边是意大利北部城邦,多为西班牙所控制;东边是法朗齐康德区,也在西班牙的控制之下;北边则是西属荷兰;东边是德意志神圣罗马帝国皇帝主宰的奥地利。"[②] 整体上呈现出西线的西班牙和东线的奥地利,并形成了

[①] George Moldelski, *Long Cycles in World Politics*, London: Palgrave Macmillan, 1987, 转引自时殷弘《国际政治的世界性规律及其对中国的启示》,《战略与管理》1995年第5期。

[②] Henry A. Kissinger, *Diplomacy*, New York: Simon & Schuster, 1997, p. 51.

"西班牙—法国—奥地利"的"三明治"同盟遏制体系。

为了摆脱哈布斯堡家族两大分支对法国形成的战略围堵,时任法国红衣大主教(1624—1642年任法国首相)的黎塞留利用巧妙的外交结盟成功地使法国实现了突围性崛起。作为天主教大本营的法国在"三十年战争"中并没有以意识形态划分结盟阵营,而是选择了同反对天主教联盟的新教国家结成了反对哈布斯堡家族的联盟。"1625年通过灵活的结盟策略促成了针对西班牙的'法—英联盟'和针对神圣罗马帝国的'法—瑞(丹)'联盟。"[1]这样,法国通过灵活地联盟外交将原来围堵它的"西班牙—法国—神圣罗马帝国"这一"三明治"联盟结构再加一层,成功地转化为"英国—西班牙—法国—神圣罗马帝国—瑞典(丹麦)"的"跳棋盘"联盟结构,从而实现了战略反制,并将哈布斯堡家族统一欧洲的梦想永久地打碎。基辛格(Kissinger)对黎塞留高超的外交手腕及其对欧洲地缘政治格局深远的影响——保持德意志地区的长期分裂和战乱——非常推崇,并认为"黎塞留对中欧历史的影响与他为法兰西立下的功勋正好相反。他使德国的统一延后两百年,使西班牙永远地沦为欧洲大陆的边陲国家"[2]。

俾斯麦执政时期的普鲁士(后统一为德意志第二帝国)也曾面临周边国家形成战略围堵的崛起困境。彼时执掌欧陆领导权缰绳的英国奉行灵活的均势外交政策,而不会同任何欧洲大陆强国缔结永久性义务的同盟条约。而俾斯麦正是利用这一有利的国际环境实现了德国在欧陆的快速崛起。在崛起进程初段,普鲁士由于弱于拿破仑三世的法兰西帝国,因此,他选择了"先弱后强,积微速成"的渐进式统一战略。通过普丹战争和普奥战争不仅扩大了普鲁士的国家实力,也将普鲁士统一德国最大的竞争对手奥地利排除在外,并通过许诺利益分成的方式获得了当时欧洲陆上霸主拿破仑三世的默许。几近完成领土统一后的德国又利用克里米亚战争后法国与俄国之间的怨恨,从而避免了其在欧陆地区受到法俄两线的制衡。更能体现俾斯麦外交眼光的是,他还利用了当时英国对拿破仑三世称霸欧洲的疑惧心理,获得了全球霸主英国的默许而发动了对法兰西的普法战争,进而在莱茵地区实现了民族统一大业和国家崛起。

德国是一个地处中欧的海陆复合型崛起大国,其最大的风险来自于形

---

[1] 刘德斌:《国际关系史》,高等教育出版社2003年版,第45页。
[2] Henry A. Kissinger, *Diplomacy*, New York: Simon & Schuster, 1997, p.56.

成一个东西遏制的"三明治"同盟体系的围堵。为了避免法兰西与俄罗斯走向联合,俾斯麦在德国统一后的近20年时间里一直忙于避免使欧洲出现一个对德国构成夹击的联盟出现。一方面,通过"促使英、奥、意合作对付俄国,而德国又同俄国签订《三皇同盟续约》《两次地中海协定》和《再保险条约》"[1],德国实现了拉拢俄罗斯避免使其同法国接近的目的。另一方面,德国在欧洲地区对法国采取了打压政策,使其孤掌难鸣,寻仇无路。在非洲地区又积极鼓励法国以殖民扩张的方式转移德法矛盾,并增加它与英国在殖民地问题上的矛盾。当时德国的具体外交策略可以概括为"联奥、拉俄、亲英、反法"[2]。这种"拉一头,打一头"的外交策略是处于夹心中间国家反制衡的最佳手段。

在希特勒上台后,德国加紧了在欧洲扩军备战的进程。由于第一次世界大战的惨烈后果——尽管英国当时承担着因《洛迦诺公约》对法国和比利时边界的保护义务——英法在阻止德国扩张野心面前都不愿再度卷入一场世界大战。同时,由于在意识形态上对苏联敌视,因此,英法认为同苏联组成遏制德国的"三明治"同盟,在效果上不如促成德国进攻广袤的苏联能够减缓西线的军事压力。苏联人也发现了英法"祸水东引"试图鼓动德国进攻东线的图谋。20世纪30年代,在资本主义英法、法西斯主义德国和共产主义苏联之间存在着这样一种认知,即资本主义英法认为法西斯德国和共产主义苏联身份上更加接近,共产主义苏联则认为资本主义英法同法西斯主义德国身份上更加一致。希特勒在崛起初期正是利用了"反共产国际"的身份获得了英法的绥靖,之后又利用了"洛迦诺友谊"维持了苏联的合作。希特勒成功地将德国塑造成一位无助地站在街头任由手里拿着宝剑的真心爱慕者可以随时带走的吉卜赛少女形象。这种促成"约翰"和"伊凡"在争风吃醋中竞拍德国友谊的做法,使得资本主义英法和共产主义苏联都唯恐没有最大限度地表达出对德国崛起的宽容态度。到了后面的战略摊牌阶段,希特勒看准了英法在同苏联结盟问题上的举棋不定而加速了同斯大林签署《苏德互不侵犯条约》的进程。由于英法没能认识到在反对德国问题上构筑一个"三明治"夹心同盟的重要意义,反而催化了苏联与英法的战略不信任感,因而为德国利用灵活的外交手段分化两线、实

---

[1] 刘德斌:《国际关系史》,高等教育出版社2003年版,第145页。

[2] 刘德斌:《国际关系史》,高等教育出版社2003年版,第145页。

现军事单边作战提供了千载难逢的机会。

"二战"后西德的崛起也曾面临着潜在的"三明治"制衡结构。随着苏联在东欧主导性地位的确立，美国为了增加对共产主义苏联的战略遏制，有意扶持英美双占区的德国重新实现工业化并在此基础上重整德国军备。因为不论是迪安·艾奇逊（Dean Acheson）、乔治·凯南，还是约翰·麦克洛伊（John McCloy），他们都认为，如果没有地处中欧且拥有鲁尔工业综合体的德国加入欧洲安全体系——重整军备的德意志联邦共和国将能够为欧洲防御计划提供10到15个师——那么西欧国家对苏联的战争从一开始就将是一场没有前锋或中场实施纵深防御的"后卫战"，其作战反应时间被压缩到相当于让对手在本方门前踢点球。从当时的情况来讲，通过马歇尔计划加速西部德国工业化复兴最大障碍并不一定来自于苏联，而是由拉马迪埃（Ramadier）和皮杜尔（Bidault）主导的法国政府。极度敏感与脆弱的法国对德国可能东山再起并重新成为欧洲主导力量的事实充满了疑惧。当1947年8月3日美国陆军部长罗亚尔突然宣布要复兴德国工业经济时，法国政府受到了夏尔·戴高乐（Charles de Gaulle）领导的右翼民族主义联盟和共产党领导的左翼劳工联盟的强烈抨击。如果美国当时没有通过"煤钢联营"和"北大西洋公约"及时为法国打消安全疑虑，那么激进民族主义主导下的法国很有可能寻求同苏联构造一个防范德国崛起的"法国—德国—苏联"夹心同盟结构。正是美国了解到法国在地缘政治上本能需要建立一个类似"一战"前的那种具有制衡德国的具体军事同盟，它才通过向法国提供长期且正式的安全保证并避免了后者因愤怒和失望而被俄国人乘虚揽入怀抱。[①]

上述成功摆脱因大国崛起引发的"三明治"联盟制衡结构的案例中，有三点共性值得后世借鉴。第一，灵活的结盟政策与弹性外交是构筑反制衡体系的重要手段。灵活的外交手段要求不拘泥于意识形态的束缚——任何单纯以意识形态理由结成的同盟都不会维持超过两代人的时间——并且需要跳出中观权力结构，去构筑一个更大层次的反结构，以实现化被动为主动的目标。

第二，审慎地行使手中的权力，尽量避免前进会冒着极大的风险，后

[①] Acheson to Truman, *FRUS*, Vol. 3, 8 Apr. 1949, pp. 175–176.

退又会承担极大的羞辱的两难局面。"手拿大棒,轻声说话"有的时候比"手拿大棒,高声说话"更能够赢得权力的声望,而把大棒放在家里不在邻居面前经常展示,则需要更大的勇气和自信。"引而不发,保持威慑"是一个国家争取战略主动权、分化潜在围堵性联盟的重要手段。甚至有的时候,面对已经形成的"三明治"结构,可以通过向敌对同盟中的弱小一方施压,进而促成其向盟主提出更多的诉求,一旦这种诉求没有得到满足,就有可能促成敌对同盟的瓦解。联盟中存在着集体行动逻辑的困境,每个国家都想让联盟中的其他国家承担更多的围堵成本,因此,给崛起国利用不断增长的威慑能力分而化之提供了重要的机遇。

第三,明智的利益与战略伸张止进点。战国初期的《司马法》中一个观点是"忘战必危,好战必亡"[①]。一方面,国家崛起不仅是一个水到渠成、实至名归的和缓过程,而且是一个需要在正确的时间、正确的地点、同正确的对手进行的一场决定性较量的进程。不论是在三十年战争伊始作壁上观、引而不发、等待时机、重拳出手的黎塞留或马扎然,还是利用"埃姆斯电文"刺激尚未准备充分的拿破仑三世并果断进行军事打击的俾斯麦,都选择了在正确的时机完成国家的亮剑并实现崛起进程的"弯道超车"。另一方面,崛起国需要在较量中根据自身所拥有的权力与意志来界定出清晰而明确的战略止进点或止损点。一个在胜利面前没有节制力——却幻想能够通过揪着自己的头发离开地球——的崛起国在历史长河中往往是昙花一现的。例如马其顿帝国或蒙古帝国。成熟的国家需要的不是一次次胜利的欢呼而是经历失败后的深刻反思与心灵的革命。大英帝国的成熟不是在七年战争或拿破仑战争后的胜利,而是在北美独立战争和英布战争后的醒悟;美利坚帝国的成熟得益于朝鲜战争和越南战争;苏联的成熟表现在阿富汗战场上的认赔离场。在经历残酷的失败后,这些国家认识到:明智的利益与审慎的战略伸张止进点是国际政治最高尚的美德。否则便会陷入"为了战争而战争"的恶性循环之中而遭到最后失败。明确本国权力及其能够达到的利益外延,往往是一个成熟的、具有节制力的崛起国必备的素质。

[①] 黄朴民:《黄朴民解读吴子·司马法》,岳麓书社2011年版,第137页。

三　本章小结

"三明治"同盟结构是权力体系自动追求均衡所形成的一种地缘政治现象。本章重点研究的是在具有宏观意义的大国间形成这一现象的理论及其生成机制。政治根植于人性的基本法则，因此如果可能的话，这一政治现象也可以推广和解释中观或微观层面的地缘政治关系。甚至是在三个人之间的微观层面也可能产生此种制衡结构。对于这一问题，本章没能进一步深入探讨。另外，本理论仅仅适用于海陆复合型崛起大国，因此，日本、美国和英国等海权大国因特殊的地缘政治结构而不在研究之列。

本章强调权力因素在国家关系中的作用，但这种"三明治"制衡结构存在着两点实践中的理论困境需要以后的理论研究者和运用者加以注意。

其一，这种"三明治"同盟结构并没有考虑到三边权力的发展趋势。例如，在中国古代历史上曾出现过蒙古与南宋结盟联合灭掉金国的案例。在金国的威胁消失后不久，蒙古得以轻易地灭掉残喘的南宋（虽然在蒙哥死后贾似道用计帮助南宋延缓了十几年国运）。在"蒙古—金国—南宋"这样的同盟结构中，虽然依然延续了敌人的敌人是朋友的结盟逻辑，但是我们会发现，一旦趋势占优的蒙古灭掉了趋势不断走弱的金国，剩下的南宋就只有等待灭亡的命运了。在历史上曾经同古巴比伦汉谟拉比结盟并先后灭掉埃什努那和拉尔萨两大劲敌的马里国王也面临过同样兔死狗烹的命运。因此，运用结盟均势理论的"三明治"结构一定要注意不能灭国，而要以维持各个权力主体之间的生存为限度。

其二，该理论对于观念变迁导致的体系文化变革并没有做进一步探讨，这也使得该理论在解释当前欧盟地区国家间关系问题上产生了解释力不足的困境。但是，依据本理论仍然可以认为："二战"后随着洲级大国时代的到来，中等国家的法德已经无法单独形成地缘政治气候，为了平抑更大层面的美苏权力结构态势才选择了自动和解并走向权力联姻。这是在洲级大国时代欧洲中等强国避免沦为"较小国家中的较大者"进行的努力。至此，"三明治"结构仿佛在欧洲地区国家之间消失了。但是，这种权力政治的隐退并不意味着它彻底的消亡，如果哪天北约解体——北约的存在是欧洲权力政治弱化的根本原因，北约的建立相当于在一个"无政府状态"下出现的地区政府或利维坦——那么欧洲地区仍可能回复到中等国家间的权力制衡游戏。

其三，对于崛起国所面临的"三明治"联盟制衡结构，本书认为：国家的崛起是一个漫长的进程，应当以史为鉴，汲取成功国家和失败国家留下的宝贵经验。在这一进程中，崛起国同体系内其他主导国权力的对比有着密切的联系，只有通过立足发展本国综合国力，不以意识形态标准为束缚而实现灵活的结盟外交，实行降低邻国威胁感的缓进战略、积极增加同霸权国之间的战略一致性，并制定符合真正国家能力的有限利益目标，才能实现隐忍的崛起。

第八章　边缘诱捕：两极体系下反遏制战略的效用分析
——越战时期苏联的支持行为与美苏攻守易势

一　问题的提出

苏联解体与两极坍塌的结果能否有力佐证美国在整个"冷战"时期推行的遏制战略在手段上更胜一筹？令人遗憾的是，我们既不能证明美国在"冷战"期间一以贯之地执行了同一种遏制战略（参见表8-1）——虽然美国历届政府对遏制苏联没有分歧，但对于如何遏制却存在着根本分歧——也不能依据对美国有利的事实结果去反推其战略比苏联更加高明。尤其是当竞争双方战略上都存在错误的情势下，哪一方犯的错误更少，而不是哪一方做对的更多，往往成为其取得成功的根本原因。回溯"冷战"历史可以发现：美苏争霸并未从始至终地呈现出美国权势长期压制苏联的一边倒态势，而是在大多时间呈现出美苏权势难分伯仲、此起彼落、攻守交替、各领风骚的政治图景。

表8-1　**美国遏制战略重心的波动周期、手段差异及效果评价**

波动周期	代表人物	代表政策	战略手段	战略重心	战略效用
第一周期 1947—1953年	乔治·凯南	八千字电文	非对称遏制（重点）	核心地带	优势积聚
	保罗·尼采	NSC-68	对称性遏制（全面）	边缘地带	优势流失
第二周期 1953—1969年	艾森豪威尔	"大规模报复"	非对称遏制（重点）	核心地带	优势维持
	肯尼迪—约翰逊	"灵活反应"	对称性遏制（全面）	边缘地带	优势丧失
第三周期 1969—1981年	尼克松—福特	"尼克松主义"	非对称遏制（重点）	核心地带	止跌企稳
	卡特	"卡特主义"	对称性遏制（全面）	边缘地带	劣势放大

表8-1由作者总结自制。

第八章　边缘诱捕：两极体系下反遏制战略的效用分析　◇◇　181

　　同逻辑演绎相比，在历史文本基础上直接建构战略理论并不是一条好的路径。但当今实证主义研究方式却将这些叙事文本视为最重要的凭借和依托。因为权力造就知识，历史经验所依托的文本背后常常受到权力施加的影响。任何一门社会科学都摆脱不了研究者自身认知倾向所产生的先验性约束。由那些把自己打扮得道貌岸然的胜利者所撰写的历史，必然会深深地打上其主观认知的烙印，这就意味着对"冷战"史的研究和叙事过程难免从美国遏制战略视角出发并对这一过程进行评述。作为一种胜利者的叙事，它往往是在对历史事实进行主观重构、取舍和扭曲基础上形成的。就像我们阅读苏联卫国战争的历史，往往很容易从莫斯科保卫战（1941年9月—1942年1月）自然过渡到斯大林格勒保卫战（1942年6月—1943年2月）一样。但问题在于，在这两场重大战役间隔长达近半年的时间里，苏德双方仅仅是在摩拳擦掌和重整旗鼓吗？如果我们仔细研究那段历史就会发现，从1942年1月起，苏德战场爆发了一场同样重大的战役——"勒热夫绞肉机"，朱可夫指挥下的苏军同莫德尔指挥下的德军在"勒热夫—瑟乔夫卡—维亚济马"战线上打了一场导致150万红军伤亡的重大战役。但在权力造就知识的背景下，谁愿意去倾听被流放者的声音，谁愿意去讲述一个异端失败者的故事？在由胜利者撰写的充满矫饰的历史审判书中，失败者哪怕连加入一个标点符号的机会也没有。同样，失败者胜利的战役也仿佛像历史大潮中的迂回流、逆流、暗流或潜流一样，在权力塑造的主流叙事文本中被摒弃忽略。

　　如果可以从历史文本的纸缝中间去发现能够补齐主流叙事缺失的拼图，对于修补和完善主流战略理论则有着很好的助益。就像没有人愿意为一个英年早逝的养生保健专家去整理其关于饮食健康的学术观点一样，哪怕其观点充满了真知灼见，哪怕其英年早逝源于其先天虚弱的体质。也如同没人愿意去关注《布列斯特-里托夫斯克和约》签订时，德意志第二帝国曾一度比英法面临着更大的胜利曙光。关于美苏"冷战"史研究的每一百页著作中，可能只有不到一页会专门研究苏联在20世纪六七十年代对美反遏制战略巨大成功的宝贵经验——它真正地在那个时代创造出"苏攻美守"的有利局面。即使是研究苏联反遏制战略成效的著作，也存在着失衡现象：人们更关注苏联在导弹军备竞赛中做了什么来实现优势反超，而不太关注苏联在地缘政治边缘地带①究竟做了什么来增加美国战略消耗并为优势反超创造有利条件这个同样有趣的问题。

与其他权力结构相比，两极体系具有最强的主体间性。作为对等的博弈主体（下棋者），美苏双方均具备主动影响体系结构、进程和塑造有利战略态势的意愿和能力，而并不像传统美国"冷战"史专家们那样——他们常以居高临下的"训练"猴子一样的傲慢态度——将苏联视为国际政治科学实验室中被动等待对其行为进行研究和验证的小白鼠。苏联行为很大程度上被描绘成在乔治·凯南提供的奖惩激励方案下，逐渐形成一整套对正向激励与反向激励做出可预见反应的实验室动物。美国"冷战"史学者们的观点并不一定是错的，但他们极少设身处地地从苏联视角去考虑后者在对等博弈中所采取的反遏制战略及其能动性，即苏联战略的影响并非从始至终都是被动反应式的"应声虫"，而同样也展现出积极主动的塑造意愿和能力。从美国视角看充满阴郁色彩的"遏制战略低潮期"，在苏联视角看来则是一个彰显"苏联全球霸权的黄金时代"。

本书通过对"冷战"中期美苏攻守易势的原因研究发现：在两极格局下的战略竞争中，关于权势消长与其说取决于哪一方做对得更多，不如说取决于哪一方犯得错误更少。尤其是当双方战略都存在误区的时候，犯错误更少的一方往往成为最终的胜利者。因此，如何发挥自身的战略能动性，利用并扩大对手的战略失误，正在成为研究两极体系下大国博弈的重

---

① 斯皮克曼提出的"边缘地带"是指欧亚大陆的沿海地区，包括从西欧、南欧、中东到南亚次大陆和远东大陆等沿海地区。欧亚大陆的"边缘地带"是处于心脏地带和海洋之间的中间地带，是海上强权与陆上强权爆发冲突时的缓冲地带。参见［美］斯皮克曼《边缘地带论》，林爽喆译，石油工业出版社2014年版，第57—58页。同斯皮克曼对"边缘地带"的传统定义侧重于海陆区位因素略有不同，本书借鉴了沃勒斯坦的"中心—边缘"理论对"边缘地带"的定义偏重于其在权势对比中的影响。例如，在斯皮克曼对"边缘地带"的定义中，西欧由于地处欧亚大陆的外缘，因此也属于传统地缘政治理论中的边缘地带。但本章认为，西欧作为影响当今国际权势对比中具有重要价值的"技术核心区"之一而被视为体系的核心地带。在借鉴罗伯特·阿特观点的基础上，本书将两极体系下的"边缘地带"定义为：能够对本土防御、欧亚大陆间深度平衡及全球能源安全起决定性作用之外的区域。具体来讲，就是指"技术核心区"与"生产核心区"以及超级大国周边之外的其他区域。对于一个超级大国来讲，其周边接壤国家具有生死攸关的利益，而对于另一个超级大国来讲，则仅仅是具有间接利益的地区。例如东欧在"冷战"时期被视为核心地区的重要原因是它对苏联安全具有生死攸关的价值。相比之下，这一地区对美国来讲仅仅具有间接价值。同时，在阿特关注的"冷战"时期，他将"能源核心区"也视为核心地带。但本章认为，随着能源革命的发展，中东地区将从"冷战"时代美国捍卫的核心地带逐渐下降到边缘地带。参见［美］罗伯特·阿特《美国大战略》，郭树勇译，北京大学出版社2005年版，第57页。

要问题。在确保体系核心地带相对稳定前提下，通过转移对手注意力的方式增加其在边缘地带的战略消耗，对于在反遏制战略中消减对手战略优势有着较好的效用。事实上，20世纪六七十年代苏联对美有利战略态势的形成，同当时苏联在核心地带积极谋求缓和，在边缘地带"施放战略诱饵"并"坐观血腥厮杀"的诱捕战略有着密切的内在联系。

本书所关注的第一个问题就是苏联本来应该是美国在整个"冷战"期间最大且唯一的遏制目标，然而为何美国却在次要地区、同一个次要对手进行一场没有尽头且消耗巨大的边缘战争？单凭越南民主共和国的国家资源与战争能力是无论如何也无法将美国这样一个超级大国长期拖在东南亚泥沼之中的。因此，"越战"看似是美国战略决策连续失误的背后，其实是苏联主导下的社会主义阵营——1965年之前以中国为主，1965年之后以苏联为主（战争迅速升级）——对越南民主共和国不断给予援助的结果。它从来都不是问题所在，只是一种两极体系下大国博弈的衍生物或并发症。假如"越战"从未在中南半岛出现，苏联也会试图在世界其他某个边缘地带或国家将它发明出来，以便给美国制造出长期消耗物质资源和战争意志的泥潭。

本书所关注的第二个问题是，在超级大国所构建的反遏制同盟体系内，什么样的盟友可以成为"利益扩展区"，什么样的盟友可以充当"压力缓冲区"？本书认为，在体系边缘地带的盟友可以成为超级大国通过间接代理人战争方式实现消耗对手的"利益扩展区"，而体系核心地带的盟友可以成为超级大国通过直接控制的方式增加战略回旋空间并减少直接对抗的"压力缓冲区"。对同盟者角色的精确划分既能够帮助两极体系下超级大国在核心区实现"可说不可做的注定缓和"，同时在边缘区实现"可做不可说的战略反制"。

具体来讲，两极同盟体系所呈现出的战略态势就像一个台风系统，其"风眼"的中心地带往往呈现出风平浪静的状态，而其"眼壁"的边缘地带则充满了强烈雷暴。一方面，两极双方均将体系的核心地带——技术核心区、生产核心区和资源核心区——视为具有颠覆两极体系权力平衡的北门锁钥。核武器的"水晶球效应"使它们中的任何一方都不愿直接或间接在核心地带卷入可能引发全面战争的直接对抗。例如，当1948年夏天柏林危机达到令人窒息的沸点时，美国表现出为欧洲不惜一战的姿态并向英国基地派遣能够执行原子武器攻击的B-29轰炸机，这一亮出底牌的举动迅速使苏联对西方进一步施压和挑衅的冲动和计划胎死腹中。同样，1956年10月苏联对匈牙利事件的血腥镇压也没能激起西方大国除了道义谴责以外的任何实际行动。基于"成本—价值"的考虑，两极体系下的核心地带盟友将更多地充当"压力缓冲区"并引导超级大国在该区域的竞争走向可说不可做的"注定缓和"。[①]

另一方面，体系边缘地带则可能成为两个超级大国之间释放结构性压力的蓄水池或节制闸。更确切地说，边缘地带的动态不稳定性是两极体系总体稳定的必要条件。鉴于边缘地带本身战略价值的有限性，超级大国对该地区权力变更的敏感性与容忍度较核心区存在着根本差异。在边缘地带，超级大国之间仍谋求避免爆发直接冲突——这同样可能陷入没有赢家的全面战争——但它们对通过间接的代理人战争来彰显权力和消耗对手则表现出强烈兴趣。边缘地带此起彼伏的代理人战争是核心地带维持"注定缓和"的压力释放区。基于"成本—价值"考虑，两极体系下的边缘地带将更多地充当"利益扩展区"并引导超级大国在该区域的竞争走向可做不可说的"注定紧张"。

二 "边缘诱捕"战略的理论阐释

在两极体系下，由于核心地带最微小的权势变动也会给施动者带来巨大的战争风险，基于"成本—收益"角度考虑，体系大国常常将核心地带的盟国视作维持权力分配现状的"压力缓冲区"。但在边缘地带，由于权势变动很难影响两极之间总体权力分配，因此，超级大国在避免陷入直接对抗和全面战争问题上更容易达成规避战争的默契。"边缘诱捕"战略本质是在两极体系下，推行反遏制战略的超级大国利用边缘地带已有的地缘政治矛盾和战略对手的战略迷思，以扶持"代理人"的形式积极主动地塑造战略环境，进而起到转移核心地带结构性压力、增加对手在边缘地带的战争消耗或增加己方在维持区域和平问题上的影响权重与博弈筹码的作用。本部分内容意在阐释，两极体系下实施反遏制战略的超级大国推行"边缘诱捕"战略的前提假定、地缘政治逻辑和基本假说。通过构建"边

[①] 杨原:《两极体系下大国战略竞争的演化》,《国际政治科学》2019年第4期。

缘诱捕"战略的微观理论，为两极体系下处于守势的超级大国摆脱遏制并实施战略反制提供有益的启示。

（一）"边缘诱捕"战略的前提假定

假定1：民族国家继承权和领土争端是当今国际政治中最难以调和的矛盾。长期被压抑的矛盾为拟实施反遏制战略的国家在边缘地带煽风点火提供了充分的燃料。武装统一和领土争端本质是关于利益主张一元性的零和博弈。尤其在民族主义和民主政治的双重压力下，没有任何一个领导人愿意拿自己的政治命运冒险而在民族国家统一或同其他国家领土争议问题上展现妥协。因此，长期存在且无法化解的国家继承权或领土争端构成了部分主权国家之间周期性爆发地缘政治冲突与对抗的核心要素。掺杂了权力正当性、国家荣誉和民族情感的领土争端意味着冲突双方或至少其中一方具有改变现状的强烈意愿，但限于结构压力或自身能力约束，才表现出时而紧张对峙，时而战端重开。对于存在上述矛盾的边缘地带来讲，"战争不在场"所构建的消极和平有如建立在火山口上的纸糊的大厦。一旦其中一方能够获得打破现有均衡的外部援助，休眠的活火山就可能重新勃然喷发。

假定2：并非所有边缘地带的国家都愿意成为超级大国的利益扩展区。因此，对于超级大国来讲，边缘地带的盟国可以按照如下战略职能予以划分，即可以承担利益扩展区职能的战略进攻型盟友和能够承担压力缓冲区职能的战略防御型盟友。前者多是包含国家继承权诉求（武装统一）或同周边邻国存在严重领土纷争矛盾的国家，后者则多为在领土争端中利益分配明显占优且愿意维持现状，或同周边国家没有矛盾可以利用但基于政治经济利益愿意加入并寻求本方提供安全公共产品的盟国。

假定3：在两极体系背景下，超级大国介入边缘地带战争，往往具有比单极结构更高的介入意愿以及比多极结构更低介入风险这一特征。上述特征构成了实施"边缘诱捕"战略的有利条件。两极体系下，超级大国面临着"战略价值"与"同盟信誉"的两难局面最为明显。一方面，超级大国对各自势力范围内所拥有的支配性地位均较为满意。同时，超级大国深知，边缘地带弱小盟友的去留对两极权势格局的影响微乎其微。因此，只要不在各自关切的"核心地带"中触及对方的战略红线，均没有意愿冒着全面战争的风险而挑起冲突。另一方面，同盟信誉与观众成本要求超级大国为了维护权力的声望与承诺的有效性而常常在"边缘地带"卷入同次要梯队进行的治标不治本的局部战争。

由于单极体系或两极体系没有责任承担者，因此在单极或两极权力结构下，支配性大国对"核心地带"的权势变动比多极体系更加敏感。但在"边缘地带"则表现为：在充满不确定性的多极格局下，体系大国对边缘地带权势的变动比充满较大确定性的两极体系更加敏感，这也是多极格局下的全面战争往往发端于边缘地带的一个重要原因。同时，两极体系对"边缘地带"的权势变动比单极霸权更加敏感。在两极体系背景下，超级大国介入"边缘地带"发生的战争，往往表现出比单极具有更高的介入意愿以及比多极具有更低介入风险这一特征（参见表8-2）。

表8-2　　　　　关于权势变动的军事介入意愿与全面战争风险

变动区域/权力结构	单极	两极	多极
边缘地带	不敏感（无法改变权势对比而轻视），无全面战争风险	较敏感（可能改变权力对比并考验同盟承诺），全面战争风险低	最敏感（可能改变权势对比而敏感），全面战争风险最高
核心地带	最敏感（有能力，也有意愿；无法推责的知觉警觉），全面战争风险最高	较敏感（有能力，也有意愿；无法推责的知觉警觉），全面战争风险较高	不敏感（无意愿；推责的知觉防御）；全面战争风险较低

表8-2由作者总结自制。

假定4：超级大国在地缘政治"核心地带"进行利益拓展会被战略对手解读为改变现状的重大进攻性信号。这种引火烧身的战略不利于自身的安全利益。相反，其在"核心地带"构建压力缓冲则会被战略对手解读为明确的和平信号并在"一报还一报"的积极互动中与对手形成正反馈循环。"核心地带"构建压力缓冲区，是两极体系下超级大国间走向"注定缓和"的重要条件。同时，实施反遏制战略的大国在"边缘地带"进行利益拓展，将被战略对手解读为改变现状的微弱进攻信号而加以推回或遏制。但由于并不涉及双方的核心安全利益，因此，超级大国倾向于利用地区矛盾并以"代理人战争"的方式在"边缘地带"实施消耗对手的诱捕战略。其在"边缘地带"构建压力缓冲区,既可能向战略对手发出微弱的缓和信号,也可能因向战略对手发出内部虚弱的消极信号而促成对手的进攻。因此,边缘地带的压力缓冲往往因不确定性和模糊性而收效甚微。

(二)"边缘诱捕"战略的地缘政治逻辑

逻辑机制1:对于边缘地带的盟国或"代理人"而言,区域内存在国家继承权竞争或领土矛盾的当事双方之间存在着零和博弈的竞争逻辑和强烈的改变现状意愿。这种地区矛盾和冲突意愿是超级大国在区域寻求和发展"代理人"的重要前提。值得注意的是,冲突意愿仅仅是国家走向战争的必要非充分条件,如果矛盾双方均没有能力打破现有的战略僵持,地区局势就可能长期处于紧张的对峙状态。超级大国利用本地区国家间已有的矛盾和进攻性意图并赋予其中一方打破局势的战争能力,是激化地区矛盾进而诱导战略竞争者因"承诺困境"与"观众成本"而卷入地区冲突,以至于最终在"一物降一物"的三角关系中谋求优势的重要条件。

逻辑机制2:"量变—质变"的战略迷思。对于推行"遏制战略"的超级大国而言,这类国家很容易陷入基于"多米诺疑惧"或"温泉关推论"的量变质变逻辑引发的战略迷思。这种迷思强调,如果你不注重边缘地带的变化,这种变化迟早会波及核心区域。在边缘地带的退却将经历三重失败:第一,己方失去一个潜在的盟友;第二,敌方增加一个盟友;第三,"边缘地带"是检验大国战略信誉和决心的试金石。放弃"边缘地带"会导致权力声望加速衰退并在己方盟友和中立国心中生成恐惧。这种恐惧会导致小国放弃参与权力均衡的"遏制",而转向融合威胁的"追随"。这种逻辑推演下,推行"遏制战略"的超级大国将逐渐丧失通过分辨利益、识别威胁和确定反应的理性思维。这种战略迷思使得威胁和反应本身都变成了需要捍卫的利益。在边缘地带推行"遏制战略"本应是服务于两极竞争的手段,但"多米诺疑惧"则使得边缘地带本身上升为需要捍卫的战略目标。很多时候,当国家的注意力过于紧盯当下的目标时,就可能会忘记最初在什么条件下为什么要制定这样的目标。而当条件本身发生变化时,目标却被保留和坚持了下来,成了某种需要捍卫的利益本身。对于推行遏制战略的超级大国来讲,"多米诺疑惧"逻辑所引发的知觉错觉是其战略竞争者构建"边缘诱捕"战略的重要前提。

逻辑机制3：对于推行"遏制战略"的超级大国而言，这类国家还容易陷入"竞拍者迷思"和"沉没成本迷思"双重逻辑影响下产生的认知失调。在商品拍卖过程中，每一个竞标者都必须报出最高价码，这就可能导致标的物的报价远远超过其实际价值。在两极体系下，陷入此类认知失调的超级大国对边缘地带的报价经常远远超过其本身的政治、安全或经济价值。这种非理性决策的背后体现出深刻的"竞拍者迷思"，即觉得只要再稍稍追加一点，就可能获得最终的胜利。超级大国本身不愿在边缘地带同次要对手陷入长期但不起决定性作用的战略消耗，但只要能够说服自己胜利在望，就有欲望为了护持权力声望而不断追加筹码。"沉没成本"迷思主要指前期投入的规模——而非盈利前景——往往成为影响后期追加投资的理由。前期巨大的沉淀成本会让哪怕最理性的决策者也无法摆脱"拒绝增持就意味着彻底亏损"的恐惧。

从威斯特摩兰（Gen. William C. Westmoreland）到厄尔·惠勒（Earl Wheeleri），从哈金斯（Huggins）到麦克纳马拉（McNamara），[①] 整个"越战"时期美国军方决策层教科书一般地展现出"竞拍者迷思"和"沉没成本迷思"在地缘战略心理学上的叠加效应——在追加投入的过程中，"沉没成本"会增加人们取得成功的压力，一个国家在战争中的牺牲越大，就越会在心理上高估所追求目标的价值。[②] 一旦大量资源被投入一项战略之中，决策集团就有压力用成功来证明当初决策的正确性。"沉没成本迷思"要求政府为自己的付出取得相应的成果，这又进一步刺激了超级大国在边缘地带追加投入的可能性。推行"边缘诱捕"战略的国家正是利用了对手上述两种战略迷思才得以长期通过"代理人战争"对其进行消耗。

逻辑机制4：对于实施"反遏制战略"的超级大国而言，这类大国的战略逻辑是利用推行"遏制战略"一方的两难困境，通过在特定地区的"代理人"施加压力，促成其在己方选择的时间和地点进行对称反应，最终达到消耗其资源和国力的目标，这就使实施"反遏制战略"的超级大国

[①] David Halberstam, *The Best and the Brightest*, New York: Random House Publishing Group, 1972, pp. 215 – 250; Herbert Y. Schandler, *The Unmaking of a President: Lyndon Johnson and Vietnam*, Princeton: Princeton University Press, 1977, pp. 116, 138; Robert McNamara, *In Retrospect: The Tragedy and Lesson of Vietnam*, New York: Knopf Doubleday Publishing Group, 1995, p. 6.

[②] Daryl Bem, "Self-Perception Theory", in Leonard Berkowitz, ed., *Advances in Experimental Social Psychology*, Vol. 6, New York: Academic Press, 1972, pp. 1 – 62.

可以利用边缘地带的政治矛盾来转移体系结构性矛盾。将边缘地带有冲突意愿的盟国发展成为利益扩展工具，通过鼓励与提供支持等手段对该区域盟友赋能，进而激活其野心和进攻意愿，以此达到吸引战略竞争者卷入地区冲突的目的。边缘地带的"代理人战争"既能够吸引战略竞争者的介入，又能够避免陷入两极直接对抗的全面战争。如果边缘地带没有基于国家继承权或领土争端的矛盾，实施"反遏制战略"的大国贸然出兵介入区域争端，则可能被民族国家或不同文明板块视为侵略者并将自身拖入难以自拔的战略泥沼。

（三）"边缘诱捕"战略的基本假说

基本假说1：结构现实主义推演出的"两极稳定论"认为，两个超级大国对各自势力范围内所享有的支配性地位较为满意且趋向保守，因此愿意对各自阵营内盟国改变现状的进攻性意图进行约束。[①] 本书则认为，两极结构下超级大国更愿意对核心地带盟国的进攻性意图进行约束，而对于边缘地带盟国的进攻性意图的约束动机则明显降低。如果在边缘地带促成"代理人战争"有助于削弱战略竞争者的实力，甚至会对此类行为予以支持。更准确地说，边缘地带的局部代理人战争既是核心地带释放结构性压力的重要出口，也是维护两极体系整体稳定的必要条件。两极体系下核心地带的"注定缓和"与边缘地带的"注定紧张"是共存于一个硬币的正面与反面。

本书还发现，同单极体系和多极体系相比，两极体系下超级大国最容易在"边缘地带"卷入非直接对抗的"代理人战争"。从进程性角度讲，这就意味着当体系格局从两极体系向单极霸权演变时，不论核心地带还是边缘地带，"代理人战争"的频率和烈度都呈现下降趋势；当国际体系从单极霸权向两极体系演化时，大国之间的直接冲突虽明显减少，但它们在边缘地带的"代理人战争"频率和烈度则呈现上升趋势。[②]

单极格局下，霸权国有着充分的行动自由，同时对边缘地带的权力变

[①] ［美］肯尼斯·华尔兹：《国际政治理论》，信强译，上海人民出版社2008年版，第173—183页。

[②] 这一发现得益于清华大学阎学通教授一篇文章启示："对于单极向两极转变对国际秩序的规律性影响还缺乏足够的研究。国际格局转变意味着将形成新的国际秩序，但单极向两极转变导致的新秩序特点还不明确。"参见阎学通《中美两极化趋势的思考》，《现代国企研究》2018年第17期。

动也不甚敏感。它既没有"同盟承诺困境"的束缚，也不会在边缘地带陷入长期消耗而无法脱身。在缺乏战略竞争者的单极格局下，既不存在推行"边缘诱捕"的施动者，霸权国也缺乏长期卷入边缘地带冲突的起码意愿。在多极格局下，大国之间受到"同盟承诺困境"的束缚最大，同时对边缘地带的权力变动也最为敏感。因此，在多极格局下推行"边缘诱捕"战略最可能直接引发体系全面战争。两极体系下，执行"反遏制战略"的超级大国利用"遏制战略"一方因战略迷思引发的对称反应，在边缘地带积极构建"边缘诱捕"战略，既可以避免超级大国之间爆发直接对抗的全面战争，又可以在边缘地带寻找到长期消耗战略对手的责任承担者。

基本假说2：对于实行"反遏制战略"的超级大国来讲，最好的战略组合就是将"核心地带"的所有盟国和部分"边缘地带"战略位置较佳但缺乏矛盾可以利用的盟国塑造成压力缓冲区。同时将"边缘地带"具有国家继承权、领土诉求或民族矛盾的盟国视为利益扩展的重要砝码。这要求实施"反遏制战略"的超级大国放弃利用"核心地带"既有的矛盾并在该区域积极推行维持现状的缓和政策，同时积极利用"边缘地带"已有的地缘政治矛盾并推行改变现状的诱捕战略。该战略组合不仅能够避免两极之间陷入直接对抗的全面战争，还能够在边缘地带的"代理人战争"中长期拖住并消耗对手的国力。这种风险较小、收益较高的边缘地区"代理人战争"模式，构成了两极体系下推行"反遏制战略"大国转移结构矛盾、缓解结构压力并谋求战略主动权的最优选择（参见表8-3）。

表8-3　　两极体系下超级大国反遏制战略组合及其效果

	边缘地带利益扩展	边缘地带压力缓冲
核心地带利益扩展	周线进攻战略全面战争风险最高，收益最低（斯大林苏联："第一次柏林危机+韩战"模式）	要点突破战略全面战争风险较高，收益低（赫鲁晓夫苏联："柏林危机、古巴导弹危机+边缘缓和"模式）
核心地带压力缓冲	边缘诱捕战略全面战争风险较低，收益最高（勃列日涅夫苏联："《赫尔辛基协定》+越战"模式）	刺猬防御战略全面战争风险最低，收益较低（安德罗波夫苏联："东欧缓和+减少对第三世界革命援助"模式）

表8-3由作者总结自制。

具体来讲，一旦双方在"核心地带"开启敌意螺旋，就将面临极高的全面战争风险。因此，超级大国之间在"核心地带"的互动往往会逐渐达成一种避免触及对方战略红线的默契。① 尽管每一方都从未公开地承认另一方对其势力范围拥有绝对的支配权利，但每一方都不会去直接挑战对方的这种权利。例如，尽管美国对1968年苏联悍然出兵捷克斯洛伐克表现出巨大的震动，但两极结构下相互确保摧毁的"核恐怖均衡"仍使约翰逊政府除了表示"我们无能为力，只能袖手旁观干着急"②之外，并没有对苏联在其势力范围内的行为给予超出外交抗议的反制。相反，由于地缘政治"边缘地带"的战略价值较低，超级大国没有意愿为此卷入一场得不偿失的全面战争。因此，超级大国在"边缘地带"利用地区矛盾积极进行利益扩展将面临较低的全面战争风险和较高的地缘政治回报。对于地处边缘地带却没有现实矛盾可以利用的盟国，则可以将其塑造成增加本方安全剩余的压力缓冲区。

基本假说3：两极体系下，推行"反遏制战略"的超级大国在"边缘地带"拓展利益最有效的方式是推行"边缘诱捕战略"。"边缘诱捕"是国家通过在边缘地带施放战略诱饵——鼓励并支持具有进攻意愿的民族主义政权发动改变地区安全现状的局部战争——诱导战略竞争者在"同盟承诺困境"与"温泉关推论"双重作用下直接进行对称反应的军事干涉。一旦实施遏制战略的国家陷入此类战略迷思，就很容易将边缘地带的区域事件认定为关涉全球力量对比的重大冲突。

基本假说4：在推行"边缘诱捕"战略过程中，将战略竞争者的关注点吸引到边缘地带只是完成了第一步，更重要的是如何让对手不断地在这场精心设计的马拉松式的赌局中不断追加投入。如果对手意识到自己正在次要地区、同次要对手打一场不起决定性作用的消耗战，那么它很有可能从该泥沼中迅速抽身。本书认为，将边缘地带的非核心利益打造成吸引战略竞争者在此不成比例追加投入的磁石，其核心奥义在于对边缘地带盟国支持的力度恰好能够让对方认为只要再稍稍努力就会胜利在望。只有不

---

① Alexander L. George, Richard Smoke, *Deterrence in American Foreign Policy: Theory and Practice*, New York: Columbia University Press, 1974, pp. 536 – 543; Coral Bell, *The Conventions of Crisis: A Study in Diplomatic Management*, London: Oxford University Press, 1971, pp. 130 – 142; Philip Maynard Williams, *Crisis Management: Confrontation and Diplomacy in the Nuclear Age*, New York: Wiley, 1976, pp. 77 – 83; Sean M. Lynn—Jones, "A Quiet Success for Arms Control: Preventing Incidents at Sea", *International Security*, Vol. 9, No. 4, 1985, pp. 157 – 184.

② Ilya V. Gaiduk, *The Soviet Union and the Vietnam War*, Chicago: Ivan R. Dee, 1996, p. 176.

断地给战略竞争者以胜利的希望,才能促成其在"竞拍者迷思"和"沉没成本迷思"的双重逻辑诱导下说服自身追加投入是具有合理性与必要性的,进而造成战略对手在本方选定战场面临长期消耗的局面。同时,超级大国间避免直接对抗的重要手段就是代理人战争、秘密干涉和尽量选择非对称的特种作战,而非大规模常规阵地战。

基本假说5:在两极体系下,如果一个超级大国的人力和资源在次要地区被没完没了的"代理人战争"所分散和消耗,那么佯装中立的超级大国将通过"边缘诱捕"战略在彼竭我盈中获得更大的相对优势,进而促成攻守易势局面的生成。值得注意的是,在战略执行过程中,施放战略诱饵的超级大国除了向己方"代理人"持续提供援助外,在对待冲突双方的外交事务上要尽量撇清关系、保持灵活态度并刻意塑造置身事外的旁观者姿态。尤其是对本方支持的卫星国,如果能够在外交话语和互动上保持低调和冷淡,同时在行动上悄悄地向其提供经济和军事援助,将有利于超级大国之间在"不知情"幌子的默契下将公开对抗的风险降至最低。

基本假说6:"边缘诱捕"战略对大国介入区域战争的反向启示在于:在边缘地带冲突中,直接军事介入的域外大国(侵略者形象)往往因触及民族主义的敏感神经而面临先动劣势,而不直接出兵的国家(拯救者形象)则可能站在支持民族独立的道义制高点并通过在幕后资助"代理人战争"而获得后发优势。即便是超级大国,其资源也是有限的。如果不分重点地在次要地区、同次要梯队进行长期的鹬蚌相争,必然会因过分伸展而面临战略透支的风险而让主要战略竞争者渔翁得利。正如哈布斯堡家族深陷同丹麦、瑞典以及新教诸侯的战争而让在其背后资助的波旁王朝得利、英国深陷北美独立战争而让在其背后资助的路易十六得利、拿破仑深陷西班牙战场而让在其背后资助的英国得利、日本深陷中国战场而让苏联得利、美国深陷越南战争而让在其背后资助的苏联得利、苏联深陷阿富汗战争而让在其背后资助的美国得利。这些"边缘诱捕"战略都在反复证明,两极对抗的博弈中要避免在边缘地带成为"先动劣势"的傻瓜。从反事实推理角度讲,假如冷战时期美国没有遵循"多米诺骨牌"理论并默许苏联控制边缘地带的小国,苏联能否以此增加自身的战略优势?也许苏联会本能地并且迫不及待地填补地缘政治的真空地带,但结果更可能造就一连串反抗苏联的民族主义国家,以至于苏联可能陷入一个又一个阿富汗式的地缘政治泥潭。

三　案例验证：勃氏时期苏联的"边缘诱捕"战略

在"冷战"期间，美苏两国都希望将其卫星国打造成可以任由其开闭的水龙头，借此达到区域战略支撑全球战略的目的。中南半岛作为苏联对美国的利益扩展区，在形势对己方"代理人"更加有利时，其对于苏联最大的价值在于长期保持紧张的战争局势，而非迅速走向缓和的和平前景。为了将中南半岛塑造成对美战略的利益扩展区，苏联就必须通过增加对越南民主共和国的援助借以打破该地区自1954年奠边府战役以来在南北双方之间维持了10年的微妙均衡。

通过对苏美在"越战"中的政策研究可以发现：勃列日涅夫领导下的苏共决定增加对越南军事援助与约翰逊政府同一时期迅速增加驻越美军规模并派出地面部队直接参战呈现出显著的共变关系和内在联系。可以说，正是勃列日涅夫对"代理人"军事力量的援助升级——苏联提供的先进军事装备为越南民主共和国打造一支现代化正规军提供了重要条件——才打破了南北双方长期保持的微妙僵持，进而导致了威斯特摩兰在越南地区原有兵力不断地显得捉襟见肘。

1964年勃列日涅夫执掌苏共权力以降，苏联对美"反遏制战略"做出了巨大的调整。一方面，勃列日涅夫注意到苏联不应在体系核心地带挑起前进将冒着巨大战争风险，后退又严重丧失权力声望的地缘政治危机。因此，他吸取了挑起柏林危机、古巴导弹危机的斯大林或赫鲁晓夫的政治教训，在欧洲地区积极谋求与西方构建避免全面战争的和平机制。这种和平机制在1975年代以《赫尔辛基协定》的形式提前宣告了"冷战"在欧洲地区的结束。另一方面，苏联利用美国在推行"遏制战略"进程中容易出现的"同盟承诺困境"和"多米诺疑惧"（将美国引入边缘地带冲突）以及"竞拍者迷思"和"沉没成本迷思"（将美国长期留在边缘冲突）等认知失调，通过在不甚敏感的边缘地带对美实施"诱捕战略"。

勃列日涅夫时期苏联的"边缘诱捕"战略并不限于印支地区，它广泛地散布于中东、印支、非洲等任何有意愿成为其代理人武装的第三世界。[1]

---

[1] Larrabee F. Stephen, "Gorbachev and the Soviet Military", *Foreign Affairs*, Vol. 66, No. 5, 1988, pp. 1002-1026; Celeste A. Wallander, "Third-World Conflict in Soviet Military Thought: Does the 'New Thinking' Grow Prematurely Grey?" *World Politics*, Vol. 42, No. 1, 1989, pp. 31-63.

本书选取了最具代表性的"越战"为研究对象,因为这场特种战争的巨量消耗最终不仅直接酿成了美国1967年的经济危机①,更导致其军事力量在1968年时达到了这样一种捉襟见肘的地步,即如果在世界上任何其他地区出现同样的危机,美国根本没有多余的军力和资源能够投入的战略透支。②苏联人推行的"边缘诱捕"战略体现出以下三个特点。

第一,在对待边缘地带局势演变的外交话语和姿态上,要尽量保持置身事外的低调冷淡。打着"不知情"幌子往往能够将超级大国之间公开对抗的体系战争风险降至最低。1967年1月13日,葛罗米柯向苏共中央政治局提交的外交政策备忘录(经政治局批准)中显示:"至于美国入侵越南及其对双边关系产生的影响,我们应该继续向越南民主共和国提供全面的援助,但不要直接卷入和美国的正面战争。"③ 为了更好地推行"边缘诱捕"战略——既要尽快打破南北之间紧张僵持的微妙局面,又要避免自身卷入超级大国之间的直接对抗——苏联虽然从1965年以来便超过中国成为越南民主共和国军事物资最大的海外援助国,但在整个"越战"期间,它却始终避免同越南民主共和国缔结带有军事义务的正式同盟条约,直到"越战"结束很久以后的1978年11月才与其公开签署《友好合作条约》。同时,为了最大限度地维系美苏在台面上的默契并降低美国对苏联援助"越战"可能引发的不满,苏联还尽量避免通过大规模海上运输的方式将物资送抵越南④,而是更多寻求于通过将物资交付第三方的形式进行运输。在整个援越抗美期间,中国铁路成为免费转运苏联和朝、蒙、东欧其他社会主义国家援越物资至越的重要通道。在"越战"最激烈的1965—1968年间,苏联通过中国铁路转

---

① 潘一宁:《约翰逊政府与美国的越南战争困境》(1967—1968),《东南亚研究》2007年第6期。

② Keith Connelly Johnson, *Vantage Points*, Ann Arbor: ProQuest Information and Learning Company, 2005, pp. 475 - 476, p. 389; Herbert Y. Schandler, *The Unmaking of a President: Lyndon Johnson and Vietnam*, Princeton: Princeton University Press, 1977, pp. 109, 171.

③ Добрынин А. Ф, Сугубо доверительно. Посол в Вашингтоне при шести президентах США. 1962 - 1986 гг, Наш XX век, 2016, стр. 119.

④ 1965年4月,苏联援助越南的首批地空导弹装备,包括13列火车、403个车皮、282名专家及部分旅团指挥器材经中国运往越南。1965年下半年苏联及东欧等国过境中国的物资计划为14.85万吨,其中军事物资5.5万吨,一般物资7.5万吨。参见1965年7月26日对外贸易部《中国运输代表团和越南运输代表团会谈纪要》,铁道部办公厅档案处,物资局1965年,卷号409,第2—7页。李丹慧:《中苏在援越抗美问题上的冲突与矛盾》(1965—1972)(下),《当代中国史研究》2000年第5期。

运的援越物资共 179 列火车 5750 个车皮。①

这种外交上刻意塑造的置身事外的冷淡与低调，如果运用到极致，甚至使苏美关系的亲密程度看上去远高于苏越关系。这不仅表现在当越南民主共和国军队在南部大举发动突然袭击时，苏联领导人均在第一时间撇清关系。更表现在当越南民主共和国本土遭到严重打击时，苏联官方与主流媒体态度的温和冷静与含糊敷衍。例如，当 1972 年 5 月 8 日尼克松通过"拦回行动"让 B–52 对越南民主共和国的河内、海防等重要城市的停车场、发电站、桥梁、船坞、铁路、公路、港口（波兰船只约瑟夫·康拉德号被炸沉，另有一艘俄国船只被炸毁）、通信塔、军营、工厂、机场、医院、市场、补给站等进行狂轰滥炸，以至平定省 75% 的地方在被蹂躏后成为废墟的时候，当武元甲的十万将士在美军这场"几乎快要炸到河内天主教堂门口"的轰炸中尸骨未寒的时候，苏联外贸部长尼古拉·帕托利切夫（Nikolai Patolichev）和驻美大使阿纳托利·多勃雷宁（Anatoly Dobrynin）却在白宫的椭圆形办公室同尼克松谈笑风生并谈论"友谊"一词在英俄两种语言中的不同讲法。当 5 月 22 日尼克松访问莫斯科时，勃列日涅夫极尽地主之谊，甚至将克里姆林宫原属沙皇的寓所准备就绪供其下榻。美苏双方在大摆鱼子酱和香槟酒的筵席上觥筹交错，不免让人深信苏联在"越战"问题上反复申明的政策——它与越南之间并无特殊关系，它与美国一样希望早日实现和平。同年，勃列日涅夫在苏联建国 50 周年的国庆节期间，特地派他的孩子们参加美国大使馆举办的招待会并同尼克松的大女儿特里西亚·尼克松·考克斯（Tricia Nixon Cox）相见。②

第二，在美苏关系的台面以下，勃列日涅夫执政后的苏联抛弃了赫鲁晓夫时代将"越战"援助问题推给中国的消极态度③——中国的经济军事

---

① 《中华人民共和国外交史》第 2 卷，第 265—268 页；韩怀智等主编：《当代中国军队的军事工作》（上），中国社会科学出版社 1989 年版，第 540 页；石林主编：《当代中国的对外经济合作》，中国社会科学出版社 1989 年版，第 50 页；1965 年 11 月 5 日中共中央给苏共中央的复信，见 1965 年 11 月 9 日中共中央关于印发我党中央关于苏联援越物资过境问题给苏共中央的复信的通知，吉林档案馆，全宗 1，目录 1—21，卷号 135，第 2 页。

② [美] 威廉·曼彻斯特：《光荣与梦想：1932—1972 美国社会实录》，朱协等译，海南出版社 2006 年版，第 969—988 页。

③ 从苏共二十大到 1957 年年底的莫斯科会议，赫鲁晓夫一直倡导和平共处的对美战略原则。这与毛泽东在莫斯科会议上作出的"东风压倒西风"的论断呈现明显差异。赫鲁晓夫不希望朝鲜半岛、台海问题或越南问题成为美苏战略缓和大局势的障碍。因此，他将边缘地带视为压力缓冲区，而非利益扩展区。从地缘政治角度讲，他认为苏联同越南并不接壤，而中国同越南接壤且有强烈的推进国际共产主义运动的倾向，因此是良好的推卸责任对象。参见沈志华《"冷战"国际史二十四讲》，世界知识出版社 2018 年版，第 224—225 页。

援助有助于维系越南民主共和国对南方的制衡，但苏联先进的军事装备有助于打破这种僵持的均衡——开始加大对越南民主共和国现代化装备的军事援助。1966—1967年，苏联向越南民主共和国援助了高达5亿卢布的军事装备，1968年对越南民主共和国的军事装备援助更是高达3.57亿卢布，1969—1973年援助总额为11亿卢布。① 苏联对越南民主共和国军事援助的最大特点就是向其提供了大量其他社会主义国家无法生产的苏军现役先进武器。这极大增强了越南民主共和国军队在战场上的生存能力和杀伤效力。苏联援助的现代化军事装备是越南民主共和国方面打破战略僵持，进而促使美国在战争升级背景下大规模军事介入的重要原因。

在实施"边缘诱捕"战略过程中，苏联向越军提供的先进装备主要有米格-21喷气式战斗机、T-54坦克、SA-2地空导弹（苏联称S-75德维纳防空导弹）、"边网"测高雷达、122毫米D-30榴弹炮与步兵装备等高尖端武器。同时还向该地区派遣大批培训越军使用现代化武器的军事专家。② 1965—1967年间，苏联向越南民主共和国派遣了2000多名军事人员，他们主要从事对25—30个地对空导弹发射营的数百个萨姆导弹发射基地人员、军事装备维修人员以及飞行员等培训等工作。③ 由于苏联向越南民主共和国援助了其国内现役最先进的防空系统——截至20世纪70年代初，苏联对越南民主共和国防空体系建设的援助占其对越军事援助总量的85%④——不仅迅速改变了1965年以前越南民主共和国高射炮无法对付美国超音速飞机的困境，更使越南民主共和国得以在1972年12月的最后两周内运用苏制萨姆导弹击落16架B-52轰炸机并俘获98名飞行员。而在此前的7年里，B-52出动过10万架次，被越南民主共和国炮火仅击落一架。⑤

1965年勃列日涅夫在"越战"中推行的"边缘诱捕"战略是促成美国不断追加筹码的重要原因。驻越美军从1965年4月只有3500名驻扎在

---

① 沈志华：《"冷战"国际史二十四讲》，世界知识出版社2018年版，第326页。
② Central Intelligence Agency, "The Effect of the Vietnam War on the Economies of the Communist Countries", Intelligence Report, 1968.
③ Central Intelligence Agency, "The Effect of the Vietnam War on the Economies of the Communist Countries", Intelligence Report, 1968.
④ Central Intelligence Agency, "Soviet Military Aid to North Vietnam", Memorandum, October 13, 1971.
⑤ [美]威廉·曼彻斯特：《光荣与梦想：1932—1972美国社会实录》，朱协译，海南出版社2006年版，第988页。

岘港的海军陆战队开始，迅速攀升到 1969 年底的 54.3 万人①（参见表 8 - 4）。同时，苏联在背后对越南民主共和国持续的援助无疑构成了其几经巨大挫折——春节攻势、拦回行动等——又展现出惊人的复原能力，且不断向南方地区输送军事力量的重要原因之一。虽然在 1968 年美国有 50 万军队与其作战，虽然美国投掷的炸弹比"二战"时期加起来还要多，虽然估计"越共"在上一年的伤亡人数高达 14 万，但越南民主共和国仍然能够确保每年向南方输送 20 万作战人员。②

表 8 - 4　　美国及其盟国在"越战"的兵力投入（每年 12 月 31 日）（单位：人）

数量/年份	1964 年	1965 年	1966 年	1967 年	1968 年	1969 年
美国	3000	184314	385300	485600	536100	543400
澳大利亚	200	1557	4525	6818	7661	7672
韩国	200	20620	45566	47829	50003	48869
泰国	—	16	244	2205	6005	11568
菲律宾	17	72	2061	2020	1576	189

表 8 - 4 数据综合整理自：James L. Clayton, ed., *The Economic Impact of the Cold War*, New York: Harcourt, Brace & World, 1970, p. 45; Lieutenant General Stanley R. Larsen and Brigadier General James L. Collins, Jr., *Allied Participation in Vietnam*, Washington, D. C.: Department of the Army, 1975, pp. 23, 160 - 165; Anthony S. Campagna, *The Economic Consequences of the Vietnam War*, New York: Praeger Publishers, 1991, p. 30, 110.

第三，为了增强越南民主共和国的战略韧性，避免它同美国在长期消耗战中从意志到物质面临崩溃风险，除了上述军事援助外，苏联还积极加大对越南民主共和国的经济援助。由于赫鲁晓夫并没有将越南视为对美战略的重要利益扩展区，因此，从 1955—1965 年的 10 年间，苏联对越南经济援助总量只有区区 3.7 亿卢布。③ 这一援助份额远远低于当时中国对越

---

① Anthony S. Campagna, *The Economic Consequences of the Vietnam War*, New York: Praeger Publishers, 1991, p. 30; Herbert Y. Schandler, *The Unmaking of a President: Lyndon Johnson and Vietnam*, Princeton: Princeton University Press, 1977, p. 352.

② Alain C. Enthoven, Wayne Smith, *How Much is Enough: Shaping the Defense Program 1961 - 1969*, New York: Harper & Row, 1971, pp. 290 - 306.

③ Intelligence Memorandum, *FRUS*, 1964 - 1968, VII, Vietnam, September 1968 - January 1969, Footnote 5, Document 255, https://history.state.gov/historicaldocuments/frus1964 - 68v07/errata.

援助，以至于越南在中苏分裂初期牢牢站在了中国一侧。勃列日涅夫非常看重越南民主共和国在对美战略消耗的重要价值，并开始通过增加经济援助来提升其内在的战争意志和战略韧性。自1965年7月12日，苏联同越南在莫斯科签署《苏联帮助越南发展经济和加强国防能力的协定》① 以降，苏联就开始逐渐增加对越南"无偿经济援助""补充技术援助""换货协定"和"提供贷款"等援助数额。1967年9月24日，越南副总理黎清毅在同苏共总书记勃列日涅夫、部长会议主席柯西金的会谈公报显示："苏联将加强在粮食、化肥、药品、工业生产设备、交通工具、石油产品、黑色与有色金属等重要物资上对越南的无偿援助和长期贷款。"② 从1965—1973年巴黎协定签署的后续八年里，苏联及经互会国家共向越南提供了13亿卢布（苏联独自承担10亿卢布）的经济援助。③ 单凭越南民主共和国的国家资源与战争能力是无论如何也无法将美国这样一个超级大国长期拖在东南亚泥沼之中的。因此，"越战"看似是美国战略决策连续失误的背后，其实是以苏联为核心的社会主义阵营——1965年之前以中国为主，1965年之后以苏联为主——对越南民主共和国战时经济不断给予援助和输血的结果。

第四，利用美国的"竞拍者迷思"和"沉没成本迷思"，力图将美国军事力量长期拖在越南战场。在整个"越战"期间，苏联领导人非常乐见美国在东南亚战略泥沼中长期消耗国力。让美国长期留在越南——而不是让其迅速击败越共或在前景渺茫下知难而退——构成了勃列日涅夫时期苏联对美实施"边缘诱捕"战略的核心。虽然苏联人在外交公开场合多次表态期待"越战"早日和平解决，但作为实施"边缘诱捕"战略配套的欺骗信号，对于苏联外交姿态文本的解读不应从其表面含义进行直接抓取，而应该结合当时的地缘政治情势追问"美国退出'越战'对苏联有什么好处"，这种结合具体情势对外交文本的二次识读往往能发现实证主义文本背后的真正含义。这要求在对文本解读时，不仅要听其言，更要观其行。

---

① Жирнов Е. Ж, 33 года советской помощи Вьетнаму——Американские трофеи Советской армии, Журнал "Коммерсантъ Власть" №19, 26.05.1998, стр. 79.
② Гатауллина Л. М, Вьетнам（справочник）, Наука, 1969, стр. 237.
③ Зоан Тхи Тин, Советская помощь и поддержка вьетнамскому народу в двух войнах сопротивления（1950 - 1975 гг.）, Федеральное государственное бюджетное учреждение науки Институт Дальнего Востока Российской академии наук（Москва）, 2013, стр. 394.

纵观整个"越战"可以发现，苏联人极少去做任何可能劝阻河内战争激进升级或帮助双方安排和谈的事。这种战略意图最明显地体现就是：1966年，当约翰逊政府可悲地请求苏联帮助其摆脱"越战"困境时[1]，在场的苏联官员甚至劝说美国追加在越南的兵力投放。[2]

苏联利用了美国深陷"同盟承诺困境""多米诺疑惧""竞拍者迷思"，以及"沉没成本迷思"的叠加效应，促使约翰逊政府在这场没有尽头的马拉松式赌局中不断付出代价，又不断追加筹码。以至于1965年5—7月约翰逊（Johnson）反复声称："现在所有的小国都将越南当做检验美国战略可信性的试金石，如果美国在越南战场上败退并允许南越被武装并吞，那么其他盟国也会认为这样的事情迟早会发生在他们头上。"[3] 如果仅仅出于对战略可信性的考虑，那么约翰逊政府也不会对追加军事投入如此执着。只有当华盛顿深信越南民主共和国在它的打击之下已成为强弩之末，并且只要美国再稍稍努力一点，它就能最终在这场胜者通吃的零和博弈中取得最终胜利的时候，美国才会认赔离场。而这种希望与其说来自于威斯特摩兰对战争前景的过度乐观[4]和麦克纳马拉对"伤亡与消耗量化分析"[5]的战争前景高度认可之外，更来自于苏联在这场代理人战争中长期保持的大力援助与若即若离的低调态度。它让美国在遇到挫折时看到胜利在望的前景（提心吊胆而又信心十足），又让美国在即将胜利时感到没有尽头的茫然（信心十足而又提心吊胆）。

从"越战"结果上讲，这场战争对美国国家力量的侵蚀与消耗是惊人的。它总共导致了58220名美军阵亡，153303人负伤，另有1643名美军失踪。1965—1975年间，美国在越南军事行动的直接开销共计

---

[1] John Lewis Gaddis, *Strategies of Containment: A Critical Appraisal of American National Security Policy During the Cold War*, New York: Oxford University Press, 2005, p. 238.

[2] Keith Connelly Johnson, *Vantage Points*, Ann Arbor: ProQuest Information and Learning Company, 2005, pp. 475 – 476; Walt Whitman Rostow, *The Diffusion of Power: An Essay in Recent History*, New York: Macmillan, 1972, pp. 376 – 377; Ilya V. Gaiduk, *The Soviet Union and the Vietnam War*, Chicago: Ivan R. Dee, 1996, p. 205.

[3] John Lewis Gaddis, *Strategies of Containment: A Critical Appraisal of American National Security Policy During the Cold War*, New York: Oxford University Press, 2005, p. 240.

[4] Guenter Lewy, *America in Vietnam War*, New York: Oxford University Press, 1978, p. 73.

[5] Robert McNamara, *In Retrospect: The Tragedy and Lesson of Vietnam*, New York: Knopf Doubleday Publishing Group, 1995, p. 6.

1110亿美元（约合2011年的7380亿美元）。① 此外，美国在战争期间还承担对南越政权经济援助285亿美元，事后对老兵补偿220亿美元，对阵亡美军配偶的持续抚恤以及对其未成年子女的抚养（如果阵亡美军子女残疾，美国财政给予终身照料）2700亿美元。② 总之，这场每月带来2800人伤亡和20亿美元消耗的战争不仅使美国国内社会出现了严重的撕裂，更使其"二战"后长期保持的对苏战略优势不复存在并出现了美苏攻守易势的局面。③

苏联利用越南战争所构建的"边缘诱捕"战略对美国"二战"以来的主导性权势产生了巨大的侵蚀效应。以至于到了尼克松上台时，美国面临着加速的通货膨胀、长期的财政赤字、高额的税收和布雷顿森林体系的崩溃。形势不仅迫使美国减少对边缘地带盟友的安全承诺，并加紧从东亚、东南亚、拉美和中东等非核心区的台前向幕后撤离，也迫使美国改变"冷战"初期对共产主义的傲慢态度。它开始正式承认苏联在东欧地区的势力范围，甚至同共产主义中国建立了准同盟关系。

勃列日涅夫"边缘诱捕"战略最大的收益无疑是通过在边缘地带的"代理人战争"促成了美苏攻守易势局面的生成。它的间接效应为苏联迅速抓住时间窗口缩短"导弹差距"提供了重要战略机遇期。由于越南战争开销巨大，为避免节外生枝，美国军方不愿去国会为更加昂贵的战略武器研发或扩充军备争取更多的资金。④ 到了1969年约翰逊总统离任时，美苏军事力量对比已经从美国占优转变为基本平衡，并日益朝着有利于苏联的方向发展。苏联海军也已从过去的近海防御力量被扩建为一支具备全球打击能力的战略力量；在核武器方面，1960年，赫鲁晓夫时期的苏联总共才

---

① Stephen Daggett, *Costs of Major U. S. Wars*, Congressional Research Service, June 29, 2010, p. 2.

② Kimberly Amadeo, "Vietnam War Facts, Costs and Timeline: How the Vietnam War Affects You Today", pp. 1 – 3, https://www.thebalance.com/vietnam-war-facts-definition-costs-and-timeline – 4154921.

③ George Herring, *America's Longest War*, New York: McGraw-Hill, 1996, pp. 160 – 162, 188, 194.

④ Harland B. Moulton, *From Superiority to Parity: The United States and the Strategic Arms Race, 1961 – 1971*, Westport: Greenwood Press, 1973, pp. 283 – 292; Ernest J. Yanarella, *The Missile Defense Controversy: Strategy, Technology and Politics, 1955 – 1972*, Lexington: The University Press of Kentucky, 1977, pp. 114 – 115, 151.

拥有 354 件战略核武器，彼时的美国则拥有 3127 件核武器。[1] 到 1972 年签署《美苏关于限制进攻性战略武器的某些措施之临时协定》达成时，苏联拥有洲际弹道导弹 1300 枚，首次超过了美国 1054 枚的数量。在潜射弹道导弹方面，苏联拥有 950 枚，也超过了美国的 656 枚。[2] 苏联利用"边缘诱捕"战略在不到十年的时间里就取得了对美国的弯道超车，巩固了两极体系下的超级大国地位。

四　本章小结

从事后诸葛亮角度讲，历史学家们往往愿意从一些国家失败的结果去反推、总结和评判其内蕴的一开始便注定失败的原因和自我消亡的种子，以至于让后世常常感觉从某个转折点开始，该国的整个奋斗生涯就可以被简化为一部坏了的留声机，不断重复着吱吱呀呀的下降音调。但在政治实践的每一个时点上，事态本身都比话语文本呈现出更多的可能性。

随着中美关系两极化特征日趋显现，美国正在拾起遏制战略的大旗并在印太地区对中国步步紧围。苏联在"冷战"期间的"反遏制战略"既有代价高昂的失败教训，也有得之不易的成功经验。尤其是在勃列日涅夫时期，不管苏联在推行"边缘诱捕"战略时是否拥有相关理论作指导——从勃列日涅夫轻视中国在边缘地带巨大的战略价值以及苏联赢得战略主动后随即陷入阿富汗战争的两大事实来看，苏联对美反遏制战略的胜利显然仍停留在偶然性和经验层面，而没有上升到形而上的理性层次——"边缘诱捕"无疑对美苏攻守易势起到了重要作用。

中国在结合自身所面临的地缘环境基础上，如果能够从苏联的"反遏制战略"中发现并总结可供借鉴的地缘政治理论，将对我国在未来在两极体系下通过在"边缘地带"构造利益扩展区，进而增加对美战略主动权有着重要的现实效用。笔者常常想假如"二战"结束后苏联可以在第一时间介入东南亚地区的民族独立运动，从而削弱英法荷等西方国家，进而促使

---

[1] Robert S. Norris, William M. Arkin, "Nuclear Notebook: 23, 400 and Counting", *Bulletin of the Atomic Scientists*, Vol. 44, No. 2, 1988, p. 55.

[2] John Lewis Gaddis, *Strategies of Containment: A Critical Appraisal of American National Security Policy During the Cold War*, New York: Oxford University Press, 2005, p. 322.

它们对美国提出更多的援助要求,这种间接施压可能会促成美国与欧洲盟友之间的同盟裂隙。就像美国在20世纪50年代后期的台海危机中曾经通过对边缘地带的中国施压,促成中国对苏联盟友提出更高的要求,进而导致中苏同盟的分裂一样。美国虽然在"苏攻美守"的态势下,利用中苏交恶的矛盾积极拉拢中国成为其在远东遏制苏联的"代理人"从而扳回一局,在阿富汗战争中利用"边缘诱捕"战略又扳回一局,但对这一战略的理论性总结却长期成为一事一议的"冷战"史而非地缘政治理论所关注的核心。这就是为什么我们今天需要从苏联反遏制战略的视角重读这段"冷战"史,并通过将这块美国遏制战略所忽视的重要"拼图"补齐,以期全面地展现"冷战"期间美苏势均力敌、分庭抗礼、旗鼓相当、难分伯仲的两极图景。通过对"边缘诱捕"战略研究可以得到如下启示。

第一,对"边缘诱捕"战略理论的研究为我们研判美国印太战略提供了一个反向的视角,即美国将中国周边国家纳入对华制衡联盟的"印太战略"是单极体系下的霸权护持战略——它同北约在苏联解体后通过东扩实现对俄罗斯抵近遏制与战略挤压相似——随着两极结构的最终确立,美国该战略的可操作空间将受到急剧压缩。"印太战略"的本质是利用中国同周边国家或地区矛盾,进而将中国周边国家塑造成对华遏制的利益扩展区,这种做法构成了美国单极霸权时代应对中国崛起的重要制衡手段。但随着中美两极体系在未来的最终生成,中国周边地区也会成为利益敏感且容易引发两极全面战争的核心地带。这种在中国周边对其敏感核心安全利益的挑衅行动将逐渐转弱,直至只剩下舆论层面的支持。这意味着两极体系正式确立后,美国将主动淡出事关中国核心利益的台湾问题,而这在单极格局下是难以想象的也是绝不会出现的。根据"边缘诱捕"战略理论可以预计,中美两极体系下,美国即便保留"印太战略"这一"众对双边"制衡体系,这些周边国家或地区也只能充当具有防御性职能的压力缓冲区,而无法再扮演美国单极时代对华利益扩展区。

在两极体系最终确立之前——尤其是随着中美权力转移加速期——中国同美国"印太战略"中的许多周边盟友矛盾可能会呈波动加深的态势。对此,我国既应该对周边地缘政治环境可能愈发变得活跃与紧张给予充分的预估,也应该牢记不应在这些衍生性的次要矛盾上投入远超其价值的资源。如果我们明白两极体系确立的过程,就是美国在中国周边敏感区域逐渐后退的过程,如果我们明白时间的天平是一刻不断地朝着崛起的中国一侧倾斜的,那么就应该对"印太战略"在周边引起的并发症给予理性的看待。近三年来,中国在同印度处理藏南问题上所表现出的前所未有的克制,同日本、韩国、菲律宾等美国传统盟友在安全与领土分歧上所展现出的大国外交,甚至中国在缅甸政府军进攻北缅民地武期间表现出的理性克制与善意中立,无不体现出其擘画大国崛起战略上的耐心与定力已非常成熟。在两极体系最终生成以前,中国仍需应紧盯中美主要矛盾和矛盾主要方面,避免军事力量被"印太战略"中的周边小国所分散稀释,以免在次要地区同次要对手在长期的消耗中出现战略透支。

第二,面对美国印太战略的咄咄逼人,中国在崛起进程中也并非只有"消极的战略忍耐"一张牌可以打。在中美两极体系确立前,中国周边部分区域还没有升格为敏感的核心地带。这就意味着美国尚有很大可能会卷入该地区的同盟义务,而在两极体系形成后美国不会介入在该区域的军事冲突。在这段"一极半格局"权力转移期内,中国可以利用周边地区既有的矛盾,将部分周边国家塑造成对美实行"边缘诱捕"战略的利益扩展区。同时,"边缘诱捕"不仅不会带来超级大国之间的战争,反倒有可能促成深陷边缘地带的一方为了结束冲突而寻求战略竞争者帮助的局面。正如当年斯大林通过默许金日成在朝鲜半岛发动战争从而将美苏矛盾从欧洲地区引向了远东地区并在半岛对美国实施"边缘诱捕"——在此过程中苏联有意与朝鲜战争保持近乎事不关己的漠然。苏联政府不仅对美国空军在苏朝边界地区的朝鲜领土上的狂轰滥炸表现出最大限度的外交克制,在1950年8月苏联驻联合国代表重返安理会时,对于朝鲜战争的态度也呈现出一种置身事外的平和与麻木(wooden face)。[1] 事实上在中国人民志愿军越过鸭绿江后,斯大林就违背了与周恩来达成的共同军事援助承诺并要求中国独自援助朝鲜战争[2]——抑

---

[1] Nikita Khrushchev, *Khrushchev Remembers*: *The Glasnost Tapes*. Trans. and ed. Jerrold Schecter with Vyacheslav Luchkov. Boston, Mass.: Little, Brown, 1990, pp. 145 – 146; Robert R. Simmons, *The Strained Alliance*: *Peking, Pyongyang, Moscow and the Politics of the Korean Civil War*, New York: Free Press, 1975, 119 – 182.

[2] William W. Stueck, *The Korean War*: *An International History*, Princeton: Princeton University Press, 1997, chap. 3; MemCon by Babcock, 26 – 27 Oct 50, *FRUS*, 1950, 6: pp. 1335 – 1336; Harry S. Truman, *Off the Record*: *The Private Papers of Harry S. Truman*, ed. Robert Ferrell. New York: Harper & Row, 1980, p. 197.

或是普京通过支持叙利亚政府将"收复"克里米亚问题引发的矛盾成功转移到中东地区一样,它们都没有促成美俄关系的恶化,反而出现了美国为结束朝鲜战争或叙利亚战争而需要争取俄国人合作的局面。

在"一极半格局"背景下,脑洞大开地主张中国对美提前实施"边缘诱捕"战略可能会遇到较大的阻力。毕竟,当前中国对美战略主基调仍然倾向于延续单极体系下的尾随战略,且尚未对即将到来的中美两极体系予以充分认识。由于政策惯性和思维的路径依赖,中国一直将构建稳定的中美关系视为大国外交的重要目标。但随着两极体系的加速生成,中美关系出现了不可逆转的质变。[①] 在权力转移诱发的中美关系范式转折背景下,中国应该重新思考在单极霸权时代延续至今的隐忍退让是否依然能够换来美国对中国崛起的欣然默许。尤其在中美关系已经上升到一元性的体系主导权之争的背景下,如果为了稳定中美关系需要不惜以核心利益和崛起机遇为代价,是否还有必要坚持这种舍本逐末的政策?[②] 随着中美两极体系的加速生成,中国在美国主导的体系内实现搭车型崛起的可能性愈发降低。[③] 一旦中美经济体系出现"脱钩",中国放弃利用周边国家矛盾作为利益扩展区以换取中美关系稳定的大前提就彻底消失了。这就意味着中国有必要根据权力转移期新形势,重新调整周边国家在对美关系中的战略职能,即将部分国家从过去追求稳定的压力缓冲区转变为对美发挥积极影响力的利益扩展区。

在中美两极体系最终确立之前,中国周边符合构建对美利益扩展区条件的潜在国家主要有朝鲜和巴基斯坦。一方面,朝韩双方关于国家继承权的矛盾本质上无法调和。从朝鲜方面来看,它之所以没有发动统一战争的根本原因并非其没有意愿,而是"冷战"结束以来其军事和经济能力与美韩同盟的差距日益拉大。囿于进攻能力所限才是朝鲜退而求其次地接受半岛僵局的根本原因。朝鲜"先军政治"与"拥核自保"的根源也是为了弥补自身经济实力和常规军事力量上的严重不足。尤其是"冷战"结束以来,出于当时稳定中美关系大局考虑,中国主动放弃将朝鲜视作对美利益扩展的战略工具。国内战略学界也长期将朝鲜视为中国对美战略的压力缓

[①] 达巍:《选择国内战略 定位中美关系》,《美国研究》2019年第2期。
[②] 高程:《中美竞争视角下对"稳定发展中美关系"的再审视》,《战略决策研究》2018年第2期。
[③] 高程:《中美竞争与"一带一路"阶段属性和目标》,《世界经济与政治》2019年第4期。

冲区。这主要体现在为了避免朝鲜政权在"经济制裁"下崩溃，中国仅为其提供仅够其政权存续的最低限度的粮食、能源等经济援助。但随着中美权力转移的加速推进——尤其是美国"印太战略"对中国崛起的干扰——中国有必要以效能最大化为目标，重新考虑朝鲜在对美战略上所能承担的新功能。只要中国愿意为朝鲜军力赋能，朝鲜半岛就有可能重新成为中国提高对美日同盟话语权的重要筹码和反制"萨德"问题的有力手段，甚至在特定情势下成为不断吸引驻韩美军为了捍卫"同盟信誉"而不断追加投入的利益扩展区。另一方面，对于巴基斯坦来讲，它同印度在克什米尔地区存在着不可调和的矛盾。巴基斯坦并非放弃了改变领土分配的意愿，但囿于能力所限而没有挑起对印度的大规模战争。一俟美国在"印太战略"框架下同印度结成带有援助义务的军事同盟，中国就可以通过激活印巴矛盾的方式，在南亚次大陆对美国印太战略实施"边缘诱捕"。

第三，在美国对华遏制战略日渐清晰的背景下，中国需要加强对两极体系下反遏制战略问题的研究。边缘地带的动荡对于崛起大国来讲是一个较好的"推责对象"，而对于两极下推行反遏制战略的大国则是较好的"诱捕地带"。"边缘诱捕"理论认为，两极体系下核心地带的"注定缓和"并不否定边缘地带的"注定紧张"。恰恰相反，核心地带的权力压力正是以边缘地带的"代理人战争"形式得以有效释放。在两极体系确立后，中美在对双方核心利益与战略红线达成默契的基础上，在边缘地带利用矛盾促成"代理人战争"的概率将会明显增加。中国推行反遏制战略需要认真思考，在避免触及美国敏感的核心地带基础上，通过"边缘诱捕"战略积极构造对美利益扩展区。这是我国在两极体系下促成中美攻守易势的重要手段。

中美两极体系确立后，美国会逐渐从中国周边核心敏感地带后撤到安全地带。中国也会对美国在亚太地区负有义务的盟国保持善意的缓和。中国周边国家——不论它们是中国盟友，还是美国盟友——都将变成中美之间的压力缓冲区。在此背景下，中国对美实施"边缘诱捕"战略应摆脱一个地区大国眼里只有周边的视野所限，从全球的边缘地带去发现和寻找能够诱发美国军事介入的民族矛盾、国家矛盾、教派矛盾，甚至是文明冲突。通过发现并激活业已存在的地区矛盾与同盟义务，进而通过"边缘诱捕"战略促成美国的战略透支。

第四，本书所提出的"边缘诱捕"战略灵感来源于"冷战"时期中国对其援助的两场地区战争差异化的表述，即我们为何从最初的"抗美援朝"转变为后来的"援越抗法"。前者是一种直接战略，它突出接触性"抗美"，意在表达我们对抗美国，目的是援助朝鲜；后者是一种间接战略，它突出非接触性"援越"，意在表达我们通过援助越南，目的是让受到援助的越南来对抗法国。在此，援助越南变成了一种手段，而不是目的本身。正是"援越抗法"启发了本书去进一步思考两极体系下，实施反遏制战略的国家如何通过在边缘地带促成"代理人战争"这种间接战略来促成有利形势的出现。在"冷战"时代，我国就体现出运用"边缘诱捕"战略的理论自觉——只是当时中国周边包括中国在内都是体系的边缘地带，同时中国当时公开对朝越两国援助与本理论主张的低调援助也有所差异——未来随着中美两极体系正式确立，我国更需要对这一战略给予更多的关注。诚然，该理论不一定能够确保中美攻守易势的生成，但可以增加中国反遏制战略成功的几率。

第九章 角色认知与话语建构：霸权国选择性干预的政治逻辑

一 问题的提出

国际政治交往中的话语文本常常需要人们通过"两次识读"（double-reading）[①]的方式来理解原初话语系统中所无法兼容的矛盾事实。通过扫描自威尔逊以降的美国外交政策文件光谱可以发现：在任何一个可以考察的时段内，美国对待国际事务的实际态度与其坚称维护的理想原则均呈现出不同程度的背离。而这种背离更多地表现出基于角色定位与利益认知所产生的话语偏向。本书的目的就是要对这一客观现象背后起主导作用的因果关系进行探究，以期更好地理解美国外交政策话语背后的政治逻辑。

当前国内外学界关于霸权国选择性干预这一问题的研究主要集中建立在以下几种理论范式基础之上，即古典现实主义理论的"攫取权力、护持权力与彰显权力"角度；结构现实主义的"权力制衡""权力转移"与"霸权稳定"角度；修正现实主义的"威胁制衡"角度；进攻性现实主义的"大国争霸"与"争夺边缘地带"角度；自由主义关于"人道主义""白人的责任""打击暴政"与"天赋使命"等角度；帝国主义理论关于"市场之争与利益扩张"等角度；建构主义关于"身份决定利益，利益决定行为"等

[①] 雅克·德里达（Jacques Derrida）的解构主义提倡对国际关系文本意涵进行分解，进而发现写在"纸缝中间"的真实。理查德·阿什利（Richard Ashley）认为，一切看上去稳定的文本都是人为建构的。只有通过"两次识读"的方法才能实现对文本背后意图的解读。首先通过文本所蕴含的逻辑发现其要表达的意图，第二次识读文本需要通过揭示其内在的逻辑混乱发现其蕴含的多重意涵。Richard Ashley, "Untying the Sovereign State: A Double Reading of the Anarchy Problematique", *Journal of International Studies*, Vol. 17, 1988, pp. 403 – 434. R. B. J. Walker, *Inside/Outside: International Relations as Political Theory*, Cambridge: Cambridge University Press, 1992.

角度。[1] 但上面几种对霸权选择性干预行为所构建出的学说在"逻辑的真实"与"经验的真实"之间均存在着不同程度的解释力缝隙。本章导论部分将着重针对前期理论与现实经验之间存在的缝隙进行具体梳理与归纳。

存在的问题一：如果霸权干涉理论仅仅内嵌在现实主义宏观理论所关注的国家间"权力的此消彼长",以及由此产生的不可避免的权力斗争或结构性对抗,那么它就将沦为简单而又粗糙的"国家资产评估学"或精巧量化国家间能力排名的"国际政治福布斯名单"。结构现实主义理论所推演出的霸权选择性干涉理论建立在"权力结构决定行为选择"这一假说基础之上。该观点虽然可以解释"冷战"期间中美苏战略大三角中的"中美关系的战略接近"问题,但是却无法解释为何在苏联核武仍然呈现净增长且毫无解体征兆的1989年[2]——而不是在苏联解体后军备极大萎缩的1991年底——提前出现了中美战略关系的解体与对抗问题。毕竟在中美关系破裂的1989年到1991年底这一时段,作为超级大国的苏联所掌握的权力资源仍然要远远高于中国。是什么因素导致了在两极权力结构尚未出现根本改变的情况下,美国通过加大对昔日盟友中国内政的干涉力度来实现战略

---

[1] A. F. K. Organski, *World Politics*, New York: Alfred A. Knopf, 1968. Organski, Jacek Kugler, *The War Ledger*, Chicago: University of Chicago Press, 1980. Robert Gilpin, *War and Changing in World Politics*, Cambridge: Cambridge University Press, 1981. George Modelski, *Long Cycles in World Politics*, Seattle: University of Washington Press, 1987. George Modelski, "The Long Cycle of Global Politics and the Nation-state", *Comparative Studies in Society and History*, Vol. 20, 1978, pp. 214 – 235. George Modelski, "Long Cycles, Kondratieffs and Alternating Innovations: Implications for US Foreign Policy", *The Political Economy of Foreign Policy Behavior*, Beverly Hills: Sage, 1981. [英] 保罗·肯尼迪:《大国的兴衰：1500—2000年的经济变迁与军事冲突》,陈景彪等译,国际文化出版公司2006年版。Robinson, Gallagher, *Africa and the Victorians: The official Mind of Imperialism*, Macmillan, 1966, p. 5. Hynes W. G., *The Economics of Empire: Britain, Africa and the New Imperialism, 1870 – 95*, London: Longman, 1979. David Kenneth Fieldhouse, *Economics and Empire, 1830 – 1914*, Cornell University Press, 1973. 均提出了帝国主义干涉原因的观点, Louis, William Roger, *The British Empire in the Middle East, 1945 – 1951: Arab Nationalism, the United States, and Postwar Imperialism*, Oxford: Clarendon Press, 1984. [美] 亚历山大·温特:《国际政治的社会理论》,秦亚青译,上海人民出版社2005年版,第226—227页。

[2] 1980年苏联的核弹头数量为7480件,戈尔巴乔夫期间虽然苏美关系缓和,但是苏联核弹头数量仍增加了4000枚,到了1989年,苏联拥有的核武器数量为11320件。数据来源：Robert S. Norris, WIlliam Arkin, "Nuclear Notebook: Worldwide Deployments of Nuclear Weapons", *Bulletin of the Atomic Scientists*, Vol. 65, 2009, pp. 86 – 98. Robert E. Berman, John C. Baker, *Soviet Strategic Forces: Requirements and Responses*, Washington, D. C.: Brookings Institution Press, 1982. Philip A. Stemple, *The Soviet Air Force and Strategic Bombing*, Biblioscholar, 2012.

隔离与抛弃？此外，单纯关注权力结构性变量也无法解释为什么核武器数量相对更多的戈尔巴乔夫时代比勃列日涅夫时代美苏对彼此在国际事务中行为的干涉与对抗呈现出大幅降低的态势。

存在的问题二：如果霸权的干涉理论紧紧内嵌于理想主义或自由主义者们所关注的"民主和平""贸易自由""人权与人道主义"或"机制安全"等话语符号系统内，那么这种理论就很难解释以下问题。第一，如果假定美国对外干涉的目的是扩展民主价值的核心利益，那么就不能解释为什么它与当今中东地区最民主政治的伊朗和最不民主政治的沙特之间存在的反向关系。同时，这种理论观点也无法解释为什么20世纪80年代末萨达姆对库尔德人使用化学武器屠杀时，它不仅没有受到宣扬"人权外交"的美国制裁，反而得到了来自美国的经济援助与制造生化武器的技术原料。[1] 而到了2003年在萨达姆没有能力使用化学武器对周边安全构成严重威胁的时候却成了美国重点干涉与改造的对象。

存在的问题三：如果霸权干涉理论仅仅内嵌于传统帝国主义理论[2]所指涉的"攫取世界经济利益与市场扩张"等视角，那么就很难解释为什么"二战"后美国所干涉的地区都不是其经济利益最为集中的区域。"冷战"期间，"美国对外直接与间接投资的60%以上都在发达国家，其贸易总量的75%也集中于发达地区。作为一个能源与农业的出口大国，美国原材料的对外依存度并像非依附理论所希望描述的那样被放大与夸张，而是仅占其GDP的1%"[3]。事实上，美国仅仅是对全球初级产品价格敏感，这源自于发达的自由市场经济本身，但是作为一个自给型超级大国，它的对外经济依存度——尤其是对发展中国家——绝非脆弱。此外，传统的经济帝国主义干涉理论也不能解释为什么"'一战'前英帝国与整个非洲殖民地的

---

[1] Noam Chomsky, Michael Albert, "Interview with Noam Chomsky about US War Pans", *ZNet*, www. zmag. org. August 29, 2002.

[2] Robinson, Gallagher, *Africa and the Victorians: The official Mind of Imperialism*, Macmillan, 1966, p. 5. Hynes W. G., *The Economics of Empire: Britain, Africa and the New Imperialism*, 1870 – 95, London: Longman, 1979. David Kenneth Fieldhouse, *Economics and Empire*, 1830 – 1914, Cornell University Press, 1973. 均提出了帝国主义干涉原因的观点，Louis, William Roger, *The British Empire in the Middle East, 1945 – 1951: Arab Nationalism, the United States and Postwar Imperialism*, Oxford: Clarendon Press, 1984. 对帝国主义干涉的观点进行了反驳。

[3] Robert Zevin, "An Interpretation of American Imperialism", *The Journal of Economic History*, Vol. 32, 1972, pp. 346 – 348.

贸易总量不及它与欧洲蕞尔小国比利时贸易量的三分之一……1913年德国对其在非洲拥有93万平方英里和1200万人口的非洲殖民地——整个德属非洲殖民地的德裔人口总和不及其在巴黎城内的侨民数量——的进出口量仅占当年德国全部进出口量的0.5%"①。除了英属印度与荷属东印度群岛等少量地区以外,绝大多数帝国主义国家的海外殖民地都是亏钱运营的。可以说帝国主义就是用国家财富的整体亏损去输送和补贴一少部分在海外发财的利益集团的局部收益。经济帝国主义理论还不能解释为什么"美国在越南战争中一天所消耗的成本要远远超过其可能得到的任何现实与潜在的经济回报"②的问题,更不能解释"冷战"后美国及其盟友在科索沃、阿富汗、伊拉克和乌克兰地区长期耗费大量资本且预期收益远远低于成本的干涉行为。

存在的问题四:如果霸权干涉理论紧紧内嵌于建构主义所关注的角色决定利益、利益决定话语的单向逻辑链条之中,那么角色认知又是依靠什么得以确立与强化的呢?亚里士多德认为:"人是天生的政治动物。"这句话更确切的表述应该是每个社会人都是成长在特定语境之中并且被特定语境所建构角色与意义认知的政治动物。话语建构了常识与特定时空内行为体互动的主导逻辑。例如,在1840年到1949年之间,同样是面对被外国列强欺凌的局面,为什么五四运动会在1919年爆发?因为在这之前国际政治话语所建构的是"丛林语境"以及"弱肉强食"的社会达尔文主导逻辑。在这种语境之中,我们对于西方列强瓜分中国的认知使得我们只能依靠"师夷长技以制夷"的方法才能维系民族生存;而1919年随着威尔逊"主权独立与民族自决"等新的话语逻辑的产生,我们开始在这样的语境下重新思考角色与身份的问题,所以才会有五四运动的爆发。同样,如果没有特定语境建构下的角色认知的支撑而去探讨霸权的干涉行为,就不能解释为什么在门罗主义时代美国热衷于对拉美地区的军事干涉③,而到了今天却对一个在身边反美的蕞

---

① Royal Institute of International Affairs, *The Colonial Problem*, London, New York, Toronto: Oxford University Press, 1937, p. 287.

② Kenneth Boulding, "Reflection on Imperialism", *Economics: Mainstream Readings and Radical Critique*, New York: Random House, 1970, p. 202.

③ Annual Message to Congress, December 6, 1904, in Bartlett, Ruhl Jacob, ed. *The Record of American Diplomacy: Documents and Readings in the History of American Foreign Relations*, New York: Knopf, 1947.

第九章　角色认知与话语建构：霸权国选择性干预的政治逻辑　◇◇　211

尔小国古巴或委内瑞拉保持了极大的容忍。让·皮亚杰（Jean Piaget）认为："话语系统中的结构内蕴许多转换机制，每一种观念性的话语结构都包含着三大要素，即系统性、可转换性与规范的自我实现性。"[①] 作为一种开放的系统，如果话语可以在历史进程的链条中被无限地解构与再建构，那么能否通过对主导话语体系中所蕴含的逻辑混乱的揭示，来使政治权威所蕴含的道义超验性变得式微与溃散？如果"概念的话语文本依附于特定的权力关系"[②]，那么在这种"权力性造就知识"的单向逻辑链条背后，是否还存在着话语对角色认知与互动语境的反向建构与塑造？

　　理论是在片面中谋求深刻的系统性认知。但是，传统霸权干涉理论研究中对国家"经济人"假定的依赖严重脱离了对文化表征系统中另一重要元素"社会人"假定的关注。这样的理论研究就相当于探讨半个正方形或半个圆形一样，不仅是对自然科学研究方法的拙劣模仿，同时也是对现实社会和研究对象本身的扭曲与不完全归纳。上面提及的理论所存在的问题表明：当前国关学界关于霸权国选择性干涉的中观理论研究仍然尚未形成一致公认而有效的分析框架。通过对主流国际关系理论研究范式的梳理可以发现：建立在"关系性"与话语范式基础上的霸权干涉理论比建立在"结构性"与"进程性"范式基础上的霸权干涉理论有着更强的解释效力。对"关系性"及其理论视野下的角色、意义与话语的探讨不仅能够使我们更好地理解当今国际政治中美国选择性干预背后的政治逻辑，同时还可以为今后中美新型大国关系的话语建构提供认知框架与现实指导的双重支撑。

二　角色身份与话语文本的互主性建构关系

　　面对现有的霸权干涉理论与国际政治现实经验之间存在的解释缝隙，我们能否在新的假说土壤中培育出一种更具解释力的范式与文化表征系统来重新阐释霸权干涉理论的内在逻辑呢？通过将"关系性"范式的引入以及揭示角色认知与话语选择之间的因果联系能否帮助我们更好地认识霸权干涉理论

[①] Jean Piaget, *The Language and Thought of the Child*, Vol. 5, London: Psychology Press, 1959. Jean Piaget, Inhelder Brbel, *The Growth of Logical Thinking from Childhood to Adolescence: An Essay on the Construction of Formal Operational Structures*, Vol. 84, London: Routledge, 2013.

[②] 秦亚青：《国际关系理论：反思与重构》，北京大学出版社2012年版，第46页。

研究中尚未被观察到的"月球背面"的图示？国际政治是一门典型的人文学科。而人文学科作为一种拟科学，如果放弃了对角色认知与话语建构作用的双向探讨，其本身就是不完整的。人类行为——包括人类对社会自身的理解——不过是由更深层且独立存在的语言逻辑或知识结构衍生出的表层实践。角色的差异性认知不仅需要特定话语的上层建筑来加以塑造和维护，话语结构及其隐含的逻辑也通过建构社会规范与常识来使行为体获取自身角色的影响。因此，从福柯（Foucault）"权力造就知识"或"角色支配话语"[1]的角度来讲，我们就有必要对角色认知与话语偏好之间的逻辑关系进行重新理解。本书认为，身份利益与话语文本之间并非遵循线性的因果律逻辑，而是遵循着互为因果的建构律逻辑，即角色身份决定了话语文本的选择，话语文本也会潜移默化地塑造和强化角色身份的动态认知。

（一）身份利益决定话语选择

身份利益对话语建构的逻辑链条可以被简单概括为：行为体的角色认知决定着利益的理解方式，进而决定着对相关国家的干涉动机与干涉力度，并表现为对不同话语文本的选择偏好。

主权国家——作为一个抽象的政治建筑——本身是无法作出任何政治决定或角色认知的。就像经济学中将公司假定为"法人"一样，将主权国家抽象假定为"政治人"的目的是为了便于人们对国际关系的理解。尽管国家内部不同利益集团均有将自身利益诉求与行为选择表述成维护国家利益的话语动机[2]。但是，究竟哪一个集团或哪一种诉求能真

---

[1] Ferdinand de Saussure, Perry Meisel, Haun Saussy, Wade Baskin, *Course in General Linguistics*, New York: Columbia University Press, 2011, p. 20.

[2] 在现代国际政治中，国家利益既涵盖了政治、经济、安全与文化等各个方面，也包括了政府、集团、社会和个人等各个层次，尤其是在主权国家内部存在着诸多诉求不同的利益集团。如果每个利益集团都试图将自身团体诉求上升表达为国家利益诉求，就可能使国家利益的话语表述呈现出逻辑混乱与自相矛盾。例如，当西奥菲尔·德尔卡塞在19世纪末任法国殖民地事务部长时，曾强烈支持法国在尼罗河同英国的"探险"竞争，并认为这样有利于法国的国家利益；后来当他担任外交大臣时，却强烈反对法国在尼罗河地区同英国人之间的"探险"竞赛，并声称这样会给法国在欧洲与全球的利益带来巨大的风险。在中国南海地区开发原油的海洋战略是否符合中国崛起的整体战略的认识问题上，需要确保海外原油运输航线安全的中石油集团明确反对中国在南海地区采取强势立场，而需要近海开采油气资源的中海油集团却强烈要求中国政府在南海地区采取强硬对抗性政策。每一个利益集团都声称它们的主张是在维护国家利益，但究竟哪一个利益集团的话语真正代表了国家利益呢？

第九章　角色认知与话语建构：霸权国选择性干预的政治逻辑　　213

正地代表国家利益则不仅取决于某一利益集团的代言，而更取决于带有自我意识的国家行为体所表现出的整体性"社会共识"或"社会公意"。国内利益集团所表述的国家利益就像是拍照：当摄影师把镜头向左的时候，你就偏右了；当摄影师把镜头向右的时候，你就偏左了。而事实上，国家利益——作为一种共识性的客观存在——就在那里，哪也没动。因此，本书借鉴斯蒂芬·克拉斯纳（Stephen D. Krasner）对国家利益的判定方法认为："主权国家作为一元整体性的建构实体，其利益应兼具整体性与稳定性两大特征。整体性确保国家利益是社会共识或绝大多数成员的共有认知；稳定性确保国家战略目标在较长一段时间内不会轻易发生变化。"① 只有将国家看作一个政治实体，才能对基于角色所衍生出的国家利益给出客观的判定。

　　实证主义研究方式与后实证主义研究方式的一个重要区别就是前者偏重于将"经济人"假定引入对国家行为的探讨之中，而后者偏重于将"社会人"假定引入对国家行为的探讨之中。"经济人"假定倾向用成本—收益的"结构性"或"进程性"视角来解释国家行为选择，而"社会人"假定倾向用角色认知的"关系性"视角来诠释国家行为选择。国家运行于国际社会之中，角色定位对于国家主观利益认知与判定发挥着重要影响。社会身份的差异性认知会产生不同的行为预期，并进而塑造着主权国家的利益偏好。因此，利益——作为一种社会共识——是主观建构的产物，并牢固地内嵌于社会"关系性"的判定之中。亚历山大·温特认为："行为体对利益的判断是依据其身份与角色而界定的。"② 在主流建构主义理论中，行为体的话语是由角色与身份决定的。话语传递的文本意涵体现出权力意志和角色区分的功能性需求。关系性权力需要营造特定的语境和意义网络来形塑社会规范，并以此确保其权力的正当性与角色的稳定性。

　　在这种情况下，主权国家会依据其在国际社会中所形成的稳定角色关系来确定战略目标和利益诉求，并且可能随着角色身份的演变而调整利益诉求。在国际政治交往互动中经常可以发现国家间关系随着身份角色——

---

① Stephen D. Krasner, *Defending the National Interest: Raw Materials Investments and U. S. Foreign Policy*, Princeton: Princeton University Press, 1978, pp. 42–45.
② [美]亚历山大·温特：《国际政治的社会理论》，秦亚青译，上海人民出版社2005年版，第226—227页。

而非权力结构——的调整而对自身的安全利益产生新的理解与判定。例如，在整个 19 世纪英国奉行"光辉孤立"政策的年代里，英国人普遍认为防止对手俄国人控制达达尼尔海峡和君士坦丁堡是英帝国永远不变的核心利益。但当《英俄协约》签订后，俄国人变成了英国人的重要盟友，英国人又力促俄国人控制达达尼尔海峡，并认为俄国人控制土耳其海峡有助于维护英国的海上安全利益。1934 年，墨索里尼认为希特勒是意大利在中欧地区加强影响力的重要战略对手。因此，阻止希特勒吞并奥地利对意大利的安全利益有着重要影响，故而在陶尔斐斯（Dollfuss）遇刺后将四个山地师派往布伦纳山口震慑德国并迫使希特勒退却。而到了 1938 年随着意大利同纳粹德国结盟，双方就变成了朋友关系。这时意大利决策者转而认为德国吞并奥地利有助于法西斯联盟整体实力的扩大和意大利在欧洲和地中海区域战略目标的实现。

角色定位决定利益认知的一个重要表现形式为双方在互动过程中话语文本的选择。国家在朋友式的关系互动中倾向于选择带有善意的话语符号，而同竞争者或带有敌对关系的国家互动倾向于选择带有恶意的话语符号。每当角色系统发生调整时，话语系统也需要相应地进行转换，以便适应新的角色认知。例如，随着"一战"前联盟关系的转换，英国媒体对欧洲国家的称呼也发生了潜移默化地改变。勃兰特·罗素（Bertrand Russell）写道："在我年轻的时候英国人称法国人是'青蛙佬'，但是到了 1905 年英法结盟之后，我就再也没听见有人使用这样的蔑称了。"[①] 19 世纪英国人认为德国人文明高效，俄国人野蛮粗鲁。但是到了"一战"前期，英国人却认为德意志人野蛮粗鲁，俄国人则因具有某种斯拉夫品格而更加可靠。对日本人的称呼逐渐从"一战"刚结束时"谦恭的小伙伴"变成了"东方的普鲁士"。

（二）话语文本影响身份定位

话语文本影响身份定位的逻辑链条可以被简单概括为：话语文本及其形成的背景知识塑造并强化了国家间角色定位和利益认知，进而决定着对相关国家的干涉动机与干涉力度。最终，在话语所建构的宏观语境或意义

[①] Bertrand Russell, *Which Way to Peace?* London: Joseph Limited, 1936, p.158.

表征系统中对国家间身份认知与角色转换产生重要影响。

国际关系"月球的背面"是由多种带有本体意义的话语符号系统所构成的。决定哪一种话语结构能够成为特定时代或特定区域的主导规范,取决于角色认知与话语偏向之间的意义共识,即"国际政治与国际道德之间的共识"[1]。汤因比认为:当国际政治与国际道德之间达成话语共识的时候,国际社会系统便呈现出稳定与和平的局面。例如,维也纳体系或中国的大一统朝代等;当国际政治与国际道德之间难以达成话语共识的时候,即新的话语所孕育的道德开始对占据主导话语规范的道德进行解构的时候,国际社会系统便会呈现出动荡与战争的局面。例如,三十年宗教战争、两次世界大战、春秋战国和五胡乱华时期的中国等。同时,只有将具体的话语符号嵌入到特定语境所包含的身份表征系统之中,才能更好地理解其要传递的文本意涵。单个话语符号如果脱离了主体间性的支撑就可能被曲解、误读或利用。同样,被曲解的话语一俟再度被纳入完整的语境之中,便可以被轻易地解构或还原。因此,对现象背后"已知角色"与"话语文本"的非相合性进行解构,可以让我们更好地理解政治话语中所蕴含的关系性意图与结构性权力之间的政治逻辑。

秦亚青先生认为:"绝大多数的国际政治行为都是在背景知识引导下进行的,背景知识才是行为的主要驱动和基本逻辑。"[2] 背景知识蕴含于话语建构的主导语境之中,并通过特定的语境来影响单元的行为偏好与思维逻辑。当话语文本与身份定位呈现相合性时,话语会对身份认知产生强化与促进作用。当带有角色定位的话语文本在社会交往过程中被反复运用于描述某一行为体时,就会与该行为体的身份认知建立起意义关联。这种皮格马利翁效应可以通过对行为体潜意识的影响而逐渐塑造其思维方式与价值偏好。菲尔柯(Filco)认为:"国际政治中的语言话语文本可以对交往互动产生本体性的影响。带有共识性的话语能够建立起社会规范,规范体系会构造出带有价值偏好的整体语境,整体语境通过对社会中成长起来的个体思维影响与建构来强化意义关联,意义网络通过关系性认知确立带有

---

[1] Arnold Joseph Toynbee, David Churchill Somervell, *A Study of History*, Oxford: Oxford University Press, 1988, pp. 132–135.

[2] 秦亚青:《行动的逻辑:西方国际关系理论"知识转向"的意义》,《中国社会科学》2013年第12期。

集体共识性质的身份角色,并进而决定行为体的利益认知和行为选择。"①珍妮丝·马特恩(Janice Mattern)认为,话语可以通过造就叙事结构的方式产生权力。在这一过程中,行为体在特定叙事语境下可以有目的的选择使用话语,这种话语往往带有社会共识的规范压力,并对行为体产生一种基于集体身份和自我认同的强制效力。②

需要指出的是,并非只要国家间存在着共同的身份利益就会产生友好的角色认知,身份利益必须通过话语的表述才能在主体间产生共识与内化。集体身份的话语建构对国家利益认知有着重要影响。话语文本可以造就一种叙事结构或意义网络系统,角色与身份在话语搭建的语境中被不断地塑造与强化。角色认知——作为一种双向的身份博弈结果——必须在话语文本互动中达成意义共识才能被确认和强化。这种角色系统的稳定性也需要话语的维持与再建构。从这一角度来看,话语能够通过选择性的叙事来建立起足够影响人们思维逻辑的社会共识或常识性认知。而利益作为一种主观性价值判断,就蕴含于社会常识性认的知框架之中。在此基础上,话语通过对共同利益的文本阐释来塑造或强化主体间的身份认同。

不同语境的根本差异在于它们蕴含的话语符号承载的互动逻辑是截然不同的。如果话语文本与身份定位呈现出非相合性,话语就会对身份认知与利益共识的形成产生弱化与阻碍作用。当身份利益已经发生或需要发生转变,但是话语叙事及建立在叙事结构上的互动逻辑仍按照旧的身份进行表述,则会产生身份错位与利益混乱。不同的话语符号系统塑造并强化了单元间不同的互动逻辑与身份认知,这种语境影响下的身份选择对于国际

---

① Karin M. Fierke, *Changing Games, Changing Strategies: Critical Investigations in Security*, Manchester: Manchester University Press, 1998. Karin M. Fierke, "Dialogues of Manoeuvre and Entanglement: NATO, Russia and the CEECs", *Journal of International Studies*, Vol. 28, 1999, pp. 27 – 52. Karin M. Fierke, "Logics of Force and Dialogue: The Iraq/UNSCOM Crisis as Social Interaction", *European Journal of International Relations*, Vol. 6, 2000, pp. 467 – 497. Karin M. Fierke, Michael Nicholson, "Divided by a Common Language: Formal and Constructivist Approaches to Games", *Global Society*, Vol. 15, No. 1, 2001, pp. 7 – 25.

② Janice Bially Mattern, "Why Soft Power Isn't So Soft: Representational Force and the Sociolinguistic Construction of Attraction in World Politics", *Journal of International Studies*, Vol. 33, 2005, pp. 583 – 612. Janice Bially Mattern, "The Power Politics of Identity", *European Journal of International Relations*, Vol. 7, 2001, pp. 349 – 397. Janice Bially Mattern, *Ordering International Politics: Identity, Crisis and Representational Force*, London: Psychology Press, 2005.

政治的互动存在着重要的影响。良性的话语互动能够促成友善的身份认知并起到改善国家间关系的作用；敌意的话语互动能够阻碍良性的身份认知并起到迟滞或恶化国家间关系的作用。

话语符号系统对身份认知的塑造并不是一成不变的。语境中所蕴含的巨大影响力如果被有效地加以利用，则可能会促进良性的身份认知或缓解恶性的敌意螺旋。例如，在"文化大革命"语境中"黑五类"的身份具有看似不变的继承性并同"无产阶级革命利益的破坏者"之间建立起意义文化表征系统。而到了改革开放之后，随着整体语境从阶级斗争范式转换到经济发展范式，传统话语中的"黑五类"等符号则不再成为具有重要身份认知的标识。因此，精明的政治家往往能够看出话语对身份认知的塑造潜能，并善于运用话语来积极主动地塑造身份认知的转变，而不是被动地等待身份利益演变后的话语变动。

总之，话语及其建构的语境通过弱意识的自然反应对单元行为选择起着"潜移默化"的影响。[1] 对身份定位与利益认知有着巨大的能动作用。一俟将话语文本与具体的国家利益相结合，便能够聚集起道义与情感的共鸣，从而为国家提供强大的精神行动力。同时，话语也可能会削弱国家的力量。因为与它可能会使国家对利益与身份的认知出现混乱，或者话语可能使国家对政策目标与行动的协调程度抱有过高的期望，并进而导致失望的结果和身份认知的逆向转化。

（三）霸权者的角色认知与话语建构

角色身份——作为一种判定国际社会成员间相对亲疏远近的基本方式——不仅影响着国际行为体对行为动机与意义的理解，同时也决定着其话语偏好的选择。本书拟从霸权者的视角出发，发现霸权国会依据体系成员对霸权话语所构建出的国际规范的认同程度或对霸权者利益的促进程度来判定其他国家的身份类属。

乔治·莫德尔斯基（George Modelski）从霸权国视角出发对国际社会成员进行类属划分并简要归纳出四种基本角色，即霸权的联盟者、霸权的

---

[1] Ted Hopf, "The Logic of Habit in International Relations", *European Journal of International Relations*, Vol. 16, No. 4, 2010, pp. 539–561.

统治者、霸权的挑战者和霸权的摒弃者。① 在此基础上，霸权国和霸权的联盟者被叙述或建构成国际社会中遵纪守法且具有责任担当的"模范公民"形象；霸权的统治者被叙述或建构成国际社会中被动接受霸权领导且被迫承担国际责任的"可改造公民"形象；霸权的挑战者被叙述或建构成国际社会中现有秩序与规则的"颠覆者"形象；霸权的摒弃者被叙述或建构成国际社会中无所适从的"化外之民"形象。霸权国基于身份类属对上述四种国际社会成员角色进行了划分，并依此制定出体系内的"阶级路线"，即依靠联盟者、团结被领导者、打击挑战者和摒弃失败者。

如果假定霸权国利益具有一元整体性，那么霸权国在体系中最核心的战略利益就是维护在全球的霸权地位。因为这种身份确保了霸权国拥有最大的国际权力——超越规范的行动自由。②当一个国家问鼎体系霸权之后，其所有的国家利益都建立在维持与强化这一身份基础之上。霸权者可以通过其在体系中独一无二的影响力来引导与制定有利于自身的游戏规则，并在这种"结构性权力"③ 影响下攫取更大的国家利益。霸权的身份话语正是依赖于其他国家对这一利益的促进程度而建构的。霸权的联盟者因奉行在现有霸权规约机制下的"内向型战略"而追求"联系性权力"；霸权的挑战者因奉行打破现有霸权规约机制下的"外向型战略"而追求"变位性权力"④；霸权统治下的骑墙国家依据成本收益来确定在国际社会中的角色选择。霸权国会依据不同国家对其领导地位的认可程度与在霸权地位护持问题上的合作程度来决定其话语选择。国家间关系并不是一个均质化的晶体，而是一个存在着不同密度与亲疏远近的交互网络。因此，在形式平等

---

① George Modelski, *Long Cycles in World Politics*, Seattle: University of Washington Press, 1987. George Modelski, "The Long Cycle of Global Politics and the Nation-state", *Comparative Studies in Society and History*, Vol. 20, 1978, pp. 214 – 235. George Modelski, "Long Cycles, Kondratieffs and Alternating Innovations: Implications for US Foreign Policy", *The Political Economy of Foreign Policy Behavior*, Beverly Hills: Sage, 1981, pp. 63 – 83.

② 阎学通：《道义现实主义的国际关系理论》，《国际问题研究》2014 年第 5 期。

③ Susan Strange, *States and Markets*, London and New York: Continuum International Publishing Group Ltd, 2004, pp. 45 – 119.

④ Tom Baumgartner, Walter Buckley, Tom R. Burns, "Unequal Exchange and Uneven Development: The Structuring of Exchange Patterns", *Studies in Comparative International Development* (SCID), Vol. 11, 1976, pp. 51 – 72. Tom Baumgartner, Tom R. Burns, "The Structuring of International Economic Relations", *International Studies Quarterly*, Vol. 19, 1975, pp. 126 – 159. ［美］斯蒂芬·D. 克莱斯勒：《结构冲突：第三世界对抗全球自由主义》，李小华译，浙江人民出版社 2001 年版，第 12 页。

与程序正义的外衣下，霸权国会依据其他国家与自身的角色关系——而非国际准则或国际规范——来确定自身的话语选择。

霸权的话语偏好与角色认知的"关系性"之间存在着互主性建构的正反馈回路。一方面，角色定位直接决定了霸权国在国际政治互动中话语文本的选择。具体来讲，霸权国对需要依靠的盟友往往选择支持、欢迎或默许等一系列善意性话语文本；对需要防范与打压的挑战国或潜在的挑战国往往表现出担忧、谴责、警告或宣战等一系列对抗性或侮辱性的话语文本；对国际社会中"骑墙国家"的政治反应往往依据该国与挑战国之间的关系以及霸权国与挑战国之间的对抗态势而作出灵活的话语反应；对想要摒弃的无所适从的失败国家则倾向于选择沉默、无所作为等一系列推卸责任的话语文本（参见表9-1）。

表9-1　　　　　　　　霸权国视域下的角色划分

角色定位	身份叙事	利益认知	政治态度	话语偏向
霸权联盟者	模范公民	一致性	依靠	积极友善
霸权挑战者	秩序破坏者	颠覆性	打压	消极批评
霸权统治者	可改造公民	投机性	团结	灵活选择
霸权摒弃者	化外之民	羁縻性	隔离	避免表态

另一方面，话语文本的选择对霸权者角色认知有着巨大的能动作用。具体来讲，霸权国对某一国家身份角色所选取的话语叙事会开启二者之间身份互动的进程并建构角色共识的微观语境。当霸权国选择特定的话语文本与具体国家角色进行匹配时，就会产生自我实现和自我强化的身份认知与互动逻辑。同时，在崛起国同霸权国的战略互动中，话语选择常常会塑造霸权国对崛起国的角色认知。友善的话语互动可能帮助崛起国塑造或强化与霸权国之间良性的身份认知并降低崛起压力；敌意性的话语互动可能导致崛起国与霸权国之间陷入自我实现的冲突寓言或大国政治的互疑悲剧。话语文本对角色认知的更大影响在于，即便是崛起国怀有取代霸权者的挑战意图，如果能够在战略互动中有效地运用话语加以掩饰，也能够最大限度地减少霸权国敌意身份认知的形成；即便是崛起国没有取代霸权国

的挑战意图，但在崛起国的战略话语中却反复强调对霸权国的颠覆，则可能最大限度地激发霸权国敌意身份认知的形成（参见表9－2）。

表9－2　　　　　崛起国话语选择对霸权国角色定位的影响

战略动机	话语选择	角色定位	代表样本
联系性崛起	朋友式（话语明确）	朋友	美国：1866—1940年；日本：1866—1931年；俾斯麦德国：1862—1890年；史特莱斯曼德国：1923—1929年；联邦德国：1945—1991年；日本：1945—1991年；戈尔巴乔夫新思维苏联：1987—1991年
变位性崛起	朋友式（话语迷惑）	可改造国家	纳粹德国：1933—1939年；昭和日本：1931—1937年
联系性崛起	敌对式（话语失真）	挑战者	戈尔巴乔夫之前的苏联：1922—1987年；
变位性崛起	敌对式（话语明确）	敌人	威廉德国：1888—1918年；昭和日本：1937—1945年；纳粹德国：1939—1945年

三　霸权国选择性干预的政治逻辑

"冷战"结束和两极结构的坍塌使美国成为当今国际体系中唯一的超级大国。为了护持国家核心利益的霸权地位，美国对全球政治与军事干预的动机、频率与烈度都出现了明显的增长。[①] 如果要想探寻美国对外干预的政治逻辑，就需要重新发现美国政治话语与政治行为之间的内在联系。实证主义研究方式最大的缺陷可能来自于材料的可信性。而当前国内许多分析美国外交政策走向文章的根本缺陷就在于严重依赖于美国官方发布的政治文件，而不是美国实际的政治行为。但问题在于，世界上还有什么比官方发布的外交政策文件更显得冠冕堂皇的吗？上面的问题表明：如果要想真正理解美国外交政策背后的政治逻辑，就不仅要听其言，更要观其

---

① 通过对1776—2014年间美国对外战争的统计发现：从1776年美国建国到1945年"二战"结束前的169年里，奉行"孤立主义"的美国平均每18年零8个月卷入一场战争；"二战"后，在两极格局背景下，美国对外军事干涉的周期缩短成每2年零1个月；"冷战"后的二十几年中，美国对外军事干涉的周期缩短到了每1年零4个月卷入一场战争。

行。在言行之间发现矛盾并建立起真正的规律性认识，即通过对话语文本的二次识读来找出话语内部存在的矛盾，进而发掘话语背后的政治动机和行为规律。

"冷战"结束以降，美国始终打着道义的旗号并在冠冕堂皇的形式平等与程序正义背景下进行对外干涉。但美国的干涉事实上却并非遵循一套统一的道义准则与国际规范，而是依据体系成员对其霸权地位护持过程中的促进程度以及美国自身的相对权力地位来进行选择性干预。首先，美国会依据其他国家与美国的亲密程度来决定是否对其进行干涉。在相同条件下，对于其盟友暴露出的政治问题往往表现出善意的谅解或选择性失明。美国对盟友的善意与宽容不仅能够增加盟友对美国政治的依赖程度，同时也为国际社会中其他成员树立了无形的奖惩结构。其次，美国对外选择性干预很大程度上受既有的话语文本影响。最后，需要指出的是，前面两方面的内容，决定着美国对外干涉的动机和意愿，而美国在体系中的相对权力地位决定了其对外干涉的程度与手段。

首先，美国选择性干涉的根本逻辑在于国际政治的"关系性"[①]而非"结构性"，即美国首先会依据体系成员与自身的关系来决定是否对其进行干预以及介入干预的程度。新现实主义理论认为，体系结构决定行为选择。因此美国选择性干预的原因在于受到国际体系权力"结构性"的影响，即霸权国力图护持现有的权力结构，而挑战者试图重塑现有的权力结构。这种"权力转移"视角下的结构性矛盾造成了国际关系史上周期呈现的"修昔底德陷阱"。国际政治中的"关系性"为"结构性"赋予了更大的意义与内涵。这正如一把宝剑既可以为善，也可以为恶。关键不在于宝剑的锋芒，而在于握剑的手。片面地内化结构性话语逻辑的一个重要危险就在于，它可能会导致自我加证与自我实现的敌意螺旋或陷入"手中有锤子便无处不是钉子"的冲突思维之中。相对"结构性"而言，"关系性"更加注重对身份角色进行判断，并依此来确定国家间的互动逻辑与话语选择。

从"关系性"视角出发就能够很好地解释本书引言部分所举出的传统"结构性"理论所无法完全解释的现象，即为什么在苏联核武仍然呈现净

[①] 秦亚青：《关系本位与过程建构：将中国理念植入国际关系理论》，《中国社会科学》2009年第3期。

增长且两极权力结构没有发生变化的 1989 年[①]——而不是在苏联解体后军备极大萎缩的 1991 年底——提前出现了中美战略关系的解体问题;也可以更好地解释了引言中提出的:"为什么 20 世纪 80 年代末萨达姆对库尔德人使用化学武器屠杀时,不仅没有受到宣扬'人权外交'的美国制裁,反而得到了来自美国的经济援助与制造生化武器的技术原料。"[②] 而到了 2003 年在萨达姆没有能力使用化学武器对周边安全构成威胁的时候,却成了美国重点干涉与改造的对象。也能够更好地解释为什么在两极结构下的"文化大革命"时期中美之间在人权领域反倒没有问题,而到了 1989 年中国人权状况明显大幅改善的时候,却出现了美国极力干涉中国人权的问题。

能够说明美国对外干涉动机中"关系性"因素优先于"结构性"的一个很好的例证便是雾谷[③]对中国内政西藏问题选择性干预的外交政策变动图谱。例如,在中华人民共和国成立之前,由于中美之间经历了"二战"时期的并肩作战,中国是美国在远东地区的重要战略盟友。在这种朋友式的语境下,白宫和国务院在公开场合均明确承认中国对西藏的主权权利;而随着中华人民共和国政府"一边倒"向苏联阵营并连续卷入朝鲜战争与越南战争,中国逐渐成为美国霸权在远东地区的有力挑战者。在这种敌对式的语境下,美国外交政策中关于西藏问题的话语表述也逐步变成了"宗主权"。[④] 随着中美关系在七八十年代的缓和,中美逐渐结成了"一条线"的反苏准军事同盟,这时美国开始有意降低对西藏问题的政治关注——就像反法西斯联盟建立后斯大林解散共产国际一样——并在 70 年代中期低调地解散了"紧急救助西藏难民委员会"。但是,随着 1989 年美苏关系重

[①] 1980 年苏联的核弹头数量为 7480 件,戈尔巴乔夫期间虽然苏美关系缓和,但是苏联核弹头数量仍增加了 4000 枚,到了 1989 年,苏联拥有的核武器数量为 11320 件。数据来源: Robert S. Norris, WIlliam Arkin, "Nuclear Notebook: Worldwide Deployments of Nuclear Weapons", *Bulletin of the Atomic Scientists*, Vol. 65, 2009, pp. 86 - 98. Robert E. Berman, John C. Baker, *Soviet Strategic Forces: Requirements and Responses*, Washington D.C.: Brookings Institution Press, 1982. Philip A. Stemple, *The Soviet Air Force and Strategic Bombing*, Biblio Scholar, 2012.

[②] Noam Chomsky, Michael Albert, "Interview with Noam Chomsky about US War Pans", ZNet, www.zmag.org. August 29, 2002.

[③] 雾谷(Foggy Bottom)位于美国华盛顿哥伦比亚特区,地处宾夕法尼亚大道以南的 19 到 24 街区。因其地处河岸边常被大雾与工业废气笼罩而得名。由于这里是美国国务院所在地,因而"雾谷"被作为美国国务院的代称。就像五角大楼作为美国国防部的代称一样。

[④] 程早霞:《美国对中国西藏政策的历史演变》,《国际论坛》2011 年第 5 期。

构——此时"冷战"尚未结束,且两极结构仍然存在——戈尔巴乔夫政府逐渐从"秩序破坏者"变成了"可改再造公民"身份。苏联的角色转变使得尚未对政治改革方向表态的中国逐渐从"可改造公民"变成了"潜在的挑战者"。至今,美国虽承认中国对西藏的主权权利,但是却打出了"人权高于主权"的旗号在同"藏独势力"关系上表现出与台湾问题近似的暧昧立场与干涉野心。

其次,从话语文本对身份认知的反向建构角度来看,积极的话语互动能够促进良性的国家身份认同,消极的话语互动能够产生敌对的身份认知。不同于传统线性思维推演出的因果律,这种互为因果的建构律逻辑强调的是一种在话语文本和角色定位之间的互构关系,并可能在"话语—身份—利益—话语"的互动中产生自我强化的认知正反馈回路。角色并非是一种对现实的客观表述,而是在互动中被不断地阐释、强化、解构与再造的动态过程。话语文本为角色认知提供了观念上的支撑,并通过与身份认知的阐释而获得新的意义。例如,亲以势力对美国国会和媒体有着重大的话语影响力。正如美国国会议员沃伦·拉德曼(Warren Radman)所说:"他们总是有很符合美国人口味的产品来兜售。他们用民主国家的话语让所有美国人都一再明确这样一种信念——支持以色列是美国总体利益中的重要部分。"[1] 同理,在2001年,由于布什政府将朝鲜公开列为"恐怖主义轴心国",这一话语文本的选择深度激化了美朝之间的敌意螺旋,使得没有退路的朝鲜转而更加确信美国的敌人角色与拥核自保对政权安全的必要性。

最后,身份与话语因素决定着美国对外干涉的动机和意愿,而体系中的相对权力地位决定了美国对外干涉的程度与手段。霸权国选择性干预的目的是为了护持核心利益的霸权地位。如果对外干预可能导致霸权地位受到相对削弱——也就是当战略手段与护持核心利益的战略目标背道而驰——美国就有可能选择更为灵活干涉方式。从这一角度推论又可以分为两种情况。在两极格局下,霸权国对地区大国倾向于采用支持区域次强国的"离岸制衡"手段进行干涉,对中等敌对国家——而不是另一个霸权者——更倾向于采用进行直接武装干涉的手段。这样既可以树立霸权者的

---

[1] Ben Bradlee Jr., "Lobbying for Israel", *Boston Globe Magazine*, April 29, 1984, p. 64.

威信，同时也能够在不触及另一极权力核心利益的情况下间接削弱另一个权力核心的权力声望；在单极格局中，霸权国选择性干预更倾向于采用"离岸制衡"的手段，通过与地区强国的有力对手进行结盟来实现对潜在挑战者的压制，而尽量避免与独占一块地缘政治板块的区域大国发生直接冲突。①"离岸制衡"手段是霸权国对"推卸责任"的地缘结构与"均势战略"的权力结构的综合运用，其目的就是为了最大限度地护持霸权者在全球声望中的影响力与可信度。

例如，在"冷战"期间的两极格局背景下，美苏"核恐怖均衡"能够相互确保摧毁（MAD）。在"不与汝皆亡"的理性共识影响下，美苏两大霸权国均极力避免发生直接军事对抗与政治干预，而选择通过权宜结盟或支持代理人战争的方式来削弱与威慑对方。20世纪60年代的中国仅仅是一个地区大国。由于彼时中国实行"美苏并反"的战略——在两极格局极为牢固的情势下坚持要成为体系内的第三极——而成为美苏两个阵营霸权国共同的"挑战者"。同时，由于直接卷入同中国的冲突必然会像朝鲜战争或越南战争一样消耗霸权者的权力资源，因此，在这种局面下，"离岸制衡"就成了美苏两国打压中国的重要战略手段，这也就不难理解为什么在20世纪60年代会出现美苏两个相互敌视的超级大国竞相为印度提供各种援助的奇怪现象了。在"冷战"结束后，美国一超独霸的政治地位使得美国新干涉主义势力明显抬头，依据身份划界的新保守主义在小布什任期内得到了最大程度的"伸张"。美国希望通过对中等国家的四次战争逐步塑造单极治下的美国权威与国际规范。但随着阿富汗战争、伊拉克战争和金融危机的持续消耗，美国权力与道义的相对优势逐渐流失。因此，奥巴马执政下的美国对外干涉政策再一次从"无所不在的美利坚帝国"② 退回到了艾森豪威尔或尼克松时期的局部退出与离岸制衡的"收缩"阶段。③

---

① John J. Mearsheimer, *The Tragedy of Great Power Politics*, New York: W. W. Norton & Company, 2014, pp. 116 – 126.

② Max Boot, "The Case for American Empire: The Most Realistic Response to Terrorism is for America to Embrace its Imperial Role", *The Weekly Standard*, Vol. 7, No. 5, 2001, pp. 1 – 5. Sebastian Mallaby, "The Reluctant Imperialist: Terrorism, Failed States, and the Case for American Empire", *Foreign Affairs*, March/April 2002.

③ 王鸣鸣：《奥巴马主义：内涵、缘起与前景》，《世界经济与政治》2014年第9期。

综上所述，美国选择性干预遵循着身份话语和相对权力两个基本先决条件。身份话语决定了美国选择性干预的意愿和动机，相对权力位差影响着选择性干预的手段和力度。通过上面的论述可以认为：为了护持霸权地位这一核心战略利益，美国对具有挑战意图的中等国家干涉动机最强；对具有挑战意图的地区大国——这种地区大国未来可能具备成为潜在超级大国的可能性——具有的干涉动机次之；对于两极格局下的另一超级大国虽有干涉欲望，但为了避免陷入"相互摧毁"的困境，往往选择有限战争的代理人冲突并避免直接卷入对抗（参见表9-3）。

表9-3　　　　二战后美国选择性干涉的政治逻辑

相对权力\关系性	盟友国家	可改造国家	挑战者	摒弃者
超级大国	—	谅解（戈尔巴乔夫苏联）	谴责、反对（勃列日涅夫苏联）	—
地区大国	支持（英日）	拉拢/防范（巴西/中国）	警告（俄罗斯）	
中等国家	支持（韩国）	拉拢/打压（乌克兰/伊朗）	军事打击（伊拉克）	—
小国	扶持（新加坡）	拉拢/规范（蒙古/老挝）	孤立/颠覆（朝鲜）	隔离（海地）

表9-3由作者总结自制。

四　本章小结

自美国建国以来，美国人一直沉迷于上帝王国的话语，谋取的却是恺撒王国的利益。这种双重标准贯穿了美国整个历史。例如，在"一战"后召开的巴黎和会上，被称为"理想主义之父"的威尔逊总统一方面主张"民族自决"与"主权平等"；另一方面又公开支持将中国山东权益转让给日本。事实上，这位在《十四点原则》中坚决反对"秘密外交"的理想主义之父早在1917年就派他的国务卿与日本达成了有关划分中国势力范围的附有秘密外交备忘录的《兰辛—石井协定》。"二战"后，美国希望在集体安全原则下获取在全球任何地方实行干涉的权利，但是又担心这种集体安全是否可能反过来导致其他国家——尤其是以苏联为首的社会主义国家——有权利染指美洲问题。因此，在1945年旧金山会议上，美国通过构建美洲国家间自治的安全体系来承担联合国集体安全任务。这就使美国成功地将独自管理美国后院的门罗主义精神与联合同盟国家干涉亚欧大陆的集体安全理念之间内蕴的矛盾以俾斯麦式的灵活外交手段冶于一炉。①同样还是"二战"后,《克利福德——艾尔西报告》用了大量篇幅指责苏联军队滞留中国东北、伊朗北部并对其意图控制伊朗和中东地区石油的图谋大加批判。但是却绝口不提美国军方为了强化其海外军事基地与军事过境权,早已盘算好一定要拒绝履行在最后期限从亚速尔群岛、冰岛、加拉帕格斯群岛以及巴拿马等地撤军的义务。②

纵然胡志明领导的越盟曾写信恳求杜鲁门总统不要帮助法国人重返越南——事实上在"一战"结束后的巴黎和会上旅居法国的青年胡志明就曾写信给威尔逊总统请求美国支持越南的民族自决权而最终无果——并效仿《独立宣言》发表了越南版的《独立宣言》,但为了争取英法荷等盟友支持其与共产主义苏联的"冷战",杜鲁门政府对这些老牌帝国主义国家在"二战"后重新殖民东南亚的举动表现出善意的忽略。西方国家在上一次世界大战中被日本迅速击败的经历,让这些惯于俯首的东南亚黄种人看到了白种人不败神话的破灭。倘若没有美国延长《租借法案》并在此后持续多年为英法荷提供飞机、大炮、巡逻艇③——美国远东事务助理国务卿迪安·腊斯克(Dean Rusk)曾针对越南问题谈到,虽然他对让·德拉特尔(Jean DeLattre)将军及其领导的法军英勇奋战的表现非常钦佩,但如果没有美国源源不断的军事与经济援助,印度支那早就变成共产主义阵营帐幕下的傀儡了④——被从神坛上扯下来并经历欧洲战争后残喘的旧主子是无论如何也无法艰难爬起并蹒跚地回到经历易主后早已变得桀骜不驯的殖民地继续安然地充当监护人。上述支持行为显然与美国在《大西洋宪章》中倡导的民族自决与区域自治的道义原则背道而驰。道义原则——就像用来

---

① *FRUS*, 1945, 9: 170 – 171; *FRUS*, 1946, 1: 772, 780; Lloyd Mecham, *The United States and Inter-American Security 1889 – 1960*, San Marcos: University of Texas Press, 1961, pp. 246 – 277; David Green, *The Containment of Latin America: A History of the Myths and Realities of the Good Neighbor Policy*, Chicago: Quadrangle Books, 1971, 209 – 273.

② *FRUS*, 1946, 1: 1171 – 1174; Melvyn P. Leffler, "Adherence to Agreements: Yalta and the Experiences of the Early Cold War", *International Security* II, Sumer 1986, pp. 111 – 112.

③ Acheson to Webb, 8 May 50, *FRUS*, 1950, 3: pp. 1007 – 1011; Rusk to Acheson, 8 Sep 50. *FRUS*, 1950, 6: pp. 878 – 880; U. S. Delegation Minutes, 13 Sep 50, *FRUS*, 1950, 3: pp. 127 – 1228.

④ NIE 35, "Probable Developments in Indochina", 7 Aug 51, *FRUS*, 1951, 6: 470.

第九章 角色认知与话语建构：霸权国选择性干预的政治逻辑　　227

专门照别人缺陷的手电筒——受到美国人的青睐的根本原因是它能够维护美国的利益或满足美国的战略需求。以至于法国总理克里蒙梭（Clemencean）在巴黎和会上调侃道："每当威尔逊总统讲起话来我都觉得他像是基督降世，但每当他做起事来却像另一个劳合·乔治。"①

探寻美国选择性对外干涉的政治逻辑这一问题，需要我们发现在美国浩繁的道义外交卷帙所掩藏下的由各种精妙语言组织起来的话语背后存在的矛盾。例如，人们普遍认为19世纪孤立主义的美国人专心致力于国内发展，而对国际事务很少表现出征服与扩张欲望。但这样的观点只有在将美国对外扩张定义为卷入西半球之外地区——尤其是欧洲地区——时才能成立。事实上，自美国立国以降，它就最大限度地通过在美洲地区的征服扩张建立了自己的霸权。亨利·洛奇认为："看似孤立主义的美国在整个19世纪里的对外征服与扩张是世界上任何民族都难以望其项背的。"② 同理，当今天美国高举试图对中国及其他国家边疆地区分裂势力进行干涉时也不应忘记下面事实：当19世纪60年代美国南方各州通过公投宣布独立后联邦政府所采取的反制措施。面对南方分裂国家的举动，北方将领威廉·谢尔曼（William Sherman）采取了造成数十万南方民众死亡的"焦土战略"。当人们问他是否觉得这一手段过于残忍时，他说："我就是要让整个佐治亚州变成地狱！我就是要让这些支持独立的男女老少们感受到刻骨铭心的痛苦……我就是要让他们的子子孙孙都记住分裂这个国家的代价。"③今天，谢尔曼成了美国人民心中的英雄，"二战"时美军的主战坦克就被冠以"谢尔曼"之名。同时，每当今天的美国人高举尊重"自决权"对其他国家内部分裂势力表示理解与支持时，都不应忘记当19世纪全球霸主英帝国试图对美国南方各州表示支持以削弱美国国家实力时，彼时的美国人又是怎样一种心态。

美国选择性干涉政治逻辑的背后是角色定位、利益认知和话语建构相互强化的产物。这一研究结论对于未来中国崛起进程中减少来自美国干涉的压力有着重要的作用。具体来讲，只有理解了美国选择性干涉背后的政

---

① Donn H. Crilly, *A History of the World*, Lincoln：Infusion Media, 2011, p.635.
② Anders Stephanson, *Manifest Destiny：American Expansionism and the Empire of right*, New York：Hill and Wang, 1995, p.104.
③ 彭鑫：《西点军校精英全传：精美的法则》，凤凰传媒出版社2011年版，第45页。

治逻辑，才能够在这一逻辑体系中有效地重塑美国所认同的话语和身份，进而降低美国的干涉动机。正如莫里斯·阿米塔伊（Maurice Amitaei）解释到："除非你总是能将自己的诉求转化成美国利益的话语，否则你就失败了。"[①] 例如，2005 年中国通过的《反分裂国家法》，其英文翻译为 anti-session law，便比较好占据了道义制高点，因为"反分裂"这个词汇是美国南北战争的话语。[②]

国际政治中的战略机遇期也是可以通过话语选择进行积极培育和塑造的。正如好的战略家不甘于被动地等待有利于自身战略环境的出现，而是像好的水手一样，不论在何种风向条件下都能够最大限度地运用风帆来使航船保持前行的航向。如果正在经历崛起的中国能够长期保持向美国发出善意的身份信号，就可能形成良性的话语互动逻辑或最大限度地减少基于现实主义"最坏假定"推演出的权力"挑战者"身份形成。这就要求我们强化运用现有国际机制参与者的身份话语而不是颠覆者的身份话语来塑造我们在国际社会中的角色。在把握"内线推动，外线拓展，内外互补，以外促内"[③] 的原则下，逐步获得体系霸权者及其联盟成员身份上的接纳与认可。毕竟，一旦陷入自我实现的敌意螺旋，崛起国可能面对的压力不仅仅来自于霸权国，而是整个霸权的联盟体系。[④] 只要我们能够有效地运用话语文本对角色认知的建构功能，就可以超越权力的"结构性"困境而在

---

① Marvin C. Feuerwerger, *Congress and Israel: Forergn Aid Decision-Making in the House of Representative, 1969 – 1976*, Westport, Conn: Westport's Greenwood Press, 1979, pp. 95 – 96.
② 王义桅：《对美外交的十要十不要》，《联合早报》2014 年 11 月 3 日。
③ 这一观点主要参考了复旦大学国际关系与公共事务学院院长陈志敏先生的研究报告。陈志敏先生认为："内"和"外"是指现有主导性国际制度的内部和外部，不是指国家内外。所谓内线推动，是着力于既有国际制度的内部改革，逐步实现治理决策的民主化，治理规则的公正化和治理能力的现代化。所谓外线拓展，就是要在现有国际体制之外，在被现有体制忽略、现有体制不愿意，或者现有体制无力治理的领域，在地区和多边的框架下，发展志同道合国家间的机制化合作，建立新的国际机制。所谓内外互补，就是在新旧国际制度之间尽力保持互补的关系，而不是互相冲突。所谓以外促内，如果守成大国故步自封，试图维护自己不当的主导地位，中国也要通过发挥新的增量制度的成功示范效应，倒逼、引领既有国际制度进行改革。
④ 布鲁金斯学会在 2014 年 5 月发布的《克里米亚危机对于美国东亚政策的影响》中提到，布鲁斯·琼斯（Bruce Jones）在其著作《还得我们来领导》中对所谓的"美国衰落论"予以反驳，认为美国至少仍然有手段确保衰落不会发生。其他国家比如中国的崛起，并不意味着美国的衰落。当今的美国仍然有 6000 亿的军费预算，更重要的是，美国的盟友总共也能拿出另外 4000 亿到 5000 亿的预算，这就占去了全球总量的三分之二。他还没有把那些倾向于跟美国合作而不是对抗的中立国家比如印度算进来。所以近 20 年内美国的权力地位无疑是相当稳固的。

"关系性"基础上重塑霸权国对崛起国的威胁认知,进而再造崛起国与霸权国的身份认知,最终避免在崛起进程中过早地同霸权国陷入自证强化的敌意螺旋之中。

第十章 无心为恶 虽恶不罚：地缘战略心理学在规避霸权遏制中的运用

本章研究的逻辑脉络概括为：体系文化背景容量的增加决定了单元间互动逻辑的转变，单元互动逻辑的转变导致身份认知的演变，身份角色的演变引发利益认知的转变，利益认知的转变引发行为模式的变革，进而影响到大国崛起战略路径与手段之选择。随着洛克体系文化及其主导规范在主体间不断地深入内化，国际政治中单元间的互动逻辑也发生了根本性变化。本章研究的核心在于探讨体系文化进化前提下[1]，崛起国与霸权国之间是否必然会陷入现实主义理论[2]或奥根斯基与库格勒"权力转移理论"[3]所说的"修昔底德陷阱"？如果不是，那么历史上哪些国家的崛起成功地避免了与霸权国之间陷入安全困境的敌意漩涡之中？这些成功的崛起国在崛起进程中存在哪些战略共性？这些战略共性随着体系文化与规范的进化能否对当今研究大国崛起战略提供某些启示？

---

[1] Alex Mesoudi, *Cultural Evolution: How Darwinian Theory can Explain Human Culture and Synthesize the Social Sciences*, Chicago: University of Chicago Press, 2011, pp. 32 – 59; Marion Blute, *Darwinian Sociocultural Evolution: Solutions to Dilemmas in Cultural and Social Theory*, Cambridge: Cambridge University Press, 2010, p. 3; Stephen Shennan, *Genes, Memes and Human History: Darwinian Archaeology and Cultural Evolution*, London: Thames & Hudson Ltd, 2002, pp. 74 – 103; 唐世平：《国际政治的社会进化：从米尔斯海默到杰维斯》，《当代亚太》2009年第5期。

[2] 此处指以肯尼斯·华尔兹为代表的结构现实主义、以汉斯·摩根索为代表的古典现实主义和以约翰·米尔斯海默为代表的进攻性现实主义。

[3] A. F. K. Organski, *World Politics*, New York: Alfred A Knopf, Inc. 1968; A. F. K. Organski and Jacek Kugler, *The War Ledger*, Chicago: University of Chicago Press, 1980.

一　主权零死亡时代国际政治互动的新逻辑

古典现实主义理论中一个最根本的隐含逻辑是在体系无政府状态下，国家间的互动遵循着弱肉强食的"丛林法则"和优胜劣汰的"社会达尔文主义"。这种"生存还是毁灭"的二元选项之间推导出的"敌意假定"可能适用于大争时代东方的春秋战国或西方伯罗奔尼撒战争时期的国际体系。但是，随着主权与人权观念不断地深入内化，民族自决原则与战争非法原则等新的国际规范的出现，使国家间依靠暴力攫取利益的逻辑与手段愈发难以被国际体系主导规范所容忍。国际社会主导的互动逻辑也从霍布斯体系文化时代的生存博弈逐渐转换成洛克体系文化时代的利益博弈。例如，如果尼加拉瓜总统每天早上醒来就有"最坏假定"，即担心美国因其国家弱小而将其灭掉，并推演出一种想象的现实，这就是一种脱离现实的现实主义。

"冷战"后，国际社会一个重要的共识就是我们已经进入了一个主权国家的零死亡时代。正如秦亚青认为："在'冷战'后的洛克体系成熟发达时期，国家的最高利益已不是生存利益。与现实主义者坚信的'最坏假定'恰恰相反，国家的最低需求才是生存。"[①] 如果安全与生存不再是每个国家最为紧迫的国家利益，那么，在主权国家死亡率极低的"冷战"后时代，国际社会中单元的互动逻辑及其影响下的互动模式就愈发可能表现为"文化选择"模式取代"自然选择"模式，"市场分配"模式取代"权威分配"模式，"位形性战争"模式取代"构成性战争"模式。

（一）"文化选择"模式取代"自然选择"模式

亚历山大·温特（Alexander Wendt）认为，在自然界只有一种互动模式，即自然选择模式。而在人类社会中存在着两种选择模式，即自然选择与社会选择。[②] 前者在威斯特伐利亚体系诞生以前构成人类交往的主导模式，后者在近代国际关系体系建立以后的近400年里逐渐取代前者并在"冷战"后成为国际社会交往的主导逻辑。"自然选择"模式与"社会选

[①] 秦亚青：《国际关系理论：反思与重构》，北京大学出版社2012年版，第74页。
[②] [美] 亚历山大·温特：《国际政治的社会理论》，秦亚青译，上海人民出版社2008年版，第313—314页。

择"模式本质上是物质主义与观念主义两对截然不同的本体论支配下有关世界变动模式的争论。这种争论的终极关怀仍然是物质力量与文化力量在人类社会互动中作用的优先性探讨。① 在关于国际体系主导互动模式上也形成了现实主义与自由主义两种模式。

"自然选择"模式强调优胜劣汰的"社会达尔文主义"与权力斗争范式。认为国际体系演化本质就是优质群体逐渐强大,弱势群体逐步消亡的斗争进程。这种理论在人类社会形成早期的生产力不发达且交往力度微弱阶段确实有着广大的信众和市场。近现代国际社会的主导文化并非建立在"空中楼阁"之上,而是逐步脱胎于旧的体系文化范式之中。因此,早期的国际关系理论往往也继承了斗争主义范式和社会达尔文主义的权力竞争逻辑。英国学者白哲特(Bagehot)最早将达尔文主义理念引入对国际关系的评论之中。白哲特认为:"征服是上帝给予强者的天赋。有些民族的传统造就了这些民族的特征,使其注定主宰其他民族的命运。赢得战争是证明一个民族优越性最重要的手段,也是每个民族希望在战争中获得的特征。"② 自然选择逻辑也体现在美国社会学家兰格(Langer)在其《帝国主义外交》一书中所提到的,他对当时欧洲主导下国际关系模式总结为"国际关系的基本问题是谁来消灭弱者"③。

"文化选择"模式在"一战"后从一种美国独有的自由主义观念逐步演变为国际社会的主导观念。与"自然选择"模式强调"弱肉强食,适者生存"的"社会达尔文主义"不同,"社会选择"模式强调"用进废退"的"社会拉马克主义"进化模式。④ "一战"后,美国威尔逊的"十四点原则"

---

① Campbell Donald, "On the Conflicts Between Biological and Social Evolution and Between Psychology and Moral Tradition", *American Psychologist*, Vol. 30, No. 12, 1975, pp. 1103 – 1126; Robert Boyd and Peter J. Richerson, *Culture and the Evolutionary Process*, Chicago: University of Chicago Press, 1988; David Sloan Wilson and Sober, "Reintroducing Group Selection to the Human Behavioral Sciences", *Behavioral and Brain Sciences*, Vol. 17, No. 4, 1994, pp. 585 – 607.

② Walter Bagehot, *Physics and Politics, Or, Thoughts on the Application of the Principles of "Natural Selection" and "Inheritance" to Political Society*, Chicago: Ivan R. Dee, 1999, p. 215.

③ William L. Langer, *The Diplomacy of Imperialism: 1890 – 1902*, New York: Knopf, 1951, p. 797.

④ 拉马克主义(Lamarckism)是生物进化学说之一,为法国博物学家拉马克所创立。它认为生物在新环境的直接影响下,习性会发生改变,某些经常使用的器官发达增大,不经常使用的器官则逐渐退化(用进废退),并认为这样获得的后天性状可传给后代,使生物逐渐演变,且认为适应是生物进化的主要过程。

反对殖民压迫,宣扬民族自决精神。"民族自决"从理论上根本否定了"社会达尔文主义"关于民族国家间强权政治的合法性与正当性逻辑。[①] "民族自决"原则对后来国际政治的最大影响在于,它将"主权原则"的适用范围从传统欧洲社会之间扩展到了全球化的国际社会。不仅传统欧洲国际社会的成员享有主权原则,欧洲以外地区的国家也因"天赋人权"而平等地享有主权独立。"社会选择"模式本质上是一种"文化选择",它通过建构共同的身份标准而确立国家间的权利与义务。处于同一国际社会中的成员由于共享最基本的、体系层面的道德原则与利益共识而成为相互承认主权的国际行为体。

虽然"自然选择"可以很好地解释两千多年前发生在欧洲地区的特洛伊战争、伯罗奔尼撒战争,或可以很好地解释发生在亚洲的秦灭六国。但是,这一模式在解释当今国际关系互动时却面临着巨大的困境——民族主义与主权独立原则下主权国家零死亡现象。蒂莫西·麦基翁(Timothy McKewn)认为,"自然选择"是通过国家的生命再造实现的,只有国家面临主权生存问题,自然选择模式才会起作用,[②] 这显然不是现代国家所面临的情况。因为在当今国际社会,即便是效率极低的"失败国家"也享有平等的生存权利。约翰·迈耶(John Meyer)及其团队的研究成果支持了上述观点。他们研究了20世纪后期没有与"再造"成功联系在一起的物质因素发挥影响的情况,认为"主权国家在身份上更倾向于社会性转化"[③]。

杰克森(Jackson)在《为什么非洲的失败政权仍得以存活》一文中指出:"现代主权国家低死亡率的根本原因并不在于每个国家都形成了势均力

---

① 有一种说法认为,中国1919年爆发"五四运动"的思想根源就是"民族自决"观念传入东方。在"民族自决"观念传入之前,中国人民对自身命运的认知仍停留在《天演论》所阐释的"社会达尔文主义"有关民族弱肉强食的规律之中,并认为摆脱被压迫的命运只能采用"师夷长技"的路径。而"民族自决"原则所倡导的自主决定命运的观念传入后,中国人民才对自身被赋予的权利有了另一种层面的认知。

② Timothy McKewn, "The Limitations of 'Structural' Theories of Commercial Policy", *International Organization*, Vol. 41, No. 1 (Winter 1986), p. 53.

③ Timothy McKewn, "The Limitations of 'Structural' Theories of Commercial Policy", *International Organization*, Vol. 41, No. 1 (Winter 1986), p. 53; John W. Meyer, "The World Polity and the Authority of the Nation-state", *Studies of the Modern World-System*, 1980, pp. 109 – 137; John Boli and George M. Thomas, "World Culture in the World Polity: A Century of International Non-governmental Organization", *American Sociological Review*, May, 1997, pp. 171 – 190; John W. Meyer, John Boli, George M. Thomas and Francisco O. Ramirez, "World Society and the Nation-state", *American Journal of Sociology*, Vol. 13, No. 1, 1997, pp. 144 – 181.

敌的权力结构,并能够通过'自助'的手段确保国家的生存,而是一种基于'社会选择'的对法理主权的相互承认。"① 国家间相互承认彼此的生命、自由、财产与反抗压迫的天然权利,就从根本上否定了侵略行为的正当性根源与合法性基础。在这一问题上,事实判断与价值判断虽然不可互证,但是却存在着相互螺旋强化的"建构关系"。有理由相信,国际社会交往模式正在经历着"自然选择"模式的式微与"社会选择"模式渐隆的基本趋势。这是彼此既存在竞争关系,同时又相互承认生存权利的洛克体系文化的一个基本特征。

(二)"市场分配"模式取代"权威分配"模式

"市场分配"与"权威分配"这一对概念是由斯蒂芬·克拉斯纳(Stephen Krasner)提出的。克拉斯纳认为:"'权威分配'模式是权力政治话语符号系统内的主导逻辑,依靠政治权威来对社会资源与价值进行分配;'市场分配'模式是市场经济语言符号系统内的主导逻辑,主要指在价值规律作用下,依靠个体能力和偏好来对社会资源与价值进行分配。"②

上述两种不同的社会交往逻辑在国际关系理论构建上则表现为现实主义与自由主义对世界政治交往逻辑的基本判断。"权威分配"模式倾向于通过权力界定利益,并将国家物质实力等同于国际政治中的货币,主要代表是古典现实主义和进攻性现实主义。在"权威分配"模式中,国际体系内国家的利益由主导性大国进行协调分配,其本质是一种"机会垄断"。"市场分配"模式倾向于通过自由竞争来获取国家利益,并基于人的自然权利平等推出国家关系的自由平等,主要代表是新自由主义,其本质是一种"机会开放"。"市场分配"逻辑最大的特点就是将"国家—体系"的关系等同或比拟于"公司—市场"的关系。在"市场分配"模式中,国际体系内国家的利益基于"机会公平"的原则,由主权国家依靠市场原则进行自由竞争。

"权威分配"的金字塔模型与"市场分配"的雅典神庙模型是国际社会的两种主要交往结构与互动模式。这两种分配模式并非泾渭分明,它类

---

① Robert H. Jackson and Carl G. Rosberg, "Why Africa's Weak States Persist: The Empirical and The Juridical in Statehood", *World Politics*, Vol. 35, No. 1, 1982, pp. 1 – 24.

② [美]斯蒂芬·D. 克莱斯勒:《结构冲突:第三世界对抗全球自由主义》,李小华译,浙江人民出版社2001年版,第6页。

似于"特修斯之船"的思维命题,难以在时间上作出绝对的区分。在洛克体系文化形成初期的国际社会仍然保留了大量的基于霍布斯文化推演出的权威分配逻辑。但是,随着天赋人权、民族主义与民族自决理念的深入内化,倡导等级制的"权威分配"的合法性与正当性遭到不断的冲击与解构,这源于其根本上违背了人人自由平等的自然法原则。倡导平等的"市场分配"模式由于承认"机会公平"而更加符合自然法的基本理念。

"权威分配"模式信奉权力政治思维,其本质是一种强权逻辑;"市场分配"模式信奉机会公平与自由竞争原则,其本质是一种市场逻辑。"冷战"后,国际关系民主化发展趋势得到了进一步加强。许多在"冷战"时期受苏联控制或支持下的独裁政权纷纷瓦解,并逐渐转变为民主国家。由于民主国家间在政治上平等,因此,它们更倾向于用平等协商的方式来解决彼此间的分歧。因此,"权威分配"模式在"冷战"后时代的国际社会逐步失去了以往的市场与信众。希望依靠强权暴力逻辑作为攫取国家利益的方式,往往遭到国际社会所有成员的联合抵抗与集体制裁,如萨达姆·侯赛因(Saddam Hussein)统治下的伊拉克。"市场分配"模式所强调的依靠个体努力和能力来获取国家利益的方式,往往会赢得国际社会成员的尊重与效仿,如中国的改革开放。随着洛克体系文化中主权国家身份平等观念的进一步强化,未来的国际社会将表现得更加民主化与多元化。而国际关系的民主化又会降低等级制的"权威分配"模式的影响,并提升平面化的"市场分配"模式的作用。

(三)"位形性战争"模式取代"构成性战争"模式

"位形性战争"(Configurative Wars)与"构成性战争"(Constitutive Wars)这一对概念是由约翰·拉格(John Ruggie)总结并提出的。拉格认为:"相比而言,'位形性战争'并不剥夺主权国家的生存权,而仅仅是通过战争来改变战略地位与体系格局;'构成性战争'不承认主权——作为群体最高的财产权——不可侵犯或不可毁灭,其目标在于通过战争手段改变单位的类型与生存状况。"[1] 由于这两种战争模式存在着基于目的、手

---

[1] John Gerard Ruggie, "Territoriality and Beyond: Problematizing Modernity in International Relations", *International Organization*, Vol. 47, No. 1, 1993, pp. 139–174; John Gerard Ruggie, et al., *Multilateralism Matters: The Theory and Praxis of an Institutional Form*, Columbia: Columbia University Press, 1993.

段、动力与结果的明显差异,因此,对洛克体系文化下国际战争模式的研究需要将二者作为不同的因变量加以区分,以便进一步确定国际冲突的烈度究竟是"打到死的冲突"还是"打到服的冲突"。

"位形性战争"与"构成性战争"的区别并不在于证明国际战争不剥夺许多人的生命,而在于国际战争不剥夺主权国家的生命。随着国际体系逐渐从霍布斯文化结构向洛克文化结构演化发展,近代国际战争中"位形性战争"相对于"构成性战争"的比例逐渐增大。卡里维·霍尔斯蒂(Kalevi Holsti)给出的一份研究数据表明,"从1648年《威斯特伐利亚条约》至1713年《乌德勒支条约》之间共爆发了22场大国参与的战争,其中仅有23%决定了国家或王朝的主权生存。1715年到1814年,战争决定国家或王朝主权存续的比例降至17%"[1]。拿破仑战争后,维也纳体系的百年和平时间里,国际社会主权国家在战争中的消亡率进一步降低为9%。[2] "二战"后,不仅没有主权国家被武力灭亡的案例,反而随着亚非拉民族主义的发展而出现了主权国家爆炸式诞生的现象。"冷战"后,体系文化的变迁和主权原则的确立使得国际社会中的主权行为体被灭亡的数量急剧降低,甚至出现了主权国家零死亡的现象(参见表10-1)。

表10-1　　近现代国际体系中主权国家在战争中的消亡率

1648—1713年	1715—1814年	1814—1914年	1945—今
23%	17%	9%	0

表10-1作者根据相关资料自制:参见 Kalevi J. Holsti, *Peace and War: Armed Conflicts and International Order*, 1648-1989, Cambridge: Cambridge University Press, 1991, pp. 46-63, 83-102; David A. Smith, Dorothy J. Solinger, Steven C. Topik, *States and Sovereignty in the Global Economy*, New York: Routledge, 1999, p. 12; David Strang, "Anomaly and Commonplace in European Political Expansion: Realist and Institutional Accounts", *International Organization*, Vol. 45, No. 02, 1991, pp. 143-162.

---

[1] Kalevi J. Holsti, *Peace and War: Armed Conflicts and International Order*, 1648-1989, Cambridge: Cambridge University Press, 1991, pp. 46-63.

[2] David A. Smith and Steven C. Topik, *States and Sovereignty in the Global Economy*, New York: Routledge Press, 1999, p. 12.

第十章　无心为恶　虽恶不罚：地缘战略心理学在规避霸权遏制中的运用　　237

"位形性战争"与"构成性战争"的另一大主要区别在于身份类属与战争模式的相关性。荷兰文化史学家赫伊津哈（Huizinga）的研究显示，爆发于某个身份相同的群体之内的战争，会遵循特定的历史规则与有限目标，并呈现出博弈形态；而发生在身份差异的群体之间的战争，则没有规则可循，也缺乏有限或明确的目标。"通常，此类非限定性战争是针对某一社会之外的民族或政治单位。"① 赫伊津哈（Huizinga）认为，如果对那些实际上并未被视为人类或至少未享有人权的群体开战，那么无论其是否被称为"恶魔""蛮族""异教徒"或"异端者"，战争都将表现得更加缺乏道德约束。② 道德的地理边界为共享同一道德标准的人类社会。戴维·斯特朗（David Strang）的研究成果进一步说明，"自1648年以来，被欧洲国际社会承认的主权国家与那些不被欧洲国际社会认可的国家相比，其主权的存活率要高得多"③。

"冷战"后，不仅影响体系权力结构的大国间"位形性战争"变得愈发鲜见，甚至没有出现一场真正意义上的"构成性战争"。在美国为全球提供安全公共产品的单极霸权体系下，伊拉克曾尝试着通过"构成性战争"去否决科威特的生存权，却遭到了国际社会的一致杯葛与联合打击。因此，在洛克体系文化发达阶段与主权规范深入内化的"冷战"后时代，国际社会在冲突层面具有两大特点：第一，体系进入大国无战争时代；第二，"位形性战争"模式全面取代"构成性战争"模式，成为主权国家零死亡现象背后的根本原因。随着体系文化逐渐由霍布斯主义向洛克主义的进一步演化，国际社会中"迦太基式的和平"也将逐渐被"维也纳式的和平"取代。

在洛克体系文化影响下，"冷战"后的国际社会互动模式也发生了显著变化并具有三个新特点：第一，"文化选择"模式取代"自然选择"模式；第二，"市场分配"模式取代"权威分配"模式；第三，"位形性战争"模式取代"构成性战争"模式。随着"冷战"后国际社会"大国无战争"时代特征与"主权国家零死亡"现象趋势的愈发明显，有理由相

---

① Gombrich E. H. Huizinga, *Homo Ludens*, Berlin: Springer Netherlands, 1973, pp. 133 - 154.
② Gombrich E. H. Huizinga, *Homo Ludens*, Berlin: Springer Netherlands, 1973, pp. 133 - 154.
③ David Strang, "Anomaly and Commonplace in European Political Expansion: Realist and Institutional Accounts", *International Organization*, Vol. 45, No. 02, 1991, pp. 143 - 162.

信，随着洛克体系文化的进化和在体系成员间的内化，"冷战"后的国际社会将表现得更加温和与趋向合作。如果说当今时代的特征是"和平与发展"，那么其背后的决定性因素便是相互尊重主权与独立的洛克体系文化及其对系统成员观念施加的影响。

洛克体系文化在生存机遇和安全压力上与霍布斯体系文化有着根本性差异，因此，对国际关系互动理论核心假定的修正就存在着基于现实与逻辑双重需求的必要性与可能性。进而对于"冷战"后成熟发达阶段的洛克体系文化下大国崛起战略路径选择之问题，也应该修正霍布斯体系文化及其衍生出的强权政治逻辑的部分预设假定，以便更清晰地认识到体系文化结构变迁与规范重塑背景下大国崛起之时代新特征。基于上文，为构建崛起理论提出如下核心假定与辅助假定。

核心假定：在洛克体系文化发展的发达阶段，即"冷战"后时代，由于主权国家相互承认合法平等的生存权利，因此，在一个"大国无战争"与"主权国家零死亡"的现代国际体系内，安全与生存因素并不构成各主权单元最紧迫的国家利益；

辅助假定1：由于生存与安全因素紧迫性的降低，军事权力要素单独影响国际关系的权重逐步降低，而生产、金融、信息与文化软权力等结构性权力分配在影响国际关系的权重上作用凸显；

辅助假定2：在洛克文化的成熟发达阶段，大国崛起的目标是提升其对国际社会的影响力，并在此基础上获取国家利益与实现国家在角色上的和平转换；

辅助假定3：霸权国及其联盟体系防范的是带有威胁的权力增长，而非权力增长的事实本身。在实力与意图之间，霸权国及其联盟体系防范的是崛起国所持有的打破现有秩序和国际机制的潜在意图与动机，而非通过合法途径实现的国力快速增长。

体系文化结构变迁作为考察国际关系演变的背景与前提，在本书的后面部分将不再继续围绕"冷战"后的洛克体系文化下"大国无战争时代""主权国家零死亡现象""军事手段单独发挥影响力的式微"和"构建安全互信成本降低"等命题的真伪进行讨论。而是将其作为一种思考问题的起点，着重探讨本章要解决的核心问题：在洛克体系文化成熟发达的时代背景下，为大国崛起摆脱权力政治中关于无政府状态下国家奉行"最坏假定"的逻辑束缚和避免陷入与霸权国及其联盟之间自我实现的安全困境提供新的战略路径选择方案。

二 体系规范变迁与崛起国主导战略目标演变

查尔斯·格拉泽（Charles Glaser）认为，"大战略的制定要求国家必须首先拥有与其所处的国际环境相适应的信念，没有这些相切合的信念国家就很难在战略目标与手段之间进行最佳选择。因此，国家必须充分收集、评价与认识一切能够告知其所处环境的信息，尤其是体系环境出现的新趋势"[①]。体系主导规范决定了行为体的互动逻辑、价值偏好与利益认知。体系内核心成员角色认知的变化能够在共有规范层面改变国际体系原有的文化特征与运行逻辑。通过上述分析可知，"冷战"后时代崛起国的主导战略目标日益从基于对生存与安全担忧演变为对本国经济福利的关注；基于对体系利益分配格局的重视而对本国影响力与话语权的关注；基于对认同归属的重视而对本国身份与角色的关注。

（一）体系结构性与崛起国主导利益目标的转变

本章所探讨的结构是指体系的文化结构而非权力结构。不同的权力结构对主权国家的行为取向可能产生一定的影响，但值得注意的是，在同一体系文化结构制约的背景下，不管是两极结构，还是平衡的多极结构，抑或是不平衡的多极结构，都会受到体系文化结构这一更大的背景因素的制约与影响。权力结构本身并不具有社会意义，体系成员间互动背景文化赋予了权力结构中的互动单元以"敌意""竞争""合作"或"互惠"等意图与主体间意义的理解。

秦亚青认为，"在当今国际社会，国家的最高利益不再是生存利益。与现实主义者坚信的最坏假定恰恰相反，国家的最低需求才是生存"[②]。因

[①] Charles Glaser, *Rational Theory of International Politics: The Logic of Competition and Cooperation*, Princeton: Princeton University Press, 2010, pp. 1 – 3; Elster John, *Solomonic Judgements: Studies in the Limitation of Rationality*, Cambridge: Cambridge University Press, 1989, pp. 3 – 7.

[②] 秦亚青：《国际关系理论：反思与重构》，北京大学出版社2012年版，第74页。

此，不同于过去，生存与安全利益已经不再构成大多数国家最为紧迫的需求。具体来讲，体系的文化结构与单元的利益认知可简单概括为，霍布斯文化结构及其影响下单纯的安全生存博弈和洛克文化结构及其影响下的多元需求博弈。

由于霍布斯体系文化鼓励战争与杀戮，并将其与安全利益获取的能力和精神荣誉联系在一起，因此，霍布斯体系文化背景下的国家主导利益在很大程度上表现为国家对生存与安全的关注。生存作为政治单元存在的前提，其本身赋予权力意义，并赋予利益内容。在一个博弈各方均以生存为代价进行互动的权力场中，主权国家不论是通过"安全自助"的手段发展军事力量，还是通过权力联姻的手段构筑联盟，其基本逻辑都是在"最坏假定"的基础上进行的理性选择。因此，霍布斯体系文化下主权国家最重要和最紧迫的国家利益就是为了生存而攫取权力、护持权力和彰显权力。

"冷战"后的世界是一个主权国家零死亡的国际社会。在洛克体系文化结构影响下，对经济利益的关注已经成为该阶段主权国家思考问题的主导逻辑和主要目标。当今国际热点问题不论是海洋权益争端，还是气候问题谈判；不论是南南合作，还是南北对话；不论是美国的全球反恐，还是各国在索马里联合打击海盗，各国积极参与博弈表象下的首要目标与根本动因都是扩大或护持本国在全球的影响力。当今国际社会，除朝鲜半岛或中东地区这样极少数亚体系文化圈内的国家间仍然面临着生存压力与安全利益的紧迫性之外，深受体系文化影响的国际社会中的绝大多数成员都已经不再需要担心是否会遭到别国的无端侵略或吞并。军事手段对国际关系影响效用的降低使大国很难像从前一样凭借武力威胁对小国施加曾经的影响与控制。军事手段成本与风险的增加使大国之间爆发战争的风险降低。多元需求博弈在紧迫性与现实性上也日益取代生存安全博弈，成为当今国际社会成员普遍关注的核心标的物。

（二）体系进程性与崛起国主导权力目标的转变

世界是变化过程的集合体。结构现实主义的缺陷源于它是一种基于局部均衡研究方式而抽象出的静态体系理论。但是"静态的结构理论就像是电影院中快速播放的每秒24帧动态画面瞬时定格中的一幅图画。无数张静止的画面构成了动态的体系进程，但任何其中一张都不是真实历史完整进程的本身,更不能完全反映出历史事实整体文本的含义"①。主权零死亡时代的国际社会注定是一个有着两百多个单元长期互动的"熟人社会"。一般来讲,结构现实主义经常用"囚徒困境"中争取占优策略来试图证明国家间面临着基于"集体行动逻辑"困境而引发的"最坏假定",这本质上是一种基于"经济人"假定的优势博弈策略。但是,如果引入"社会人"假定对这一问题进行探讨可以发现,选择"欺诈策略"和"最坏假定"便可能不是一个理性国家所能采纳的最优策略。毕竟在一个主权国家零死亡的"熟人社会"中,如果一个国家在某一事件上奉行欺诈策略而获得短期收益,那么未来它再同被欺诈的国家或者其他国家交往就会因信用低而面临更高的交往成本。对国际问题进程性的思考要求我们用动态的视野去研究国家间关系变化的逻辑及其行为模式。

当今体系的进程性从根本上改变了体系内单元间的互动逻辑与互动预期。不同于"单次博弈"模型鼓励的欺诈与进攻,一个带有进程性的国际体系使得每个国家在决策时都需要将短期收益同长期收益进行比较,这使得国际社会中倾向于采用暴力手段攫取利益的国家因可能面临体系的整体制裁与压力的预期转而采用更加和平的手段。同时,这种在"主权国家零死亡"背景下的长期互动进程使得国际问题的解决如果不能获得各方的一致认同,就会变成一种"马拉松式"的长期战略负担。当一种信念被两个地缘政治大国以代际历史使命的方式无限传承下去的时候,这种长期消耗的战略负担客观上要求国家间寻找到实现彼此妥协的最大公约数。黄凤志认为,"在农业社会和工业社会阶段,传统意义上的霸权所依赖的支撑来自于暴力和财富……而随着信息革命与知识经济的深入发展,国家的影响力更多地源于知识的进步,而不是完全依赖资源和资本数量及规模的扩大,更不是依靠赤裸裸的暴力掠夺"②。由于体系文化是不断进化的,体系内国家的主导目标与利益诉求也是随之不断演变的。体系的进程性使得国家很难像从前一样单纯地依靠暴力手段施加国际影响,而是需要通过更加柔和的手段去实现其国际诉求。同时,体系的进程性也使得崛起国主导战略目标逐渐从权力政治时代的"军事力量"到现代的"经济力量"和

---

① Richard Ned Lebow, *A Cultural Theory of International Relations*, Cambridge: Cambridge University Press, 2008, pp. 55–57.
② 黄凤志:《知识霸权与美国的世界新秩序》,《当代亚太》2003年第8期。

"综合国力"的整体追求。

(三) 体系关系性与崛起国主导角色目标的转变

国际体系是一个蕴含"关系性"与国家间亲疏远近的有机联合体。阿什利(Ashley)认为,"国际关系中大国崛起的目标不是单纯的物质实力的迅速赶超——这其实应该是一种水到渠成,实至名归的自然结果——其本质上是一种社会性关系与身份的再造"[①]。人们经常用"囚徒困境"中国家选择占优策略来比拟权力结构性奖惩条件对单元互动的影响,并试图证明国家间面临着基于"集体行动逻辑"困境而引发的"最坏风险"。但是如果"囚徒困境"中被关在两个审讯室的嫌疑人是"父子关系",那么他们是否仍然会基于占优原则而选择"出卖策略"?关系性变量的引入就可能将传统的"囚徒困境"博弈导入到另一个层次的思考之中。结构现实主义只关注机械的权力构造,却忽视了连接权力结构的"关系性"问题。因此,将体系文化及其衍生的"关系性"引入大国崛起的探讨中,考虑在不同的体系文化背景下崛起国与霸权联盟体系的关系亲疏远近与身份异同,这种将国际关系作为有机体的考虑,往往比机械地评判权力位差更能反映国际关系演进的历史本质。

角色身份的判定对行为体的主观利益认知发挥前提和决定作用。"你是谁决定了你能够得到什么",这是身份决定论的一个核心观点。因此,只有首先理解存在于国家间的角色划分,才能更好地认识不同国家的利益演变与行为发展。同时,依据不同的身份判定,行为体才能确认彼此间互动模式与自身利益选择。敌人之间安全利益最为紧迫;对手之间经济利益最为重要;朋友之间身份认同使得国家间的安全和经济利益界限变得更加模糊与分散,并逐渐从国际社会中的国家间利益向全球公民社会中的个体间利益和文化软权力层面演化。从个体的社会实践到国家群体的社会实践,身份与角色对于主观利益判断发挥着重要影响,进而影响到主权国家对其主导战略目标与主导利益诉求的认知判定。

身份角色问题对于崛起国来讲可以简单地被理解为在同霸权国的互动中,崛起国究竟想选择成为霸权国的"挑战者",还是霸权国的"依

---

① [美]理查德·阿什利:《新现实主义的贫困》,载秦亚青主编《西方国际关系理论经典导读》,北京大学出版社2009年版,第307页。

附者"，抑或成为霸权国的"联盟者"。在"主权国家的零死亡时代"，崛起国与霸权国之间的游戏并非只是你死我活的零和道路，而是可以通过合作实现绝对收益的共赢。在洛克体系文化行至成熟发达的今天，崛起国事实上面临着两种战略路径与利益目标选择：一是基于历史传统的"驱动"而成为新的军事霸权国，并依靠超强的军事力量来重塑全球秩序与获得体系影响力；二是基于未来逻辑的"引导"而增加本国在多元安全共同体中的影响力和身份认同，并通过融入主导群体的方式实现国家利益。由于大国崛起所面临的体系文化环境发生了深刻变化，因此，其发挥影响力的手段、对国家利益的理解及需求也随之产生了变化，这种在体系文化变迁背景下单元层面观念的变迁，最终将逐渐传导至崛起国对于崛起路径与战略方式选择上——从"变位性崛起战略"到"联系性崛起战略"。

三 主导目标演变背景下崛起战略之路径重构

主导战略目标的演变催生战略路径的改变，并最终影响大国崛起的进程与成败。在"冷战"后洛克体系文化成熟发达阶段，崛起国不仅面临着历史经验的"驱动"，也面临着创造和平未来思想的"引导"。"历史的真实"与"逻辑的真实"在继承与变革中交汇分离，构成了研究大国崛起战略路径变迁的思想基础。忘却历史必将重蹈覆辙，但被历史束缚将永远无法进步。下文探讨如果崛起的目标并不是一定要成为新的军事霸权国，而是增加本国在多元安全共同体中的综合影响力和获取体系主导集团的身份认同，并借以更好地维护国家利益。那么如何在观念上超越现实主义权力政治基础的分析范式，去实现崛起国观念、身份、角色与认同的转变，从而超越权力的"结构性"，并在"关系性"再造的基础上实现国家的"非军事崛起战略"？本章认为，对于崛起国实现这一战略目标，选择"联系性崛起战略"比选择"变位性崛起战略"不仅风险成本要低，同时，也会因崛起国行为上的自我约束，重塑崛起国在互动体系中的身份与角色。

（一）从安全自助战略到安全搭车与推责战略

霸权联盟体系与集体安全原则使崛起国采用的安全自助战略或面临着

更大的时代困境与敌意螺旋。同时,"集体安全"这一公共产品的非排他性使安全搭车与推责战略对于崛起国来讲又有了更大的操作空间与可行性。"推卸责任战略"与"安全搭车战略"对于崛起国来讲是一组相互联系、相互促进的配套战略。这源于单方面的示好与善意的表达并不总能够立刻消除疑虑并换来对方的友善回应。作为推责战略的前提条件,自我约束的搭车战略因安全威胁意愿和能力的降低,往往能够减少霸权国的防范心理。但是,如果缺乏一个责任承担者,那么霸权国仍然可能因惧怕潜在的对手而对自我约束的崛起国采取遏制政策。如果崛起国采取军备上的自我约束,但是霸权国却仍然将崛起国视为潜在的威胁,那么崛起国仍然可能会被卷入到由霸权国发起的敌意螺旋之中。单向的自我约束战略如果在短时间内不能得到同样友好的对等反馈就难以长期坚持,并以报复性反弹的方式向相反方向加速演化。因此,崛起国在实行自我约束的"安全搭车战略"前提下,还需要配合"安全推责战略"作为规避霸权国防范遏制的配套战略。寻找一个在安全层面的"责任承担者"对于崛起国缓解压力与规避霸权国遏制有着重要的作用。

崛起国实现"安全搭车战略"需要辅之以"安全推责战略"来规避霸权国对其潜在威胁能力的担心与防范。这不仅需要崛起国在意图上表明自己没有争霸野心并单方面维持较低的军备增长率。同时,崛起国还需要帮助霸权国认识到谁才是其霸主地位与体系现有安全机制在未来最大的挑战者。"冷战"结束初期,美日同盟关系的有效性与必要性曾一度遭到包括两国在内的质疑,但是,作为"中国威胁论"的始作俑者,日本成功地将中国推到了美国东亚霸权护持的"责任承担者"角色。使得中国成为"冷战"后美国霸权护持与战略防范的新对象。推责者的战略目标是避免与霸权者发生冲突的前提下,努力让其他国家扮演霸权国"挑战者"角色,并在此过程中实现"韬光养晦"的快速发展。这也能在一定程度上解释为什么"二战"前夕法国与苏联之间没有建立起同盟关系,反而表现出低调的敌意,因为法俄双方都想在欧洲霸权者希特勒面前把对方塑造成德国真正的敌人角色。

采用"推责战略"能够帮助崛起国更好地实现"安全搭车战略"。尤其在"冷战"后的"大国无战争时代"①，崛起国奉行"推责战略"不仅能够缓解自身长期"周线防卫"所面对的崛起压力，同时也有机会在"要点突破"的基础上成为霸权国争取的联合对象。因此，在安全利益紧迫性明显降低、武力威胁对国际关系影响效力明显式微和主权国家的零死亡时代，大国崛起的背景文化变量导致了国家对主导利益理解的变迁，进而导致了国家战略目标与手段的调整。因此，依靠传统的"安全自助战略"在成本、压力、风险与可操作性上要远逊于采用"安全搭车与推责战略"的路径选择。

（二）从变位性崛起战略到联系性崛起战略

"变位性崛起战略"是指由于国家不认同国际社会现有的机制、分配原则与身份给定，希望通过改变现有的国际规则、规范、原则和制度本身来重塑利益与身份格局；"联系性崛起战略"是指由于国家认同国际社会现有的机制、分配原则与身份给定的前提下，希望通过自身能力的提升来追求国家在体系中的合法利益和身份认同。"变位性崛起战略"将国家的利益诉求同体系内核心成员集团相互对立，是一种零和博弈的战略思维；"联系性崛起战略"将国家的利益诉求同体系内核心成员集团利益相互联系，是一种正和博弈的战略思维。

"变位性崛起战略"与"联系性崛起战略"最明显的区别在于对在待国际法与行为合法性的态度上。奉行"变位性崛起战略"的国家倾向于否定国际社会现存的法律规范；奉行"联系性崛起战略"的国家倾向于遵守国际社会现有的准则与规范。② 斯蒂芬·克莱斯勒的研究成果显示，对于

---

① 该观点主要由清华大学杨原提出并做了充分论证。参见杨原《大国无战争时代霸权国与崛起国权力竞争的主要机制》，《当代亚太》2011年第6期；杨原：《武力胁迫还是利益交换——大国无战争时代大国提高国际影响力的核心路径》，《外交评论》2011年第4期。针对陈寒溪对当代国际关系互动形式是否发生了质变的质疑，杨原认为，"体系进化的大趋势是暴力掠夺和武力冲突越来越与时代的道德标准相背离，基于利益交换的市场原则氛围将变得越来越浓。""陈寒溪强调的物质实力决定国际行为的观点与大国无战争命题并无矛盾之处，在当代国际社会，实力仍然是影响力的基础，问题在于究竟用实力来胁迫他国成为国际社会的威胁，还是用实力去增进国际社会的稳定。对权力背后的意图考虑，比单纯的考虑权力结构更成熟。"参见陈寒溪、杨原《当代大国行为发生了本质变化?》，《外交评论》2012年第1期。

② 时殷弘：《现当代国际关系史》（从16世纪到20世纪），人民大学出版社2006年版，第287—289页。

快速崛起的国家来讲，无论是其相对于自身历史的发展，还是相对于同期的霸权国，崛起国的发展都明显受惠于当时的制度框架与霸权国提供的公共物品——尤其是安全。但是，"与大多数人的知觉相反，在崛起国提出改变现有规则、最强烈地反对现有秩序的时候，正是其利用现有机制发展的最好时期。由于崛起国不论同自身历史相比，还是与同时期的霸权国相比都堪称是现有体系制度下最大的受益者"①，因此，在"联合国集体安全"与"霸权安全互助联盟"的双重约束下，崛起国奉行和平的"联系性崛起战略"较之奉行战争边缘政策的"变位性崛起战略"更为符合时代的理性精神。

通过对1866年到1991年②国际体系中崛起国的战略选择与崛起成败的相关性研究发现，对于崛起国来讲，奉行在现有秩序下的"联系性崛起战略"和"安全搭车与推责战略"往往比奉行"变位性崛起战略"和"安全自助战略"带来更小的崛起压力与更大的远期安全回报率。甚至是奉行带有欺骗性"联系性崛起战略"的国家，都比一个仅仅在言论上奉行"变位性崛起战略"而事实上更倾向于联系性崛起的国家要面临更小的崛起压力。例如，"二战"前的纳粹德国与斯大林时期的苏联所面对的不同国际情势（参见表10-2）。国际政治心理学实验也对此问题给出过等效的证明结论，"当人们受到来自于其他人的伤害时，会首先倾向于对施加伤害者的意图——而不是伤害的结果和程度——进行判定。如果人们认为一种伤害来自于并非有意施加伤害的朋友身份时，他们的愤怒程度和报复等级就会减轻，不论他们实际受到的伤害有多么严重；而如果人们认为施加伤害者是故意为之的敌人身份，那么他们的愤怒程度和报复等级就会很

---

① [美] 斯蒂芬·D. 克莱斯勒：《结构冲突：第三世界对抗全球自由主义》，李小华译，浙江人民出版社2001年版，第6页。

② 以这段时间为样本，是因为在1866年前后，国际社会经历了许多重大的变动，其中德国在普奥战争中胜利，日本倒幕运动及美国南北战争均是在这一年前后发生的，选择1991作为结点的原因在于：大国崛起是一个体系演化进程，1991年苏联解体后，体系中唯一的崛起国是中国。但是中国崛起尚未经历一个完整的周期，所以没有纳入统计之中。此外，由于"冷战"前的洛克体系文化发展阶段主权国家面临的竞争性压力要高于"冷战"后的洛克体系文化成熟发达阶段，因此，从证明材料的优先性角度来讲，我们假定背景条件更好的情况下要比条件不足的情况下更容易成立。依据本章选取的样本能够推出和支撑后面的结论。反之，则很难。

高，而不论他们受到的实际伤害有多么微不足道。"① 这便是地缘战略心理学中的一个重要结论："无心为恶，虽恶不罚"的道理所在。从这层意义上讲，"联系性崛起战略"要求崛起国保有足够的战略定力与战略耐心，主动降低或放弃利用国际社会中对霸权国可能构成明显威胁的问题的介入意愿与潜力，少一些激进与浮躁的战略言行，并奉行审慎的权力和明智的利益，动态地看待崛起进程中的短期得失。毕竟时间与趋势的天平每分每秒都是在向着有利于崛起国一侧逐渐倾斜的。

表 10-2　　　　　　　战略手段选择与体系结构压力

言论	行为	身份压力等级	代表样本
联系性崛起战略	联系性崛起战略	最小	美国：1866—1940 年；日本：1866—1931 年；俾斯麦德国：1862—1890 年；史特瑞斯曼德国：1923—1929 年；联邦德国：1945—1991 年；日本：1945—1991 年
伪装的"联系性崛起战略"	变位性崛起战略	绥靖	纳粹德国：1933—1939 年；昭和日本：1931—1937 年
口号的"变位性崛起战略"	联系性崛起战略	遏制	苏联：1922—1991 年
变位性崛起战略	变位性崛起战略	绞杀	威廉德国：1888—1918 年；昭和日本：1937—1945 年；纳粹德国：1939—1945 年

表 10-2 由作者总结自制。

四　本章小结

假定当今时代的体系规范发生了明显的变化，如"主权国家的零死亡现象""民族自决原则与战争的非法性""军事权力要素单独发挥影响力的式微"，以及"主权原则与国际关系民主化思想的扩散"等，那么，崛起国就不必时刻担心其国家安全与生存随时可能面临来自霸权国及其联盟的蓄意入侵与吞并。反过来讲，如果其仍然用春秋战国时期尔虞我诈的想

---

① Ted Nickel, "The Attribution of Intention as A Critical Factor in the Relation Between Frustration and Aggression", *Journal of Personality*, Vol. 42, 1974, p. 489.

法去看待当今的国际社会，并且将这种思想身体力行地运用到同其他国家的互动交往之中，那么将很可能不知不觉地陷入自我实现的安全困境、被联合遏制与防范的自我建构的敌意漩涡之中。而如果霸权国防范的不是崛起国单纯的权力增长，而是崛起国蓄意用武力手段打破现状和重构现有国际秩序的战略意图，那么从崛起国角度讲，在崛起进程中——尤其是初段和中段进程中——适当地降低自身的军备发展速率往往可能增加——而不是降低——本国的安全剩余。就像"二战"后重新实现民族崛起的德国与日本一样，低军备增长率的"非军事崛起战略"① 不仅能够降低崛起国与霸权国之间陷入敌意竞争螺旋的概率，同时也能够为崛起国将更多的权力要素投放到其他影响国际关系和提升本国综合国力的重要领域之中。

纵观近代五百年来的国际关系史可以发现："霸权国及其联盟的'挑战者'统统都失败了。而霸权的合作者与联盟者则成为新的霸权者或潜在的霸权者。"② 近代国关史上绝大多数崛起国的成功在于崛起初段遵循了"安全搭车与推责战略"并与霸权国建立了良性的互动关系；同时奉行审慎的权力与明智的利益，谨慎地避免刺激霸权国因相对权力衰落引发的战略过敏；而大多数崛起国的失败往往始于崛起中段的进程之后。在这一过程中，民族主义情绪的膨胀伴随着威望心态和权力冲动往往难以得到有效抑制，很容易过早地陷入与霸权国之间建构的"敌意螺旋之中"而被霸权联盟体系合力绞杀。尤其是在这个没有"战争赢家"的核捆绑时代，不仅相对于霸权国，同时相对于整个霸权联盟体系③来说，我们仍然显得十分脆弱。

事实上，即便是暂时抛开本书所主张的建构主义"关系性"与"进程性"研究范式，退一步而单纯地从现实主义权力"结构性"角度考虑，当今强势崛起的中国仍然需要审视"联系性崛起战略"与"安全搭车与推责战略"对于我们降低同霸权国联盟体系结构性压力与安全困境之作用。因

---

① "非军事崛起战略"这一概念由清华大学阎学通先生最早提出。具体参见阎学通《美国霸权与中国安全》，天津人民出版社2000年版，第116页；也可参见阎学通《国际政治与中国》，北京大学出版社2005年版，第74页；刘万文：《21世纪初期中国的国际环境研究》，中国计划出版社2000年版，第26页。

② 时殷弘：《国际政治的世纪性规律及其对中国的启示》，《战略与管理》1995年第5期。

③ 参见布鲁金斯学会《克里米亚危机对于美国东亚政策的影响》研讨会，共识网，2014年4月18日，http://www.21ccom.net/plus/view.php?aid=105723。

此，从某种意义上讲，"韬光养晦"战略其实质便是在现实主义的"战略脱钩与战略对抗时间最晚化"的逻辑下，要求我国在洛克体系文化成熟发达阶段，坚持奉行"联系性崛起战略"与"安全搭车与推责战略"，尽最大可能避免过早地卷入同霸权国及其联盟之间长期的安全竞争与战略僵持。这不仅因为任何崛起国面对的是霸权联盟体系的整体压力，同时也因为"即便未来中国与美国在 GDP 上完全一样，其人均 GDP 也只有美国的四分之一，因为中国人口是美国的 4 倍。在其他条件不变的基础上，如果两国 GDP 一样，人均产能高的国家可以在社会最低消耗基础上提炼更多的可自由支配的战略资源"[①]。毕竟，现代战争早已不是"杀敌一千，自损八百"的人力密集型模式了。因此，崛起国外交言行仍需要追求审慎的权力与明智的利益。具体来讲，在同体系霸主美国的战略互动中，中国需要以一种维护现有国际秩序的合作者与机制改良推动者的身份积极参与到国际议程互动之中。尤其是在国际机制的参与进程中，应当把握"内线推动，外线拓展，内外互补，以外促内"[②] 的基本原则；在同周边国家的交往互动中，"中国应当切实地做到与邻为善、以邻为伴，坚持睦邻、安邻、富邻，突出体现亲、诚、惠、容的理念，并要着力深化互利共赢格局"[③]。由于崛起国所面临的不仅仅是单独的霸权国，而是整个霸权国的联盟体系的结构性压力，而这一战略优势与权力位差仍然是未来 20 年内崛起的中国无法取代或超越的基本事实。

　　政治学获益逻辑与经济学或军事学的逻辑有所不同，它是在曲线中谋求国家利益。"以利相交，利尽则散；以势相交，势去则倾；以权相交，权失则弃；唯以心相交，友不失矣。"欲将取之，必先予之。故大国崛起之根本在于人心所向，因而不应像小商人一样囿于一城一地之短期得失。理性指导下的大国博弈并不能达到一边倒式的理论上的最优解，而是仅仅能够达到一个基于博弈"均衡值"而产生的次优解。"一个国家的核心利益可能是伴随着民族国家始终存在，但是一项战略规划则只具有时间跨度

---

　　① ［美］罗伯特·阿特：《美国大战略》，郭树勇译，北京大学出版社 2005 年版，第 311—312 页。
　　② 参见陈志敏《中国应"增量改进"国际体系》，载《东方早报》2014 年 6 月 4 日。
　　③ 《习近平部署未来 5—10 年周边外交工作》，新华网，2013 年 10 月 25 日，http：//news.xinhuanet.com/politics/2013 - 10/25/c_ 117878897. htm。

十几年或几十年的合理性"①。因此，真正大国间的利益博弈必须建立在相互妥协的基础上才能寻找到认同的最大公约数，而真正好的谈判结果则必须是双方"既若有所得，又若有所失。既不十分满意，又都无法拒绝"的一种情形。因为毫无妥协并完全有利于一方的"凡尔赛和约式"的结果往往会因不利的一方要么怀恨在心伺机报复，要么无力履行而变得难以真正实现。甚至比相互妥协更有可能的是一方为了最终实现崛起而在进程中出现单方面的妥协与让步。每当我们读到《左传·哀公元年》中吴越争霸的故事，就很难不感叹"越十年生聚，而十年教训，二十年之外，吴其为沼乎"的战略忍耐之伟大。有时候，为了实现短期的战略利益，需要隐忍地暂时压抑正当的核心利益，最后核心利益可能会因战略利益的实现失而复得。反之亦然。这就是为什么国家需要在韬光养晦中隐忍地崛起。

在民族主义热情不断被激发的时代，一个国家运用外交手段争取和平往往比运用军事手段走向战争需要更大的勇气和智慧。美国林肯政府在1861年与英国近乎走向大战边缘的"特伦特事件"中作出的政治决策，很好地诠释了崛起大国在外交层面保持隐忍对维护战略机遇期的重要作用。"特伦特事件"发生的历史背景是1861年7月27日，南北双方在布尔河发生战争，由于南方的美利坚联盟国蓄谋已久，北方的美利坚合众国军队又大为轻敌（认为南方这群奴隶主们不堪一击），因此北方联邦军队在此次向里士满进军的战役中遭遇惨败。在此背景下，美利坚联盟国总统杰弗逊·汉密尔顿·戴维斯（Jefferson Hamilton Davis）决定充分利用南部在军事上的胜利争取欧洲列强的支持——尤其是获得英法等国的支持，就向当年北美独立战争时期争取法国支持一样——于是他派遣詹姆斯·梅森（James Mason）和约翰·斯莱德尔（John Slidell）分别担任驻英法特使，借此希望达到当年本杰明·富兰克林（Benjamin Franklin）出使法国宫廷为北美独立战争所争取到的外交和军事援助。

1861年10月，两位特使乘小艇到达古巴，进而换乘英国邮轮"特伦特"号赶赴欧洲。但这一消息被联邦战舰"圣亚辛托"号（San Jacinto）舰长查尔斯·维尔克斯（Charles Wilkes）上校得知，他率领舰队于11月8日在巴哈马海峡拦截了悬挂米字旗的"特伦特"号，登船并逮捕了"美利

---

① 于海洋：《对东北亚地区领土争议的战略思考》，《国际问题研究》2014年第3期。

第十章　无心为恶 虽恶不罚：地缘战略心理学在规避霸权遏制中的运用　　251

坚联盟国"的两位外交特使。对此，本来就希望美国分裂并与叛乱州暗通款曲的英国舆论为之哗然。声称如果北部联邦政府不对由此造成的损失加以赔偿，英美就要兵戎相见。英国首相亨利·帕默斯顿（Henry Palmerston）和外交大臣罗塞尔（Russell）向林肯（Lincoln）发出照会——这份发给驻美公使莱昂斯（Leons）的外交训令起初火药味十足，以至于后来女王的丈夫阿尔伯特亲王（Prince Albert）出面干预才为美国人找到了一个能够让威尔克斯上校"背锅"的台阶——责问威尔克斯上校的行为究竟是奉联邦政府之命，还是一时鲁莽的个人举动。如果确是奉政府之命，那就意味着"对英国不友好的表现"（"战争"一词在外交辞令的婉转表述）。与此同时，英国还派出一个载有8000名士兵和大量军火的舰队开赴加拿大，为与南方叛乱州形成"南北夹击"的战争做准备。更令联邦政府头疼的是在英美双方剑拔弩张之际，见不得美国愈发走向强大的旧大陆上的法、奥、普等国也积极同英国展开外交协调，意欲重新构筑历史上著名的"武装中立同盟"并共同向联邦政府发出联合照会，要求立刻将囚禁在波士顿的梅森和斯莱德尔释放。①

面对英国在外交和军事方面的咄咄逼人，爱国主义激励下的美国北方拒绝放人、拒绝认错的好战舆论也毫不示弱。国务卿亚华德甚至主张对英国宣战。面对这种骑虎难下的形势，林肯总统展现出异常冷静的政治素养。他说："英国人不给我们回旋时间，这让我们感到屈辱。但我们正在进行一场大战（指南北战争），况且，我们不想同时进行两场战争。"在林肯的坚持下，驻英大使亚当斯（Adams）发表声明，称维尔克斯上校的举动系个人鲁莽行为，绝非政府指令。美国政府对他的个人行为不负责任。同时还声称愿意立即释放两位被羁押的南方特使。林肯在关键时刻选择的战略忍耐避免了授予英国以军事干涉南北战争、制造"两个美国"的口实。林肯在英国战争威胁面前选择的隐忍与退让很快便遭到国内舆论的一片指责。几乎所有人都能够并愿意对政府在国际危机中表现出的"软弱无能"大义凛然地站出来抨击两句。但林肯并没有被这些反对者的意见所左右。他在多次会议中向其同僚和人民表达了的如下观点："'特伦特事件'的结果是一颗难以吞咽的苦药，但我感到宽慰的是，英国在这件事上的胜

---

① The Trent Affair, British Library, http://www.bl.uk/onlinegallery/onlineex/uscivilwar/britain/trentaffair/trentaffair.html

利是暂时的,等到我们胜利地结束这场战争之后,我们将会变得非常强大,现在它让我们难堪,到时我们将和它算总账。"① 到了1895年英美"委内瑞拉危机"爆发时,已经完成崛起的美国便可以选择另一种更加强硬的外交话语对英国予以回应,其国务卿理查德·奥尔尼(Richard Olney)在给英国首相索尔兹伯里(Salisbury)的照会中大胆地谈道:"今天美国在这一大陆上是实际的主权国;它的命令就是法律,对外干涉是该法律的一部分……它无限的资源及被隔离的位置使它主宰这一情势,与任何或所有其他国家的竞争对手相比,它实际上更不容易受到攻击"②。这一外交照会标志着美国正式结束了崛起进程中的战略忍耐期。至此,英国开始从拉美地区有序地向后撤退,美国开始在拉美地区默契地填补真空。

在主权国家零死亡时代,当一种信念或仇恨被转化成在两个民族代际间无限传承的历史使命,则这种"马拉松式"的战略博弈就更需要建立在相互认同与共赢的基础之上。未来中国高质量的外交必须超越小商人式的工具理性思维算计。正如英帝国高质量的外交均系出自于传统贵族主政时期,而英国在"一战"后外交的急剧衰落也正是因为以斯坦利·鲍德温(Stanley Baldwin)和内维尔·张伯伦(Neville Chamberlain)等为代表的商人家族进入几百年来贵族把持的外交圈子之中。在彼此带有亲缘关系、极度仇视人民并恐惧革命的由贵族把持的传统外交圈子中,这些在铺着绿色台布前穿着格子裤和燕尾服的欧洲外交家们往往很容易在觥筹交错间实现国家利益的和平划分(看看非洲横平竖直的地图吧)。新加坡总理李显龙(Lee Hsien Loong)认为:"欧洲已经实现了和解,但是亚洲的今天正在经历着欧洲昨天。中国如何处理与周边国家的相关争议,将影响世界对中国崛起的看法……中国应该通过温和的言论和自我克制的行动来展示强大的自己本身并无恶意,唯有这样才可以消除其他国家对中国强大后的疑虑。"③ 中国应当在整个崛起进程中尽量奉行权力的自我约束,增强战略定力,提升包容程度,时刻戒骄戒躁。"骄"容易刺激到相对衰落的霸权国

---

① Charles Francis Adams, "The Trent Affair", *The American Historical Review*, Vol. 17, No. 3, 1912, pp. 540 – 562.

② [美]约翰·米尔斯海默:《大国政治的悲剧》,王义桅等译,上海人民出版社2008年版,第267页。

③ 《李显龙:中国或得到钓鱼岛但会输掉世界地位》,新华网,2013年8月21日,http://news.xinhuanet.com/world/2013 – 08/22/c_ 125220577. htm。

敏感神经并导致周边国家的离心倾向;"躁"容易提前诱发一场既打不赢又输不起的体系战争。应该时刻牢记"'手拿大棒轻声说话'比'手拿大棒高声讲话'的门罗主义更加能够赢得权力的声誉与朋友式的信任;而把大棒放在家里不到处炫耀则更需要智慧、信心与勇气"[1]。崛起国应当时刻牢记,军事战略应是实现整体战略的工具,而不应成为整体战略规划的主人。国家也必须愿意在崛起的大趋势面前对一些并非至关重要与紧迫的问题学会妥协。

"各美其美,美人之美,美美与共,天下大同"。这既是建构主义理论关于角色变化与身份再造的精髓所在,也是基于身份重塑背景下利益认知演变的精髓所在。中国崛起也应该是"一个水到渠成,实至名归并逐渐获得体系主导国家身份认同的过程"[2]。而在这一进程中我们最需要的就是在成功面前的耐心与节制力。正如"一战"前德国工业家胡戈·施廷内斯表示:"只要再给我们3年或4年时间,德国将无可争议地成为欧洲政治和经济的主宰……我敢向大家保证,只要3年或4年的和平时期,德国就可以水到渠成地暗中主宰欧洲。"[3] 就在萨拉热窝事件的前一个星期,德国银行家瓦尔堡表示:"每当我的祖国度过和平的一年,她就会变得更加强大。"[4]

最后,关于美国对华挑起的贸易争端,我们可以设想一个问题:如果一个人过度关注健康数据,并且每天持续跟踪测量自己的体温、心率、血压和血糖,这绝不是一种健康的反映,而更可能是衰老多病的标志。同理,如果一个大国过度地关注双边贸易中进出口交换比价及由此出现的相对收益,这样对入超极为敏感的国家在竞争中无疑是虚弱的。当今美国在对华贸易问题上的极度敏感恰恰反映出其国力处于下行通道的现实压力。诺贝尔经济学奖获得者,美国哥伦比亚大学教授罗伯特·蒙代尔(Robert

---

[1] 张丽华、姜鹏:《东北亚地区海权争端现状及对策分析》,载黄凤志主编《东北亚地区政治与安全报告黄皮书》(2012),社会科学文献出版社2012年版,第231页。

[2] 姜鹏:《结盟军事理论中的"三明治"结构与大国崛起成败的实证分析》,《太平洋学报》2012年第10期。

[3] Wolfgang J. Mommsen, *Imperial Germany, 1867 - 1918: Politics, Culture and Society in an Authoritarian State*, London: Hodder Arnold, 1995, p. 91.

[4] Lambert M. Surhone and Mariam T. Tennoe, eds., *War of Illusions*, Beau Bassin: Betascript Publishing, 2010, pp. 657 - 658.

A. Mundell）在 2013 年 8 月 21 日"大金融、大合作、大治理"国际智库研讨会上表示："现在中国的产出差不多是美国产出的一半，如果中国经济仍然按照现在这个发展速度的话，在十年左右的时间，中国的 GDP 可能就会和美国一样了。到了 2022 至 2025 年左右，中国的 GDP 很可能超过美国的 GDP。"[1] 审慎与隐忍是民族主义时代国际关系中最重要的美德。虽然这种权力自我约束的观点可能并不与大昌于当今时代的民族主义主导话语逻辑映射下的永远"政治正确"的豪言壮语相一致，也可能不会为政府或政治领袖们赢得一时的喝彩与掌声，但这对于崛起国长期来讲确实是一种最为务实、可靠与符合时代主流精神的战略选择。

大国崛起要清晰地明白其所处时代的主流精神。纵观历史上悲剧的大国，它们要么因比时代早了两步而被体系环境的惯性碾碎，要么因比时代晚了两步而被新生的体系环境抛弃。在全球化时代，虽然这种思路可能不是摆在我们案头最好的战略选项，但一定是我们在崛起中段所能选择的一种最不坏的方案。在当今全球政治博弈的大棋局中，如果我们相信"时间的天平仍然是不断向着快速崛起的中国一侧倾斜的"[2] 这一基本前提，那么就应该奉行基于权力自我约束的"安全搭车与推责战略"和"联系性崛起战略"。在战略机遇期内谨言慎行与耐心等待，直到我们在综合国力和角色身份上一并取得体系主导国家集团的认同与接纳。到那时，即便我们无法像"二战"后英美一样和平地完成霸权国与崛起国之间基于信任与认同的角色禅让，但也能够在新型大国关系下避免"修昔底德陷阱"的形成或现实主义理论所倾向认为的关于大国间看似不可避免的政治悲剧。

---

[1]《美国诺奖得主预言中国 2025 年将成为世界最大经济体》，中国新闻网，2013 年 8 月 21 日，http://www.chinadaily.com.cn/hqgj/jryw/2013-08-21/content_9916247.html。

[2] 张丽华、姜鹏：《东北亚地区海权争端现状及对策分析》，载黄凤志主编《东北亚地区政治与安全报告黄皮书》（2012），社会科学文献出版社 2012 年版，第 231 页。

参考文献

一　中文文献（含译著）

著作

丁建弘：《德国通史》，上海社会科学院出版社 2012 年版。

封永平：《大国崛起困境的超越：认同构建与变迁》，中国社会科学出版社 2009 年版。

郭树勇：《大国成长的逻辑：西方大国崛起的国际政治社会学分析》，北京大学出版社 2006 年版。

梁守德、洪银娴：《国际政治学理论》，北京大学出版社 2004 年版。

刘华清：《刘华清军事文选》（上卷），解放军出版社 2008 年版。

梅然：《德意志帝国的大战略》，北京大学出版社 2016 年版。

梅然：《战争、帝国与国际政治变迁》，山西人民出版社 2017 年版。

秦亚青：《国际关系理论：反思与重构》，北京大学出版社 2012 年版。

沈志华：《"冷战"国际史二十四讲》，世界知识出版社 2018 年版。

沈志华：《"冷战"时期苏联与东欧的关系》，北京大学出版社 2006 年版。

时殷弘：《现当代国际关系史：从 16 世纪到 20 世纪末》，中国人民大学出版社 2011 年版。

孙学峰：《国际合法性与大国崛起》，社会科学文献出版社 2012 年版。

孙学峰：《中国崛起困境：理论思考与战略选择》，社会科学文献出版社 2013 年版。

唐世平：《历史中的战略行为》，北京大学出版社 2015 年版。

唐世平：《塑造中国的理想安全环境》，中国社会科学出版社 2003 年版。

王帆、姜鹏：《国际危机案例决策分析》，人民日报出版社 2017 年版。

王家福：《世界六强国盛衰战略观》，吉林人民出版社1998年版。

王家福、徐萍：《国际战略学》，高等教育出版社2005年版。

王逸舟：《全球政治和中国外交：探寻新的视角与解释》，世界知识出版社2003年版。

徐弃郁：《脆弱的崛起：大战略与德意志帝国的命运》，新华出版社2011年版。

阎学通：《国际政治与中国》，北京大学出版社2005年版。

阎学通：《美国霸权与中国安全》，天津人民出版社2000年版。

阎学通：《世界权力的转移》，北京大学出版社2015年版。

阎学通：《中国崛起——国际环境评估》，天津人民出版社1998年版。

阎学通、孙学峰：《国际关系研究实用方法》，人民出版社2007年版。

阎学通、孙学峰：《中国崛起及其战略》，北京大学出版社2005年版。

尹继武：《单边默契与战略选择》，中国社会科学出版社2019年版。

尹继武：《战略心理与国际政治》（世界政治研究丛书），北京大学出版社2016年版。

尹继武：《政治心理学》，高等教育出版社2011年版。

俞天任：《浩瀚的大洋是赌场——大日本帝国海军兴亡史》，语文出版社2010年版。

俞天任：《有一类战犯叫参谋》，语文出版社2009年版。

袁正清：《国际政治理论的社会学转向：建构主义解读国际政治》，上海人民出版社2005年版。

张卉妍：《世界经典战役全记录》，北京联合出版公司2016年版。

张景全：《日本对外结盟研究》，吉林人民出版社2007年版。

张睿壮：《不和谐的世界：国际问题研究文萃》，上海人民出版社2010年版。

［美］约翰·米尔斯海默：《大国政治的悲剧》，唐小松、王义桅译，上海人民出版社2011年版。

［德］弗里德里希·迈内克：《马基雅维利主义》，时殷弘译，商务印书馆2008年版。

［古罗马］阿庇安：《罗马史》（上卷），谢德风译，商务印书馆1979年版。

［古希腊］修昔底德：《伯罗奔尼撒战争史》（上册），徐松岩译，上海人民出版社2012年版。

［荷］格劳秀斯：《战争与和平法》，何勤华等译，上海人民出版社2005年版。

［加拿大］阿塔米·阿查亚：《建构安全共同体》，王正毅等译，上海人民出版社2004年版。

［美］彼得·卡赞斯坦：《国家安全的文化：世界政治中的规范与认同》，宋伟译，北京大学出版社2009年版。

［美］查尔斯·金德尔伯格：《世界经济霸权：1500—1990》，高祖贵译，商务印书馆2003年版。

［美］格雷厄姆·艾利森等：《决策的本质：还原古巴导弹危机的真相》，王伟光等译，商务印书馆2015年版。

［美］汉斯·摩根索：《国家间政治：权力斗争与和平》，北京大学出版社2006年年版。

［美］亨利·基辛格：《大外交》，顾淑馨等译，海南出版社2001年版。

［美］肯尼斯·华尔兹：《国际政治理论》，苏长和、信强译，上海人民出版社2008年版。

［美］拉塞尔·韦格利：《美国军事战略与政策史》，彭光谦等译，解放军出版社1986年版。

［美］理查德·内德·勒博：《国家为何而战？过去与未来的战争》，陈定宝、段啸林、赵洋译，上海人民出版社2014年版。

［美］罗伯特·阿特：《美国大战略》，郭树勇译，北京大学出版社2005年版。

［美］罗伯特·基欧汉：《霸权之后：世界政治经济中的合作与纷争》，苏长和译，上海人民出版社2006年版。

［美］罗伯特·杰维斯：《信号与欺骗：国际关系中的形象逻辑》，徐进译，中央编译出版社2017年版。

［美］曼瑟尔·奥尔森：《集体行动的逻辑》，陈郁等译，上海人民出版社2014年版。

［美］乔治·凯南：《美国大外交》，雷建锋译，社会科学文献出版社2013年版。

［美］塞缪尔·亨廷顿：《文明的冲突与世界秩序的重建》，周琪译，新华出版社 2005 年版。

［美］斯蒂芬·克莱斯勒：《结构冲突：第三世界对抗全球自由主义》，李小华译，浙江人民出版社 2001 年版。

［美］斯蒂芬·沃尔特：《联盟的起源》，周丕启译，北京大学出版社 2007 年版。

［美］威廉·曼彻斯特：《光荣与梦想》（1932—1972 美国社会实录），广州外国语学院英美问题研究室翻译组译，海南出版社 2006 年版。

［美］威廉森·默里：《缔造战略：统治者、国家与战争》，时殷弘等译，世界知识出版社 2004 年版。

［美］小约瑟夫·奈：《理解国际冲突：理论与历史》，张小明译，上海人民出版社 2009 年版。

［美］亚历山大·乔治、戈登·克雷格：《武力与治国方略》，时殷弘等译，商务印书馆 2004 年版。

［美］亚历山大·温特：《国际政治的社会理论》，秦亚青译，上海人民出版社 2008 年版。

［美］约翰·加迪斯：《"冷战"时期美国国家安全政策评析》，时殷弘译，商务印书馆 2019 年版。

［美］约翰·加迪斯：《长和平》，潘亚玲译，上海人民出版社 2018 年版。

［美］约翰·伊肯伯里：《美国无敌：均势的未来》，韩召颖译，北京大学出版社 2005 年版。

［美］詹姆斯·多尔蒂、小罗伯特·普法尔兹格拉夫：《争论中的国际关系理论》，阎学通等译，世界知识出版社 2003 年版。

［日］井上清：《日本帝国主义的形成》，林少华等译，人民出版社 1984 年版。

［英］A. J. P. 泰勒：《第二次世界大战的起源》，潘人杰等译，上海辞书出版社 2013 年版。

［英］阿诺德·约瑟夫·汤因比：《历史研究》，郭小凌等译，上海人民出版社 2005 年版。

［英］爱德华·卡尔：《20 年危机（1919—1939）国际关系研究导论》，秦亚青译，世界知识出版社 2005 年版。

［英］巴里·布赞，奥利·维夫：《地区安全复合体与国际安全结构》，潘忠岐等译，上海世纪出版集团 2010 年版。

［英］保罗·肯尼迪：《大国的兴衰 1500—2000 年的经济变迁与军事冲突》，陈景彪等译，国际文化出版公司 2006 年版。

［英］保罗·肯尼迪：《战争与和平的大战略》，时殷弘等译，世界知识出版社 2005 年版。

［英］伯纳德·爱尔兰：《1914—1945 年的海上战争》，李雯等译，上海人民出版社 2005 年版。

［英］霍布斯：《利维坦》，黎思复等译，商务印书馆 1985 年版。

［英］温斯顿·丘吉尔：《第二次世界大战回忆录》（下），史雪峰译，中国画报出版社 2015 年版。

论文

达巍：《选择国内战略 定位中美关系》，《美国研究》2019 年第 2 期。

樊勇明：《霸权稳定论的理论与政策》，《现代国际关系》2000 年第 9 期。

封永平：《地缘政治与大国崛起——以美国为例》，《理论导刊》2006 年第 1 期。

高程：《中美竞争视角下对"稳定发展中美关系"的再审视》，《战略决策研究》2018 年第 2 期。

高程：《中美竞争与"一带一路"阶段属性和目标》，《世界经济与政治》2019 年第 4 期。

郭树勇：《评霸权稳定论》，《欧洲》1997 年第 6 期。

胡波：《美军海上战略转型："由海向陆"到"重返制海"》，《国际安全研究》2018 年第 5 期。

李大陆：《论"不对称"军事制衡》，《太平洋学报》2015 年第 5 期。

李小华：《权力转移与国际体系的稳定——兼析"中国威胁论"》，《世界经济与政治》1999 年第 5 期。

林民旺：《国际关系的前景理论》，《国际政治科学》2017 年第 4 期。

刘海军：《试论美国的联盟霸权——兼与 19 世纪的英国比较》，《世界经济与政治》2002 年第 2 期。

刘鸣：《国际社会与国际体系概念的辨析及评价》，《现代国际关系》2003

年第 12 期。

倪乐雄:《中国海权战略的当代转型与威慑作用》,《国际观察》2012 年第 4 期。

牛震:《关于霸权稳定论及其评价》,《世界经济与政治》2000 年第 10 期。

漆海霞:《警惕大国崛起的陷阱》,《学习月刊》2013 年第 19 期。

漆海霞:《威慑抑或纵容:美国对亚太盟国的军事信号与冲突》,《当代亚太》2018 年第 5 期。

秦亚青:《关系本位与过程建构——将中国理念植入国际关系理论》,《中国社会科学》2009 年第 3 期。

秦亚青:《国际关系理论中国学派的可能和必然》,《世界经济与政治》2006 年第 3 期。

尚会鹏:《关于国际政治"关系理论"的几个问题——与秦亚青教授商榷》,《国际政治研究》2017 年第 2 期。

时殷弘:《国际政治的世界性规律及其对中国的启示》,《战略与管理》1995 年第 5 期。

孙学峰:《地区安全秩序与大国崛起》,《当代亚太》2018 年第 6 期。

孙学峰、杨原:《大国规避体系制衡之谜》,《国际政治科学》2009 年第 2 期。

唐世平:《国际政治的社会进化:从米尔斯海默到杰维斯》,《当代亚太》2009 年第 5 期。

唐永胜:《国家安全新需求与军事理论创新》,《国际安全研究》2018 年第 6 期。

王缉思:《中国的国际定位问题与"韬光养晦、有所作为"的战略思想》,《国际问题研究》2011 年第 2 期。

王家福:《二战时期远东中苏美关系的战略演化》,《史学集刊》1995 年第 2 期。

王义桅:《超越和平崛起——中国实施包容性崛起战略的必要性与可能性》,《世界经济与政治》2011 年第 8 期。

王义桅、唐小松:《从霸权稳定论到单极稳定论》,《世界经济与政治》2000 年第 9 期。

肖晞:《中国传统文化中的"和"对中国外交的影响》,《武汉大学学报》

2010 年第 2 期。

徐弃郁：《海权的误区与反思》，《战略与管理》2003 年第 5 期。

阎学通：《道义现实主义的国际关系理论》，《国际问题研究》2014 年第 5 期。

阎学通：《中美两极化趋势的思考》，《现代国企研究》2018 年第 17 期。

晏绍祥：《雅典的崛起与斯巴达的"恐惧"：论"修昔底德陷阱"》，《历史研究》2017 年第 6 期。

杨文静：《大国崛起理论探析》，《现代国际关系》2004 年第 6 期。

杨原：《大国无战争时代霸权国与崛起国权力竞争的主要机制》，《当代亚太》2011 年第 6 期。

杨原：《两极体系下大国战略竞争的演化》，《国际政治科学》2019 年第 4 期。

杨原：《武力胁迫还是利益交换——大国无战争时代大国提高国际影响力的核心路径》，《外交评论》2011 年第 4 期。

杨原、陈寒溪：《当代大国行为发生了本质变化？》，《外交评论》2012 年第 1 期。

杨原、孙学峰：《崛起国合法化策略与制衡规避》，《国际政治科学》2010 年第 3 期。

杨震、赵娟、卞宏信：《论海权与航空母舰时代的中国海军建设》，《世界地理研究》2013 年第 4 期。

于海洋：《对东北亚地区领土争议的战略思考》，《国际问题研究》2014 年第 3 期。

张洁：《海上通道安全与中国战略支点的构建——兼谈 21 世纪海上丝绸之路建设的安全考量》，《国际安全研究》2015 年第 2 期。

张文木：《欧美地缘政治力量的消长规律及其对中国崛起的启示》，《世界经济与政治》2007 年第 7 期。

张宇燕：《战略机遇期：外生与内生》，《世界经济与政治》2014 年第 1 期。

［德］海尔加·哈甫滕多恩、郭洁：《1966—1967 年北约危机：德国面对政策选择的矛盾》，《冷战国际史研究》2008 年第 4 期。

［法］弗雷德里克·伯佐、周娜：《1966—1967 年北约危机：一个法国人

的视角》,《冷战国际史研究》2008 年第 1 期。

[美]安吉特·潘达:《亚洲的战争与和平取决于中国如何选择》,汪析译,《外交学者》2013 年第 11 期。

二 英文文献

著作

A. F. K. Organski and Jacek Kugler. The War Ledger [M]. Chicago: University of Chicago Press 1980.

A. F. K. Organski. World Politics [M]. New York: Alfred A Knopf, Inc. 1968.

A. J. P. Taylor. The Struggle for Mastery in Europe, 1848 - 1918 [M]. London: Oxford University Press, 1954. p. 262.

Akira Iriye. PacificEstrangement: Japanese and American expansion, 1897 - 1911 [M]. Cambridge, Mass.: Harvard University Press, 1972.

Akira Iriye. The origins of the Second World War in Asia and the Pacific [M]. London: Longman, 1987.

Alan John Percivale Taylor, The Course of German History: A Survey of the Development of German History Since 1815 [M]. London: Routledge, 2001.

Alexander L. George, Richard Smoke, Deterrence in American Foreign Policy: Theory and Practice [M]. New York: Columbia University Press, 1974.

Alexis de Tocqueville, Democracy in America [M]. New York: Bantam, 2000.

Alex Mesoudi, Cultural Evolution: How Darwinian Theory can Explain Human Culture and Synthesize the Social Sciences [M]. Chicago: University of Chicago Press, 2011.

Amelia Hadfield-Amkhan, British Foreign Policy, National Identity and Neoclassical Realism [M]. Rowman & Littlefield Publishers, 2010.

Anders Stephanson, Manifest Destiny: American Expansionism and the Empire of Right [M]. New York: Hill and Wang, 1995.

Anthony S. Campagna, The Economic Consequences of the Vietnam War [M]. New York: Praeger Publishers, 1991.

Arthur Marder, The Anatomy of British Sea Power: A History of British Naval Policy in the Pre-dreadnought Era, 1880 – 1905 [M]. New York: Knopf, 1940.

Bagehot Walter. Physics and Politics, or, Thoughts on the Application of the Principles of "Natural Selection" and "Inheritance" to Political Society [M]. Chicago: Ivan R. Dee. 1999.

Barry Buzan. From International to World Society?: English School Theory and the Social Structure of Globalisation [M]. Cambridge University Press, 2004.

Bear F. Braumoeller. The Great Powers and the International System: Systemic Theory in Empirical Perspective [M]. Cambridge: Cambridge University Press. 2013.

Blainey. The Causes of War [M]. New York: Free Press, 1988.

Brooks Stephen G. Producing Security: Multinational Corporations, Globalization, and the Changing Calculus of Conflict [M]. Princeton, NJ: Princeton University Press, 2007.

Carroll Quigley: The Evolution of Civilizations [M]. Liberty Fund Inc, 1979.

Charles Anthony Woodward Manning. The Nature of International Society [M]. Macmillan, 1975.

Charles Emmerson. 1913: In Search of the World before the Great War [M]. Public Affairs. 2013.

Charles Glaser, Rational Theory of International Politics: The Logic of Competition and Cooperation [M]. Princeton: Princeton University Press, 2010.

Charles Higham. Trading with the Enemy: An Expose of the Nazi-American Money Plot 1933 – 1949 [M]. New York: Delacorte Press, 1983.

Charles Howard Carter. The Secret Diplomacy of the Habsburgs, 1598 – 1625 [M]. New York: Columbia University Press, 1964.

Chester Insko, Theories of Attitude Change [M]. New York: Appleton-Century-Crofts, 1967.

Coral Bell, The Conventions of Crisis: A Study in Diplomatic Management [M]. London: Oxford University Press, 1971.

Dale C. Copeland. The Origins of Major War [M]. Ithaca, N. Y.: Cornell University Press, 2001.

David French. The British Way in Warfare, 1688 – 2000 [M]. London: Unwin Hyman, 1990.

David Halberstam, The Best and the Brightest [M]. New York: Random House Publishing Group, 1972.

David H. Olivier, German Naval Strategy, 1856 – 1888: Forerunners to Tirpitz [M]. London: Routledge, 2012.

David Kenneth Fieldhouse, Economics and Empire, 1830 – 1914 [M]. Ithaca, N. Y.: Cornell University Press, 1973.

David Singer, Melvin Small. National Material Capabilities Data, 1816 – 1985 [M]. Inter-University Consortium for Political and Social Research, February 1993.

David Stevenson, Armaments and the Coming of War: Europe 1904 – 1914 [M]. Oxford: Oxford University Press, 1996.

Dong Sun Lee, Committing Suicide for Fear of Death: Power Shifts and Preventive War [M]. Washington: East-West Center, 2006

Edward N. Luttwak. The Rise of China vs. the Logic of Strategy [M]. Cambridge, MA: Belknap Press. 2012.

Edward Vose Gulick. Europe's Classical Balance of Power: A Case History of the Theory and Practice of One of the Great Concepts of European Statecraft [M]. Westport: Greenwood Press, 1982.

Ernest J. Yanarella, The Missile Defense Controversy: Strategy, Technology, and Politics, 1955 – 1972 [M]. Lexington: The University Press of Kentucky, 1977.

Eviatar Zerubavel. Social Mindscapes: An Invitation to Cognitive Sociology [M]. Cambridge, MA: Harvard University Press. 1997.

Fischer. Germany's Aims in the First World War, Norton & Company, 1968.

Friedrich V. Kratochwil. Rules, Norms, and Decisions: on the Conditions of Practical and Legal Reasoning in International Relations and Domestic Affairs [M]. Cambridge: Cambridge University Press, 1991.

Friedrich von Holstein, The Holstein Papers: The Memoirs, Diaries and Correspondence of Friedrich von Holstein 1837 – 1909 [M]. Cambridge: Cambridge University Press, 2011.

Fritz Fischer, Alan Bullock, War of Illusions: German Policies from 1911 to 1914 [M]. London: Chatto and Windus, 1975.

Gabriel Kolko. The Roots of American Foreign Policy: An Analysis of Power and Purpose [M]. Boston: Beacon Press (MA), 1969.

Gambetta, Diego. "Can We Trust." Trust: Making and Breaking Cooperative Relations [M]. Oxford: Blackwell, 2000.

Geoffrey Parker, The Grand Strategy of Philip II [M]. London: Yale University Press, 1998.

Geoffrey Wawro, Warfare and Society in Europe, 1792 - 1914 [M]. London: Routledge, 2000.

George Herring, America's Longest War [M]. New York: McGraw-Hill, 1996.

George Modelski. Long Cycles in World Politics [M]. Seattle: University of washington Press, 1987.

Gerhard L. Weinberg, The Foreign Policy of Hitler's Germany: Starting World War II, 1937 - 1939 [M]. Chicago: University of Chicago Press, 1980.

Gerrit W. Gong. The Standard of "Civilization" in International Society [M]. Oxford: Clarendon Press, 1984.

Glenn Snyder, Alliance Politics [M]. Ithaca N. Y.: Cornell University Press, 1997.

Gordon A. Craig. Germany 1866 - 1945 [M]. Oxford: Oxford University Press, 1980.

Gordon A. Craig, The Politics of the Prussian Army 1640 - 1945 [M]. Oxford: Oxford University Press, 1956.

Guenter Lewy, America in Vietnam War [M]. New York: Oxford University Press, 1978.

Harland B. Moulton, From Superiority to Parity: The United States and the Strategic Arms Race, 1961 - 1971 [M]. Westport: Greenwood Press, 1973.

Harold Nicolson, The Congress of Vienna: A Study in Allied Unity, 1812 - 1822 [M]. London: Taylor & Francis, 1961.

Hedley Norman Bull, The Anarchical Society: A Study of Order in World Politics [M]. New York: Columbia University Press, 2002.

Henry Kissinger, White House Years [M] . NewYork: Simon & Schuster, 2011.

Herbert Butterfield and Martin Wight, eds. Diplomatic Investigation: Essays in the Theory of International Politics [M] . Cambridge, Mass. : Harvard University Press, 1966.

Herbert Y. Schandler, The Unmaking of a President: Lyndon Johnson and Vietnam [M] . Princeton: Princeton University Press, 1977.

Herman Kahn, The Emerging Japanese Superstate-Challenge and Response [M]. Englewood Cliff: Prentice-Hall. 1970.

Hew Strachan, The First World War [M] . Harmondsworth: Penguin Books, 2005.

Hiroyuki Agawa, The Reluctant Admiral: Yamamoto and the Imperial Navy [M] . New York: Kondasha International, 1979.

Holger H. Herwig. "Luxury" Fleet: The Imperial German Navy, 1888 – 1918 [M] . Amherst NY: Humanity Books, 1998.

Ilya V. Gaiduk, The Soviet Union and the Vietnam War [M] . Chicago: Ivan R. Dee, 1996.

Irving L. Janis, Leon Mann, Decision Making: A Psychological Analysis of Conflict, Choice and Commitment [M] . New York: Free Press, 1979.

Jack Snyder, Myths of Empire: Domestic Politics and International Ambition [M] . Ithaca: Cornell University Press, 2013.

Jack Snyder, Myths of Empire: Domestic Politics and International Ambition [M] . Ithaca: Cornell University Press, 1991.

Jack Snyder, The Ideology of the Offensive: Military Decision Making and the Disasters of 1914 [M] . Ithaca: Cornell University Press, 1984.

John Ellis. World War II: A Statistical Survey: The Essential Facts and Figures for all the Combatants [M] . New York: Facts on File, 1993.

John Ikenberry. After Victory: Institutions, Strategic Restraint, and the Rebuilding of Order after Major Wars [M] . Princeton, NJ: Princeton University Press, 2009.

John Lewis Gaddis, Strategies of Containment: A Critical Appraisal of American

National Security Policy during the Cold War［M］. New York: Oxford University Press, 2005.

John Lewis Gaddis, The United States and the end of cold war: Implications, Reconsiderations, Provocations［M］. New York: Oxford University Press, 1992.

John Lewis Gaddis. We Now Know: Rethinking Cold War History［M］. Oxford: Clarendon Press, 1998.

John Lowe. The Great Powers, Imperialism and the German Problem, 1865 – 1925［M］. London: Routledge. 1994.

John Robert Ferris. Men, Money and Diplomacy: The Evolution of British Strategic Policy, 1919 – 26［M］. Ithaca, N. Y.: Cornell University Press, 1989.

Joseph S. Nye. The Future of Power［M］. Washington, D. C.: Public Affairs. 2011.

Julian Stafford Corbett, Some Principles of Maritime Strategy［M］. Mumbai: IndyPublish, 2012.

Kalevi J. Holsti. Peace and War: Armed Conflicts and International Order, 1648 – 1989［M］. Cambridge: Cambridge University Press, 1991.

Karin M. Fierke, Changing Games, Changing Strategies: Critical Investigations in Security［M］. Manchester: Manchester University Press, 1998.

Karl Pearson. National Life From the Standpoint of Science［M］. Cambridge: Cambridge University Press, 1919.

Klaus Eugen Knorr. Historical Dimensions of National Security Problems［M］. Lawrence: University Press of Kansas, 1976.

Konrad Hugo Jarausch, The Enigmatic Chancellor: Bethmann Hollweg and the Hubris of Imperial Germany［M］. Yale: Yale University Press, 1973.

Lambert M. Surhone, Mariam T. Tennoe, Susan F. Henssonow. War of Illusions［M］. Betascript Publishing, 2010.

Levy. War in the Modern Great Power System (1495 – 1975)［M］. Lexington, KY: University Press of Kentucky, 1983.

Lewis Namier, Personalities and Powers［M］. London: Hamish Hamilton, 1955.

Louis, William Roger, The British Empire in the Middle East, 1945 – 1951: Arab Nationalism, the United States and Postwar Imperialism［M］. Oxford:

Clarendon Press, 1984.

Ludwig Dehio. The Precarious Balance: Four Centuries of European Power Struggle [M]. New York Alfred A. Knopf, 1962.

Lynn Abrams Bismarck and the German Empire 1871 – 1918 [M]. New York: Routledge. 2006.

Marion Blute, Darwinian Sociocultural Evolution: Solutions to Dilemmas in Cultural and Social Theory [M]. Cambridge: Cambridge University Press, 2010.

Martin Wight. Power Politics [M]. New York: Continuum International Publishing Group, 2002.

Martin Wight. Systems of States [M]. Leicester: Leicester University Press, 1977.

Mead G H. Mind, Self and Society from the Standpoint of a Social Behaviorist. [M]. Chicago: University of Chicago Press, 1950.

Melvyn P. Leffler, A Preponderance of Power: National Security, the Truman Administration, and the Cold War [M]. California: Stanford University Press, 1993.

Merritt Roe Smith. Military Enterprises and Technological Change: Perspectives on the American Experience [M]. Cambridge, Mass: The MIT Press, 1987.

Michael A. Barnhart, Japan Prepares for Total War: The Search for Economic Security, 1919 – 1941 [M]. Ithaca: Cornell University Press, 1988

Michael Howard, The Continental Commitment: The Dilemma of British Defence Policy in the Era of the Two World Wars [M]. London: The Ashfield Press, 1989.

Niall Ferguson. Empire: The Rise and Demise of the British World Order and the Lessons for Global Power [M]. New York: Basic Books, 2004.

Niall Ferguson, The Pity of War: Explaining World War I [M]. New York: Basic Books, 2008.

Nicholas J. Wheeler. Saving Strangers: Humanitarian Intervention in International Society [M]. Oxford University Press, 2000.

Norman Rich. Hitler's War Aims: Ideology, the Nazi State, and the Course of Expansion [M]. WW Norton & Company, 1992.

Otto Pflanze. Bismarck and the Development of Germany (Volume II): The Period of Consolidation, 1871 – 1880 [M]. Princeton: Princeton University Press, 2014.

Parag Khanna. The Second World: How Emerging Powers Are Redefining Global Competition in the Twenty-first Century [M]. New York: Random House Trade Paperbacks. 2009.

Paul Kennedy, The Rise of the Anglo-German Antagonism, 1860 – 1914 [M]. London: Ashfield Press, 1980

Paul M. Kennedy, Strategy and Diplomacy: 1870 – 1945 [M]. London: George Allen & Unwin, 1983.

Paul M. Kennedy. The Rise and Fall of British Naval Mastery [M]. New York: Humanity Books, 2006.

Paul Schroeder, The Axis Alliance and Japanese-American Relations [M]. Ithaca: Cornell University Press, 1958.

Philip Maynard Williams, Crisis Management: Confrontation and Diplomacy in the Nuclear Age [M]. New York: Wiley, 1976.

Phil Williams, The Senate and U.S. Troops in Europe [M]. New York: Palgrave Macmillan, 1985.

Quincy Wright: A Study of War [M]. University of Chicago Press, 1983.

Raimo Vayrynen. The Waning of Major War: Theories and Debates [M]. London: Frank Cass Publishers, 2005.

Rechard Rosecrance. The Rise of the Trading State: Commerce and Conquest in the Modern World [M]. New York: Basic Books, 1986.

Richard Connaughton, The War of the Rising Sun and Tumbling Bear: A Military History of the Russo-Japanese War, 1904 – 1905 [M]. London: Cassel, 2004.

Richard Ned Lebow: A Cultural Theory of International Relations [M]. Cambridge: Cambridge University Press, 2008.

Richard Smoke. War: Controlling Escalation [M]. Cambridge, Massachusetts: Harvard University Press, 1978.

Robert A. Pollard. Economic Security and the Origins of the Cold War, 1945 – 1950 [M]. New York: Columbia University Press, 1985.

Robert Boyd, Peter J. Richerson. Culture and the Evolutionary Process [M]. Chicago: University of Chicago Press, 1988.

Robert Gilpin, War and Change in World Politics [M]. Cambridge: Cambridge University Press, 1981.

Robert Jervis. Perception and Misperception in International Politics [M]. Princeton: Princeton University Press, 1976.

Robert McNamara, In Retrospect: The Tragedy and Lesson of Vietnam [M]. New York: Knopf Doubleday Publishing Group, 1995.

Rolf Hobson. Imperialism at Sea: Naval Strategic Thought, the Ideology of Sea Power and the Tirpitz Plan 1875 – 1914 [M]. Leiden: Brill, 2002.

Russell. Identity Diplomacy: A Study in Diplomatic Representation and the Ordering of International Society [M]. Canberra: Australian National University, 2003.

Samuel P. Huntington. The Clash of Civilizations and the Remaking of World Order [M]. New York: Free Press, 2002.

Samuel R Williamson. The Politics of Grand Strategy: Britain and France Prepare for War, 1904 – 1914 [M]. London: Ashfield Press, 1990.

Shawndra Holderby, The Angle-French Naval Agreement of 1912 [M]. OH: Ohio University Press, 1992.

Shepard B. Clough, The Rise and Fall of Civilization [M]. New York: Columbia University Press, 1970.

Stephen Daggett, Costs of Major U.S. Wars [M]. Washington, D.C.: Congressional Research Service, 2010.

Stephen D. Krasner, Defending the National Interest: Raw Materials Investments and U.S. Foreign Policy [M]. Princeton: Princeton University Press, 1978.

Stephen G. Brooks. Producing Security: Multinational Corporations, Globalization, and the Changing Calculus of Conflict [M]. Princeton, NJ: Princeton University Press, 2007.

Susan Shirk. China: Fragile Superpower [M]. Oxford: Oxford University Press, 2008.

Susan Strange. States and Markets—An Introduction to the International Political Economy [M]. London: Continuum International Publishing Group, 1994.

Terence Ball, James Farr, Russell L. Hanson: Political innovation and conceptual change [M]. Cambridge: Cambridge University Press, 1989.

Theodore Mommsen. Letters on the War Between Germany and France [M]. New York: General Books. 2010.

Thomas P. M. Barnett. Great Powers: America and the World After Bush [M]. Berkley: Berkley Trade. 2010.

Vincent R J. Human Rights and International Relations [M]. Cambridge: Cambridge University Press, 1986.

Volker R. Berghahn. Der Tirpitz-Plan: Genesis und Verfall Einer Innenpolitischen Krisenstrategie unter Wilhelm II [M]. Düsseldorf: Droste Verlag, 1971.

Volker R. Berghahn, Germany and the Approach of War in 1914 [M]. New York: St. Martin's Press, 1993.

Walter Bagehot, Physics and Politics, or, Thoughts on the Application of the Principles of "Natural Selection" and "Inheritance" to Political Society [M]. Chicago: Ivan R. Dee, 1999

William Henry Parker, Mackinder-geography as an Aid to Statecraft [M]. New York: Oxford University Press, 1982

William H. McNeill, The Pursuit of Power: Technology, Armed Force, and Society since AD 1000 [M] Chicago: University of Chicago Press, 1982.

William H. McNeill. The Rise of the West: A History of the Human Community [M]. Chicago: University of Chicago Press, 2009.

William Langer. The Diplomacy of Imperialism: 1890 – 1902 [M]. New York: Knopf, 1951.

Wolfgang J. Mommsen, Imperial Germany 1867 – 1918: Politics, Culture, and Society in an Authoritarian State [M]. New York: Bloomsbury USA, 1995.

论文

Alvin Z. Rubinstein. Red Star on the Nile [J]. Soviet Studies, 1978.

Annika Mombauer. A Reluctant Military Leader? Helmuth von Moltke and the July Crisis of 1914 [J]. War in History, 1999.

Berenice A. Carroll. Design for Total War: Arms and Economics in the Third

Reich [J]. Economic History Review, 1969.

Brian Healy, Arthur Stein. The Balance of Power in International History Theory and Reality [J]. Journal of Conflict Resolution, 1973.

Celeste A. Wallander. Third-World Conflict in Soviet Military Thought: Does the "New Thinking" Grow Prematurely Grey? [J]. World Politics, 1989.

Dale C. Copeland. The Origins of Major War [J]. Foreign Affairs, 2001.

David E. Kaiser. Germany and the Origins of the First World War [J]. Journal of Modern History, 1983.

Dennis C. Mueller. Public Choice: An Introduction [J]. Public Choice, 1988.

Epstein Klaus. Gerhard Ritter and the First World War [J]. Journal of Contemporary History, 1966.

Galia Golan. The Soviet Union and the PLO since the War in Lebanon [J]. Middle East Journal, 1986.

Glenn H. Snyder. Alliances, Balance and Stability [J]. International Organization, 1991.

Howard Leventhal. Findings and Theory in the Study of Fear Communications [J]. Advances in Experimental Social Psychology, 1970.

Ian Macgregor Morris. To Make a New Thermopylae: Hellenism, Greek Liberation and the Battle of Thermopylae [J]. Greece & Rome, 2000.

Irving Janis, Seymour Freshbach. Effects of Fear-Arousing Communications [J]. Journal of Abnormal and Social Psychology, 1953.

Irving L. Janis, Leon Mann. Decision Making: A Psychological Analysis of Conflict, Choice and Commitment [J]. Public Relations Review, 1978.

Jack S. Levy. Alliance Formation and War Behavior: An Analysis of the Great Powers, 1495 – 1975 [J]. Journal of Conflict Resolution, 1981.

Janice Bially Mattern. The Power Politics of Identity [J]. European Journal of International Relations, 2001.

Janice Bially Mattern. Why Soft Power isn't so Soft: Representational Force and the Sociolinguistic Construction of Attraction in World Politics [J]. Millennium: Journal of International Studies, 2005.

Jari Eloranta. From the Great Illusion to the Great War: Military Spending Behavior of the Great Powers, 1870 – 1913 [J]. European Review of Economic History, 2007.

Jerome Bruner. On Perceptual Readiness [J]. Psychological Review, 1957.

Joan M. Roberts. Alliances, Coalitions and Partnerships: Building Collaborative Organizations [J]. International Review of Administrative Sciences, 2005.

John J. Mearsheimer. The Tragedy of Great Power politics [J]. Foreign Affairs, 2001.

John M. Hobson. The Military-Extraction Gap and the Wary Titan: The Fiscal-Sociology of British Defence Policy 1870 – 1913 [J]. Journal of European Economic History, 1993.

Jon D. Glassman. Arms for the Arabs: The Soviet Union and War in the Middle East [J]. The Annals of the American Academy of Political and Social Science, 1976.

Karin M. Fierke. Dialogues of Manoeuvre and Entanglement: NATO, Russia and the CEECS [J]. Journal of International Studies, 1999.

Karin M. Fierke. Logics of Force and Dialogue: The Iraq Crisis as Social Interaction [J]. European Journal of International Relations, 2000.

Karin M. Fierke, Michael Nicholson. Divided by a Common Language: Formal and Constructivist Approaches to Games [J]. Global Society, 2001.

Kenneth Higbee. Fifteen Years of Fear Arousal: Research on Threat Appeals: 1953 – 1968 [J]. Psychological Bulletin, 1969.

Michael Brecher. Crisis Escalation: Model and Findings [J]. International Political Science Review, 1996.

Michael Epkenhans. Bismarck, Wilhelm II and German Military Leadership [J]. Journal of Military & Strategic Studies, 2010.

Michael J. Sullivan. Measuring Global Values: The Ranking of 162 Countries [J]. Greenwood Press, 1991.

Mohammad Heikal. The Road to Ramadan [J]. Middle East Journal, 1976.

Pempel. Japanese Foreign Economic Policy: The Domestic Bases for International Behavior [J]. International Organization, 1977.

Richard Ashley. Untying the Sovereign State: A Double Reading of the Anarchy

Problematique [J]. Millennium: Journal of International Studies, 1988.

Richard Ned Lebow. Deterrence Failure Revisited [J]. International Security, 1987.

Robert O. Freedman. Moscow and the Middle East: Soviet Policy Since the Invasion of Afghanistan [J]. International Affairs, 1991.

Robert S. Norris, WIlliam Arkin. Nuclear Notebook: Worldwide Deployments of Nuclear Weapons [J]. Bulletin of the Atomic Scientists, 2009.

Robert S. Norris, William M. Arkin. Nuclear Notebook: 23, 400 and Counting [J]. Bulletin of the Atomic Scientists, 1988.

Robert Zevin. An Interpretation of American Imperialism [J]. The Journal of economic history, 1972.

Roger Boesche. Kautilya's Arthashastra on War and Diplomacy in Ancient India [J]. The Journal of Military History, 2003.

Roger Fletcher, W. D. Smith. The Ideological Origins of Nazi Imperialism [J]. American Historical Review, 1986.

Rolf Hobson. Imperialism at Sea: Naval Strategic Thought, the Ideology of Sea Power and the Tirpitz Plan, 1875 – 1914 [J]. International Journal of Maritime History, 2002.

Samuel R. Williamson, The Politics of Grand Strategy: Britain and France Prepare for War, 1904 – 1914 [J]. Military Affairs, 1970.

Sean M. Lynn-Jones. A Quiet Success for Arms Control: Preventing Incidents at Sea [J]. International Security, 1985.

Stephen G. Brooks, William C. Wohlforth. American Primacy in Perspective [J]. Foreign Affairs, 2002.

Stephen Larrabee. Gorbachev and the Soviet Military [J]. Foreign Affairs, 1988.

Ted Hopf. The Logic of Habit in International Relations [J]. European Journal of International Relations, 2010.

Victor D. Cha. Powerplay: Origins of the U. S. Alliance System in Asia [J]. International Security, 2009.

Zara Steiner. Grey, Hardinge and the Foreign Office, 1906 – 1910 [J]. The Historical Journal, 1967.